근대 일본 국회론과 제헌사

일러두기

i 본서는 1938년에 출간된 서적을 번역한 것으로, 본문에 등장하는 인용 서적 다수가 미번역 도서임을 양지하여 주시길 바랍니다.

ii 본서에 등장하는 각주는 모두 역자주임을 밝힙니다.

근대 일본 국회론과 제헌사

오사타케 다케키 지음
장진호 옮김

어문학사

서 문

헌법이 발포된 지 50년의 세월이 지났는데도 그 제정 사실史實에 관하여 드러내 말할 만큼의 뛰어난 저서가 조금도 없다는 것이 학계로서는 명예로운 일은 아닐 거라고 말한다면 지나친 것인지는 모르겠다. 오늘날 헌법제정사에 관해서는 존경하는 벗 후지이 진타로藤井甚太郎군, 와타나베 이쿠지로渡邊幾治郎군, 스즈키 야스조鈴木安藏군 등에 의한 많은 명저들이 있지만 이들의 해박한 학식과 투철한 식견을 가지고도 역시 다소 성에 차지 않는 느낌이 드는 것은 헌법에 관한 한에서는 근본사료의 수집이 거의 불가능에 가까울 정도로 곤란하기 때문이다. 근래 여러 의미에서 헌법논쟁이 활발해지고 있다. 어떤 부류의 학자는 외국의 번역이론만으로는 일본의 헌법을 알지 못한다고 강하게 비판한다. 그것도 다소 맞는 말이다. 그렇기는 하지만 근본사료의 입수 곤란성에 관해 두루 살펴보고 이해하지 않은 냉혹한 공격이라는 면도 없지는 않다. 그렇다고 해서 비판론 측에 그 사료가 있느냐고 묻는다면 그것도 관념론, 도덕론이 된다. 그렇듯 엄밀한 사료의 검토에 부족한 점이 많다. 요컨대 이것저것 모두 학계의 결함으로 당혹스러워 하는 현상이라 말할 수도 있을 것이다.

그나마 다행스러운 것은, 요즘 시대의 진보적 추세가 진지한 학도의 연구를 적극적으로 돕는 기조를 형성하고 있어 어리석고 둔한 저희들도 그것을 어느 정도는 추측할 수 있게 되었다는 점이다. 이는 참으로 기대하지도 못했던 기쁨이다. 그래서 그에 힘입어 본격적으로 헌법제정사를 편찬하려는 야망을 품었다. 그러나 이는 쉽게 되지 않는 사업이기에 그보다 우선은 일반적 계몽적 읽을거리로서의 제정사로 하면 어떠할지라는 출판사의 요망에 터 잡아 서둘러 빈약한 두뇌를 쥐어짜 여기에 이 졸저를 내놓게 된 것이다. 따라서 학자의 참고를 위한 것은 아니다. 책의 성질상 가능한 한 간단히 요약하고자 했기 때문에 빈약한 졸저를 더욱 빈약하게 만든 점은 양해 부탁드린다. 혹시 극히 드물게 이 책을 계기로 어떠한 연구사료를 얻으려 하는 특별한 뜻을 가진 분이 있다면 이 책과 함께 저의 앞선 저작인 『유신 전후에 있어서의 입헌사상維新前後に於ける立憲思想』, 『일본헌정사日本憲政史』, 『일본헌정사논집日本憲政史論集』, 『메이지정치사점묘明治政治史點描』를 참조한다면 아주 감사하겠다. 부디 반복해서 말하지만 이 책은 결코 학자에게 참고가 되는 책은 아니다.

헌법발포 50년 기념일에
오사타케 다케키尾佐竹猛

목 차

제1편

헌정의 태동기

제2편
헌정의 준비기

제3편
헌법제정

제1편
헌정의 태동기

제1편

헌정의 태동기

중대한 사항이 있으면 모여 의논하는 것은 그 범위의 크고 작음이나 넓고 좁음의 차이는 있을지언정 어떤 국가나 어떤 시대에서도 이루어지는 것이다. 그것을 혹시 헌정憲政사상과 의회議會사상의 맹아라고 말할 수 있다면 일본에서도 물론 그런 사례를 드는 게 어렵지는 않다. 또한 국가기관에서 관리의 직무권한에 있어 서로 회동해 합의함이 없이 독단적으로 마음대로 결정하는 것을 허용하지 않는 제도를 합의제나 회의제의 기원이라 한다면 이 또한 어떤 국가에서도 그와 유사한 제도는 존재하고 일본 또한 그러하다. 그럼에도 근세의 이른바 헌정사상과 의회제도란 구미歐美로부터의 수입에 기초한 것이라고 보는 논리에 반대하는 자들은 없을 것이다. 그래도 어떤 류의 학자들은 일본은 상고上古시대부터 전제정치가 아니고 백성의 마음을 충분히 배려해 받아들이는 천황의 마음이 건국 초부터 엄존했으니 이것이 곧 헌정사상의 맹아라는 식으로 주장하는 경우도 있다. 그런 사실을 아주 부정하는 건 아니더라도 그것과 헌정사상은 개념이

다르다. 정치에 민의를 반영한다는 것, 백성의 대표자를 정치에 참여시키는 것이 이른바 입헌사상이다.

그렇다면 구미의 입헌사상이 어떻게 일본에 들어왔나 보건대, 그것은 세계의 대세였지만 그 대세를 수용한 데는 원인이 없지 않다.

도쿠가와德川 3백 년은 아주 오랜 태평시대였다. 거의 외국의 영향을 받음이 없이 약 3세기 동안 평화를 누린 시대는 역사적으로도 드물다. 이 오랜 기간에 봉건제도가 확립되고 바쿠후幕府의 권위는 전국을 압도한다. 이 제도와 권위에 대해 반항하려는 생각을 품어서는 안 된다는 것은 마치 선천적 약속인 듯 국민의 두뇌를 지배했다.

하지만 너무나 오랜 태평은 각 방면에 막힘 상태를 초래한다. 막힘 상태는 태평한 공기의 양조장이다. 태평은 문교文敎의 흥륭을 재촉해 지식은 점차로 보급되는데, 지식은 의심을 품는 것이다. 현 제도의 조직에 불만의 눈을 마주하기 시작한다. 사회 상층은 잘못된 쾌락에 익숙해져 평범한 재능과 무능이 일상인데 반해 인재는 하층에 있어 힘을 펴지 못하고 계급제는 엄존해 현상유지를 강화한다. 불평불만은 곳곳에 널리 퍼져 현상타파를 간절히 바라는 기풍이 잠재되고 언젠가는 폭발할 기회가 있을 거라 기대하게 된다.

이런 상황에서 갑자기 외국 함선이 나타났다는 경보가 날아든다. 바쿠후의 외교, 군비, 재정은 실책투성이로 도저히 그 대책을 감당해 낼 수 없었다. 국난이 왔다는 외침과 함께 지사志士는 떨쳐 일어났다. 지사란 각 방면의 하층에서 대우받지 못했던 인재다. 각 번藩의 내부에서도 대체로 신분이 높은 자는 현상유지론자이고 하급 사무라이下士는 현상타파론자다. 수많은 격렬한 투쟁이 치러진 뒤 하급 사무라이가 세력을 얻어 번의 정책방향을 하나로 모으고 번의 세력을 휘어잡아 중앙정계에 진출하기도 한다. 그 세력을 얻지 못하면 번을 넘어 서로 결합해 하나의 세력을 이루기도 한다. 존왕尊王이라고도 하고, 바쿠후 타도土幕라고도 하고, 혹은 쇄항鎖港이라든가 양이

攘夷라는 것도 이 투쟁 속에서 표방된 주의主義와 정견政見이다. 어지러운 정쟁에서 정국의 중심력을 찾자는 생각이 국체國體를 자각하게 되고 근왕심勤王心을 드러내게도 되어 정체政體를 어떻게 만들어 현재의 난국을 수습해야만 하는가에 이르러 마침내 헌정憲政사상에 도달한다. 미미하게라도 원서原書에 의해 또는 한역漢譯에 의해 구미의 사정을 살펴 알게 되는데 거기에 의회라는 게 있다. 호기심이 풍부한 자는 이를 출발점으로 내세우면서 신지식을 표방함에 있어 이 제도와 비교될만한 건 없다고 주장한다.

본래 어떤 시련을 겪어야 제도가 완성되는 것이다. 어떻게 운용되는지 아는 바 없다면 그 제도가 과연 일본의 국가 사정에 적합한지 아닌지도 묻지 못한다. 해외의 사정을 잘 몰라 실제 정치에 대한 지식이 없는 일본의 대다수 지식계급은 의회를 단순하게 생각했다. 물론 구미를 이상적인 나라라는 식으로 생각하지는 않았지만 어째서인지 그 제도는 새롭고 완전한 것이라고 받아들였다. 게다가 구미의 사정을 아는 일은 실제 정치가보다도 오히려 사회의 실정을 잘 모르는 독서가들인 경우가 많았다. 그래서 그것이 실제로 행하여지는지 아닌지를 묻지 않고 문필에 맡겨서 혹은 불평을 토로하는 방법으로서 채택을 건의하기도 했다. 그러나 이는 국민 전체로 본다면 극히 작은 일부분으로, 물론 대세를 움직일 정도의 힘은 없었다.

그런데 또 한편으로는 아무리 온건하고 착실한 현상유지론자조차도 이대로는 도저히 국가를 유지해 갈 수 없다고 우려해 적어도 유력한 번주藩主 및 사람은 국정에 참여시켜야 한다는 의견을 가지는 경우가 적지 않았다. 이는 바쿠후 정치의 측면에서 보면 특별한 대변혁이다. 평상시에는 도저히 입 밖에 낼 수 없는 의견인데 국가에 여러 사건이 벌어지던 때였기에 적절한 방법이라고 받아들여진다.

여기까지 왔다면 의회도 이제 일보 내디딘 것이다. 그런데 두세 명의 번주만으로는 전횡으로 흐를 우려가 있다.

그래서 「열번회의列藩會議」[1]를 개최해야만 한다는 주장이 유력해지고 점차 세력을 얻게 된다.

이후의 급격한 현상타파론자조차도 앞으로 번이 폐지되리라고까지는 생각하지 않았기에 그 논자 중에 의회제도를 주장하는 자는 실은 온건파인 「열번회의론」과 같은 부류에 속하는 것이었다. 즉 현상유지론자든 현상타파론자든 결국은 현재의 정국 문제에 관해서는 열번회의론에 서로 근접해 있었다.

게다가 구미 의회제도에 감동하고 상찬하는 자라도 순수하게 구미사상을 체득한 자는 적었다. 양학자洋學者도 본래는 한학漢學에서 출발했다. 또한 그 외 지식계급은 전부 한학자다. 그래서 백성의 소리를 듣는 것, 중의衆議를 받아들이는 것이라 말할 수 있는, 동양에도 존재하는 고래의 사상이 이 의회사상이라는 식으로 단정했다. 자문기관과 의결기관은 둘 사이에 커다란 차이가 있음에도 이를 동일시했다.

이렇게 되면 양학자도 한학자도 개혁론도 현상유지론도 결국은 열번회의론으로 귀착된다.

이미 번들列藩의 의견을 들었다고 한다면 동시에 서민의 소리도 받아들일 필요가 있다. 인재의 등용에는 문벌 여하를 물어서는 안 된다. 그러나 당시의 사회조직에는 서민이든 인재든 사족士族 계급을 제외하고는 다른 계급에 많은 것을 요구할 수 없다. 따라서 한편에서 번주藩主들의 회합이 있다면 다른 한편에서 사족계급의 회의도 필요하다. 그렇다면 이것이 이른바 상원上院과 하원下院의 기능이라는 생각이 식자층의 가슴에 딱 자리 잡기 시작한다.

1 각 번藩에서 선출된 대표자로 구성된 회의. 열번회의론은 여기에 최고권력을 부여함에 의해 조정朝廷, 바쿠후幕府, 각 번 간의 알력과 대립을 극복하고 전국을 일치시키자는 사상. 유교적 공론公論사상과 서구의 의회제도 관념이 복합적으로 담겨 있지만, 근본적으로는 바쿠후와 번으로 이루어진 할거체제의 존재를 전제로 하는 의회론

〈대정봉환大政奉還〉

이러한 시대 추세에 편승하고 이러한 이론에 입각하면서 이를 크게 확장시켜 중앙정계에서 활약한 것이 바로 도사번土佐藩이다. 이로서 의회론은 서재를 벗어나 실제 정치론이 된다.

그러나 난세에는 뭐니 뭐니 해도 무력이다. 비록 몰락하고 있더라도 3백년간 이어온 바쿠후를 전복시키는 최고의 방법은 전쟁이다. 쇼군將軍 도쿠가와 요시노부德川慶喜의 총명함이 도사번의 건의를 받아들여 막힌 정국을 타파하는 방법으로써 헌정사상에 기초한 정권봉환奉還[2]을 단행한다. 하지만 무력 쪽으로 마음이 조급해 있는 여러 번들을 억누를 실력이 없다면 당면한 삿쵸薩長[3]를 비롯한 여러 번을 물리칠 힘도 없다. 조금 싹이 트려 하는 헌정사상도 무력 앞에서는 잠시도 버티지 못하고 짓밟힌다. 헌정론의 본가라고도 할 수 있는 도사번도 언론이 멀리하게 되면서 무력에 몰두한다. 나중에 '헌정의 신', '자유의 신'이라 불릴 이타가키 다이스케板垣退助도 이 무렵에는 헌정론을 일소에 부치고 오로지 무력에 모든 것을 건다. 그러나 역시 도사번이다. 전쟁이 진정되자마자 언론전을 정면으로 내세우며 「민선의원건백民撰議院建白」을 봉화로 전국을 풍미한다. 놀랄만한 일이다.

다시 말하지만 바쿠후 말기 메이지유신幕末維新은 난세다. 정치적은 물론이거니와 사회적, 사상적 그 외 여러 부문에 걸쳐 혼란의 시대다. 동서고금 및 신구의 사상이 어수선하게 들어와 극히 어지럽게

2 〈대정봉환大政奉還〉. 게이오慶應 3년(1867년)에 교토의 니죠성二條城에서 에도 바쿠후의 제15대 쇼군 도쿠가와 요시노부가, 천황으로부터 위임받았던 정권을 메이지천황에게 돌려줌으로써 왕정복고의 큰 정치적 분기점을 이룬 사건

3 메이지유신을 주도한 사쓰마번薩摩藩과 죠슈번長州藩의 약칭

뒤섞여 있었다. 따라서 일면만 관찰하면 극히 신사상인 거 같고, 다른 면에서 보면 아주 구사상이기도 하다. 헌정사상도 한쪽만의 사료를 주워 모으면 매우 훌륭한 헌정국민憲政國民이 되지만 유감스럽게도 이는 단지 일면에 불과하다. 어떤 면에서도 분명하고 확실하게 보이는 건 말할 것도 없이 무력이다. 전국을 통일해 중심력을 확립하기까지는 무력이 가장 주요한 역할을 한다. 그런 경우 그 사이에 수많은 아름다운 계획이 이루어져도 그 빛은 희미하게 보일 뿐이다. 그렇기에 헌정의 훌륭한 결실이 만들어지지 못한 것도 아니고, 당국의 노력이 다해지지 않은 것도 아니지만, 그런 의미에서 성과가 가려져 있고 국민의 기억 속에조차 존재하지 않게 된 것이다. 노력의 분량에서는 차이가 없다. 그럼에도 불구하고 바쿠후 말기 이래의 노력 쪽은, 〈폐번치현廢藩置縣〉[4] 이후 곧바로 중앙정부에 통일된 후의 헌정운동처럼 눈부시게 보이지도 않고 세상 사람들에게 알려지지 않은 건 이런 때문이다. 따라서 바쿠후 말기 이래의 노력은 모두 아주 시대의 흐름에 앞서갔기 때문에 앞선 잔재들로 인해 상처받게 된 것이다. 반면 「민선의원건백民撰議院建白」 이후는 시대에 편승했기 때문에 순풍에 돛을 단 것이었다고 볼 수 있겠다. 이와 동시에 「5개조의 어서문御誓文」[5]도 시대의 흐름이라는 배경에 의해 그 빛이 달라졌다. 기초起草 당시에는 반드시 특별한 대선언의 의미까지는 아니었던 것인데, 선언이 공포될 때 신성한 권위를 가지고 그 이래 해가 갈수록 권위가 커져 이제는 보통선거론자에 의해서도 원용된다. 메이지 초년의 수백 개의 법령과 성명聲明 등 중에서 이런 정도로 오

4 메이지明治 4년(1871년)에 유신 정부가 기존의 봉건적 할거체제를 없애고 중앙집권화를 추진하기 위해 번藩을 폐지하고 대신에 중앙에서 관리를 파견해 관할하는 부府와 현縣을 두기로 한 행정개혁

5 메이지 원년(1868년)에 메이지천황이 천지신명에게 서약誓約하는 형식으로 공경公卿과 제후諸侯 등에게 밝힌 신정부의 기본 방침

랜 생명을 가지고 점점 더 권위를 가지게 된 것은 달리 비할 만한 게 보이지 않는다.

이 어서문의 세칙이라고도 할 수 있는「정체서政體書」[6]는 이제 와서 보면 오히려 기이할 정도다. 삼권분립三權分立 그리고 여러 관직을 선거한다는 것에서 보듯, 아주 과감한 것이라기보다도 엉뚱하기 짝이 없는 규정이다. 나쁘게 말하면 서생론書生論, 번역론飜譯論을 그대로 채택하고 시대 흐름이고 뭐고 무시한 제도다. 하지만 여하튼 한 번은 실제 규정된 것이기에 이를 채택할 만큼의 사유는 있었다고 보아야 한다. 그 첫 번째 이유는 당국의 패기다. 시대의 흐름이라고 하면서 3백 년을 이어온 무력武力정부를 전복시킨 것이기에 아주 상상도 하기 힘들 정도로 콧김이 강했다. '겐무建武 중흥'[7]이 아닌 '진무神武 창업'[8]의 뜻을 회복한다는 입장이 천명된다. 즉 국가사회의 근본적 개조를 현실화하고 신흥정부의 권력으로 법령을 발포하면 사회적으로 뿌리째 뽑는 개조가 가능하다는 패기였다. 그 정도까지 생각하지 않았더라도 구래의 제도 일체를 타파해야 하기에 뭔가 사람들의 눈을 놀라게 만드는 신기한 제도 기획이 필요하다는 의도도 있다. 즉 어제의 서생이 일약 정권을 잡은 것이기에 그 서생류의 패기로 서생론을 휘두른 것 같은 기분이다.

6 메이지유신 초기인 1868년 6월에 통치기구에 관하여 태정관太政官 포고 형식으로 발포한 정치 대강大綱으로 삼권분립 등이 나타나 있다. 소에지마 다네오미副島種臣와 후쿠오카 다카치카福岡孝弟가 미합중국 헌법 및 후쿠자와 유키치福澤諭吉의『서양사정西洋事情』등을 참고하여 기초하였다고 알려져 있지만, 그 기초에 관해서는 다른 설도 있다.

7 1333년 7월 〈겐코元弘의 난〉으로 가마쿠라바쿠후鎌倉幕府를 타도한 고다이고後醍醐천황이 7월17일에 '친정親政'을 개시함에 의해 성립한 겐무建武 정권에 의한 신정책

8 메이지유신은 공적으로는 신화적인 초대 진무神武천황에 의한 창업創業 정신인 '진무 창업'의 근본으로 회귀하는 것이라고 유신 주역인 이와쿠라 도모미 등에 의해 강하게 주장되었다. 천황 중심의 친정 신정부를 아주 강조하려는 이념인 것인데, 다만 메이지유신의 실제를 보면 오히려 '겐무 중흥'에 가까운 것이었다.

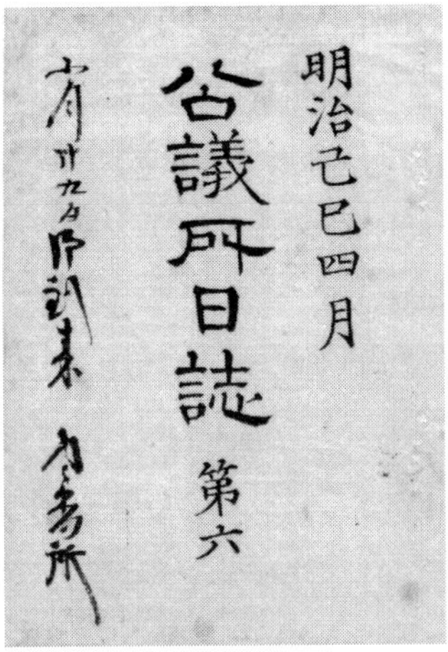

〈공의소 일지〉

중앙정부의 이런 패기에 어리둥절해 한 것은 각 번이다. 유신의 원동력이 되고 중앙정부에 세력을 가진 번들이라도 이런 정도까지로 엉뚱한 생각을 가진 경우는 드물다. 하물며 뒤떨어져 있는 다른 여러 번들은 더욱더 그렇다. 오랜 태평시대를 꿈결 같이 보낸 번들은 바쿠후 말기의 정변에서 허둥대느라 대책조차 확립하지 못한다. 아침에 근왕勤王인가 생각하면 저녁에는 바쿠후 편이 되는 것 같은 사례도 있어 자신의 입장을 밝히는데 힘들어한다. 그래도 대부분은 대세순응주의로 신정부의 지휘하에 있어 안도의 한숨을 쉰다. 하지만 중독된 태평이라는 여폐는 도저히 갑자기 고쳐지지는 않는다. 그리고 점차 각성해 정신을 차려 이래서는 안 되고 삿쵸 등 여러 번에 뒤떨어져 있는 입장에서 회복해야만 한다면서 겨우 메이지 23년(1890년)경이 되어서야 현실을 인식하게 된다. 그런데 얼마 되지도 않아 번이 폐지되어 그 패기조차 헛것이 된다. 그렇게 아직 정신을 차리지 못하던 시기에 중앙정부는 먼저 의회를 만들려는 시도로 공사貢士를 통해 공의소公議所, 집의원集議院을 설치한다. 각 번은 정부의 명에 따라 공사, 공의인公議人을 내지만, 인선도 곤란하거니와 제도의 취지도 거의 이해하지 못한다. 중앙정부는 누누이 실무에 통달한 인재를 내라고 명하지만 그 조건에 적합한 자는 없다. 더욱이 인재를 공선公選하고 의사議事 제도를 채용하라는 통달通達이 있어도 그 충분한 운용은 불가능하다. 표면적 모양만 갖추는 식의 오랜 폐풍으로 형식만의 공선이니 의사니 하는 게 이루어진다. 도대체 실효는 없다.

그러나 이렇게라도 번이 오래 지속된다면 그럭저럭 어떻게든 차츰차츰 익숙해져 가겠는데, 번의 폐지가 너무 빨랐다. 그래서 모든 것이 근저에서 전복된다. 이는 헌정사상뿐만 아니라 각 번에 시도한 모든 훌륭한 제도까지 전부 사라지게 한다. 물론 번 같은 건 빨리 없애는 게 국가에 이익이다. 그래도 앞서와 같은 의미로 본다면 조금 더 존속시켜 두어도 좋았을 것이다. 그렇긴 해도 한 번은 모양을 바꾸며 시도된 의원議院제도이기에 가령 사상누각 같은 제도라도 헌정사상의 하나의 진전이다. 「민선의원건백」에 참여한 많은 자들이 그 의원시대의 주역이다. 또한 그에 편승해 세력화한 최초의 정당원 대부분은 당시의 지식계급인 사족이다. 직접적으로 그 영향을 받은 것이다. 이것도 이후에 눈부실 정도로 들어 온 구미 사상으로 인해 빛을 잃는다. 하지만 적어도 그런 본바탕이 있었기에 그것을 수용하는 데 빨랐던 것이다.

제1장 공의여론

〈페리 내항來航〉

바쿠후 말기에 외국 함선이 바다를 건너 온 것[9]은 근세사의 일대 사변事變이다. 바쿠후의 기초가 공고해서 그런 외환에 응수하고 또한 여유가 있다고 해도 국민은 이 큰 변고를 묵시할 수는 없다. 하물며 바쿠후가 무능해 실책을 드러내는 경우에 국민된 자는 평온하고 침착하게 있을 수 없다. 그래서인가. 시대 흐름에 대한 국민의 목소리는 떠들썩했다. 이른바 공의여론公議輿論은 이런 흐름 속에서 양성되기 시작한다.

고카弘化 3년(1846년) 미토水户 번주 도쿠가와 나리아키徳川斉昭는 당시의 로쥬老中[10] 아베 이세노카미 마사히로阿部伊勢守正弘[11] 앞으로 다음과 같은 서신을 보낸다.

9 특히 이른바 흑선내항黒船来航 즉 가에이嘉永 6년(1853년)에 미국의 페리M. Perry 제독이 이끄는 미합중국해군 동인도함대의 증기선 2척을 포함한 함선 4척이 일본에 내항한 사건. 함대는 에도만 입구인 우라가浦賀 앞바다에 정박해 일부는 측량이라면서 에도만 깊숙이까지 들어온다. 그 결과 바쿠후는 페리 일행의 구리하마久里濱 상륙을 인정하고 거기서 미합중국 대통령의 국서가 바쿠후에 건네지는 바, 이듬해 「미일화친조약日米和親條約」이 체결된다.

10 에도바쿠후에서 쇼군에 직속해 정무를 통할하던 최고위 직책

11 에도 말기 빈고노쿠니備後國 후쿠야마福山번의 번주로서 로쥬를 역임. 바쿠후 말기에 「안세이安政의 개혁」을 단행한 인물

또한 오랑캐夷狄의 사자들이 들어온 뜻을 헤아리기 어렵습니다만, 여하튼 세상의 중론을 찾는 것에 도쿠카와 3가문三家[12]이 함께 함은 물론이고, 가령 도자마다이묘外様大名[13]라든가 뜻을 함께 하는 자에게는 내밀히 그 생각을 확인해 뜻있는 자 모두 서로 의견을 내어 함께 힘을 다해 일본을 위해 가능한 방법을 찾아 부끄럽지 않은 모습이 되어야 할 것입니다.

즉 중지를 모아 제대로 대응해야 한다는 것이다. 그러나 그것은 당국자의 주의사항으로 보낸 것이다. '내밀히'라고 되어 있듯이 바쿠후의 제도상 드러내 놓고 전국의 중지를 모은다는 것은 허용되지 않았기에 지위가 높은 재상의 집무상 주의사항을 보여준 것이다. 아베는 물론 범상한 다이묘가 아니기에 이런 방침은 찾고 있었다고 보인다. 즉 가에이嘉永 2년(1849년) 조정의 비망록인 「진비록眞秘錄」에서 다음과 같이 말하는 걸 보면 그렇다.

공적인 일로서 지난 겨울의 해안방어 문제는 일본의 최고 중대사다. 따라서 널리 언로言路를 열어 세상에서 해야 할 일을 시작함에 지식 있는 자에게 묻고 중론을 올리게 한 뒤 재상의 일 처리를 시작하는 바, 중신들이 평의를 마친 후에 말하는 것을 듣고 실로 사태의 사정을 제대로 파악해 비판받지 않도록 하라는 명령이다……

12 에도시대에 주로 도쿠가와 쇼군가의 후계 배출을 위한 고산케御三家로서 미토도쿠가와케水戸徳川家, 오와리도쿠가와케尾張徳川家, 기슈도쿠가와케紀州徳川家

13 다이묘의 출신에 따른 분류의 하나로 도쿠가와 이에야스徳川家康가 천하를 장악해 에도바쿠후를 성립시키게 된 결정적 분기점이 된 세키가하라關ヶ原 전투를 전후해 새롭게 도쿠가와 지배체계에 편입되지 못한 다이묘들을 지칭한다. 반대로 도쿠가와의 천하 장악 이전부터 대대로 도쿠가와씨 집안을 섬겨 온 다이묘들인 후다이다이묘譜代大名는 바쿠후의 요직을 차지한다.

이 무렵까지 해안의 비상경보는 빈번한 것이었지만 국민은 그다지 절박하게 생각하지 않았다. 그런데 가에이 6년(1853년) 미국의 함선이 수도에 아주 가까운 우라가浦賀[14]에까지 많은 병사를 태우고 온 것에는 온 나라가 몸을 떨며 놀란 것이다.

같은 해 7월 아베 마사히로는 에도성 안에 있는 크고 작은 다이묘에게 모두 등성하라고 명하면서 다음과 같이 지시한다.

> 이번에 우라가 앞에까지 들어온 미국 함선이 제출한 서한을 일본어로 번역한 사본 2책이 도달했습니다. 통상通商의 형식은 이제까지의 관례도 있어 허용 가부가 용이한 일이 아니어서 실로 국가 중대사입니다. 따라서 서한의 취지를 살피고 자세히 눈여겨봄으로써 전체적 이해득실과 앞으로 뒤따를 일까지도 폭넓고 깊이 생각해, 조금이라도 어렵게 여겨 꺼리지 말고 남김없이 앞으로의 전망에 관해 충분히 아뢰어야 할 것입니다.

참으로 바쿠후로서는 전에 상상할 수 없던 행동이다. 바쿠후가 스스로 전통적 정책을 크게 파괴한 시도를 한 것이다. 바쿠후는 봉건정치에 의해 성립되었다. 봉건정치는 극단적 계급제도다. 어떤 식으로 국정에 대한 의견을 지니더라도 당국 이외의 자의 의견은 결코 허용될 수도 없을뿐더러 엄하게 금지되었다. 조정朝廷조차도 정치에 함부로 참견해서는 안 된다는 방침을 세우고 있었다. 그런데 시국이 어렵고 힘들게 되자 바쿠후도 근본정책을 뒤집으면서까지 전국의 의견을 구하는 시대 흐름에 따르게 되었다. 이는 반드시 나쁜 방법은 아니지만 바쿠후의 권위가 쇠퇴해 가는 시기였기에, 이것이 나중에는 제후들이 바쿠후 타도討幕와 바쿠후 지지佐幕의 양파로 갈리고 더

14 지금의 도쿄만 내 가나가와神奈川현 요코스카橫須賀시 동부지역

욱이 낭인浪人계급이 책임질 자리에 있지도 않으면서 멋대로 맹렬하게 국정을 논하는 새로운 현상이 생겨나게 되고 마침내는 바쿠후가 전복되어 망하는 한 원인이 된다. 바쿠후로서는 슬퍼해야 할 일이지만 헌정의 발달을 위해서는 피할 수 없는 도정이다.

그리하여 수많은 건의와 상서가 제출되기 시작한다. 그 지시는 당면한 큰 문제인 미국 함선 내항이라는 한 건에 국한한 입장이지만, 그에 한정되지 않고 그 외의 큰 문제에 대해서도 마찬가지로 일반의 목소리를 들어야 한다는 흐름이 된다. 그래서 우려스러운 일에는 국정을 위해 기꺼이 언제라도 입을 열어야 한다는 흐름에 익숙해진다.

더욱이 직접행동이 횡행하는 것은 언로를 통해 자신의 견해를 밝히는 것이 방해받기 때문이기에, 적절히 언로를 확장해야 한다는 논의가 이루어져 여론정치輿論政治라는 작은 빛이 봉건의 철벽을 뚫고 들어오기 시작한다.

분큐文久 3년(1863년) 교토수호직京都守護職의 포고령의 한 구절을 통해 그러한 추세를 알 수 있다.

> 양이攘夷라는 하나의 결집된 결론으로 근래 새롭게 바뀌어 명으로 내려지는데 있어서는 구폐를 일신해 사람들이 마음으로 화합하지 않으면 안 됩니다. 그런데 근래 수도에서 사적으로 살해 등의 행동이 있는데 필경 언로가 막혀 여러 유사有司[15]가 충분히 알리지 못해 심히 송구할 따름입니다. 위와 아래의 뜻이 서로 관통해 황국을 위하거나 그렇지 않은 것이더라도 물론 내외의 대소사 불문하고 좋은 일이든 나쁜 일이든 감추게 되는 일도 모두 조금도 거리낌 없이 조목조목 빨리 아뢰어야 합니다. 다만 꺼려지는 것은 봉서로 곧바로 제출해 아뢰면 주

15 직을 수행해야 할 관사官司나 그에 속한 관리. 이후 특정 번벌 중심의 독단적 정치를 '유사전제有司專制'라고 비판하면서 유사라는 용어는 부정적으로 많이 사용된다.

의해서 보겠습니다.

제2장 열번회의론

「공의여론公議輿論」이 전국적 외침이 된 때에 그 선두에 선 것이 낭인浪人운동이다. 「존왕양이尊王攘夷」를 기치로 내걸고 천하에 외치던 그 기세는 너무나 장렬한 것이었다. 하지만 결국에는 재야당在野黨의 원외 단체에 지나지 않기에 아직은 그것을 통해 천하 대세를 움직이기에는 부족했다. 그러나 사쓰마薩摩와 죠슈長州 등 여러 번이 집단적 세력으로 중앙정계에서 활약하게 되자 그들은 이른바 정당적 운동이 되고 그로부터 유력한 정치운동이 된다. 이 번들이 원외 단체인 낭인파를 행동대로 하고 한편으로는 추밀원樞密院, 귀족원貴族院이라고도 할 만한 공경公卿 집단과 결합해 밀고 들어온다. 그러자 바쿠후幕府는 극히 당황해서 한편으로는 낭인단체를 탄압하기도 하고 또한 여당 측의 공경 집단과 결합해 반대파를 축출하기도 한다. 그래서 마침내 절대 다수의 무력으로 반대당을 억압하려 하지만 실패한 결과 도리어 그 붕괴가 서둘러진다.

이런 바쿠후 말기의 역사에서 가장 주목해야 할 번들의 운동을 공적으로 설명한 것이 「열번회의론列藩會議論」이다. 공의여론을 구체화한 것으로서 실제 정치론이 된 것이다.

바쿠후가 미국 함선의 내항을 당해 처음으로 번들의 의견을 구한 것은 비상시의 사태에 대응하는 수단으로서였다. 하지만 시국이 점점 더 분규에 빠지자 이런 비상수단도 당연한 방법으로 받아들여져 비상시의 회의가 여러 차례 이루어지고 마침내는 번들列藩 중의 유력한 몇몇 번의 의견을 듣지 않으면 안 되는 추세가 된다. 그래서 점차 상설기관적 색채를 띠게 된다. 이로부터 열번회의론이 논의로 성립하고 이후에는 「의회론議會論」으로 옮겨가게 된다. 즉 비상시에 열번회의가 이루어지면 의회론의 그림자는 희미하지만 그것이 상설기관적으로 될 무렵에는 의회론이 점차 유력해지게 된다.

그렇더라도 사상의 측면에서 관찰하면 열번회의론과 의회론은 입각점부터 다르다. 한학자 계통의 공의여론설이 근간을 이루는 열번회의론은 양학자洋學者 계통의 의회론과 전연 입장이 다른 것이다. 따라서 한학자가 세력을 얻은 동안에는 의회론은 열번회의론의 그늘에 가려져서 (......) 오히려 열번회의론의 지지자로서만 (......) 발달하지만 이후에는 의회론이 되레 열번회의론을 포함한 논의가 된다. 이는 자연스러운 추이이지만 이렇게 되기까지의 경로에서 열번회의의 변천 자체가 그런 추이를 촉진하는 큰 힘이 된다.

열번회의를 당초에 소집한 측은 물론 바쿠후였다. 국가를 위한다는 것과 바쿠후를 위한다는 것이 대체로 일치하던 시기였기에 문제는 발생하지 않았다. 하지만 그 뒤에 조정朝廷의 권력이 회복되고 점차 걸음을 내딛자 조정이 소집시킨 열번회의가 있게 되고 더욱이 그것을 상설기관으로 하자고도 했다. 바쿠후에 의한 경우든 조정에 의한 경우든 소집자 측이나 피소집자 측이나 함께 시국의 어려움에 대처한다는 것이 진심이었고 다른 뜻은 없었다. 하지만 이것이 정권의 추이와 미묘한 관계를 지니게 되자 스스로 주된 입장을 달리한다. 그리고 조정과 바쿠후 사이의 이원적 정치에 대응하는 타협설로서 「공무합체론公武合體論」[16]이 이루어지자 열번회의도 이 설을 좇아 적절히 변형되어야 했다.

16 바쿠후 말기인 1850년대부터 1860년대에 이르기까지 서양제국의 함선이 내항해 개국을 요구하는 등 국난 속의 정치현안에 대처하는 방책으로 천황의 조정이 지닌 전통적 권위의 공경公卿과 정치적 실권을 지닌 바쿠후와 번들로 대변되는 무사 계급이 정치적 의사결정을 함께 하자는 정책적 정치운동으로, 개혁보다는 기존체제를 재편하고 강화하려는 과도기적 운동이었다.

그럼에도 공무합체론은 일시적 타협설이어서 도저히 오랜 기간 유지되기가 불가능했다. 그래서 이 논자는 다시 그 방향을 전환해 조정을 명실 공히 주권자로 보면서도, 한편으로는 바쿠후를 열번회의의 수뇌로 함으로써 공무합체의 모습은 남기고, 열번회의라는 낡은 옷을 벗기고 의회론이라는 새로운 옷을 걸치게 한다. 그것은 도사번의 뛰어난 솜씨였다.

제1절 임시 회의

미국 함선의 내항 이후 바쿠후는 다이묘大名들을 여러 차례 소집해 회의를 연다. 그러나 오랜 태평세월을 꿈결같이 보낸 세상 물정 잘 모르는 다이묘가 특별한 좋은 의견을 낼 리도 없다. 안세이安政 5년(1858년)의 미일조약日米條約[17] 때에는 다음과 같은 상황이었다.

> 빗츄備中 번주(홋타堀田)는 다이묘들을 바쿠후에 모이게 해서 이와세岩瀨(히고肥後 번주)로 하여금 개국조약開國條約의 필요성을 설명하게 하였다. 이와세는 본래 말재주가 능통한 인물인 바 한껏 논변한다. 그는 다이묘들이 혹시 그 뜻을 이해하지 못하는지 혹시 다른 의견이 있다면 기탄없이 의견을 내라고, 자신이 청하는 답변에 맡길 필요는 없다고, 밤을 새워가며 논의해 새벽에 마치는 일도 결코 마다하지 않았다. 다이묘들이 그날은 침묵하며 논란을 만들지 않다가 후일에 이르러 이견을 내

17 미일수호통상조약日米修好通商條約. 이는 가에이嘉永 7년(1854년)의 미일화친조약日米和親條約이 아니라 그 이후에 체결한 통상조약이다.

면 그것은 면종복배面從腹背 행위로서 절조를 지키지 못하는 일이라고까지 간곡히 설득했다. 그럼에도 서글프게 다이묘의 과반수는 이와세의 연설로도 충분히 이해하지 못하며 그저 바쿠후를 물러났다. 그리고는 아니나 다를까 돌아간 이후에 번사藩士와 가신家臣의 견해를 듣고는 반대 의견을 냈다. (『바쿠후 말기의 정치가幕末政治家』[18], 62-63쪽)

따라서 그 뒤 분큐文久 2년(1862년)에 조약문제에 관해 요코이 쇼난橫井小楠이 오쿠보 다다히로大久保忠寛에게, 일단 조약을 깬 뒤에 다시 대소 번주들을 모이게 해서 국시國是를 논의해 정하고 전국의 일치된 의견을 조정의 견해로 한 뒤에 사절을 해외로 파견해 개국의 정략을 행하자는 지론을 편다. 오쿠보가 이를 바쿠후에 설명하자 당시 쇼군 후견직後見職이던 히토쓰바시 요시노부一橋慶喜는 그 견해에 반대하는 의견을 말한다.

〈도쿠가와 요시노부〉

대소 번주들을 회동시키자는 논의이나, 그들이 혹시 시대 흐름에 적합하지 않은 어리석은 의견을 내는 경우에는 어떻게 대처해야 하겠나. 바쿠후는 되레 설득하는 수고를 해서는 안 된다. 이것이 내가 동의하기 어려운 이유다. (『도쿠가와 요시노부공전德川慶喜公傳』)

18 福地櫻痴, 『幕末政治家』, 民友社, 1900

총명한 도쿠가와 요시노부도 이때에는 오히려 열번회의 반대론이었다. 그런데 게이오慶應 2년(1866년) 8월 요시노부가 「죠슈 정벌長州 征伐」[19]을 위한 쇼군將軍 대리인으로서의 출정에 사의를 표한 상주上奏의 한 구절을 보면 거기서는 입장이 다르다. 그는 "급히 번들을 불러 모아 전망에 관해 주의 깊이 들어 이해득실을 논하여 정한 뒤에 천하의 공론公論으로 귀착된 것을 가지고 진퇴를 결정해야 마땅할 것입니다."라는 식으로 말한다. 이때는 열번회의에서 진퇴를 결정한다고까지 진언하는 것이다. 아주 심하게 표변한다. 당시 소문에 의하면 요시노부는 일단 대리인으로서의 출정을 명받지만 바쿠후군의 패배 소식에 비관적이 되어 출정을 그만 둔 것이다. 그런데 책임회피의 구실로 열번회의론을 생각해 낸 것이라 한다. 그 설의 당부야 여하튼 간에 열번회의론이 나온 것은 확실히 시대 흐름이었다. 도쿠가와德川 초기라면 이런 설은 도저히 꿈속에서조차 불가능한 것이다.

분큐 2년 조정은 새롭게 국사담당직國事御用掛을 설치해 황족인 친왕親王과 공경公卿 중에서 인재를 등용해 국정을 논의하게 한다. 그리고 다이묘들의 중의를 듣기 위해 신하들도 의견이 있으면 진언할 수 있다는 분부가 내려진다. 이후 가끔 열번회의를 소집하게 한다. 하지만 '왕정복고王政復古'의 고고쇼小御所 어전회의[20]를 끝으로 열번회의론은 점차 「상원上院」이라는 이름에 묻히게 된다.

19 교토京都에서 친 바쿠후 세력과 시가전을 벌인 사건인 「긴몬禁門의 변變」을 일으킨 죠슈번長州藩에 대한 처분을 하기 위해 에도바쿠후가 1864년과 1866년의 2회에 걸쳐 죠슈번의 영토로 병력을 출동시킨 사건

20 고고쇼는 교토 고쇼 내의 한 전각. 이른바 「고고쇼회의」는 바쿠후 말기인 1868년 1월 3일 「왕정복고 대호령王政復古の大號令」을 발한 최초의 국정회의다. 대정봉환을 행한 도쿠가와 요시노부의 관위 사퇴 등도 결정해 사실상 왕정복고를 이룬 장소다.

제2절 상설 회의

분큐 2년 사쓰마번의 시마즈 히사미쓰島津久光가 칙사를 올려 바쿠후에 개혁을 요구한 유명한 「삼사책三事策」[21] 중에 "바다에 접한 5개국의 번주를 5대로大老로 하여 바쿠후의 정치幕政에 참여하게 한다."라는 것은 상설기관으로서의 열번회의론의 맹아다. 또 히사미쓰의 바쿠후 정치개혁에 관한 의견 중에도 "10만 석 이상 30만 석 이하의 다이묘 8명에게 외국사무를 위임해 작은 업무는 전결시키도록 한다."라고 한다. 이 해에 별도로 죠슈번의 모리 요시치카毛利慶親가 조정에 올린 6개조의 질의서 안에 "쇼군이 교토에 올라가면 다이묘들이 참렬하는 성대한 의식을 거행해 공무公武를 영구히 지속시키는 토대를 열어야 한다."라는 조항도 있다.

이 무렵 사쓰마 번사 다카사키 이타로高崎猪太郎는 마쓰다이라 슌가쿠松平春嶽에게 "'영웅호걸이라 이름 붙은 자'는 한 사람도 빠짐 없이 조정에 모아 함께 정사를 토의하는 것이 중요하다."라고 말하면서 시마즈 히사미쓰를 평의評議에 참석시킬 것을 권고한다.

게이오 3년(1867년) 2월 6일 프랑스 공사 로슈L. Roches와 요시노부가 오사카大阪성에서 회합해 나눈 담화 중의 다음과 같은 부분도 상설 열번회의론으로 의회론에 가까운 것이다.

> 각국 모두 재상에게만 정사를 맡기는 것이 충분치 않아 정치를 천하의 인민에게 맡기는 것입니다. 우리 나라에서는 제후를 편성해 정부에서 정사를 논의시키는 것으로 운용함이 마땅합

21 시마즈 히사미쓰가 1862년 정치개혁을 위해 바쿠후에 낸 요구사항으로 연해의 사쓰마, 죠슈, 도사 등 5개 번으로 구성된 5대로大老 설치 외에도, 쇼군의 상경, 히토쓰바시 요시노부一橋慶喜를 쇼군후견직將軍後見職으로 두는 등의 건의인데, 채택되어 개혁에 반영된다.

니다. 이전에는 제후들이 각각 뿔뿔이 있는데 가능한 한 선조가 남긴 법을 회복해 운용하면서, 제후들 중에 3분의 1로 정사를 평의하도록 하고 계속 교대하면서 정부에 머물게 하여 운용하는 것이 마땅합니다.

임시회의라면 모든 다이묘의 의견을 들어야 하지만 상설기관으로 한다면 그렇게 하기는 어렵기에 다이묘의 대표자를 순서대로 내자는 것이다. 이는 당시로서는 급히 이루어질 수 없기에 사실상 몇몇 번을 대표로 한다는 것보다는 오히려 몇몇 번이 자기 번론에 따르게 할 수 있는 실력을 지니는 것 혹은 다른 몇몇 번의 의견이라면 동의할 수 있다고 승인시킬 수 있는 명성과 인망을 가지는 것 즉 유력한 큰 다이묘들을 모아 그 의견을 듣는다는 것이 당시로서는 가장 타당성을 지닌 논의였다.

게이오 3년(1867년) 5월 교토의 니죠二條성에서 회의가 성립하고 히토쓰바시 요시노부가 에치젠越前 번주 마쓰다이라 슌가쿠, 도사土佐 번주 야마우치 요도山內容堂, 우와지마宇和島 번주 다테 무네나리伊達宗城, 사쓰마薩摩 번주 시마즈 히사미쓰에게 조정회의에 참석할 것을 명해 천황을 배알할 수 있게 한다. 이는 열번회의론의 조정에서의 상설적 실시인 것이다.

여기서 열번회의와는 별개로 연방조직적聯邦組織的 의견이 있다. 그것은 분큐 2년 다케우치竹內 시모쓰케노카미下野守[22] 일행을 유럽에 파견했을 때 수행원 후쿠자와 유키치福澤諭吉가 다이묘를 모아 독일연방처럼 하면 어떻겠느냐는 의견을 발표한 것이다. 보통의 열번회의보다도 연방적이라는 점에서 후쿠자와의 뛰어난 세계적 지식이 보인다. 그럼에도 근본은 열번을 그대로 두고 그 위에 어떤 식

22 시모쓰케下野는 지금의 도치기栃木현 지역. 카미守는 고대 이래 지방행정단위인 구니國의 지배를 위해 중앙에서 파견한 행정관인 고쿠시國司의 한 관직명

으로 분식해 낸 방법에서 새로운 맛이 있을 뿐이다. 핵심은 열번회의론의 범주에 속할 하나의 방계론에 그친다 할 것이다.

제3장 상하양원론

제1절 의회사상의 이입

이런 정세에서 종래 겨우 구두로만 전해지던 네덜란드어 지식이 비교적 보급되지만, 그것은 국민 중의 극히 작은 부분에 해당되는 것이었다. 그런데 이 무렵 중국에서의 서구인의 문화선전사업이 착착 진행되어 많은 유익한 한문 저서가 출판된다. 그에 따라 중국인의 저서도 역시 많이 출판된다. 당시 일본의 지식계급이라면 전부 한학자였기에 다행히도 이들 저서를 앞다투어 읽고 일본에도 이를 번역한 것이 적지 않다. 이로써 점차 구미의 의회제도도 일본에 소개된다.

분세이文政 10년(1827년) 아오치 린소靑地林宗가 바쿠후의 명을 받들어 네덜란드 서적을 번역해 『여지지략輿地誌略』을 탈고하는데, 把爾列孟多(파루레멘토) 昆蒙斯(콘몬스)[23]라는 설명이 있다. 이것이 아마도 구미의 의회정치를 소개한 가장 이른 것 중의 하나일 것이다. 더욱이 〈아편전쟁〉이 일본인을 자극한다. 성현의 나라, 이상의 나라, 중화의 나라로 숭앙해 마지않던 한토漢土가 오랑캐蠻夷라고 할 영국에 패한 것은 참으로 청천벽력이다. 이 때문인지 일본 조야朝野 지식

23 의회의 발상지 영국에서 의회는 parliament라 하고, 그 중 상원은 the House of Lords 그리고 하원은 the House of Commons라고 하는 것에서 알 수 있듯이 파루레멘토와 콘몬스는 팔러먼트와 커먼즈를 지칭한다.

층의 관심은 그에 집중된다. 그래서 구미에 관한 지식은 부지불식간에 스며들기 시작한다.

청淸의 다오구앙道光 21년(1841년) 첸펑헝陳逢衡이 지은 『영국기략暎咭唎紀略』의 책판을 본보기로 가에이 6년(1853년)에 아라키 겐노신荒木謇之進이 다시 번각飜刻[24]한 책 중에 '吧哩滿(파루리멘토)'의 설명이 있다. 가에이 7년(1854년) 마사키 게이소正木鷄窓가 원래 미국인 브리지맨E. C. Bridgman이 저술한 『해국도지海國圖志』를 일본어로 번역해 『미국총기화해美理哥總記和解』라는 제목으로 출판한 책 안에 '의사각議事閣, 선의처選議處'라고 하는 의회에 대한 통속적 설명이 있다.

마찬가지로 『해국도지』를 미쓰쿠리 겐포箕作阮甫와 시오노야 도인鹽谷宕陰이 공동으로 훈점을 붙여 출판한 책에는 '팔러먼트巴厘滿衙門', '신사회紳士會', '오작경신지회五爵卿紳之會'에 관하여 상세히 서술하고 있다. 이보다 앞서 고카弘化 2년(1845년) 미쓰쿠리 쇼고箕作省吾가 지은 『곤여도식坤輿圖識』에는 '상청上廳, 하청下廳', 가에이 3년 미쓰쿠리 겐포의 『팔굉통지八紘通志』에는 '상정성上政省, 하정성下政省'이라고 하고 있다. 만엔萬延 원년(1860년) 미국인 리처드 웨이R. Q. Way 의 『지구설략地球說略』을 미쓰쿠리 겐포가 번각한 책에는 '의사공당議事公堂'이 그림까지 곁들여져 설명된다.

게이오 2년(1866년) 야나가와 슌산柳河春三이 제임스 렉J. Legge의 영한대역 『지환계몽智環啓蒙』을 번각하는데 이 책에는 '공후원公侯院, 백성원百姓院'이라는 역어를 사용한다.

안세이 5년(1858년) 이와세 다다나리岩瀨忠震가 뮤어헤드W. Muirhead의 『지리전지地理全志』를 번각하는데 여기서는 '작방爵房, 천신방薦紳房'이라 한다. 분큐 원년(1861년) 뮤어헤드의 『영국지英國

24 기존의 책이나 원고를 목판이나 활판으로 새롭게 판을 새겨 간행하는 것

志』를 나가토온치사長門溫知社에서 번각한 것에는 '팔러먼트巴力門議會. 상원上院. 하원下院'에 대한 상세한 설명이 있다.

분큐 2년 영국인 맥고완J. Macgowan이 발행한 『쥬가이잡지中外雜誌』를 바쿠후의 반쇼시라베쇼蕃書調所[25]에서 번각한 것 중에는 '공후원公侯院, 신사원紳士院'이라 하고 있고, 홍콩신문香港新聞에는 '의율관議律官'이라 하고 있다.

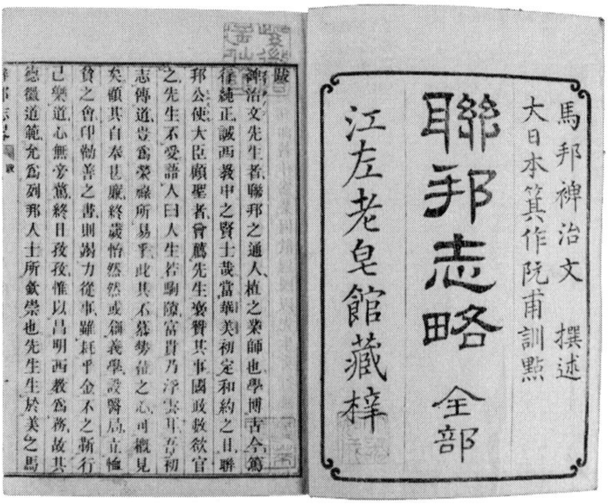

〈연방지략〉

또한 분큐 원년의 브리지맨의 『연방지략聯邦志略』을 미쓰쿠리 겐포가 번각한 것에는 '공의당公議堂'의 그림이 있고 '국회國會. 원로원元老院, 신동원紳董院'이라고 되어 있고, 같은 해의 『영환지략瀛環志略』을 번각한 것에는 '공국公局, 공회소公會所, 작방爵房, 경신방卿紳房, 의사당議事堂, 의사소議事所'에 대한 설명이 있다. 겐지元治 2년(1865년) 발행된 가이가이海外신문에는 '상평정소上の評定所, 하下평정소', '대大평정소'라고 하고 있다.

25 1856년에 발족한 에도 바쿠후 직할의 양학연구교육기관으로, 양학의 교육과 양서 및 외교문서의 번역 등을 위해 설립한 기관이다.

게이오 원년(1865년) 미국인 딩웨이량丁韙良(윌리엄 마틴W. Martin)의 『만국공법萬國公法』을 바쿠후의 반쇼시라베쇼에서 번각한 것에는 '상방上房, 하방下房'이라는 역어가 있다. (상세한 것은 졸저 『유신전후에 있어서의 입헌사상維新前後に於ける立憲思想』을 참조했으면 한다)

이상은 바쿠후 말기의 정체政體 관계 서적들을 약술한 것인데, 여하튼 봉건이 엄존하는 사회에서는 그 설이 용이하게 일반인의 두뇌에 들어오기 어려웠음은 상상하기 어렵지 않다. 하물며 농민百姓과 도시 상공인町人을 노예시하는 무사士人계급의 다수에게 사민四民[26]을 기초로 한다는 대의정代議政이라는 것은 원리조차 이해하기 힘들고 어려웠을 것이다. 그럼에도 시대의 흐름이라는 큰 파도는 시시각각으로 넘쳐와 드디어 해외 의회를 방청하게 만드는 기운을 양성한다.

26 전근대에 신분과 직업에 의해 나눈 사士·농農·공工·상商 네 계급의 총칭. 모든 계층의 사람 즉 국민 등을 의미

제2절 의회설치 논의

〈사카모토 료마〉

게이오 3년(1867년) 삿쵸薩長 연합이 형성되어 바야흐로 무력으로 바쿠후를 넘어뜨리려 한다. 이에 바쿠후의 책사들이 수완을 발휘해 삿쵸를 제압하려 한다. 전운이 감도는 때에 도사번이 갑자기 대규모의 신운동을 일으킨다.

세상에 널리 알려진 사카모토 료마坂本龍馬의 팔책八策[27] 중에는 '상하의정소上下議政所', '제후회맹諸侯會盟'이라는 항목이 있다. 이것이 번론藩論이 된 것을 보건대, 우선 다음과 같은 항이 있다.

> 상하의정국上下議政局을 설치해 의원議員을 두고 정치적 중대사에 참찬參贊하게 하여 공의에 따라 결정해야 한다는 것.

그것이 수정 없이 삿쵸맹약盟約이 된다.

의사원상하議事院上下를 나누어 의사관상議事官上은 공경公卿에서부터 하下는 이를 보좌하는 신하와 서민庶民에 이르기까지 정의롭고 순수한 자를 선거하고 동시에 제후도 스스로 그 직무범위에서 상원上院의 역할이 된다.

27 선중팔책船中八策. 도사번을 탈번한 사카모토 료마가 바쿠후 말기 게이오慶應 3년(1867년)에 신국가체제의 기본방침을 기초한 것. 사카모토가 교토에 있는 전 도사 번주 야마우치 요도山内容堂에게 대정봉환론大政奉還論을 진언하기 위해 나가사키長崎를 떠나 교토로 가는 선상의 고토 쇼지로後藤象二郎에게 구두로 제시한 것을 가이엔타이海援隊의 나가오카 겐키치長岡謙吉가 글로 옮겼다고 한다. 최근 조사에 의하면 다른 설도 있기는 하다.

그것이 마침내 유명한 정권봉환 건백建白[28]이 된다. 즉 건백 중의 다음과 같은 한 조항이 된다.

> 의정소상하議政所上下를 나누어 의사관은 위로는 공경에서부터 아래로는 이를 보좌하는 신하와 서민에 이르기까지 정명순량正明純良한 인사士[29]를 선거해야 한다.

도사번의 의회론과 관련해 논해야 할 것은 바쿠후 측의 의회론이다. 그런데 도사번의 그것은 세상에 널리 알려진 반면 바쿠후 측의 그것은 거의 세상의 기억에조차 남아있지 않다.

바쿠후가 아무리 쇠퇴했더라도 지식층 인사가 전혀 없는 것은 아니다. 또한 세계의 대세에 대한 지식이 반드시 각 번보다 뒤떨어진 것도 아니다. 아니 오히려 한 걸음 앞선다고도 말할 수 있다. 의회론뿐만 아니라 모든 제도적 기구에 관해서도 전해야 할 많은 업적이 있다. 그런데도 죄다 인멸해 사람들이 아는 바 없게 된 것은 왜일까. 말할 필요도 없이 예부터 항상 반복되듯 패자가 뒤집어쓰는 비애인 것이다.

바쿠후의 가신 오쿠보 다다히로大久保忠寛는 분큐 2년(1862년) 봄에 "대소 공의회를 설치해 대공의회大公議會는 전국에 관련된 사건을 논의하고, 소공의회는 지방에 국한된 사건을 논의하는 곳으로 한다."라는 설치 건백을 당시의 정사총재政事總裁 마쓰다이라 슌가쿠에게 올린다.

28 정부나 상위관청 등에 대한 의견주장이나 진언. 건의나 건언과 거의 같다.

29 '士'는 사무라이侍 즉 사족士族 계급을 의미하지만, 위 경우의 '士'는 근대적인 정체론에서 언급된 것이기에 해체되어 가는 봉건체제의 무사를 의미하는 사족에 한정된다고 보기는 어렵고, 문맥상으로도 학식과 인품을 겸비한 식자층을 말한다고 보이기에 보편적인 범주의 '인사'로 번역한다.

이에 대한 바쿠후 담당자의 반향은 명확하지는 않지만, 『재몽기사再夢記事』[30] 분큐 2년 5월 부분에, "정사당政事堂을 열고 높으신 분도 때때로 임하게 하는 유사회의有司會議에서 평의를 하는 것입니다."라는 기록이 있는 것으로 보아 바쿠후 담당자 사이에서도 다소 이에 공명하는 사고가 있었음이 확인된다.

겐지 원년(1864년) 사쓰마번의 요시이 도모자네吉井友實가 오쿠보 도시미치大久保利通에게 보낸 편지의 한 구절에서는, "오쿠보 엣슈大久保越州, 요코이横井, 가쓰勝 등은 논의하기를, 긴 노정에 걸쳐 정벌하여 바쿠후 관리들의 죄를 묻고 천하의 인재로 공의회公議會를 설치해 여러 사람들이 그 회합에서 바라는 바를 주장하고자 신속히 의견을 내면 그 공론을 가지고 국시를 정해야 합니다."라고 한다. 오쿠보 엣슈는 오쿠보 다다히로, 요코이는 요코이 쇼난横井小楠, 가쓰는 가쓰 아와勝安房다. 이 무렵이 되어서는 바쿠후의 관리들 사이에도 의회론이 상당한 세력을 점하고 이런 사실이 사쓰마번에까지 알려져 있다는 것이 추측되는 대목이다.

게이오 3년(1867년) 11월 쇼군 요시노부의 정무고문이라 할 수 있는 니시 슈스케西周助(아마네周)는 열번회의에 관한 책을 기안한다. 그에 첨부된 「의제복고議題腹稿」는 실로 당당한 헌법 초안이다. 먼저 서양 제도에서는 법을 세우는 권력權[31]과 법을 행하는 권력과 법을 지키는 권력으로 구별된다고 설명한다. 그래서 황궁의 권리禁裏之權(천황의 권리), 정부의 권리政府之權, 다이묘의 권리大名之權 즉 의정

30 후쿠이福井 번주 마쓰다이라 슌가쿠松平春嶽의 가신인 나카네 유키에中根雪江의 수기. 안세이安政 5년(1858년) 7월부터 분큐文久 2년(1862년) 4월에 이르기까지 바쿠후가 슌가쿠를 기용해 대정大政에 참여시킨 때 이후부터의 조정 내 소식 등을 전하는 등 천하의 대세를 간략하게 기술했다.

31 여기서는 '권權'이라 하고, 곧이어 천황의 '권리權利'라고 표현하지만, 이 권權은 입헌적으로 분립된 권력을 의미하기에 권리보다는 권력이라 번역하고, 천황의 권리처럼 필자가 권리라고 표현한 것은 부득이 그대로 권리라고 한다.

원議政院의 권력 등으로 상세히 규정하고 헌법 규정은 모두 망라한다.

게이오 4년(1868년)에는 가토 고조加藤弘蔵(히로유키弘之)의 『입헌정체략立憲政體略』이라는 책이 출판된다. 또한 의회를 시도한 '공의소公議所'가 에도江户에 설치된다. 이들에 관해서는 뒤에 서술할 것이다. 그해 4월 간다 다카히라神田孝平는 쥬가이中外신문에 「에도시중개혁방안江户市中改革仕方案」이라는 제목으로 에도 시민의 총대회의總代會議[32]를 열고 총대는 입찰入札해 뽑아야 한다고 투고한다. 바쿠후의 가신 오토리 게이스케大鳥圭介는, 게이오 2년(1866년)에 비로소 채용되므로 아직 바쿠후의 가신이라 할 만하기도 전인 메이지明治 원년(1868년)의 건언에서 '상하양등 평의관上下兩等の評議館'을 설치해야 한다고 주장한다.

〈니시 아마네(슈스케)〉

다음으로 에치젠越前번에 대해 기술하자면 에치젠번에서 가장 손꼽아야 하는 건 하시모토 사나이橋本左内다. 사나이는 안세이安政 시기 무렵 『서양사정사西洋事情史』에서 서구 의원정치議院政治를 소개하고, 서양 입헌정신을 본받아 10만 석 이상의 다이묘를 의원議員으로 하여 회의를 열고 쇼군將軍을 의장 자리에 두자는 의견을 낸다. 분큐 2년(1862년) 에치젠 번주 마쓰다이라 요시나가松平慶永가 바쿠후의 정치총재總裁가 된다. 그때 요시나가의 빈객으로 보좌하며 가장 힘을 쓰던 요코이 쇼난은 방책을 건의하면서 '언론을 크게 여는 천하를 위한 공공의 정치'를 논한다. 또한 요시나가는 「호표변혁비고虎豹變革備考」라는 수기에 다음과 같이 적고 있다.

32 총대는 어떤 단체나 집단에 관련된 자 전부의 대표 혹은 대리인이므로 총대회의는 대표자 회의

천하공공의 논의를 하여 이를 이용하는 것으로는 '파루리몬巴力門, 콘몬스高門士' 즉 상원하원上院下院을 들지 않으면 안 된다. 만주청국과 일본滿淸日의 제도는 스스로 권력을 정부에 장악시켜 마음대로 상벌하고 사람을 임명하고 내치는 것이나, 서양제국의 역사를 보면 파루리몬, 콘몬스가 있어 나라 안의 정사를 공공의 논의에 올려 상벌하고 임면하게 하여, 영국의 왕이나 프랑스의 황제라 하더라도 관직을 주거나 뺏는 일도 자유롭게 할 수 없다. 이제 일본의 제도도 변혁을 이루어 파루리몬과 콘몬스를 에도에 창건해 파루리몬은 바쿠후의 신하 또는 제후로 구성하고, 콘몬스는 각 번에서 유명한 자로 해야 한다. 혹은 파루리몬을 제후의 번사로 회합시키고 콘몬스는 농민, 도시 상공인 또는 일반서민을 참가시키는 것도 하나의 방법이 될 수 있다. 그래서 천황이나 쇼군이라도 이러한 공공의 논의에 관해서는 뒤흔들 수 없다. 조정이 천하의 정사를 바쿠후에 위임해 조정의 명을 받들면서 예부터 이어져 온 제도를 고치는 일이 없다면 바쿠후의 죄가 더욱 무거워진다. 따라서 천하 공공의 논의를 구하는 데는 파루리몬이나 콘몬스를 들지 않으면 안 될 것이다.

앞서 본 요코이 설의 영향을 받아 그 무렵 기초한 듯하다.

분큐 3년(1863년)에 에치젠번은 열번회의를 소집해 국시를 정하자고 논의하고 이를 정치적 평의로 결정하자마자 각 번에 사자를 보낸다. 게이오 3년(1867년) 요코이는 건백하여 '의사원議事院. 상원上院. 하원下院'에 관한 논의를 주장한다. 같은 해 5월 우에다上田 번사 아카마쓰 고사부로赤松小三郎는 슌가쿠에 대한 건언에서 '의정국議政局, 상국上局, 하국下局'에 관한 논의를 기술한다. 또 사쓰마번에 있던 사가네 료키치嵯峨根良吉는 게이오 2년 5월 시대 흐름에 따른

개정을 요하는 여러 건을 건의하는데, 거기서 '의정국, 상하2국上下二局'의 설치를 주장한다.

이 무렵 사쓰마번에 있던 프랑스인 몽블랑C. Montblanc은 상하양원제를 사쓰마 번사에게 설명한다. 사가佐賀에서는 소에지마 지로副島二郎(다네오미種臣), 오쿠마 하치타로大隈八太郎(시게노부重信)가 나가사키長崎에서 페어벡Guido Verbeck으로부터 미국 헌법의 대강을 배워, 게이오 3년 고토 쇼지로後藤象二郎와 만나 '대정봉환大政奉還과 의사원議事院'에 관해 이야기한다. 이듬해 윤4월 오키 민페이大木民平(다카토喬任), 에토 신페이江藤新平는 번론이라고 참칭해 올린 건백 안에서 "요시노부에 대한 처분은 상하양원의 논의에 부쳐 공론으로 정해야 한다."라고 주장한다.

〈고토 쇼지로〉

그렇게 시대의 흐름이 진전하면서 마침내 바쿠후의 정권봉환이 된 것이다. 이를 사상의 측면에서 관찰한다면 한학자 계통의 열번회의 즉 「공의여론설」과 양학자 계통의 「의회론」과 국학자國學者 계통의 「왕정복고론王政復古論」이 모여 유신 대업을 이뤄가는 것이다. 이렇게 사상이 서로 다름으로 인해 순수 복고론자에서 열번회의론자, 의회론자도 보게 되고, 바쿠후 지지파로 간주되기도 한다. 환언하면 복고론자는 근본적 개조론자인 반면 공의여론파는 어떤 의미에서는 현상유지론이기에 오히려 공무합체설이 진화한 것이라고 간주된다. 의회론은 독립적 세력이 없이 공의여론파에 의해 그 설을 유지한 것에 지나지 않았다. 열번회의설을 채택하면 실제 권력은 열번列藩에 귀속되기에 공경파公卿派는 이를 좋아하지 않았다. 그래서 별도로 국학파 계통의 복고론에 의거하면서 그 밖의 다른 파는 바쿠후 지지인 것으로 간주했다. 다만 이들 3

파는 바쿠후의 현 상태에 만족하지 못한다는 점에서는 모두 일치된 보조를 유지함으로써 일거에 유신 대업을 이루게 된 것이다.

제3절 대정봉환과 의회론

바쿠후 말기의 국론은 요약하자면 바쿠후를 무너뜨릴지 말지의 논의로 귀결된다. 상세히 말하면 조정을 주로 하면서 바쿠후를 무너뜨려야 할지 혹은 바쿠후를 주로 하면서 조정의 실권을 빼앗아 바쳐야 할지에 있다. 즉 현상타파론인지 현상유지론인지의 문제다. 혹은 우익과 좌익[33]이라는 말을 사용할 수도 있다. 그러나 이렇게 절박한 경우에도 정국의 일시적 안정책으로서 타협설은 늘 세력을 얻는다. 바쿠후 말기의 「공무합체설公武合體說」이 그것이다. 그러나 타협설은 늘 그렇듯 영속성을 결한다. 결국 현상유지파의 색채가 가장 농후해지면서 정변의 절박함과 함께 대부분은 현상유지파로 달려가고, 좌익은 현상타파론자가 되는 게 상례다. 바쿠후 말기의 상황 흐름은 요약하자면 이들 3파 세력의 성쇠다. 그런데 바쿠후 타도론자도 바쿠후를 무너뜨리는 목적을 이룬 후에 과연 정국을 어떻게 수습해야 하는지에 관해서는 명확한 입장을 가지고 있지 않았다. 3파 중에서도 가장 좌익은 그저 파괴가 있을 뿐이다. 파괴 뒤에 스스로 건설이 있어야 한다는 극단론 같은 입장은 잠시 차치해 보더라도, 바쿠후 타도 한길로 매진하는 것에만 보조를 하나로 할 뿐이지 정국에 대한 경

33 좌익이나 좌파는 정치적으로는 통상 평등사회를 지향하면서 사회변혁을 지지하는 급진적, 폭력적, 혁명적 정치세력을 지칭한다. 따라서 사회주의, 공산주의, 무정부주의 등등이 그에 속하지만 급진론자나 혁명파를 좌익이라고 부르는 것도 흔하므로 여기서도 현상타파론의 무력武力성, 급진성이라는 점에 주목해 좌익이라 표현한 것이다.

륜 있는 방책을 가진 건 아니었다. 바쿠후를 무너뜨리는 것은 봉건제도를 무너뜨리는 것이기에 각 번도 같이 무너지는 것이지만 바쿠후 타도파는 이렇게는 생각하지 않았다. 바쿠후를 타도해 정권을 조정에 되돌려, 조정 아래에서 각 번이 정령을 받들게 되는 것이 이상이다. 번은 여전히 존재해야 한다는 것으로서의 바쿠후 타도 운동이다. 이렇게 된다면 호죠北條 대신 아시카가足利를 내고[34], 도쿠가와德川 대신 삿쵸薩長를 내는 것 같은 두려움이 있었다. 이는 공경파公卿派를 주로 한 반삿쵸파의 우려였다. 단순한 삿쵸에 대한 반감과 질시라든지 바쿠후 측의 선전에 의한 것만이 아니라 진지한 정치론이었다.

실제로 「대정봉환大政奉還」 이후의 정국에 직면한 기도 다카요시木戸孝允는 수기에서 다음과 같이 말한다.

> 보신戊辰 년에 후시미즈伏水[35] 전쟁 이래 번들이 교토로 몰려들어 수많은 논의가 쏟아져 나왔다. 그들은 혹은 양이攘夷를 말하고 혹은 개국을 말하고 혹은 쇄국을 말한다. 그리고 3가

34 1180년 거병해 타이라 일족平家를 무너뜨리고 가마쿠라 바쿠후鎌倉幕府를 세운 미나모토노 요리토모源頼朝가 첫 쇼군將軍이 된다. 바쿠후 정치에서는 합의기관인 효죠슈評定衆가 정치를 주도하는데 요리토모의 처가이자 요리토모를 도와 바쿠후를 세우는데 협력한 호죠北條 가문은 싯켄執權을 배출하며 요리토모 당대에는 물론이고 사후에도 실권을 장악한다. 그런데 요리토모 사후 호죠씨는 미나모토源씨의 명문 혈통인 아시카가足利씨 즉 요리토모와는 친족관계로서 미나모토씨의 여러 일족 중에서도 요리토모에 가장 가까운 혈통이자 요리토모가 바쿠후를 세울 때 가마쿠라에 불러들인 아시카가씨를 자신의 진영에 가담시켜 지위를 강화한다. 아시카가씨도 호죠씨 출신의 처를 맞이하는 것으로 호죠의 실권 아래서 권력을 유지한다. 그런데 1333년 고다이고後醍醐 천황이 가마쿠라 바쿠후의 지배에 반발해 거병하자 많은 고케닌御家人이 천황 지지 쪽으로 돌아서고 호죠의 명에 의해 토벌을 명받은 아시카가 다카우지足利尊氏가 이끄는 토벌군도 바쿠후를 배반해 천황을 지지한다. 이로서 가마쿠라 바쿠후는 멸망하고 고다이고 천황은 이른바 「겐무신정建武の新政」을 실시한다. 하지만 결국 고다이고 천황까지 배신한 아시카가 다카우지가 1338년에 바쿠후를 세우고 쇼군이 된다. 이후 1573년까지 일본을 지배한 이 바쿠후의 3대 쇼군인 아시카가 요시미쓰足利義滿가 교토의 무로마치에 공관을 마련하면서 무로마치 바쿠후室町幕府로 불렸다.

35 〈보신戊辰전쟁〉의 전장이었던 교토 남부 후시미伏見의 옛 다른 지명

지 논의 안에 또다시 갖가지 파당이 나타나고 그들 모두 국론이라고 외치고 번론이라고 주장한다. 천하가 떠들썩한 분란 상황에서 도호쿠東北의 전쟁을 끝내고 번들은 나라에 관하여 서로 자기만의 방식을 주장하고 병력을 양성한다. 죠슈長州는 사쓰마薩摩와 비견되고 도사土佐는 히젠肥前과 다투어 각각 한 구석에서 할거하면서 눈을 그저 내지에만 주목해 이미 국가적인 큰 근심이 눈앞에 닥친 것을 알지 못한다. 이때는 조정의 도리를 추측케 하는 게 있더라도 아무리 해도 추측할 수 없음을 알 것이다. 이런 황국의 큰 불행 즉 만민의 큰 불행은 일찍이 없었던 것이라 말할 수 있다. 오늘날의 시급함을 논하고 앞길의 큰 전략을 정하려 한다면 생각건대 7백 년을 이어온 구폐를 단번에 씻어버리고 황국을 통일하게 하는 게 아니면 황국을 유지해 만민을 편안하게 할 수 없다. 그로 인해 괴로움을 이겨내려 애태우는 데 하루도 편안할 날이 없다......

형식뿐이라도 바쿠후가 존재하던 때에는 통제력이 있었지만, 이미 바쿠후가 명실 공히 망해서 중앙의 통제력이 없어지고 이를 대신할 새로운 통제력이 생겨나지 않아 번들은 멋대로 행동한다. 이것이야말로 「황국에 일찍이 없었던 큰 불행」을 초래했다. 정국 불안정이 제2의 도쿠가와를 낳을 것이라는 뜬소문도 전혀 근거 없는 설은 아닌 듯 생각된다.

더욱이 공경 쪽의 의견은 히가시쿠제미치토미東久世通禧의 『치쿠테이회고록 유신전후竹亭回顧錄維新前後』에서 보듯이 다음과 같다.

당시는 구습악폐가 많아 이름은 혁신의 정령政令이라지만 실은 대단히 난처한 것뿐이었다. 그래서 일차적으로 아래와 같이 건의했다. 당시 세상에는 죠슈가 조정을 옹립하고 도쿠가와를 무너뜨린다든가, 사쓰마가 만사를 잘 처리한다든가, 심지어는 천하는 죠슈가 가지나 사쓰마가 가지나라든가, 반드시 두 번 중에 쇼군이 되는 자가 나올 거라는 소문이 퍼져 있었다. 이것이 용이한 일이 아니어서 사람들의 마음에 의혹이 일어 번들의 생각도 이반할지 모르기에 서둘러 번들을 모아 천황이 친히 동족을 정벌하라고 주의를 주고 달래면서 제후들이 연서한 선서를 바치게 하는 형식을 갖춰 정정당당히 천황의 깃발을 간토關東에 내리시는 게 좋다. 또한 정치는 모두 공론에 의해 사적인 것을 배제하고 시행해야 한다는 그런 것들을 주장했다……

이런 논의는 물론 그런 정국에 직면하기 전부터 나타난 것이다. 여기서 바쿠후의 정치조직에 관해 조금 기술하지 않으면 안 된다. 바쿠후의 정권을 빼앗아 조정에 되돌려 바치는 즉 바쿠후 타도를 하더라도 또한 바쿠후가 임의로 정권을 봉환하더라도 요컨대 집을 비워줘야 할 중앙정부가 없다. 오늘날과 같은 내각 교체와는 다른 것이다. 바쿠후는 자기 집 즉 도쿠가와 씨의 병력과 재력으로 천하를 지배했다. 조금 실례인 듯하지만 장쭤린張作霖[36]이 자신의 병력과 재력으로 중국을 통일하려 했던 것과 닮았다. 도쿠가와 씨의 병력과 재력은 흔히 말하기를 간토 8주州 8백만 석과 하타모토旗本 8만 기병이다. 이 간토 8주와 8만 기병은 정권을 얻어서 주어진 게 아니다. 도쿠가와 씨가 천하를 얻은 자天下人가 되기 전에 이미 도요토미 히데요시豊臣秀吉에 의해 부여된 것이다. 8만 기병은 스스로 양성한 것이

36 장쭤린(1875-1928년)은 중화민국中華民國 초기의 정치가로서 북양군벌北洋軍閥의 흐름을 이어받은 펑톈파奉天派의 총수다. 대표적 군벌로서 후에 동삼성東三省의 통치자가 된 장쉐량張學良 등의 부친이기도 한데 1928년 펑톈奉天 부근의 승차 중인 열차에서 폭살당한다. 폭살의 배후는 관동군이라 알려져 있다.

다. 흡사 시마즈島津 씨의 사쓰마 일대薩日隅[37]의 봉토와 사쓰마 무사 병력과 마찬가지다. 도쿠가와는 오히려 이런 재력과 병력이 있기에 천하의 정권을 장악한 것이다. 따라서 정권 봉환이라는 것은 필경 헛된 말에 지나지 않는다. 조정에서 정권을 빼앗거나 또는 봉환을 받는다 하더라도 이들을 장악시킬 만큼의 병력도 재력도 없다. 또한 조정이 유력한 번에 명하여 간토 8주와 8만 기병을 토벌해 멸하라고 분부하더라도 이번에는 토벌한 그 웅번雄藩[38]에 실권이 돌아가게 된다. 그것이야말로 호죠北條를 대신하는 아시카가足利 같은 것이다. 가령 그 웅번이 지성으로 충성을 다해 아시카가 같은 야심은 털끝만큼도 없더라도 실권은 물 아래 앉은 듯이 집중되는 것이다. 이래서는 모처럼 바쿠후 타도 운동을 하더라도 효과가 없다고 말하는 것이 당연한 정치론이다. 이에 대해 지성으로 충성을 다한다는 뜻을 피력하는 것만으로는 실제 정치론으로서는 불충분하다.

그렇다고 해서 바쿠후 지지론자 쪽이라도 바쿠후를 현재 상태로 유지하는 건 이론적으로든 실제로든 불가능하다. 어떻게든 개선해 바쿠후를 유지하고 싶지만 방법을 찾아내지 못하는 것이 고민이다.

이 양자의 고뇌 사이에 끼어들어 발흥한 새로운 정치론이 앞서 서술한 「상하양원론上下兩院論」이다. 이 논의와 대정봉환을 교묘하게 연결한 것은 도사번이다. 도사번의 논의는 바쿠후 타도론자에 대해서는, 바쿠후의 정권을 조정에 되돌려 바치고 조정의 친재親裁 하에 각 번이 회합해 상원을 조직하고 각 번사藩士 및 서민으로 하여금 하원을 조직하면 즉 천하의 공론으로서 정치를 행하면 12 웅번의 전

37 사쓰마薩摩, 휴가日向, 오스미大隅를 말하는데, 사쓰마는 현재의 큐슈九州 남부 가고시마鹿児島현의 서부이고, 휴가日向는 미야자키宮崎현에 해당하고, 오스미大隅는 가고시마현의 동부에 해당한다.

38 에도시대의 일본에서 경제력이나 정치력이 있어 세력이 강한 유력한 번. 바쿠후 말기 및 유신기에 활약한 웅번으로는 에치젠越前, 미토水戸, 사쓰마薩摩, 히젠肥前, 오와리尾張, 도사土佐, 죠슈長州 번 등이 있다.

횡으로 흐른다는 비난을 당할 우려는 없다고 설명할 수 있다.

또한 바쿠후 지지론자에 대해서는, 마찬가지로 전국의 중지를 모아 국론을 통일함으로써 내외의 국난을 당하게 되더라도 바쿠후의 기초는 더욱더 공고해진다고 설명할 수 있다.

도사번은 앞서 말한 타협책 즉 공무합체파의 계통에 속해 있어 바쿠후 타도, 바쿠후 지지의 양 논자 사이에 끼어들어 이런 종류의 논의를 양성하는 입장이다. 타협설은 정국의 절박함과 함께 그림자가 희미해졌기에 그 방향전환책으로써 도사번 자신을 위해서도 극히 유리한 입지를 만드는 논의다.

그래서 정권봉환 건백이 되면서 고토 쇼지로가 일대 웅변을 토한다. 고토가 설득시키고자 하는 요지는 쇼군이 적절하게 정권을 조정에 봉환하고 동시에 상하양원을 열어 스스로 의장이 되어 실권을 장악해야 한다는 것이다. 명목을 버리고 실질을 가지는 것으로 환언하면 의회설치를 조건으로 한 대정봉환론이다. 이렇게 함으로써 바쿠후 타도론자에 대해서는 목표를 상실시켜 버리고 흡사 목적을 달한 것인 양 머리가 어질어질 현기증이 나게 만들고, 바쿠후 지지론자에 대해서는 주군인 도쿠가와 종가를 평안하고 무사하도록 만들면서 실권을 얻는 등으로 안도하게 하고, 사민四民에 대해서는 전쟁의 참화를 피하고 평화적으로 정권을 주고받는다는 갈채를 얻으려 한 것이다. 도사파의 득의에 찬 독무대였다.

15대에 걸친 쇼군 중에서 가장 총명한 요시노부는 막힌 정국의 타개를 고심하던 중 자신의 뜻에 부합하는 이런 좋은 방책을 얻어 정권봉환 상주上奏를 하게 된다.

게이오 3년 10월 14일의 「대정봉환大政奉還」 상주문에는 '정권을 되돌려 바쳐 널리 천하의 공의公議를 다하여 천황의 판단을 우러러 마음을 같이해 힘을 합쳐 함께 황국을 보호할 수 있다면'이라는 구절이 있다.

이를 풀이하면 도사파의 건백처럼 정권을 봉환해 상하양원을 설치한다는 취지로 귀결된다. 더욱이 요시노부는 정무고문 니시 슈스케西周助에게 앞서 본 『의제초안議題草案』 즉 당당한 헌법憲法을 기초하게 한다. 여기서는 요시노부를 총리總理[39] 겸 귀족원의장貴族院議長으로 하고 하원해산권도 장악하는 규정까지 둔다. 그렇기에 요시노부를 단순한 정권봉환자로 보는 것은 아주 무능무책한 정치가로 취급하는 것일 뿐이다. 그런데 미묘한 정국은 도사파나 요시노부의 주문대로 가지 않았다. 일시적으로는 이런 신운동에 대해 무력토벌 일변도인 바쿠후 타도론자는 놀라기는 한다. 하지만 그 수법에 속아 넘어갈 만한 집단이 아니다. 의회론과 거리를 두면서 무조건적 대정봉환을 결의하고 게다가 구실을 만들어 무력토벌로 나아가려 한다. 도사파의 작업은 완전히 망가지고 상황이 일전해 진퇴양난에 빠진다. 즉 바쿠후 타도파로부터는 방해자로 간주되고 바쿠후 지지파로부터는 주군인 도쿠가와 종가를 파는 것으로 지목되어 완전히 궁지에 몰린다. 이러는 사이에 혹시 요시노부가 뿔뿔이 흩어진 수하의 병사를 끌어 모아 베이징北京을 벗어난 장쭤린 정도의 수완과 역량이 있다면 정국은 오히려 유리하게 전개되겠지만, 재능만 있을 뿐인 요시노부에게 이를 요구하는 건 무리한 바램이다. 정국은 벌집을 쑤신 것처럼 수습할 수 없게 되어 전쟁으로 치달으면서 의회론은 연기처럼 사라진다.

여기서는 요시노부의 정치가로서의 수완을 비평하는 게 목적은 아니다. 하지만 원래 도사번의 논의는 방책으로써는 아주 위험한 것일 뿐만 아니라 이론의 근저에 큰 모순도 있다. 즉 봉건제도의 개선보다도 오히려 개선의 외양만 꾸민 입헌제도를 채택하려 한 것이다. 이렇

39 내각제도와 그 수반인 내각총리總理대신이라는 직은 나중에 이토 히로부미에 의한 행정개혁에서 도입되는 것이지만, 이 시기에도 총리라는 말은 흔히 사용된다. 예로 초기 정당의 당수들도 총리다. 그 경우는 오늘날의 총재의 의미다.

게 도저히 양립할 수 없는 이론을 진지하게 주장하는 것은 오늘날에는 생각할 수 없겠지만 메이지 중기까지는 의결기관과 자문기관을 혼동함으로써 오래토록 잘못 이해했던 것이다. 서민을 정치에 참여하게 한다는 등의 생각은 추호도 없고 그저 자문기관으로서의 중지를 모으는 것이 의회라고 생각했다. 그래서 그것이 봉건제도 위에도 존립할 수 있다고 본 것이다. 입헌제도 즉 의회를 설치하는 것은 봉건제도를 없앤 뒤에 이루어져야 한다는 것은 당시 어떤 지식인도 사고하지 못했다.

이래서는 도사번의 방책은 정치이론으로서도 별반 효과가 없다. 그러자 건곤일척乾坤一擲의 쾌거라 할 대정봉환도 기대에 반하게 되어 도사번은 진퇴양난의 궁지에 빠진다. 이런 어려운 상황이 되자 고심해서 방안을 짜내 같은 뜻을 가진 여러 번을 규합해 「공의론설公議論說」로 바쿠후 타도파에 대응한다. 하지만 도바·후시미鳥羽伏見 전투를 분기점으로 정국은 또 급변한다. 포연이 도바·후시미의 하늘을 뒤덮자 의회론은 연기처럼 사라져 갔다. 평화론으로 마지막까지 분투한 도사번이지만 요시노부 일파의 행동으로 인해 그런 고심조차 수포로 돌아갔다. 당장은 도쿠가와가에 대해 책임이 추궁되지 않았다. 게다가 한편으로 번의 명령을 받들지 않고 이타가키板垣退助 일파가 삿쵸와 행동을 같이 한 것이 되레 다행스러운 일이 되어 나란히 사쓰마·쵸슈·도사薩長土의 세 번이라 불리게 된다. 조적朝敵[40]이라는 오명을 안고 자택에 유폐되어 근신하게 된 요시노부는 오직 천황에 대한 공순恭順[41]의 뜻을 밝히면 족할 뿐이다. 무조건적 대정봉환론은 그 뜻이 고결하고 선대 천황들의 이름을 세상에 높이 드러낸 훌륭한 일대 거사다. 그럼에도 적어도 시도로서 「공의소公議

40 천황 및 조정에 적대하는 세력

41 조정의 명령 등에 대해 경의를 표하며 따름

所」라는 의회를 설치한 것은 근세사에 잘 알려지지는 않았더라도 뛰어난 업적이다.

게이오 3년(1867년) 12월 쇼군 직속의 가신인 혼다 도시사부로本多敏三郎의 건의 안에는 '집의소集議所, 상등국上等局, 중등국中等局, 하등국下等局'이 있다. 하지만 이때는 제대로 살펴보지도 않았다. 이듬해 정월 혼다는 다시 반몬 고로伴門五郎, 아오키 헤이쿠로青木平九郎, 스나가 오토노스케須永於菟之輔, 무라노 야키치村野彌吉와 함께 마찬가지로 집의소 설치를 건의한다. 한편 이와 동시에 바쿠후의 가이세이죠開成所[42]에서는 그 직원을 주로 하면서 쇼군 직속의 가신과 각 번의 유력자들이 회합해 바쿠후를 지키기 위한 싸움에 관한 논의를 격렬하게 주고받는다. 이는 주로 전쟁론이지만 후지노 젠조藤野善蔵, 가토 고조加藤弘蔵, 간다 다카히라神田孝平 등의 회의법會議法에 관한 논의가 있어 의사칙議事則을 제정한 것은 보다 진전된 방식이다. 이런 회의는 곧바로 폐쇄되지만 요시노부는 평소의 생각에 기초해 시타라設樂 빗츄노카미備中守[43], 아베 구니노스케阿部邦之助, 니시 슈스케, 쓰다 신이치로津田眞一郎(마미치眞道), 가토 고조에게 공의소 업무담당御用取扱[44]을 명하여 입헌정체에 관한 조사를 하게 한다. 2월 9일부터 마루노우치丸の内에 있는 덴소傳奏[45]의 저택에 개소시키지만, 곧이어 관군이 에도로 내려가고 에도성을 비워주게 되어 실제 운용을 보지는 못하게 된다.

그 명칭을 「공의소」라고 한 것은 어떤 양학자들의 번역어가 혹 공

42 1863년에 설치된 에도 바쿠후의 양학洋學 교육연구기관

43 지금의 산요山陽 지방의 일부인 오카야마岡山 쯤에 해당하는 빗츄備中의 율령제 시대 이래의 지방장관인 카미守

44 고요御用란 천황, 궁중, 바쿠후 혹은 정부의 용무나 용도를 뜻하는 바, 고요토리아쓰카이御用取扱는 그 사무담당

45 인세이기院政期(11세기 후반~12세기 후반)부터 바쿠후 말기까지 조정에 설치된 관직으로 천황 등에게 주청奏請을 올리는 일을 관장

의여론이라는 한자어들 중에서 취한 것일 것이다. 여하튼 메이지 정부 최초의 시도로서의 의회도 마찬가지로 이 명칭을 사용한 것이라면 얼마나 이 말이 당시에 중요시되었는지 충분히 알 수 있다.

만약 최초의 기획처럼 대정봉환과 동시에 이 제도가 전국적으로 시행되었다면 정국의 추이가 어떻게 변천했을지 흥미롭다. 하지만 그보다도 헌정 진보의 도정에 공헌하는 게 많았을 것이라는 점에서 특히 요시노부가 헌정의 제1인자로서의 공적으로 특기할만한 자라고 한다면, 단순한 도쿠가와 일가의 시도로서만 관찰되고 게다가 세상 사람의 기억에도 존재하지 않게 된 것은 참으로 지극히 유감스럽다. 또한 하물며 「대정봉환」과 「의회론」의 불가분의 관계를 인정하면 이렇게 시도된 제도에 대해 크나큰 가치를 인정하게 되는데도, 무조건적 대정봉환이 이루어지면 이 제도의 가치도 크게 감쇄되지 않을 수 없다. 환언하면 무조건적 대정봉환을 주장하는 경우에는 요시노부의 심사의 고결함은 증명되더라도, 일면에서 헌정의 제1인자로서의 공적은 남기지 않고 없어지고 더욱이 대정봉환 중의 한 구절인 '천하의 정치를 공론으로萬機公論' 하는 데 앞장서 간다는 중요한 사실은 등한시되는 것이다. 지나친 편애가 도리어 그 사람을 불리하게 하는 것으로 끝나지 않으면 다행이겠다.

끝으로 다시 말하지만 대정봉환 상주문 중의 '널리 천하의 공의를 다하고'라는 구절에 주의할 필요가 있다. 「5개조의 어서문御誓文」의 '널리 회의를 일으켜 천하의 정치를 공론으로'라고 하는 구절은 삼척동자라도 능히 외우는 것이지만 이보다 겨우 수개월 전에 나온 이 문장의 거의 동일한 구절은 세상 사람에게 잊혀 있다. 하나는 망해가는 바쿠후의 문구이고 하나는 새롭게 일어나는 메이지정부의 첫 대선언이라는 차이가 국민의 뇌리에 천만 리 같은 간격을 만든다는 것, 그리고 하나는 대정봉환의 하나의 이유이고 하나는 정치를 행함에 있어서의 큰 방침이기에 그 내용적 차이로부터 오는 다름이 있다. 그 외 갖가지 이유도 있지만 요약하면 양자는 의미를 달리하는 건 아니라는 것에 주의할 필요가 있다.

제4장 5개조의 어서문

제1절 어서문 발포의 동기

「어서문御誓文」 발포의 동기는 주로 유신기에 인심을 새롭게 할 필요에서 나타난 것이다. 7백 년을 이어온 무가정치를 근저에서 뒤엎고 '진무神武 창업'의 옛 영광을 회복하는 대변혁을 이루고자 한 메이지 신정부는 국내외에 정부의 입장을 밝히는 일대 선언을 해야 할 절박한 필요가 있었다. 그렇더라도 직접적 동기는 두세 가지를 들 수 있다.

첫 번째는 앞서 상세히 설명한 도사파 등 의회론자의 주장이 계속된 것이다. 즉 대정봉환에서의 조건론이 형태를 바꾼 것이다. 당초 주장에서는 요시노부 의장설을 요소로 한 의회설치를 대정봉환의 불가분적 조건으로 하는 것이었다. 하지만 그 후 정국의 추이에서 실행이 불가능하게 됨에 따라 중간쯤에는 그 요소를 버리고 단순한 의회설치를 대정봉환의 조건으로 한다. 또 이후에는 대정봉환과 관계없더라도 의회설립의 필요가 있다면서 순수한 「헌정론憲政論」이 된다. 이 중간 무렵 이후의 주장이 어서문에 나타난 것이다.

두 번째 이유는 정부를 재정난에서 구제하기 위한 방침을 확립해 신정부를 신뢰하게 만들 필요다. 재정으로 인해 고민했던 신정부가 그 방침을 확립해 민간의 신용을 얻고자 한 이유는 중국의 혁명정부 또는 러시아의 각 정권의 모습을 가깝게 보고 듣기 때문이다. 메이지

정부도 마찬가지로 그런 상태에 있었음은 아주 분명하다.

세 번째는 간토關東 정벌을 위해 제후를 결속시킬 필요다. 당시 세간에는 삿쵸薩長가 제2의 도쿠가와德川가 된다는 소문이 있어 제후가 이반할 염려가 있었다. 그래서 제후를 모아 천황이 간토를 정벌하라는 방침을 내리며 달램으로써 정치는 모두 공론에 의한다는 것이 되고 제후도 삿쵸를 위해 일하는 게 아니라는 것이 분명해져 간토로의 진군이 이루어진다.

제2절 어서문의 초안

어서문의 취지는 처음에는 천황이 여러 사람에게 하문하고 각각이 건언한 속에서 채택된 것이다. 하지만 오늘날 우리들이 볼 수 있는 것은 그 한두 개에 지나지 않는다. 하나는 에치젠越前 번사인 미쓰오카 하치로三岡八郎(유리 기미마사由利公正)가 기초한 것이다.

[의사議事의 대강]

1. 서민의 뜻에 따라 인심을 집약시킨다.
1. 사민士民의 마음을 하나로 해 적극적으로 통치한다.
1. 지식을 세계에서 구하고 널리 황실의 기초를 진작시킨다.
1. 공사貢士[46]에 임기를 두어 현명한 인재에게 물려준다.

46 메이지유신 초기 각 번주의 추천에 의해 번론藩論을 대표해 공의公議에 참여한 의사관議事官. 즉 번이 조정에 보낸 의원議員. 유신 초기 삼직제의 참여参與에는 번사藩士가 임명되지만, 1868년 정월 17일에 7과제科制가 설치됨과 동시에 징사徵士, 공사貢士라는 제도가 신설된다. 공사의 정원은 없고 참여에 임명되어 그 아래의 의사소議事所인 하의원下議院의 구성원이 되는데, 동시에 과科, 국局의 담당자를 겸하는 행정관이기도 했다. 임기는 4년인데 8년까지 연장할 수 있었다. 공사의 인사권자는 번주임에 반해, 징사의 인사권은 조정에 있었다.

1. 천하의 정치萬機는 공론公論[47]에 따라 결정하고 결코 사사롭게 논하지 말라.

이 초안에 대해 도사 번사 후쿠오카 후지쓰구福岡藤次(다카치카孝弟)가 가필한다.

[맹세會盟]
1. 모든 공경과 제후 그리고 서민 각각의 뜻에 따라 인심을 집약시킨다.
1. 상하의 마음을 하나로 해 적극적으로 통치한다.
1. 지식을 세계에서 구하고 황실의 기초를 진작시킨다.
1. 징사徵士에 임기를 두어 현명한 인재에게 물려준다.
1. 제후회의를 열어 천하의 정치를 여론으로 결정한다.

유리는 가필 위에 초안을 바로 잡아 다시 쓴다.

[맹세]
1. 제후회의를 열어 천하의 정치를 여론으로 결정한다.
1. 모든 공경과 제후 그리고 서민 각각의 뜻에 따라 인심을 집약시킨다.
1. 상하의 마음을 하나로 해 적극적으로 통치한다.
1. 지식을 세계에서 구하고 크게 황실의 기초를 진작시킨다.
1. 징사에 임기를 두어 현명한 인재에게 양보한다.

47 천하의 정치는 여론에 따른다는 뜻

〈기도 다카요시〉

〈후쿠오카 다카치카〉

공포한 공식문서와 이상의 두 안을 비교하니 공식문서에는 '구래의 나쁜 풍습' 운운하는 하나의 항이 추가되면서 '징사 임기' 운운하는 하나의 항은 삭제되어 있다. 이는 아마도 기도 다카요시木戸孝允의 의견이라 추측되었는데, 최근에야 기도가에서 그 초안이 발견된다. 거기에는 기도의 필적으로 '징사 운운'하는 하나의 항을 "구래의 나쁜 풍습을 깨뜨리고 천지의 통의通義[48]에 따른다."라고 했다가 "통의에 따른다."를 다시 "공도公道[49]를 근거로 한다."로 고치고 있다.

이상의 초안에서 분명해지듯이 천하의 정치에서 여론을 따른다萬機公論는 입법취지는 제후회의를 의미했다.

그렇더라도 어서문 안에는 '모든 공경과 제후 그리고 서민에 이르기까지'라는 항이 있어서 서민도 명기하고는 있다. 그러나 기초자의 한 사람인 후쿠오카 다카치카는 "저는 역시 관무일도官武一途 즉 조정(공경)과 제후가 일체가 되어 천하의 정치를 행한다는 점에 주목하건대 일반 서민은 반드시 그것이 가볍다고 말하는 것은 아니지만 정치상의 하나의 요소로는 보지 않았다."라고 말하고 있듯이 열번회의

48 세상에 보편적으로 통용되는 도리나 원리

49 세상에 보편적으로 통용되는 올바른 도리

에 공경을 참가시킬 뿐이어서 실질은 열번회의론이 근간을 이루는 것이다. 앞에서 서술한 시대 흐름에서는 이것이 진의였다.

이리하여 조정에 오게 되지만 그 발포 형식에서 큰 논란이 된다. 그것은 천황이 제후와 시정방침에 관해 서약한다는 것이어서 중국의 패도覇道[50]라고 보여 일본의 국체國體에는 반하는 것이기에 기도 다카요시가 서둘러 뛰어다녀 천황이 공경제후 백관을 거느리고 천지신명에게 서약하는 방식으로 결정한다. (이에 관해서는 졸저 『일본헌정사논집日本憲政史論集』 제3장 「5개조 어서문의 성립과정」을 참조하기 바란다.)

제3절 어서문의 발포

이렇게 해서 메이지 원년(1868년) 3월 14일에 어서문이 발포된다. 의식은 극히 장중했다. 먼저 시신덴紫宸殿[51]에서 여러 의식이 거행된다. 메이지천황이 나오고 총재總裁 산죠 사네토미三條實美가 천황을 대신해 신위 앞에 나아가 제문을 봉독하고 자리에 돌아온다. 천황이 친히 조상신 앞에 공물을 봉헌하고 절하고는 다시 자리에 돌아오면 산죠가 다시 나가 신위에 절하고는 천황의 서약서로서의 5개조를 봉독한다.

1. 널리 회의를 열어 모든 정치는 여론에 따라 결정한다.
1. 상하가 마음을 하나로 해 적극적으로 통치한다.

50 맹자孟子가 주장한 정치형태의 구분으로서 덕으로 정치하는 왕도王道와는 반대로, 권모나 무력으로 천하를 지배하는 일. 즉 패자覇者와 힘이 있는 제후諸侯가 실력주의로 제후와 백성을 통어統御하는 정치

51 교토 고쇼御所의 정전正殿으로 천황의 즉위례 등의 의식이 행해지는 곳

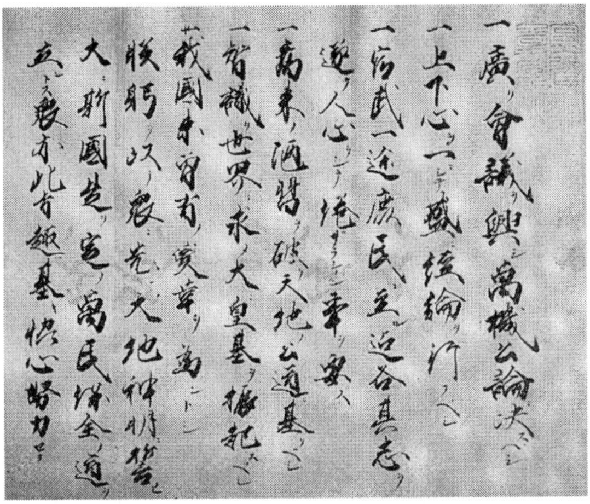
一 廣ク會議ヲ興シ萬機公論ニ決スヘシ
一 上下心ヲ一ニシテ盛ニ經綸ヲ行フヘシ
一 官武一途庶民ニ至ル迄各其志ヲ遂ケ人心ヲシテ倦マサラシメン事ヲ要ス
一 舊來ノ陋習ヲ破リ天地ノ公道ニ基クヘシ
一 智識ヲ世界ニ求メ大ニ皇基ヲ振起スヘシ
我國未曾有ノ變革ヲ爲ントシ朕躬ヲ以テ衆ニ先ンシ天地神明ニ誓ヒ大ニ斯國是ヲ定メ萬民保全ノ道ヲ立ントス衆亦此旨趣ニ基キ協心努力セヨ

〈5개조의 어서문 宮內廳書陵部〉

1. 모든 공경과 제후 그리고 서민 각각의 뜻에 따라 인심을 집약시킨다.
1. 구래의 나쁜 풍습을 깨뜨리고 천지의 공도를 기초로 한다.
1. 지식을 세계에서 구하고 크게 황실의 기초를 진작시킨다.

다음으로 신하들에게 칙어를 내린다.

우리 나라가 일찍이 없던 변혁을 하므로 짐이 백성에 앞서 천지신명에게 서약하고 크게 이러한 국시를 정해 만민을 보전하는 길을 세우므로 백성들 역시 이 뜻을 바탕으로 마음을 합해 노력하라.

아리스가와 다루히토有栖川熾仁 친왕[52]이 나아가 먼저 신위에 절하고 다음으로 천황에게 절하며 답하여 아뢴다.

52 1835-1895년. 황족 정치가. 왕정복고 메이지 신정부 수립에서 정무를 총괄하는 최고관직인 삼직三職의 총재總裁를 역임

천황의 뜻 넓고도 원대해 진심으로 감명하여 감당하기 어려운 바 오늘의 시급한 일을 오랜 세월 기초로 삼아 그 뜻을 벗어나지 않도록 신하들이 삼가 천황의 뜻을 받들어 죽음으로 맹세하며 힘을 다하여 좇아 그 뜻이 이루어지기를 간절히 바라며 천황의 마음이 편안토록 받들 것이다.

그렇게 일을 감독하기로 서약하고 산죠 아래 공경제후도 한 사람씩 이와 같이 서약한다. 끝으로 천황이 들어와 의식은 끝나고 같은 날 천황의 문서를 온 나라에 선포한다. 그 후에도 옛 바쿠후의 고관과 가신에서 조정 신하들에 이르기까지 서약에 참여하지 못한 자는 마찬가지로 서약하게 한다.

제5장 정체서

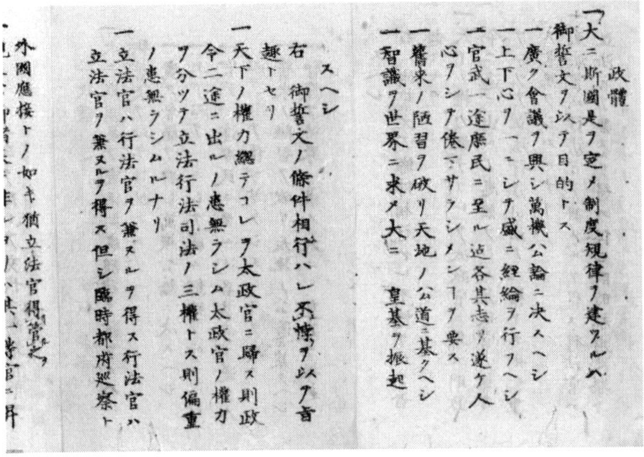
政體
一大ニ斯國是ヲ定メ制度規律ヲ建ツルハ
御誓文ヲ以テ目的トス
一廣ク會議ヲ興シ萬機公論ニ決スヘシ
一上下心ヲ一ニシテ盛ニ經綸ヲ行フヘシ
一官武一途庶民ニ至ル迄各其志ヲ遂ケ人
心ヲシテ倦マサラシメンコトヲ要ス
一舊來ノ陋習ヲ破リ天地ノ公道ニ基クヘシ
一智識ヲ世界ニ求メ大ニ 皇基ヲ振起
スヘシ
右 御誓文ノ條件相行ハレ不悖ヲ以テ旨
趣トセリ
一天下ノ權力總テコレヲ太政官ニ歸ス則政
令二途ニ出ルノ患無ラシム太政官ノ權力
ヲ分ツテ立法行法司法ノ三權トス則偏重
ノ患無ラシムルナリ
一立法官ハ行法官ヲ兼ヌルヲ得ス行法官ハ
立法官ヲ兼ヌルヲ得ス但シ臨時都府巡察ト
外國應接トノ如キ猶立法官得管之

〈정체서政體書〉

「5개조의 어서문御誓文」은 당당한 대선언일지라도 추상적 정강政綱으로서의 입장표명에 지나지 않는 것이다. 그 시행법이라 할 구체적인 안은 같은 해 윤4월의 「정체서政體書」다. 따라서 5개조의 어서문을 논하는 일은 정체서를 논하지 않고는 불가능하다. 그럼에도 어서문은 만고에 혁혁히 이름을 드날리는 반면 정체서는 거의 등한시되는 듯하다. 따라서 정체서에 관해 조금 기술하건대 윤4월 21일 발포된 정체서는 다음과 같다.

[정체政體]

1. 크게 이 국시를 정해 제도규율을 세움에 있어 어서문을 그 목적으로 한다.
1. 널리 회의를 열어 모든 정치를 여론으로 결정한다.
1. 상하의 마음을 하나로 해 적극적으로 통치한다.
1. 모든 공경과 제후 그리고 서민 각각의 뜻에 따라 인심을 집약시킨다.

1. 구래의 나쁜 풍습을 깨뜨리고 천지의 공도를 기초로 한다.
1. 지식을 세계에서 구하고 크게 황실의 기초를 진작시킨다. 어서문의 조건은 함께 가더라도 거스르지 않고 그 취지에 따르도록 한다.
1. 천하 권력은 모두 태정관에게 귀착시켜 정령政令이 두 길로 나올 우려가 없게 하고, 태정관 권력을 나누어 입법立法, 행법行法, 사법司法의 삼권三權으로 해 편중될 우려가 없게 한다.
1. 입법관은 행법관을, 행법관은 입법관을 겸할 수 없다......
1. (생략)
1. 각 부府, 각 번藩, 각 현縣 모두 공사貢士를 내어 의원議員으로 하는 의사 제도를 세우는 것은 여론공의輿論公議를 이루고자 하는 까닭이다.
1. (생략) 1. (생략) 1. (생략)
1. 모든 관직은 4년마다 교대하는 공선公選 입찰入札[53]을 법으로 정하고, 다만 이후 최초 교대 때는 그 일부인 반수를 남겨 2년을 연장시킴으로써 교대로 인한 연속성에 지장이 없게 하고, 만약 많은 사람들이 희망하는 소속이라 물러나기 어려운 자도 역시 수년을 연장시킬 수 있다. (하략)

그로부터 관제가 만들어진다. 의정관議政官을 입법관立法官으로 하고, 행정관行政官, 신기관神祇官, 회계관會計官, 군무관軍務官, 외국관外國官을 행법관行法官으로 하고, 형법관刑法官을 사법관司法官으로 한다. 실로 놀랄 만큼 진보한 입법이다. 당당하게 삼권분립三權分立을 선언하고, 모든 관직을 임기 4년 선거제로 한 것은 너무

53 공직 선거가 경쟁적인 경우의 입후보

나 급진적이고 엉뚱하기까지 한 규정이다. 게다가 이 대개혁은 곧바로 실시된다. 이로써 당국의 패기가 얼마나 대단한 것인지 충분히 알 수 있을 것이다.

당국자는 이 취지가 전국에 빈틈없이 파고들게 해야 했다. 그래서 도쿄東京에 진장부鎭將府[54]를 설치할 때도 의정국議政局은 입법권을 가지고 의정관이라는 신체를 기본으로 삼으며 행정국行政局은 법 집행권을 가지고 행정관이라는 신체를 기본으로 삼는다고 규정한다. 우에다上田번, 야마구치山口번은 의정議政과 시정施政이라는 두 청사二堂을 설치하고, 다카마쓰高松번은 의정과 시행施行이라는 두 청사, 오쓰大津현은 행정과 의사議事, 시바무라芝村번은 위정국爲政局과 집의소集議所, 니시오지西大路번은 행정관과 회의실會議室을 설치한다. 즉 모두 입법과 행정을 분리한 것으로 이와 같은 예는 각 지방에 아주 많다.

그러나 이렇게 진보적인 규정임에도 중앙의 제도시행은 유명무실하게 되고, 마찬가지로 각 지방에서도 이렇다 할 효과가 없었다.

그럼에도 놀랄만한 것은 정체서 안에서 가장 진보적인 규정이라 할 모든 관직의 선거가 한 번 시행된 것이다. 전에 없고 후에도 없을 이런 거사는 어서문 그리고 정체서와 더불어 간과되어서는 안 될 일대 장관이었다. 그래서 이를 약술하건대 메이지 2년 5월 13일 도쿄성에서 다음과 같은 조서詔書가 내려졌다.

54 메이지 원년(1868년) 5월에 신정부는 에도 진대江戸鎮臺 설치해 구 바쿠후의 지방행정관청인 부교쇼奉行所의 업무를 인계하여 대총독大總督 아리스가와노미야 다루히토有栖川宮熾仁 친왕의 관할로 하고 군정을 실시한다. 7월에는 진대를 폐지하고 진장부鎭將府로 하면서 진장鎭將에 산죠 사네토미三條實美를 임명하여 민정民政으로 이양시킨다. 10월에는 진장부도 폐지하고 행정관行政官에게 이관한다.

짐이 생각해 보건대 세상을 잘 다스리거나 혹은 혼란하거나, 안전하거나 혹은 위태롭게 되는 근본은 사람을 그 직무에 맡기어 쓸 수 있는지 없는지에 있다. 그래서 이제 우러러 선대 천황들의 영령에 고하건대 공선公選의 법을 설치해 다시 보상輔相[55]과 의정議定[56] 그리고 참여參與[57]를 등용할 것이다. 이는 신령이 하늘에서 인간계를 내려다보는 것에 지나지 않는 것이다. 너희들은 그 뜻을 받들라.

보상(수상首相), 의정(각원閣員), 육관지사六官知事(각 성省의 대신大臣), 내정직지사內廷職知事(궁내宮內대신)의 피선거 자격은 공경이나 제후이고 선거자격은 3등관 이상이다. 참여와 부지사府知事는 피선거 자격에 제한이 없고 귀천에도 구애받지 않는다. 그렇게 이제까지 아무도 하지 못한 일을 하려는 규정이 발표되자마자 곧 선거를 하는 영단이 내린 것이다.

55 1868년의 정체서에 의해 설치된 7관 중 행정관의 최상위 관직. 정원은 2명으로 천황에게 의사議事를 올리고, 국내 사무를 감독하고, 궁중의 일반사무를 통솔 및 감독하는 것을 임무로 했다. 정체서는 삼권분립을 채용함에도 행정부의 중추이어야 할 행정관인 보상輔相을 입법부에 해당하는 의정관議政官의 상국上局을 관장하는 의정議定을 겸무시키는 모순적 측면도 보여준다. 1869년 7월의 관제개혁으로 그 명칭은 폐지된다.

56 1868년 1월에 총재總裁·의정議定·참여參與라는 삼직三職이 설치된다. 이듬해 1월에는 3직7과제三職七科制가 도입되면서 의정에는 황족·공경·제후가 임명되고 칠과를 분담해 의사를 결정하는 직이 됨으로써 각 과의 사무총독도 겸하게 된다. 4월에 정체서에 기초한 직제로 이행하면서 의정은 의정관 상국議政官上局으로 옮겨져 법률제정, 조약체결, 전쟁과 강화의 결정, 3등관 이상의 인사를 관장했다. 또한 의정인 산죠 사네토미와 이와쿠라 도모미가 행정관의 장인 보상輔相을 겸무했다. 1869년 5월에 의정관議政官이 행정관行政官에 통합되어 5월 15일 관리공선官吏公選이 행해진다. 그 결과 보상에 산죠 사네토미, 정원 4명인 의정에는 이와쿠라 도모미 등이 선출된다. 이는 같은 해 8월의 메이지 태정관제明治太政官制 도입에 의해 폐지된다.

57 1867년 12월 왕정복고 정변에 의해 신설된 3직의 하나. 조정의 하급관직 또는 번사藩士로 구성되었다. 참여의 회의는 하의원下議院 또는 하의사소下の議事所라고 불려졌다. 참여에는 사쓰마나 죠슈 등 웅번雄藩 출신의 유력 번사들이 있어 유신정부의 실질적 지도부를 이룬다. 1868년 4월의 정체서에 기초해 옛 태정관太政官 제도가 되살아나 삼직은 폐지되지만 참여는 의정관 상국의 구성원으로 이듬해 5월까지 존속한다.

선거 당일 정복으로 좌석에 앉아 변관辨官[58]이 위와 같은 천황의 조서를 봉독하고 입찰 상자를 가지고 나와 각원各員이 투표하고 마칠 때 천황이 나와 그 어전에서 개표하고 천황이 들어간다. 산죠 사네토미가 보상에 당선되고 그러한 천황의 명령이 담긴 공문서가 공포된다. 다음으로 의정과 참여에 대한 투표를 각 행한다.

그렇게 각각 예복을 입고 투표하고 천황 어전에서 개표하고 당선된 수상은 곧바로 임명된다. 그리고 새로운 수상 아래에서 각원閣員 이하의 선거가 행해진다. 장엄하고도 생기가 넘쳤다. 그 주된 개표 결과는 다음과 같다.

- 의정 이와쿠라 도모미岩倉具視(48표), 나베시마 나오마사鍋島直正(29표)
- 참여 히가시쿠제미치토미東久世通禧(28표), 기도 다카요시(42표), 고토 쇼지로後藤象二郎(23표), 소에지마 다네오미副島種臣(31표), 이타가키 다이스케板垣退助(21표), 오쿠보 도시미치大久保利通(49표)

그러나 이 선거에 대해 야마우치 요도山內容堂, 오무라 마스지로大村益次郎 등은 공화제를 초래하는 것이라고 반대했다. 거기서 의문인 것은 임기다. 정체서에는 임기가 4년이라 되어 있는 바, 이때의 선거도 그에 의한 것이라 보아야 한다. 이에 관해 메이지 4년에 사이고 다카모리西鄕隆盛는 이와쿠라 도모미에게 보낸 서면에서 다음과 같이 주장한다.

58 태정관太政官의 직인 좌대변左大辨·우대변·좌중변左中辨·우중변·좌소변左少辨·우소변의 총칭. 관청을 지휘 감독하는 임무를 맡는데, 좌중변 이상을 경험한 자 중에는 참의參議로 승진하는 자격이 있어 출세의 등용문이었다.

> 4년 봉직하는 제도는 임기를 길게 바꾸는 게 좋을 것이다. 4년이 되면 교체하는 제도가 일리가 있더라도 초창기 시작에서는 기강과 법도가 전혀 서 있지 않고, 갑자기 미국 공화국의 제도를 배우면 그 시기와 흐름을 모르는 것과 비슷하다. 법도를 확연하게 세워 사람을 교체하더라도 법칙이 이전과 같이 유지될 때가 되면 (……) 해서는 안 된다. 한토漢土[59]에서는 오랫동안 그 관리에게 맡기는 것을 좋은 것으로 보아 오래도록 재임하는 제도로 정하고 공직 고과考課에서 최하 혹은 최상 등급을 정하는 법을 두어 관직을 삭탈하거나 기용하는 길을 세운 것이다.

이를 보면 사이고 다카모리가 4년 임기제를 반대한 게 명백하다. 그러나 그 후 공선은 없었기에 자연스럽게 임기 역시 문제가 되지 않는다. 그렇더라도 메이지 11년 8월 태정관 달達[60] 제35호에 "부지사府知事와 현령縣令은 한 번 맡기는 것을 12년으로 하고, 3년 마다 한 번씩 정한 기별로 치적을 고려해 직에 적합한 자는 유임시켜 차기를 계속하게 한다."라고 되어 있는 것은 어느 정도 이런 모습이 남아 있는 것이다.

중앙정부가 그와 같은 패기를 지녔기에 대학大學도 교수를 공선하는데(투표를 투자投刺라 했다) 임기는 8개월이다.

각 지방에서도 물론 이런 일이 있었다. 다카다高田번은 집정執政, 참정參政 그리고 보도輔導를 공선하고, 다카사키高崎번은 대소참사大小參事를, 구로바네黑羽번은 정권대소참사正權大小參事를 공선하고, 사쿠라佐倉번은 집정執政 8명을 공선하고 임기는 3년으로 했다. 다카하시高梁번은 소少참사와 권소權少참사, 대大참사와 권대

59 중국

60 메이지 초기의 '닷시達'는 행정관청이 그 관청의 내부 또는 부속하는 여러 관청 등에 발하는 명령으로 오늘날의 훈령이다.

權大참사 그리고 소대장小隊長을 공선했다. 사가佐賀번은 쇼야莊屋[61]을 공선하고, 다쓰오카龍岡번은 대참사, 권대참사를 공선했다. 나카무라中村번도 마찬가지다. 그 외 요코하마橫濱와 나가사키長崎는 일찍부터 자발적으로 묘슈名主[62] 등을 공선하였고, 에도의 진대鎭臺도 관할 여러 지방의 지방관을 선거하게 했다.

그 외에도 바쿠후 측은 이보다 앞서 창의대彰義隊 간부를 공선하고, 에노모토군榎本軍[63]이 북해北海를 평정하자마자 총재總裁 이하를 선거로 결정한다. 이를 보면 공선公選 사상이 얼마나 실제로 이루어졌는지 알 수 있을 것이다.

61 전근대의 다이칸代官이나 고리부교郡奉行 등 지방관리 밑에서 촌정村政을 맡은 관리로 한 무라村의 수장. 주로 간사이關西에서 쓰이는 말로 간토關東의 묘슈名主(나누시)와 같다.

62 전근대의 공령公領·장원영주莊園領主로부터 명전名田에 대한 경영을 청부받아 영주에게 연공年貢이나 부역夫役 등으로 공납하게 하는 책무를 맡은 계층. 다이묘大名는 오나누시大名主에서 유래된 말이다. 대체로 묘슈名主는 간토에서 쓰이는 말이고, 간사이에서는 쇼야莊屋라 불린다.

63 에노모토 다케아키榎本武揚의 군대. 1868년 〈보신戊辰전쟁〉이 시작될 당시 바쿠후의 해군부총재海軍副總裁였던 에노모토는 패주하면서 바쿠후 군의 군함 가이요마루開陽丸로 하코다테箱館로 향하고 히지카타 도시조土方歲三 등과 고료카쿠五稜郭에서 최후의 저항을 한다. 에노모토는 쇼군을 불러들여 홋카이도北海道를 개척해 새로운 나라를 건설하려고 했다. 선거에서 총재로 선출되지만 신정부군의 공격을 받아 항복한다.

제6장 의회의 시도

제1절 중앙에서의 시도

이상은 「5개조의 어서문」에서부터 관리 공선의 실시에 이르기까지의 순서였다. 그런데 다른 일면에서는 어서문 발포 이전에서부터 이미 의회議會에 관한 구체적 성안成案이 이루어져 착착 실행되는 단계에 들어와 있었다. 「왕정복고 대호령王政復古の大號令」에 여론 정치를 하겠다는 입장이 천명되어, 바쿠후 타도파이든 바쿠후 지지파이든 공의여론을 표방하는 것은 시대의 흐름이 된다. 의회론은 걷잡을 수 없이 밀어닥치는 정변에서 갈 방향을 잃고 헤매는 각 번을 규합하는 새로운 정강으로서의 권위를 가지게 됨으로써 각 번을 단위로 하는 의회의 제도화가 이루어진다.

이는 각 번을 단위로 하는 것이기에 엄밀한 의미에서는 의회라는 정의에 포함될 수 없는 것이다. 하지만 이 시대 흐름에서 모든 정치는 각 번을 단위로 했다. 처음에 낭인에 의해 주창된 존왕론과 바쿠후 타도론의 실행도 각 번의 힘에 의해 두세 곳 웅번의 합종연형合從連衡이 마침내 그 흐름을 만들었다. 배출되는 수많은 인재도 번의 세력이 배경이 되었기에 그 활동이 가능했다. 대다수 국민은 교육도 받지 못하고 자각도 없어 오래도록 봉건 치하에서 억압되어 있었기에 갑자기 정치상의 지위를 얻을 수 있는 것도 아니다. 국민 중의 지식계층은 사족士族인데 사족 집단이 번으로서의 세력이어서 이 시대 흐름에서는 도저히 번의 세력을 무시할 수 없다. 따라서 이를 단위로 하는 의회는 당시로서는 최선이자 유일한 방법이었다.

다만 여기서 주의해야 할 것은 유신 전에는 열번회의론이 유력해서 상원적 의회론이 있었지만, 유신 후에는 하원적 의회론의 색채가 현저히 농후해져 점차 그런 기구가 세워진 것이다. 이를 보려면 번의 세력 및 번사의 세력에 관해 고찰해야 한다.

바쿠후 창업 당시에 번은 번주藩主의 번이었기에 번주의 실력이 곧 번의 세력이었다. 그런데 태평세월이 계속되자 번주도 번사藩士도 능력이 저하되면서 마침내는 번주의 번이 아니라 번에 있어서의 번주가 되었다. 이는 일면에서는 사회조직이 복잡해짐에 따라 번의 조직도 복잡해져 번주 한 사람의 의지에 의해 번을 좌우하는 게 불가능해진 것도 하나의 이유다. 여하간에 창업 당시의 번주 같은 정도의 인재가 나오지 못한 것이 큰 원인이다. 이렇게 되자 번은 그저 종래의 타성에 의해 집단의 세력을 유지하는 것에 불과했다. 이는 바쿠후 자신도 마찬가지였다. 그런데 바쿠후 말기의 어려운 시국을 겪으면서 번주들 중의 영재와 번사들 안의 인재가 떨쳐 일어난다. 이 번사들을 마음대로 제어하면서 번의 집단적 세력을 통일해 중앙정계로 나아간 번주는 정계의 중심세력이 된다. 그렇지만 이런 번주도 번 하나의 힘으로 천하를 좌우하기에는 역부족이다. 따라서 나아가 열번회의 체제 하에서 중심인물이 되는 게 가장 현명한 방책이다. 이는 자기 번 중심의 공리적 입장이기도 하지만 이 방법에 의하지 않고는 시국을 수습할 수 없다는 진실한 마음의 발로이기도 했다. 그렇더라도 열번회의의 중심인물이 되려는 의식이 잠재된 것도 부정할 수 없다. 현명한 쇼군 요시노부가 생각한 것도 마찬가지 결론이었다.

그런데 시국이 점점 더 분규로 치닫자 이런 미온적 방책으로는 시국에 대응할 수 없게 된다. 바쿠후의 실패도 그렇고, 열번회의론을 가능한 한 손에 넣으려 해도 얻지 못한 점에서도 그렇다. 게다가 번사로서의 인재가 두드러지게 활동하고 번주의 그림자가 점차 희미해지기 시작한다. 번의 세력 안에서 번사 아무개의 색채가 분명해진다. 번은 번사의 힘에 의해 움직이는 게 되어 번주의 의사조차 통하지 않기도 한다. 그러나 누가 뭐라고 해도 번사는 어디까지나 번사다. 번주에게는 절대 복종이기에 물론 번주를 무시할 수는 없다. 이것이 각 번주를 주역으로 하는 상원적 의회 외에 각 번사를 주역으로 하는 하원적 의회도 필요한 까닭이다. 즉 번주 단위의 정치가 번사 단위로 옮겨가려 하는 과도기에 시행된 것이 상하양원론上下兩院論이다.

처음에 막연하게 열번회의론이 주장되었을 때는 번주 자신의 회합이라는 모습도 보이고, 번주를 대표하는 번사라도 가능한 회합처럼도 보였다. 하지만 당시의 엄격한 계급제도 하에서 번사와 번주가 동석해 어수선하게 논의하는 것 같은 모습은 도저히 허용될 수 없다는 관념이 있었다. 그래서 번주의 회합 외에 널리 여론을 듣기 위해 번사만의 회합도 필요하다는 정도의 상하양원론이 된다. 그런데 그 정도에 불과했던 것이 점차 나아가 번사의 회합이 오히려 번론을 대표하는 것이라는 실제론으로 되면서 하원적 의회론이 유력해진다. 즉 처음에는 하원적 의회가 단지 종속적으로 고려된 것이지만 나중에는 유력한 구성형태로 고려되고, 반대로 상원적 의회가 종속적인 모습이 된다. 유신이 되자마자 하원적 의회 구성형태가 갑자기 구체적인 게 된 것은 그런 이유 때문이다.

게다가 유신의 원동력이 된 각 번에서는 번주가 조정의 높은 관직으로 가고 번사도 각각 주요 지위에 취임한다. 이것이 어떤 의미에서는 번론의 대표이자 번 세력의 대표다. 하지만 그 외 별도로 번주의 회합, 번사의 회합도 있다. 그래서 하원적 회합에서는 번사는 이른바 정부여당政府與黨의 역할처럼 번주를 위해 진력을 다하는 열의와 힘이 된다. 그런데 상원적 회합에서는 번주는 동맹적 우의는 있더라도 동렬의 번주에게 진력을 다한다는 것은 도저히 그에 비할 수가 없다. 따라서 당연한 결과로 번주의 회합은 냉담한 것이 되고 번사의 회합이 유력한 게 된다. 그리고 하원적 회합의 번사 중에서도 유력한 자는 조정의 관리가 되고 서로 연결되어 집단적 세력을 형성하면 이것이 번 세력이 된다. 하지만 하원적 회합의 번사 자체는 단지 남겨진 잔여물처럼 되어 본래적 의의와 권위가 점차 실추한다.

결국 쇼군의 전제적 권한에 대해 다이묘大名의 의견이 허용되는 「열번列藩회의」가 주장되고, 그 다이묘의 참정권이 번사에게 확장되는 「상하양원론」이 주창되고, 이것이 폐번치현 후에 이르러 형식을 서구화한 정당政黨이 되고 사족계급의 「민선의원론民選議院論」이 되어, 의회를 연 뒤에는 농민당農民黨도 되고 자본당資本黨도 되고 점차 나아가 보통선거에까지 도달하는 것이다. 선거권 확장은 하루아침에 이루어질 수 있는 게 아님을 웅변으로 이야기하는 것이다.

(1) 의사소議事所

게이오 3년 10월 대정봉환이 있자마자 조정에서는 상하양원이 설치되는데, 물론 형태만 지닌 흉내 내기 같은 것이다.

메이지 원년(1868년) 정월의 관제개혁을 기회로 징사徵士, 공사貢士도 설치된다.

• 징사 정원 없음

번사들 및 도시와 시골의 재능 있는 자를 선거로 발탁해 참여參與의 직을 맡겨 하의사소下の議事所에 두어 의사관議事官이라 한다.

선거하는 법은 공의를 지켜 발탁해 징사로 명하고, 4년을 재직하면 물러나 널리 현명한 인재에게 자리를 양보해야 한다. 만약 자리에서 물러날 수 없는 자라면 다시 4년을 연장시켜 8년을 재직하게 하는 중의에 맡긴다.

• 공사 대번大藩은 3인, 중번은 2인, 소번은 1인

번주가 번사들 중에서 뽑아 임명해 하의사소에 내는 자를 공사로 한다. 의사를 통해 여론공의를 지키는 일을 하는 공사는 정원은 두되 재직 연한은 없고 진퇴를 번주에 맡긴다. 또 그 사람의 재능에 따라 징사로 선출해야 한다.

이로써 조금 체재가 갖춰지면서 상의사소와 하의사소가 설치된다.

(2) 의정관議政官

메이지 원년 윤4월에는 앞서 본 「정체서」가 발포되어 의정관이라는 관제를 두고 입법권을 가지게 하면서 이를 상하이국上下二局으로 나눈다. 상국上局의 의정議定은 친왕親王, 공경, 제후, 참여參與는 공경, 대부大夫, 무사士, 서민으로 충원한다.

상국은 정체政體를 창립하고 법제를 만들고 기무機務[64]를 결정하고, 3등관 이상을 시험으로 선발하고 또 상벌을 분명히 하고 조약을 개정하고, 전쟁과 강화를 선언함을 직무권한으로 한다.

하국下局의 의장은 2인이고 공사가 의원議員이다. 하국의 의원은 상국의 명을 받아, 조세, 역무와 우편, 국내외 통상장정(규칙), 화폐를 만들고 도량형을 정하고 외국과 새로운 조약을 체결하고, 국가의 경계를 넓히고, 선전포고와 강화를 하고, 바다와 육지에서 죄인이나 적함 등을 나포하고, 병력을 소집하고 양곡을 징발하고, 병역과 관련 세금 부과를 결정하고, 성채 혹은 무기고를 번의 영지에 축조하고, 번들 사이의 쟁송에 관해 논의한다.

(3) 공사대책소貢士對策所

의정관 하국은 특별히 공사대책소 기능을 하는 것으로 하원下院의 의사장소의 의미다. 매월 5일, 15일, 25일에 개회된다.

64 국가 등의 가장 중요한 정무政務

이 시기 중앙정부의 방침은 인재를 널리 받아들이는 것이다. 취지는 바람직하지만 각 번에서 공사로 선출되어 온 자들은 대개는 이삼류의 인물이다. 게다가 태평세월이 계속되었기에 각 번은 모두 인재가 부족하고, 조금 책을 읽어 논쟁할 수 있는 자는 유학자 계통의 독서를 즐기는 자들에 불과하다. 따라서 실무는 제대로 알지 못해 세상물정에 밝지 못하고 헛되이 이상만 좇는 서생론에만 능숙한 자가 많다. 그래서 "작은 것을 크게 과장하고 현실과 동떨어져 도움이 되지 않는 논의에는 발을 디디지 말고 시기에 적절히 적용되는 것을 주로 하여 착실하게 시행되도록 건의하는 게 가장 중요하다."라고 주의를 주고 있다.

(4) 공무인公務人

이리하여 공사 제도는 거의 형태를 갖춘다. 각 번에는 종래의 루스이留守居(기키반聞番)[65]라 불리는 외교관이 있었는데 5월에는 이를 폐하고 공사와 루스이를 합병한 공무인公務人을 설치한다. 즉 번론을 대표해 중앙정부에 나가고 한편으로 행정사무에서는 번을 대표해 교섭에 임한다는 것이어서 일견 극히 편리해 보이는 제도였다.

이 무렵이 되자 의사 체재에 관한 불평이 나온다.

> 모든 정치적 중대사를 적절하게 공의로 결정하는 넓고 심오한 예지를 받들어 크게 회의를 열기 위해 노력하지 않는다면, 유신 이래 의사라고 불려온 것도 허명이 되고 실효도 없다. 모든 일이 죄다 조정의 사의私義로 결정되어 널리 천하에 공적

65 에도바쿠후 및 각 번에 설치된 직명으로 바쿠후의 루스이는 로쥬老中의 지배 하에 쇼군 부재 중 에도성 경비 등의 역할을 했다. 바쿠후 공인의 루스이 조합을 만들어 정보교환도 함으로써 이른바 각 번의 외교관 역할도 했다. 각 번에서도 이들은 바쿠후와의 연락이나 교섭 그리고 정보수집 담당자였다.

인 것이 제 역할을 다하지 못한다. 인심에 따르지 못하는 여론에서는 이해관계와 주장이 뒤얽히게 된다.

이제 천하의 공의를 굳게 지켜 외국의 의원議院 제도처럼 극히 훌륭하더라도 이처럼 너무나 급격하고 갑작스레 겪게 되면 따를 수 없다. 그렇다면 조용히 의원제도를 모두 갖춘 날을 기다려 천하의 의문을 풀고 사적인 것을 잊어 인심을 평화롭고 안정되게 되돌려야 한다. 이것이 곧 널리 공의를 열어 만사를 공론으로 결정하고 구래의 나쁜 풍습을 깨뜨리고 천지의 공도公道를 기초로 삼는다는 말의 의미다. (마쓰다이라 슌가쿠의 「상서안上書案」)

이를 가지고 그 형태를 알기는 부족할 것이다.

(5) 공의인公議人

전항과 같이 공무인이 종래의 루스이 직무를 겸하게 하지만 루스이는 오랜 인습으로 쉽게 없앨 수 없는 것이어서 재차 이를 둘 필요에 몰려, 8월에 공무인을 공용인公用人과 공의인公議人으로 나눈다. 10월에는 공의인은 번의 집정執政 즉 일류의 인물 중에서 내는 것으로 하여 '국론을 대신하는 의원을 준비하는' 임무를 맡긴다.

(6) 공의소公議所

12월에는 공의소를 도쿄의 구 히메지姫路번 저택(오쿠라성大蔵省 옆)에 설치한다. 공의소 규칙이 발포되는데 순전한 구미歐美 체재의 의회다. 메이지 2년(1869년) 3월 7일 개원하는데 각 번의 공의인 227인이 모인다. 의정議定, 변사辨事[66] 등(즉 정부위원政府委員)과 의사담당議

66 메이지 원년 태정관 총재국總裁局에 설치되어 일반사무에 종사한 직원

事取掛(즉 중의원서기관衆議院書記官)이 참석한다. 의석은 번호로 추첨 순으로 정한다. 3월 17일 이후에는 각 번의 10명에게 공의에 참여해 듣는 것 즉 방청을 허용해 의사를 진행한다. 신구사상의 혼돈인 시대라서 그 의사는 아주 먹고 있던 밥을 뿜을 정도로 우스꽝스러운 것도 있었다. 또한 에타穢多[67]와 히닌非人[68]이라는 칭호에 대한 폐지론도 나오는가 하면, 폐도론과 할복切腹금지론도 나온다. 할복금지론은 찬성 3명, 반대 2백명으로 부결되고, 폐도론은 만장일치로 부결된다. 더군다나 그 발안자인 모리 카네노죠森金之亟(아리노리有禮)는 자객에게 노려지고, 같은 뜻을 가진 오노 세이고로小野淸五郎는 암살되는 진기한 일도 있었다. 그런데 한편으로는 공의소 무용론도 나온다.

> 공의소 등이 무용하다는 논의가 많아 지금의 국체에 적합한지 아뢰는 바 일응 그 기관의 업무를 정지시키라는 겉에 드러나지 않은 평판이 있습니다. (오쿠보 도시미치가 가쓰라 히사타케桂久武에게 보낸 서한의 한 구절)

이는 당시의 큰 문제인 「판적봉환版籍奉還」[69]에 대해 공의소의 여론이 군현론郡縣論이 된 것과 관계된다. 오쿠보가 심혈을 기울여 계획한 봉환론에 대해, 비록 서생론이라고는 하더라도 뜨뜻미지근하게 반대했기 때문이다. 조정의 큰 방침에 반대론이 나온 것은 처음이다.

67 전근대의 천민 신분의 하나. 에도시대에는 히닌非人과 함께 사농공상士農工商의 아래에 위치해 거주지도 제한되었다. 주로 피혁업에 종사하고 죄인 처형 등에 사역되었다. 1871년 태정관포고로 법적으로는 평민이 되지만 사회적 차별은 잔존했다.

68 에도시대에 에타와 더불어 사민의 아래에 자리매김된 계층으로 예능업이나 형장의 잡역 등에 종사했다. 1871년의 태정관포고로 법적으로는 평민이 되지만 사회적 차별은 잔존했다.

69 메이지 2년(1869년) 6월 봉건 체제를 타파하는 유신 개혁의 일환으로 각 번주가 소유하던 판版(토지)과 적籍(인민)을 천황의 조정에 되돌려 바친 정치개혁.

〈오쿠보 도시미치〉

정부는 짐스러워 귀찮다고 본다. 정치 주역들은 정부에 방해가 되는 게 어떤 의미에서 의회의 존재가치라고 이해한 게 아니라 반대로 무용시했다. 그러나 일면에서 관찰하면 확실히 무용한 논의도 많다. 공론空論이나 서생론이 판을 친다. 실무가가 보기에 무익한 헛일이라고 단정 지은 것은 의회에 대한 이해가 없는 당시로서는 일단 무리는 아니다.

신정부가 시작될 때 특별히 기대를 가지고 맞이한 '언론부言論府'[70]도 시행되면서는 같이 따라가지 못했다. 아무리 그렇게 천하의 중지를 모았다 하더라도 실무가에게 도움이 되는 적당한 의안이 나오는 것도 아니다. 또한 정치적 주역이 깊이 사고하는 문제를 제출해도 임기응변이나 기상천외한 답변이 나오는 것도 아니다. 도리어 자신이 생각해 즉각 결단하는 쪽이 일이 빠르게 정리된다. 대세에 묻는 건 무용하다는 생각이 부지불식간에 정치 주역의 머리에 부각된다. 게다가 배출된 공의인이 인재가 아님은 앞서 본 바와 같다. 공의소의 사명에 관해 충분한 이해가 없는 상태였기에 결국 점점 불안해진다. 이것이 오쿠보 의견이 나온 이유다. 그러나 시대 흐름은 이를 용서하

70 말言로 의사나 의견을 표명하고 논의論議를 통해 일이나 문제를 결정하는 장소府라는 의미로 '의회議會'를 말한다.

지 않는다. 도사파의 반대도 있었을 것이다. 오쿠보의 세력으로 '업무를 정지시키라는 겉에 드러나지 않은 평판'이라고까지 몰아가지만 업무는 정지되지 않는다. 그것이 집의원集議院이 되고 여러 변천을 거쳐 점차 헌정의 기초를 만든다.

(7) 대조국待詔局

위와 같이 여론을 들어야 할 의회를 설치하는 경우에 도움 되는 말을 채택할 계급상의 제한을 무시할 수는 없다. 당시 사회의 구성형태에서 혹은 문화의 정도에서 사족으로는 하원을 조직함에 그친다. 그런데 농민이나 도시상공인 계급을 절대로 배척한다는 취지는 아니다. 공의소는 일반인의 건백을 접수하려 계획한 것이 아니기에 이를 접수하기 위해 별도로 메이지 2년 3월에 대조국이라는 독립된 관청을 설치한다.

(8) 상국회의上局會議

하원 조직이 위에서 본 것처럼 정돈됨과 동시에 상원 조직도 갖추어진다. 처음에는 '상의사소上の議事所'가 설치되고 다음에는 '의정관 상국'이 되고, 공의소가 설치됨과 동시에 '상국회의'가 열린다. 그 의원은 '관직이 없는 황족, 공경, 제후 및 가로나 상급무사의 대표'로 구성된다.

(9) 집의원集議院과 대조원待詔院

메이지 2년 7월의 관제개혁은 메이지 초년의 것을 크게 바꾼 것이다. 이로부터 출발해 삼권분립 및 모든 관직의 선거를 선언한다. 하지만 반년도 되지 않아 입법과 행정의 구별은 없어진다. 또한 수상 이하 모든 관직에 대한 선거를 실시하고는 2개월이 지나지도 않아 이제는 옛 다이호령大寶令 그대로의 관제가 된다. 너무나 심하게 극단에서 극단으로 변한 것이다. 이로써 얼마나 양 극단의 사상이 대립하고 있었는지를 충분히 알 수 있다. 이렇게 상호 용납되지 않는 양 극단도 바쿠후를 무너뜨린다는 것에서는 보조를 같이 한다. 그런데 바쿠후 타도 초기에는 일찍이 한 쪽은 왕정유신王政維新이라 하고, 한 쪽은 왕정복고王政復古라 하여, 흡사 새것과 옛것이 양립할 수 있는 듯 같은 것인 양 타협한다. 하지만 이와 같은 변형상태는 도저히 영속할 수 있는 게 아니다. 따라서 양 사상은 점차 분리되고 정국의 동요에 대응하지 못한다. 모든 정변은 이런 배경을 무시한다면 이해할 수 없는 것이다.

한 예로 7월의 관제를 보건대, 신기관神祇官[71]은 태정관太政官[72] 위에 있고, 각 성省의 관명의 대부분과 직무권한에 이르기까지 다이호령 그대로다. 따라서 가령 관원인 자는 반드시 겐·페이·토·키쓰源平藤橘[73]를 이름으로 가지지 않으면 안 되게 되어 급작스럽게 성씨를 만든 자도 적지 않았다. 민부民部 다이스케大輔 겸 오쿠라大藏 다이스케 종從4위 가미守[74] 스가와라 아손菅原朝臣[75] 시게노부重

71 고대 율령제에서 설치된 관청으로 신기神祇의 신神은 천신天神을, 기祇는 지기地祇를 가리킨다. 즉 제사祭祀를 주관하는 관청이다. 메이지 초기의 복고적 정책에서 조정의 제사를 관장하는 신기관이 한때 최고국가기관이 되기도 했다.

72 고대 율령제 하에서부터 존재한 최고행정기관으로 그 장관이 태정대신太政大臣이다. 율령제 하에서 오늘날의 삼권에 해당하는 업무를 모두 관장했다. 가마쿠라鎌倉시대부터는 실질적으로 기능하지 못했는데, 메이지 초기 1868년 6월의 정체서에 의해 다시 설치되어 정치 전면에 등장하지만 1885년 내각제도가 발족하면서 폐지된다.

73 일본 역사의 각 시대를 통해 일족이 번영했던 대표적인 귀족 가문인 미나모토씨源氏·다이라씨平氏·후지와라씨藤原氏·다치바나씨橘氏의 네 가지 성씨

74 고대부터 중세까지 지방행정단위인 구니國를 지배하는 행정관으로 중앙에서 파견된 관리가 국사國司인데 그 중 4등관의 하나가 가미守로 중앙으로 치면 중간급 귀족에 해당한다.

75 고대 이래의 귀족인 스가와라씨菅原氏로 성姓은 아손朝臣이다.

信[76]라든가, 민부 쇼少輔 겸 오쿠라 쇼 종5위 교行[77] 오치스쿠네越智宿禰[78] 히로부미博文[79]라든가 하면 나라奈良시대 쯤의 공경이라 생각되지만, 이것이 메이지 헌정의 위인들인 오쿠마 시게노부나 이토 히로부미라고 설명해도 지금의 청년은 쉽게 믿지 않는다.

시대 흐름이 이와 같이 되면 의회사상도 갑자기 기세가 꺾이지 않을 수 없다. 상국회의를 없앤 것도 그 한 단면이다. 공의소는 집의원이 되고, 대조국은 대조원으로 바뀌는데 그 권위는 모두 축소된다.

집의원의 의원은 공의소에서 인계된 것이지만 공의인이라는 칭호는 폐지하고 각 번의 정권대참사正權大參事 중의 1인이 에도에 올라와 의원이 되는 것으로 한다.

의사는 메이지 2년 9월 7일에 시작해 같은 해 12월 27일 폐원하고, 메이지 3년 5월 28일 개원해 9월 10일에 폐원한다.

집의원의 권위는 실추하지만 일반의 건백은 크게 증가한다. 이는 수백 년 동안 답답하게 막혀 있던 언론을 토로하는 장을 얻는 것에서부터 혹은 정치적 사회적 불평을 입 밖에 내는 것 혹은 호기심에 내는 것 그리고 끝내는 허영심으로 이어지는 것도 된다. 또한 진실로 나라를 걱정하는 것, 민생을 이롭게 한다고 믿는 것 등 계속해서 끊임없이 건백한다. 따라서 앞서 의원에 관해서 본 폐해 이상으로 순수한 이상론이나 공상적인 이야기도 나온다. 그 취지는 그야말로 도저

76 오쿠마 시게노부大隈重信가 당시 사용한 서명

77 율령제의 령令에는 관직과 위계官位가 서로 상당하게 정해져 있는데, 위계位는 아주 높은 데 관직官이 그에 상당하지 않은 경우와 같이 관위가 상당하지 않은 자의 경우에는 위와 관 사이에 '교行'라는 자를 넣는다.

78 오치越智라는 이름의 씨족은 고대 일본 이요노쿠니伊豫國의 호족豪族의 하나다. 스쿠네宿禰는 고대 야마토大和 조정 초기인 3-5세기 무렵에 무인이나 행정관行政官을 가리키는 호칭으로 사용되었다. 주로 모노노베物部씨, 하타秦씨, 소가蘇我씨 등의 선조에 스쿠네라는 칭호가 주어졌다.

79 이토 히로부미伊藤博文가 당시 사용한 서명

히 채용할 수 없는 것 혹은 채용하더라도 이미 그때에는 단행할 수 없는 것이다. 그래서 아무리 언론을 존중한다고 표방하더라도 모든 건백자에게 한결같이 만족을 줄 수 없음은 물론이다. 하지만 건백서 측에는 이와 같이 허심탄회할 수도 없다. 봉건제는 여전히 존재해서 각 번이 할거하는 기풍은 유신 정변으로 인해 일층 분명하게 취해지고 있었다. 그렇기에 조정에서의 두세 번의 횡포는 언론 탄압으로 비춰진다. 기개가 넘치는 자는 성급하게 행정실무를 통하지 않고 건백이 즉시 실행되지 않는 것을 어리석고 세상사에 어두운 것이라고 곧바로 몰아붙이기도 한다. 언론부言論府의 문을 활짝 여는 것이 도리어 불평을 양성하는 동기가 된다. 그래서 마침내는 요코야마 야스타로横山安太郎의 할복, 구모이 다쓰오雲井龍雄[80]의 집의원 퇴출, 하쓰오카 게이지初岡敬治[81]의 음모 등의 사건을 낳게 된다.

(10) 좌원左院

「폐번치현廢藩置縣」이라는 변혁은 당연히 집의원集議員의 존재 이유를 상실시켰다. 그래서 이를 대신해 설치된 것이 「좌원左院」이다. 좌원은 뒤에 많은 곡절을 거쳐 원로원元老院이 되고 추밀원樞密院이 된다. 그 시작은 집의원의 희미해진 권위를 회복 확장해 널리 인재를 모아 의정議政의 결실을 거두려고 설립된 것이다. 그런데 좌원은 순전한 관선의원官選議員 즉 관리로서 조직된다. 집의원이 번을 대표하는 것에서도 무의미한 제도라 할 수 있듯이, 애초부터 희망

80 집의원集議院 의원을 역임. 삿쵸 출신의 정부요인과 연이 닿는 의원이 많은 분위기 속에서 사쓰마를 비판하기도 하고 한 번 논의에 들어가면 철저하게 관철하려고 다투는 행동으로 인해 주위에서 기피당해 겨우 한 달도 못되어 의원에서 쫓겨난다. 후에 정부전복 음모로 몰려 처형당한다.

81 〈보신戊辰전쟁〉 후 권대참사權大參事 등을 역임. 유신 후 공가가 권위를 잃고 교토가 피폐해 짐을 한탄하고 신정부의 개화방침에도 분개해 천황을 교토로 돌아가게 함으로써 양이攘夷를 실행하고 정체政體를 개혁하려 한, 공가公家 오타기 미치테루愛宕通旭 등의 반정부음모에 가담한 죄로 처형당한다.

은 큰 반면 얻을 수 있는 건 적은 것이 필연적이었다. 그럼에도 좌원의 설치는 헌정 진보에서 간과해서는 안 되는 사항이다. 앞서 본 바와 같이 일본 최초의 헌정론은 모두 번을 단위로 한다. 이는 서민의 문명 진보 수준民度이 나아가지 않는 것도 하나의 이유이지만, 봉건시대에는 번을 무시해서는 도무지 어떤 일도 이루어지지 않기 때문이다. 메이지유신으로 대권이 조정에 돌아간 것이라 하지만 중앙정부는 충분한 병권兵權도 재력도 가지고 있지 않다. 게다가 조정의 유력자는 번을 배경으로 한 세력이다. 그래서 중앙정부의 고관이라도 번의 관점에서 보면 예부터 이어져 온 격식에서 신분이 그리 높지 않은 것에 불과하다. 번은 오늘날의 정당과는 달리 병권을 가지고 반半독립국 같은 체재를 이루는 일대 세력이다. 내각內閣은 어차피 공경과 각 번과의 연립내각이 아니면 안 된다. 그 연립은 두세 개의 웅번雄藩이라도, 일반 번의 의사를 무시해서는 어떠한 전제정치가라도 정책을 행하는 게 불가능하다. 물론 한편으로는 무력으로 반대하는 번들을 압도하고 있지만 아직 절대적 승자의 지위에 서 있지는 않다. 바쿠후 정치에서 왕정으로 세상 모든 일이 바뀌는 변화 즉 근본적 대개조를 표방하고 여론정치를 신뢰하는 것에 대해서는, 가령 마음속으로 기뻐하지 않더라도 표면적으로는 찬성하지 않을 수 없다. 이것이 여하튼 간에 의회의 모습이 만들어진 이유다.

그런데 번은 근저에서 폐멸했다. 그래서 이후 전제정치의 아성에 틀어박혀 민론民論을 압박한 정치 주역들은 다행히도 집의원은 물론이고 이런 류의 것들도 폐멸시키고 절대적 전제권력을 휘두를 수 있었다. 그런데도 좌원이 설치된 것에는 미묘한 의미가 있다.

이유인즉 번을 없앴다 하더라도 번 세력이 곧바로 소멸하는 것은 아니기 때문이다. 지금처럼 헌정이 시행된 지 수십 년이 지난 뒤에도 여전히 번벌藩閥 같은 말이 존재하고 어느 정도 권위를 가진다. 그렇듯 그 세력을 무시할 수 없었던 게 하나의 이유이다. 게다가 종전의 번만을 단위로 한 것 외에 일반 공의여론을 중시하지 않으면 안 된다는 사상이 세력을 얻어 독립해 마침내 이후의 민권론民權論이 발흥하게 되는 과정으로 보여진다. 환언하면 공의여론은 본래 번의 유무에 구애받지 않고 필요한 것이지만, 종래에는 번이 존재하고 있었기에 이에 가려져 있었다. 하지만 이제는 번의 존재가 없더라도 충분히 그 필요가 있다는 게 시대의 추세가 된다. 그래도 그 필요가 일반 민중에 기초를 두어야 한다는 결론에 도달하기까지는 다소의 간격이 있기는 하다. 그래서 이 두 사상의 중간적 제도로서의 「좌원」의 존재가 중요한 지위를 점하는 것이다. 즉 정치적 중대사를 공론으로 결정한다는 어서문의 의미가 처음에는 여론으로서의 번론藩論을 의미했다가, 오늘날의 보통선거의 의미로도 사용되게 되는 확장해석을 최일선에서 이끈 것이 좌원이다. 또한 좌원 설립을 선두에서 주창한 자가 도사번의 유력자라는 것이 또 다른 흥미를 불러일으킨다. 물론 도사번의 의회론은 당초부터 일관되지만 그 안에 포함되어 있던 불순물 같은 사상을 점차 갈고 닦아 가는 도정이 분명해진다. 처음에는 대정봉환과 뗄 수 없는 조건부 의회론이었지만, 이후 양자는 따로 분리되어 완전히 별개의 것이 되고, 그 다음에는 각 번을 규합하는 정강으로서의 의회론이 된다. 한두 개의 웅번을 견제하기 위한 「의회론」이 되고, 마침내 일반 민중에 기초를 둔 「헌정론憲政論」이 된다. 그 전반부의 대표자가 고토 쇼지로後藤象二郎이고, 후반부의 중심인물이 이타가키 다이스케板垣退助임은 두 인물의 성격이 무언으로 적절히 설명해준다. 게다가 이러한 중간적 제도인 좌원의 설립이 고토와 이타가키가 함께 힘을 합치고 더욱이 도사와 나란히 헌정의 발상지인 히젠의 에토 신페이江藤新平가 완성시킨 것이어서 더욱 흥미를 불러일으킨다. 따라서 헌정사 서술에서 좌원에 대한 설명을 등한시해서는 안 된다.

메이지 4년(1871년) 7월 관제 대개혁이 이루어져 태정관의 정원正

院 및 좌원左院과 우원이 제도화된다. 정원은 종래의 태정관太政官이다. 좌원은 입법관立法官이고, 우원은 각 성省으로 조직된다. 의관議官은 1등과 2등의 고관이고 3위와 4위라는 높은 지위를 지닌 크고 의젓한 기관이다.

의장議長에는 고토 쇼지로, 부의장에는 에토 신페이가 인선되고, 의원議員에는 구 바쿠후의 가신 및 그 외에도 있었다. 따라서 사쓰마와 죠슈 양 번의 번사는 5인에 불과했다.

제2절 번의원과 지방민회

메이지 원년 10월 28일 「번치직제藩治職制」가 공포되어 각 번은 법제상 중앙정부의 통제에 복종하게 된다. 적어도 법제적으로는 각 번이 중앙정부의 명령에 복종해야 하는 것이 되는데, 그 한 조항에는 "크게 의사議事 제도를 세워야 하기에 번도 각각 그 제도를 세워야 한다."라고 한다. 이어 「판적봉환版籍奉還」이 있어 통일적 정치체제로의 큰 걸음을 내딛게 되는데, 그에 의해 한층 자극되었을 것이다. 중앙에 공의소, 집의원이 설치된 것에 조응해 각 번에는 「번의원藩議院」이라고도 부를 만한 제도가 시행된다.

다만 번의원이라고는 해도 피치자 자신들 중에서 선출한 의원이 번정藩政에 참여해 발언하거나 정치를 행하는 것 같은 건 아니다. 흔히 이르기를 세 사람이 모이면 문수보살의 지혜가 나온다고 말하듯 단순히 중지를 모으는 좋은 제도로서만 이해된다. 백성의 소리를 듣는 것은 예부터 동양에도 있었고 그것이 좋은 정치라고 여겨졌기에 이런 의미의 제도로서 환영받았을 뿐이다. 국익에 관해 의견을 말하면 상을 줄 터이니 기탄없이 의견을 내라는 것에 지나지 않는다. 새로운 서구문명을 받아들인 여파에 간신히 몸을 실어, 새로운 정치체제가 유익하고 필연적이라는 점에 눈을 뜬 각 번이 중앙정부의 새 기운을 배워 그 제도와 명령을 좇아 이런 제도를 설치한 것이라 보아야 할 것이다. 아래로부터 백성이 자주적으로 참정권을 달라고 외치는 서민적 요소는 발견할 수 없다. 그렇다고 예부터의 봉건적 체제 하에서 그저 목숨을 바치는 풍습 속에 살아온 봉건적인 두뇌가 기초일 뿐이라서, 그것이 발전해 서구의 등족회의等族會義 같은 게 될 리도 없다. 번의원보다 시기적으로 조금 나중에 나온 민회民會가 번의원에 비하면 훨씬 서민적인 성질을 가진다고 할 수 있는데, 그런 성질을 가진 「지방민회地方民會」조차도 일본에서 결국 진정한 의회제도로 성장하지 못하고 소멸한 사실을 고려해 보면 이는 당연한 것이다.

그렇더라도 번제藩制가 조금 오래 이어졌다면 혹 어떻게든 다소 효과를 거두어 헌정 발전에 다소 적극적인 기여를 할 수 있었을 것이다. 하지만 그 설치가 대체로 메이지 2-3년 무렵인데 메이지 4년에는 폐번이라는 운명에 처했기에 그 취지가 번 안에서조차 철저히 관철되지 못하고 폐지되어 없어진 것이다.

말하자면 사회적 기초도 박약하고 사상적 기초도 미숙하고 인적 기반도 결여된 데다가 성과를 볼 만한 여유도 없을 정도로 너무 빨리 소멸해 간 것이다. 그래서 오늘날의 전문학자들조차도 그 존재를 알지 못하는 것이다. 그러나 여하튼 메이지 초년에 단순히 중앙정부뿐만 아니라 전국의 여러 지방에 일종의 공의여론에 진력하려 한 정치적 기구가 설치되었다는 역사적 사실은 참으로 일본 헌정사의 최초의 한 부분을 장식하는 것으로 주목해야 한다. (그 사료에 관해 상세한 것은 졸저 『일본헌정사논집日本憲政史論集』 제4장 91쪽 이하를 참조)

그 대부분은 상하양국을 설치해 평민이라도 참가시켜 의견을 듣도록 규정하고, 의장, 의사당, 의사일정 등을 정해 언로를 크게 열려고 노력한 것 같기는 하다. 하지만 이들 규정이 어느 정도로 실행되었을까?

이제 그 사상적 근거들을 크게 분류해 보면 다음과 같다.

1. 5개조의 어서문을 근본토대로 삼는 것(오가키大垣번, 가가加賀번, 다카쓰키高槻번, 쓰야마津山번)
2. 번치직제가 의사제도를 세워야 한다고 명한 것에 기초한 것(나가시마長島번, 다카마쓰高松번, 오가키번)
3. 중앙정부의 기구를 본뜬 것
4. 막연하게 언로를 크게 연다고 주장한 것(단난丹南번, 나카무라中村번 등)
5. 한학자 계통의 의견이나 주장에 의한 것(다테바야시館林번)
6. 영미英米류의 사회사상을 채택해 받아들인 것(고치高知번, 아사오淺尾번)

그리고 모두 자문관부諮問官府였다. 오가키번만이 번주의 의견이라도 "3국三局 중에 이견이 있으면 시행할 수 없다."라고 규정해 이채를 띠지만 과연 실행되었는지 아닌지는 의문이다. 모든 조직은 대체로 번의 관리로 구성되고 서민의 참가는 그저 단순히 서민이라도 의견이 있으면 말하라는 정도다. 그 채부는 번 관리의 손에 있고, 서민 중에서 선거하는 제도를 가진 번(아사오, 오가키, 아카시明石, 구조郡上, 요시다吉田)이라 하더라도, 촌 관리村吏 중에서 선거하는 게 대부분이다. 그 채용 여부나 진퇴 일체는 번의 관리인 의장議長의 손에 있는 게 보통이었다. 따라서 어디까지나 봉건적 관부의 색채가 짙어서 민중의 대표제나 참정권 사상 등은 아직 발달하지 못했다.

지방민회地方民會는 번의원藩議院보다는 서민적 요소가 많이 보인다. 하지만 그것이 서구 의회제도의 출발점이 된 등족회의에 비할 바는 전혀 아님은 앞서 본 바와 같다. 그래도 자주성과 아래로부터의 참정의 색채에서 번의원이 비할 바는 아니다.

애초에 번의원은 메이지 4년의 「폐번치현」과 함께 근저에서부터 소멸했다. 그러나 민회는 그 뒤 더욱 완비되어 중앙집권정부 하에서 기초적 정치기구로 성장했다고 보인다. 중앙정부에서는 좌원 설치, 지방장관회의 개최 혹은 헌법제정론의 전개 분위기 속에서 여론공의와 의회정치의 이상이 그럭저럭 시대의 한 풍조로 착착 구체화되어 갔다. 그래서 지방의 민중도 자신과 관계 깊은 지방정치에 관해 어느 정도의 발언을 원하고, 또 새로운 인물로서 높은 뜻과 기상을 지닌 지방관은 이러한 신사조를 자신이 통치하는 지방에 실현하려 한다. 이것들이 함께 어우러져 지방민회가 설치된 것이다.

메이지 6년(1873년)에 간행된, 세상을 묘사한 『미쿠라베효見競表』라는 인쇄물에 '파아리아멘토라는 의물擬物[82]'이라는 항이 있다. 당시 유행하던 것 중의 하나다. 이를 통해 시대의 풍조를 살펴볼 수 있다. 메이지 8년의 제1회 「지방관회의地方官會議」는 의회를 시도한 것으로서 주목된다. 의장인 기도 다카요시는 다음과 같이 말한다.

> 이제 전국 부현의 구회區會를 연 곳이 7현, 구장호장회區户長會를 연 곳이 1부 22현 (......) 근래 가끔 지방장관의 뜻으로 혹 민회를 시작하려는 자가 있어도 아직 전국의 공통 법규가 없다......

민회 설치가 많이 있다고 말하며, 이를 의제로 할 정도로 정치적으로 중요성을 띠기 시작한다. 하지만 지방관회의의 의사 진행이 늦어져 쉽게 민회론에 들어가지 못한다. 그래서 촉진하자는 목소리가 나온다. 시마네島根, 사카타酒田, 오카야마岡山, 기후岐阜, 지바千葉, 구마가야熊谷, 이와사키磐前, 메이토名東, 고치高知, 히로시마廣島,

82 사람을 물체 등에 비유함

아시가라足柄, 지쿠마筑摩, 도치기栃木 등 13현의 방청인은 「행복안전사幸福安全社」[83]에 집합해 각 현의 의원에게 다음과 같은 상서를 보내기로 결의한다.

> (전략) 하문한 5가지 중요한 일 중에 사람들이 가장 주목하고 갈망하는 바는 지금 민회를 여는 일이다. 이는 일반 인민도 역시 다 같이 주목하고 있어 사람들의 귀촌을 기다리는 바다. 왜냐하면 국가헌법이 이것에 의해 확립되는 것이고 인민의 권리도 이것에 의해 떨쳐 일어나는 것이기 때문이다. 고로 민회는 논의를 가장 정중하고 확실하게 해야 한다. 만일 올해 회의에 이런 큰 안목의 민회에 관한 일을 불문에 부치게 된다면 사람들의 실망이 어찌 극에 달하지 않겠나. 우러러 간절히 바라건대 각 의원은 사람들의 충정을 통찰해 이를 의장에게 청해 조속히 토론하고 결의시키기를. (하략)

그러나 의제로 된 결과 공선민회안公選民會案은 부결되고 관선안官選案이 된다. 이에 대해 가나가와神奈川, 미즈마三瀦, 효고兵庫, 에히메愛媛, 야마가타山形, 오키타마置賜, 미에三重, 기후岐阜, 돗토리鳥取 및 그 외 6-7현은 어디까지나 공선민회를 유지하기를 희망하면서 열심히 원로원元老院에 청원하려 한다. 그러나 다른 한편 일반적으로는 비굴하고 유약하고 게으른 것이 당시 피치자의 마음가짐이기도 했다. 그래서 공선민회의 중요성을 인식시키지 않는 지방도 적지 않아 이를 통탄하는 투서가 나타난다. 예를 들면 와카에 즈네요시若江彝吉의 「일본의 평민에게 보이는 글로 적는다」(메이지 8년

83 고토 쇼지로後藤象二郎 등이 조직한 민권운동 결사. 여기에 사가佐賀의 에토 신페이江藤新平와 소에지마 다네오미副島種臣 등이 가맹해 메이지 7년 1월 12일에 「애국공당愛國公黨」으로 개칭된다.

4월 13일 도쿄니치니치신문東京日日新聞)는 말한다.

> (상략) 이러한 대의원大議院을 뒤로 미루게 되어, 그 방향으로 가는 하나의 작은 구區나 큰 구의 민회라고 할 합의소合議所로부터 시작해 한 현縣에 이르고, 이것이라면 좋다고 하는 시절에 이르면 대의원을 세우는 방법이 적합하다고 나는 깊이 믿는다. 또한 그것이라면 정부에도 결코 지장을 주는 일은 없는 것으로 안다. 민회는 이 정도로 훌륭한 것이다. 그런데 손에 익지 않은 까닭인지 일본의 평민이 여하튼 이를 등한시해 이미 도쿄 등에서는 무용한 것이라 알고 있는 것은 참으로 탄식할 만한 일이다. 물론 야마구치山口, 효고, 지바, 니이가타新潟, 오다小田 등 여러 번에는 서서히 민회를 시작하는 모습이다. 하지만 시작하지 않은 지방이 많아 앞서 말한 비굴하다는 꼬리표를 반납하는 게 불가능한 것은 아닌가. (하략)

당시의 지방민회는 취지서에서 서양의 의원議院제도를 모방한 것이라고 분명히 밝힌(아이치愛知, 도쿄, 오사카) 것도 있는가 하면, 『태서국법론泰西國法論』에서 말한 것이라며 한 구절을 원용하는 것(돗토리)도 있다. 명칭도 의사연議事筵(군마群馬, 하마다濱田)이라는 것도 있고, '파루리멘토'(지쿠마筑摩)라고 하듯이 새로운 유행을 선호하는 명칭 만들기도 있다.

대체적인 사상은 일정한 형태가 있다. 이는 후쿠자와 유키치福沢諭吉의 저서류에 의한 것인 듯하다. 어느 한 현에서 규정한 것을 다른 현에서 모방한 듯도 하다. 아이치, 오쓰大津, 지바, 기사라즈木更津, 이사카와石川, 돗토리 같은 경우는 거의 동일한 밑그림이라고 말할 수 있다. 그리고 이들은 "현청을 위해 인민이 있는 게 아니고, 인민을 위해 현청이 있는 것이다."라며 아주 멋진 민권民權의 모습을 보이기는 하지만, 실상은 관료들만 흡족해하는 선정善政홍보 같은 주의다. 즉 흡사 귀족이 평민주의라고 주장하며 상대방을 동등하게 취급하더라도, 그 상대가 자기를 동등하게 취급하기를 바라지는 않는 것 같은 심리다.

규정도 갖추어진다. 종류도 대구회大區會라 부르든 소구회라 부르든 모두 부현회府縣會, 군시정촌회郡市町村會의 원시적인 모습이 갖추어진다. 그 시작은 포령布令의 신속한 전달을 목적으로 하고 동시에 토지 이해관계 문제를 공의하는 것이다(나라奈良). 또한 집회담화소集會談話所에서부터(기사라즈) 관민협동회의(지바)로 나아간다. 현회는 현의 관리가 이끌어 도와주어 만들어지고(지바), 규칙은 현청이 대신 편제(오이타大分)한다. 의원을 '대의인代議人'이라 부르는 것이 보통인데, 관선의원을 주로 하면서 민선의원을 부가하는 게 일반적이다. 그런데 민선의원은 매우 소극적이고 나서지 않는 모습이어서 도쿄부府의 이름 있는 대상인들조차도 '비천한 저와 함께', '지극한 은덕을 입어 감사한 행운이라고 생각하옵니다'라는 식의 말을 사용할 정도다. 당시의 신문기자가 분개하여 다음과 같이 말하는 것도 충분히 수긍된다.

> 처음 도쿄부에서 회의소會議所를 세우라고 지시해 시중에서 손꼽을 만큼 뛰어난 도시상공인들에게 출석을 명하니, 이들은 이제 분발할 때라는 마음가짐으로 따르는 게 아니다. 미쓰이三井, 오노小野, 시마타島田 등 유력한 가문은 물론이고 그 밖의 집안도 먼저 점내의 우두머리인 머리 벗겨진 노인 반토番頭[84]의 은퇴 후의 업무로서 대신 임무를 맡아줄 것을 분부한다. 그래서 이들 반토들은 회합하더라도 모두 자신의 주인 가문이 실수하지 않는 걸 중요하게 생각한다. 따라서 어떤 일이라도 상

84 상가 등의 사용인使用人의 우두머리

담하면 지극히 마땅하다거나 다른 대부분의 사람과 마찬가지라는 한마디를 대리인의 좌우명으로 삼고, 종국에는 도쿄부청 말단 관리의 지휘를 받아 네네하고 순종하고 따르며 받든다.

도쿄부에서조차 그런데, 하물며 지방의 경우는 더욱 그러했다. 즉 다음과 같은 지바현의 예처럼 모두 그러했다.

우선 인민의 의사議事라는 것이 무엇인지 알지 못할 뿐만 아니라 현민縣民의 대의인代議人이 된 자가 사무를 논의하는 것에 익숙지 않아 결의를 할 수가 없다. 따라서 현청의 11등 이하 담당 관리가 각 의원에게 건네준 의사규칙 등을 익히게 한다. 그런데 혹시 현청관리 중에 달변가가 있어 한쪽에 편향된 어떤 의견을 내고 명쾌하게 설명을 붙여 말하면 의원들은 어느새 줏대 없이 그 의견을 따라 움직여 이의하는 자가 없다. 이로써 통상적인 결의 외에 일종의 명령결의가 되는 것도 있는 바, 그 폐해를 헤치면서 겨우 의사 체재를 이룬다.

그래서 관민官民 모두 자문기관 이상으로 생각하지 않는다. 관료는 선정을 베푼다고 자부하고 있기에 현 당국은 자발적인 것을 좋아하지 않아 이를 없애도록 요구해 관민 간의 다툼이 된다(메이토名東). 나아가 민선을 주로 하면서는 현청과 충돌하고(구마모토熊本), 의사 내용에서 현청의 정책을 토의함(고치高知)에 있어 정면충돌을 초래하게 되어 점점 본격적인 의회 의식의 발달을 보게 된다. 그렇더라도 사족 수준의 운동이어서 시민층의 자각에는 여전히 상당한 시간을 필요로 한다. 시민층의 목소리로서의 지방의회와는 아직 큰 거리가 있었다.

(지방민회의 사료에 관해서는 졸저 『일본헌정사논집日本憲政史論集』 145쪽 이하를 참조)

제7장 헌법제정론의 발생

제1절 바쿠후 말기부터 메이지 초년까지

덴포天保 14년(1843년)에 로쥬老中 미즈노水野 에치젠越前[85] 번주의 명에 의해 스기타 세이케이杉田成卿는 네덜란드 헌법을 번역한다. 이는 아마도 일본에서 외국 헌법을 번역한 최초의 일이라 할 수 있다.

당시 바쿠후의 핵심권력자 중에 헌법의 번역을 명한 자가 있다는 것만도 대단한 탁견이다. 다만 과연 이를 통해 실제 정치에 도움을 받으려는 생각이 있었는지 아닌지는 분명치 않다. 단지 외국제도를 번역시키는 기회에 헌법도 그 안에 포함되어 있었던 정도였을 거라고도 생각된다.

바쿠후 말기의 정쟁이 한창 무르익어 가면서 교토와 에도라는 이원적 정치의 파탄이 외교상의 문제가 된다. 마침내 게이오 3년(1867년) 파리만국박람회에서 바쿠후의 대표자와 사쓰마번의 대표자가 서로 다툰다. (이 사건의 전말은 졸저 『국제법으로 본 바쿠후 말기 외교이야기國際法より觀たる幕末外交物語』 및 『오랑캐의 나라로(바쿠후 말기 외국파견 사절이야기)夷狄の國へ(幕末遣外使節物語)』에 서술하였으므로 참조하기 바란다.) 그때 바쿠후는 프랑스 공사의 조언으로 「국률國律」을 기초해 외국부교外國奉行[86]와 외국 주재 일본공사 등에게 배부한다. 이는 당시의 이원적 정치를 설명하는 책인데 국률이라 칭한 것은 아마도 헌법憲法의 의미였으리라 생각된다.

이는 임시적 선언서이지만 이를 규율적으로 법제화할 필요를 느끼

85 지금의 후쿠이福井현 동북부의 옛 지명

86 바쿠후 말기 에도 바쿠후의 대외 교섭 등 외교담당 직명. 1858년 미일수호통상조약 교섭이 이루어지고 조약이 체결된 후 외교전문 기구로 설치된 부서

게 되면서 헌법제정론이 된다.

이것이 나중에 앞서 본 니시 아마네西周의 『의제초안議題草案』이 되어 도쿠가와 중심의 헌법 초안이 된다.

이 무렵에는 외국의 정체政體를 설명하는 수많은 서적이 나온다. 게이오 4년(메이지 원년, 1886년)에는 「입헌정체立憲政體」라는 번역어가 가토 고조加藤弘藏(후에 문학박사 및 법학박사 학위를 받은 남작 가토 히로유키弘之)에 의해 처음으로 만들어진다.

> 『도나리구사隣草』[87]에서는 아직 입헌정체라는 번역어를 사용하지 않지만, 그 후 메이지 원년에 『입헌정체략立憲政體略』이라는 소책자를 저술한다. 다시 이 정체의 대략적 핵심을 논술하는데, 그 부분인 Konstitutionnelle Regierungs Form 혹은 Konstitutionnelle Monarchie라는 말을 유헌정체有憲政體 혹은 유헌군주정체有憲君主政體(헌법이 있는 정체라는 뜻)라고 할까도 해보고 여러 가지로 고안해 본 끝에, 유헌 보다는 입헌立憲 쪽이 적당하다고 결정한 것을 오늘도 여전히 기억하는 정도라면 입헌이라는 한자숙어는 내가 처음 만들어 낸 것이 틀림없다고 믿고 있다. (『가토 히로유키 강연전집講演全集』[88], 경력개요經歷槪要)

그렇기는 하지만 헌법이라는 숙어는 메이지 6년(1873년)에 미쓰쿠리 린쇼箕作麟祥가 오늘날과 같은 의미로 사용하기 시작했다. 더구나 그 이전에는 쇼토쿠태자聖德太子의 「17조 헌법憲法」이라는 것처럼 단지 법률의 의미로 사용되어졌다. 현행헌법에 해당하는 말로는 '근본율법根本律法', '조강朝綱', '원율原律', '정전政

87 가토 히로유키가 구미의 입헌사상을 소개한 책으로, 분큐 원년(1861년)에 지었지만 인쇄 공표된 것은 메이지 22년(1889년)이다.

88 加藤照麿 他編, 『加藤弘之講演全集』, 丸善, 1900

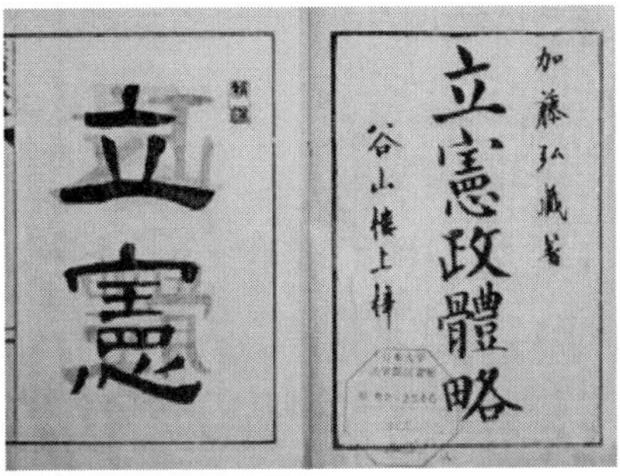

〈가토 히로유키의 『입헌정체략』〉

〈가토 히로유키(고조) 日本国会図書館〉

典' 등이라 한 것이다. 또한 앞서 본 게이오 4년의 『입헌정체략』에는 '국헌國憲'이라 번역하고 그것이 오랫동안 규정적인 말이 되었다. 「교육칙어教育勅語」[89]에 '국헌國憲을 중시하고'라고 되어 있는 것이 이런 계통이다.

메이지 정부가 새로 탄생한 그 무렵에는 많은 이유가 있었지만, 여하튼 신정부의 정치적 방침을 발표함으로써 전국의 제후를 결속할 필요가 있어 「5개조의 어서문御誓文」이 발포된다. 이로써 세상에 이른바 헌정의 서광이 비춰진다.

그런데 이 시기에 결속이라는 정신적 요소에 무게를 둔 장엄한 선서식이 행하여졌다면, 실제 정치에서는 그 추상적 정치적 방침을 구체화할 필요가 있어 다시금 「정체서政體書」가 발포된다. 따라서 5개조의 어서문보다도 오히려 정체서 쪽이 헌법의 맹아에 해당한다고 할 수 있다. 그 최초의 초안에 '규율規律'이라고 했던 것도 앞선 이른바 원율原律 계통의 표현으로서 그것은 헌법이라는 의미였을 것이다.

그 후 전란도 평정되고 정부의 중앙집권적 관제도 점차 확립된다. 하지만 그것만으로는 결코 새로운 국가의 근본제도라고 하기에는 부족하다. 또한 국시國是도 5개조 어서문의 간략한 대강大綱만 가지

89 메이지천황이 1890년 10월 30일에 국민도덕의 기본과 교육의 근본이념을 명시하기 위해 발포한 칙어

고서는 사실상 복잡다기한 국정의 운용에 부족한 점이 많다. 그래서 널리 구미 선진제국의 법제를 조사 연구해 확고한 근본규범을 정해 흔들리지 않는 큰 방침을 수립해 전국을 통일적으로 지배하려는 시도가 기획된다. 이것이 정부 내부에서 헌법제정憲法制定 및 의회개설議會開設 논의가 나타난 이유다.

그러므로 당시 조정 내부에서 주창된 헌법제정론은 근본에 있어 정치에 민의를 참여시킬 필요라는 점에 무게를 두지 않고, 반대로 중앙집권을 확립하기 위한 헌법제정 그리고 민심을 안심시키고 달래기 위한 의회개설이라는 의미가 강했다.

메이지 정부 성립 직후에는 아직 정부 자신의 군대도 재력도 없었다. 그저 각 번의 지지에 의존하지 않으면 안 되었다. 그렇기에 명령의 위엄이 충분히 관철되지 못했다. 따라서 일반 피치자들 사이에서도 불신과 동요가 심했다. 게다가 뜻을 이루지 못해 불평불만을 지닌 많은 무리는 도처에 할거하며 반정부 기세를 올린다. 어떤 자는 무력으로 혹은 어떤 자는 언론의 힘으로 반정부反政府 투쟁을 선동한다. 오쿠보大久保가 메이지 2년 4월 26일 이와쿠라岩倉 앞으로 보낸 서한에는 “내외의 큰 국난으로 황국의 존망이 걸린 위급한 시기로서 절박한 일이 조금의 틈도 없이 짓누르고 있는데 지난해 이래 병란이 점차 잠잠해져 일시 무사한 모습이 되었지만, 크고 작은 지방의 장관들은 제각기 깊은 의심을 품고 천하의 인심을 두려워하는 바, 그 어지러움이 백만 병사의 창이 움직이는 것보다 두려워할 만한 것이다.”라고 쓰고 있다. 그 말처럼 참으로 우려할 만한 사태였다. 그래서 한편에서는 중앙정부의 재정 및 무력을 충실하게 확립하는 것을 계획하고 동시에 다른 한편으로는 앞서 말한 근본규율이라는 큰 방침의 수립을 과제로 삼는다.

먼저 메이지 원년 10월 21일 조정의 중심 기둥 이와쿠라 도모미岩倉具視는 ‘5개조 어서문에 기초해’, ‘의사원議事院을 조사하는 일’

을 천황의 내심을 헤아려 조치하도록 건의한다. 이듬해 메이지 2년 1월 25일에는 이 취지를 한층 상세히 말한다. 그 근본취지는 '밝은 천황과 현명한 재상이 나오기를 기다리더라도 스스로 국가를 지키고 유지하기에 족한 제도'를 확립하려 함이다.

신하의 신분으로 말하기는 꺼려지나 천황의 타고난 총명함과 영민한 지혜가 널리 미치더라도 여전히 젊은 나이인데, 역대 천황이 중흥을 도모하도록 베풀어 주신다고 하지 않고 천하의 공론을 다스려 그것이 천황에게 귀착되고 천황의 결단으로 이를 정해 주는 것으로 하는 것은 실로 공명정대하고 신성한 일이다. 이로써 장래에도 의사원을 설치해 정치를 행하는 법도는 중의에 붙인 뒤 조정의 평의로 하나의 결론을 정해 천황의 재가를 거쳐 시행하는 게 된다. 그렇게 된다면 다른 많은 의견이 나오더라도 쉽게 이를 변경할 수 없다. 이리되면 조정의 권한이 스스로 막중해져 인민이 이를 믿게 되는 바, 조령모개朝令暮改라는 비방은 자연히 없어지게 된다. 그렇게 되면 하나의 영令이 나올 때마다 수많은 다른 의견이 나오고 그 사이에 얽히고설킨 사정으로 마침내 고치게 됨으로써 결국 구 바쿠후 말기 세상의 잘못된 전철을 밟아 인심이 등지게 되는 일이 점점 덜하게 된다. 그러므로 생각건대 의사원을 설치하는 것은 5개조 어서문의 취지를 확장하는 것이다.

이어 메이지 2년 4월 22일 메이지천황의 자문에 답해 야마시나노미야아키라山階宮晃 친왕이 올린 의견서에 다음과 같은 글이 있다.

나라 안에 크고 작은 갖가지 변경이 이루어질 수 있어 조항 하나하나가 있어야 합니다만, 가장 중대한 일은 국헌國憲이라 생각합니다. 군현郡縣의 아주 봉건적인 일은 방금 결정해 행할 수 없다고 생각합니다. 황송합니다만 군주정君政이 3개, 민정民政이 2개라고 할 군민동치君民同治에 분부대로의 공명정대함이 확연히 유지되는 국헌을 창립할 수 있다면 이는 신성한 중흥이라 생각됩니다.

이듬해 메이지 3년(1870년) 윤10월에는 에토 신페이江藤新平가 「회의에 즈음한 의안」이라는 글을 올리는데, 상당히 구체적으로 시급한 당면과제에 응할 수 있는 입헌제도의 도입을 제창한 것이다.

삼가 헤아려 올리는 바, 국법國法의 각 조항이 아직 확정되지 않는 동안에는 때때로 접하는 일이지만, 시행이 있는 것 같이 살피면 이후에 앞의 영슴과 뒤의 영이 서로 모순할 수 있다는 우려도 보입니다. 모든 국가에서 정부와 정부 간의 교섭을 위해서는 공법公法을 마련하고 정부와 국민 사이의 교섭에 관해서는 국법을 마련하고 백성과 백성 사이의 교섭에는 민법民法을 갖추어야 합니다. 이것이 점차 각국에 통용되는 도리처럼 되고 있어 모든 국가의 부강성쇠의 근원도 오로지 국법과 민법의 시행 여부에 달려있습니다. 더욱이 국법은 이른바 국민과 상대하는 데 있어 믿도록 만드는 규칙으로서의 법칙이고, 또한 민법의 근본에 상당하는 것입니다. 따라서 민법회의民法會議라도 각 조항에서부터 국법의 확정 없이는 서로 얽히게 될 수 있습니다. 그래서 지난번 정체법도政體法度의 초안을 바칠 수 있었는 바, 이는 무가의 법도를 으뜸으로 해 앞으로의 10년을 계획할 목적으로 정리해 두었던 것입니다. 이미 결단한 대로 오랜 세월 이어갈 국법을 서둘러 확정하지 않으면 나라 사정이 나쁘게 될 수 있기에 다시 조리條理를 세워 앞서 본 정체

법도의 조항들을 서로 대비해 맞춘 것으로, 규칙式目[90]을 가지고 국법에 관한 회의를 마련할 때라고 생각합니다. 따라서 각국 법의 취지와 지금 국내 사정을 참작해 국법 각 조항의 목록을 작성해야 할 것이 다음과 같이 있기에 삼가 의견 올립니다.

- 토지와 인민에 관한 것 (중략)
- 조정에 관한 것 (중략)
- 의원議院에 관한 것
  1. 의원의 회합에 관한 것
  1. 상원의원議員에 관한 것 및 그 담당 직무
  1. 하원의원에 관한 것 및 그 담당 직무
- 지방의원議院에 관한 것
  1. 부번현府藩縣의원에 관한 것 및 그 담당 직무
  1. 방군坊郡[91]회의에 관한 것 및 그 담당 직무
  1. 가읍街邑[92]회의에 관한 것 및 그 담당 직무
- 재판에 관한 것 (중략)
- 교화敎化에 관한 것 (중략)
- 회계에 관한 것
- 군비에 관한 것
- 수리·제방에 관한 것
- 수로와 육로에 관한 것
- 공부工部에 관한 것

90 시키모쿠式目는 율령제 하의 법령인 율령律令보다 하위 법규인 격식格式의 식式과 목록이나 조목의 의미인 목目을 가리킨다.

91 보坊는 도시의 대로에 둘러싸인 곳으로 쵸町보다 큰 구역. 군郡은 쵸町·손村 등을 포괄한 지방행정구역

92 가이街는 도시의 중심지역. 유邑는 촌락인 손村 혹은 도시의 일부 좁은 구역인 쵸町와 같은 구역

• 교육 및 빈곤구제에 관한 것
• 정전正典의 변혁에 관한 것

그러나 위 여러 제안은 아직 공적으로 채택되거나 선포되지 못한다. 또한 정부 자신이 「폐번치현廢藩置縣」과 「징병령徵兵令」 등 중요한 집권국가 완성 등을 단행함에 있어서의 많은 큰 과제에 바빠 그에 충분히 주의를 기울일 수 없었던 것 같다. 그러나 사라지기에는 너무나 근본적인 중요성을 지닌 문제다. 아니나 다를까 메이지 5년에 들어서자 드디어 헌법 기초가 공적 사업으로 착수된다. 「좌원」이 국헌國憲을 논의해 편찬한 것이 바로 그것이다.

제2절 좌원의 국헌 편찬

오늘날까지 알려진 범위에서 최초의 공적인 헌법편찬은 「좌원左院」의 그것이다.

메이지 5년(1872년) 4월 좌원에 봉직하던 미야지마 세이치로宮島誠一郎[93]는 "당시 번을 폐지하고 현을 세운 지 아직 얼마 되지 않아 사람들의 논의로 소란스러운데 가까이 수도에는 민권자유주의에서부터 공화정체共和政體를 주장하는 당파가 있다. 멀리 각 번에는 봉건수구의 주장에서부터 군주의 전재專裁를 주장하는 논당論黨이 있다. 이 경우에 정체政體를 정하는 것은 어떠한 시대 흐름이 나오더라도 도저히 계획하기 어려운" 상태에 있음을 우려해, 대의관大議官

93 1838-1911년. 관료이자 정치가. 유신 후 자유민권自由民權운동의 선구로 일찍부터 헌법제정과 의회개설을 요청하는 건백을 올렸다. 그의 방대한 일기와 기록은 귀중한 사료로 취급받는다.

〈미야지마 세이치로 日本國會圖書館〉

이지치 마사하루伊地知正治와 협의한다. 이지치도 매우 동감해 미야지마는 「입국헌의立國憲議」를 고토 쇼지로 의장에게 건백한다.

천황은 천하 인민의 부모다. 부모로서의 권리가 있다면 인민을 보호할 의무도 있다. 조정이 이를 위해 관직을 설치해 이를 지배하게 한 것이 바로 정부다. 정부가 이 권리와 의무를 가진다면 인민도 역시 이에 대한 권리와 의무가 있어야 함은 물론인데, 이를 정하는 것은 우선 국헌을 세움에 있다. 국헌을 기준으로 민법을 정하고 인민 상호 간의 의무를 행하게 한다. 그리고 국헌과 민법에 위배한 자는 형법의 설치로 의율한다. 이에 정부는 비로소 인민 보호의 길을 정한다. 따라서 국헌을 세우고 그에 따라 민법을 정하고, 국헌과 민법을 정한 연후에 형법이 비로소 설치될 수 있는 것이다. 이것이 이제 국헌을 세우는 논의가 가장 시급한 일이 되는 이유다.

(날인)

황국이 예부터 이어온 고유한 국체는 군주독재로 제반 정치를 오직 군주가 베풀어 행함에 있어, 인민은 본래 권리가 어떤 것인지, 의무가 무엇인지 알지 못했다. 이제는 외국과의 교섭이 날로 열리고 달이 갈수록 빈번해지는 때가 되었다. 그런데 무지몽매한 인민이 점점 외국의 국체를 살피고는 자주自主와 자유自由라는 이름으로 쓸데없이 자신의 권리를 과장하고 반대로 의무는 다하지 않는다. 심지어 공화정치론을 펴는 것도 있다. 먼저 이치에 합당한 국헌을 세워 군권君權을 확정하여 황국 고유의 군권이 어떠한 것이고 국헌이 어떠한 것인지를 나라 안의 인민에게 알려야 할 것이다.

그 '이치에 합당한 국헌'은 어떤 성질과 내용이어야 하나?

국헌을 정한다는 것은 무엇인가. 예부터 이어온 고유한 군주독재로 국헌을 정한다면 어쩌면 인민을 억압하고 개화의 진보를 방해하는 폐해를 면치 못하니, 군민동치君民同治의 법으로 정하는 것이 가장 좋다고 할 것이다. 그렇더라도 아직 문명화가 백성에 미치지 못하고 교육의 길도 이루지 못한다. 지금 가령 민선의원을 설치해 국시의 입장을 취하더라도 만인 중에 아마도 일인을 얻는 것도 어렵고 반대로 분쟁을 부르게 될 것이다. 그런즉 군주독재 체제에 군민정률君民定律의 중용을 취해 국헌을 정하고 모든 정치적 중대사를 헌법에 근거해 행해야 할 것이다.

즉 「군주독재 체제」를 유지하는 것이지만 말 그대로의 '독재'는 인민의 동요를 야기하기에 "군민정률의 중용을 취해야 한다."라고 주장하는 것이다. 따라서 일반 피치자인 대중 자신의 정권 참여를 의미하는 의회의 개설 같은 것은 물론 문제가 될 리가 없다.

헌법을 정하는 일은 좌원이 이를 논의로 정해 정원正院에 보내 우원 및 각 성省 장관長官이 모두 같이 재결을 천황에게 올려 천하에 포고해야 할 것이다. 좌원은 국의원國議院 같이, 정원은 원로원元老院 같이 하면서 우원(각 성의 장관 및 차관의 회의소)과 부현의 관원을 당분간 민선의원民選議院으로 간주해야 할 것이다. 그리고 국헌에 준거해 정무를 시행하고 점차 개화의 진도를 기다려 진정한 민선의원을 설치한다. 따라서 군주독재에 군민동치의 중용을 참작해 이치에 합당한 국헌을 정하는 것이 당연한 순서다.

그런데 이 건의에 대해 부의장 에토 신페이가 반대한다. "이른바 국헌이란 프랑스의 5법 같이 널리 인민이 참견하고 간섭하게 하는 것으로서 그 성질이 제왕이 만든 헌법이 아니다."라는 게 반대 이유였다고 한다.

그 후 에토는 직을 옮겨 사법경司法卿에 취임(메이지 5년 4월 27일)하고, 대신에 이지치가 4월 29일 부의장이 된다. 이지치는 앞서 본 것처럼 미야지마의 의견에는 대찬성이었기에 좌원 내부의 논의는 이제는 쉽게 하나로 정리되었을 것이다. 5월 19일에 「하의원下議院 설치에 관한 의견」이 의장과 부의장의 이름으로 제출된다.

그 직전에 오쿠보 오쿠라大藏[94]경이 미국에서 일시 귀국했기에 오쿠보에게 「입국헌의」를 보여준다. 5월 14일 정원에 올렸다고 미야지마는 쓰고 있지만 이는 미야지마가 개인적으로 올린 건의인 것이라 생각된다. 좌원의 공적 건의로는 위 「하의원 설치에 관한 의견」이 제출되었다고 보면 틀림 없는 것 같다. 그 전문은 다음과 같다.

94 오쿠라성大藏省은 메이지유신부터 2001년까지 존재하던 일본의 중앙관청으로 오늘날의 재무성財務省과 금융청金融庁에 해당

[하의원 설치에 관한 의견]

인민이 하늘에서 부여받은 신령스러운 지혜가 애초에 상하의 구별이 없다면 국내의 정치는 나라 안의 중지를 아우르지 않으면 안 될 것입니다. 이제 폐번치현이 이루어진 게 거의 1주년을 지났다 하더라도 각 번의 정치가 아직 일정하지 않습니다. 그래서 생각건대 어서문의 뜻에 기반해 상하동치上下同治의 제도를 만들어 세워 비로소 인민이 각자 자신의 신분 정도에 상응하는 책임을 맡아야 합니다. 따라서 상하동치의 제도를 세울 때는 전국의 화폐출납책을 조사해 정함으로써 전국의 법률의 기초를 세워야 합니다. 어떤 것으로 할지는 각 번이 일정하게 정할 수 있습니다. 서양의 강성한 나라들이 시정관施政官 외에 반드시 상하의원上下議院을 둔 것은 이 때문입니다. 일본도 이를 모방해 의사원議事院을 설치해 이미 좌원이 있지만, 프랑스의 이른바 국의원國議院을 닮은 것으로 아직 그 정수에 이르지 못한 것입니다. 따라서 널리 아래로부터의 중론을 받아들이는 방식이 없으니 서둘러 하의원下議院을 세우게 하여 전국의 대의사를 모아 인민을 대표해 의사를 논함으로써 상하동치의 정치를 베푼다면 전국의 기초가 확립되어 지난번 변혁의 실효가 분명히 나타날 수 있을 것입니다. 이는 시급한 일이라 생각되기에 이렇게 여쭙습니다.

의원議院의 규칙장정規則章程 일체의 절차 등은 허가를 받는다면 조속히 조사할 수 있을 것입니다.

임신년 5월 19일 올림

의장

부의장

이 건의의 결과인지 5월 22일 정원에서 좌원으로 다음과 같은 지시가 전달된다.

> 부현의 대표代人를 의원議員으로 충원해 집의를 여는 것을 분명히 정한 뒤에 위 규칙을 조사할 수 있도록 신청할 것.
>
> 임신년 5월 22일

미야지마에 의하면 "천황이 규슈九州에 순행巡幸[95](천황의 출발은 5월 23일이다. 미야지마가 5월 25일이라 적은 것은 오기)하는데, 이타가키 참의가 하급 관리에게 부탁해 지속적으로 고토 의장에게 조사서를 위로 올려줄 것을 독촉하게 한다."라고 한다. 이때의 문서라고 생각되는 소의관少議官 오규 유즈루大給恒의 의견서가 「마쓰오카松岡 문서」[96] 안에 있다.

> 하원下院 설립에 관한 조사방법의 순서 대강에 대한 의견을 다음과 같이 말씀드립니다.
>
> 1. 본원 의원 중에서 45명의 위원을 임명해 프랑스 민선의원과 주읍州邑의원의 설립방법 및 제 규칙 그리고 영국 하원의 설립방법 및 제 규칙 등에 관한 자세한 내용을 조사해 이를 근거로 일본의 개화 정도를 측정해 시대 흐름과 백성의 심정을 참작해 지금 행하여야 할 특별규칙變則을 편제하게 하는 것.

95 천황의 각지 순회

96 법제학자 마쓰오카 도키토시松岡時敏(1815-1877년)는 1872년부터 좌원의 중의관中議官과 이등의관을 거치면서 제도담당, 직제장정 등 조사, 국헌편찬 등을 담당하고, 1875년 4월 좌원이 폐지되면서 대신 설치된 원로원元老院의 의관議官을 역임한다. 「마쓰오카 문서松岡時敏文書」는 좌원과 원로원의 국헌안을 담고 있다.

〈오규 유즈루〉

1. 특별규칙을 만든 뒤 이를 본원의 집의集議에 내서 규칙을 변경 수정해 완성시켜 정원의 허가를 얻어 이를 기초로 할 것.
1. 위원 중 두세 명을 선거하여 부현의원府縣議院을 설립할 수 있도록 지방에 파견해 지방관과 함께 계획하여 하원을 설립하는 순서를 만드는 것.
1. 우선 무사시武蔵[97]에 부현의원을 설립해 규칙을 조금씩 적용하고 이를 모든 지방에 시행하게 되면 마침내 의원議員 중에서 부현의 소다이惣代[98]를 내세워 전국의 대의원代議員으로 하여 하원을 열게 하는 것.

나라를 열어 인민의 자주와 자유를 구하는 이러한 마음이 민권을 낳는 근거다. 이리하여 자주론이 공평으로 귀착하고 이를 의원議院으로 하는 것으로서, 민권을 세워 의원을 일으키는 것은 불가피한 흐름이다. 흐름을 보고 이에 앞장서게 하는 것

97 오늘날의 도쿄도東京都와 주변인 사이타마埼玉현, 가나가와神奈川현의 일부에 해당하는 옛 명칭

98 동료 혹은 지역 집단의 대표자

이 바로 위로는 권리를 잃지 않고 아래로는 희망을 얻어 하원을 설립하는 논의를 일으키는 근거다. 또한 의원은 총이고 민권은 탄약인 것처럼 하나를 결여하면 나라를 지키는 용도로 사용할 수 없다. 따라서 하원을 열려 하면 먼저 민권을 적절히 정하는 게 급선무다. 그래서 권리가 사람의 마음에 자리 잡아 인민의 지식을 옮에 따라 그 권리에 의해 생겨나는 것을 진보라고 부른다. 이를 참작해 그 법을 세워야 할 것이다. 따라서 이 양자는 강하게 시행되기는 어렵다. 그렇기에 인민이 여전히 아직 전부 열지 못한 의원에 관해 정칙正則을 시행해서는 안 된다. 적절하게 시대에 따르는 특별 규칙으로 길을 가야 하는 이유다.

임신년 5월　　소의관　오규 유즈루

미야지마에 의하면 좌원이 마침내 조사를 끝내고 제출한 것은 다음과 같은「국회의원 절차조사國會議院手續取調」및 거기에서 언급된「별책」이다.

국회의원을 창건하는 절차조사에 관한 하명이 있었는 바, 조사한 것은 '별책의 규칙대로' 입니다. 그렇더라도 지금 갑작스레 시행한다면 실제로 시행되기 어려운 사정도 있을 수 있다는 걱정이 있어 우선 이 정도로 한정한 다음과 같은 절차로 제도를 시행하는 게 마땅할 것입니다.

1. 국회의원國會議院은 도쿄에 1곳 설치한다.
1. 국회의원의 회의 기한은 올해 임신년 9월 내로 하여 각 부현의 관원을 도쿄에 회집시킨다.
1. 의사議事의 개원은 10월 중순으로 한다.

1. 국회의원은 정례적으로 매년 한 번씩 반드시 개회하고, 개원 일수는 3개월을 기한으로 한다. 다만 올 1회는 우선 50일로 정하고 속도 조절은 시기에 맞춰 편한 대로 한다.

이와 같은 여러 조항 외에도 여러 규칙이 있지만 각 부현의 관원이 도쿄로 온 뒤에 반포되게 할 것.

포고 취지에 따른 조사는 대략 다음과 같습니다.

1. 오랜 세월 세계의 형편과 정세를 깊이 자세히 살펴 앞으로 서양 각국 의원議院의 법칙에 기초해 도쿄에 국회의원을 창건하는 등의 것.
1. 올 1회에 한해 참사參事 및 권權참사 등 중에서 한 사람씩 의사를 위해 차출하는 등의 것.
1. 국회의원은 선거인 등을 세워 의원을 입찰해 공선 등을 하는 방법을 갖춘다. 그렇더라도 지금 갑자기 시행하면 아마도 반발할 우려가 있다. 따라서 우선 지방 관원으로 의원議院을 세워 방법과 조치를 평의하게 한 후에 내년부터 개원 규칙대로 시행한다는 것으로, 이에 유의해 제도시행의 완급이나 사업 성부 혹은 앞서 본 목적 등을 숙의하고 도쿄로 와야 한다는 등의 것.
1. 전후의 처분절차서를 대조할 수 있어야 된다는 등의 것.

위와 같은 체재로 포고해야 마땅할 것이라 생각됩니다.

임신년 8월　　　　좌원

[의원을 뽑는 것]

1. 가장 좋은 것은, 농공상인農工商人으로서 재산이 있고 문자에 통하고 사무를 의논할 수 있는 자.
1. 위와 같이 예상되는 자가 없으면 차선으로 재산이 부족하더라도 문자에 통하고 사무를 의논할 수 있는 자. 단 의원은

내년 봄부터 3부 72현에서 각 2명씩 내야 한다.

[의원을 선거하는 사람에 관한 것]

1. 부현의 농공상인 중에 재산이 있고 사무도 가능하고 소양을 가진 백 명 혹은 2백 명을 잠정적으로 선거조選擧組라 칭한다.
1. 위 선거조에서 의원 1인을 선거하기에 앞서 내세운 두 곳을 보이고 입찰해 입찰수가 많은 것으로 정한다. 단 재산액 및 선거조 인수의 많고 적음은 부현에 맞게 정한다.

여기에 쓰여진 '별책의 규칙대로'에서의 '별책의 규칙'이란 무엇을 가리키나---'의원을 뽑는 것', '의원을 선거하는 사람에 관한 것'을 가리키는 것인가. 그렇지 않으면 별도로 어떤 기록이 만들어진 것인가. 위 한 문장을 통독하는 것만으로는 분명히 드러나지 않는다.

그런데 마쓰오카松岡 문서에 「제언이칙題言二則」이라는 초고가 2통 있는데 그중 체재가 갖추어진 쪽을 인용한다. 이는 7월에 기초되었기에 위 보고서를 완성하기 전의 것인 듯하다.

[제언이칙]

1. 의원議員을 선거하는 것은 국회의원國會議院을 설치하는 (아래의) 방법에서 제일 먼저 착수해야 할 것이더라도, 조세(법)가 아직 개정되지 않아 백성의 재산을 분명한 모양으로 뚜렷하게 분별하는 방법이 없다면 선거인을 구성해 의원을 선거하게 하는 법령을 미리 확립해서는 안 된다. 그래서 (임시로) 프랑스의 선거법을 형편에 맞춰 사용하고, 또한 제○장, 제○장에 올린 백성의 재산에 관한 예상을 덧붙여 □□훗날의 협의를 기다려 □□법을 완성시키려면 조□□법이 개정되기를 기다려야 할 것이다.

국회의원에서 매년 회계의 산정은 각 성에서 용(도) 회계장부를 태정관太政官에게 제출한 뒤에 회계검사국會計檢査局에서 이에 관해 정확한 계산을 마치고 태정관에서 그 회계장부책을 국회의원에 내려보내 자세하고 세밀하게 산정하게(해야) 한다. 지금 이런 법을 아직 갖추지 못했다면 이를 현장에서 시행해서는 안 된다. 따라서 당분간은 산정(방법)의 개략적인 것을 올려 참고하도록 준비한다.

메이지 5년 임신년 가을 7월

즉 당시 아직 조세법이 완비되지 못하고 '백성의 재산'을 분명히 식별할 수 없기에 재산에 따른 제한선거 원칙에 의한 선거법을 정하는 것이 불가능해, 당분간 프랑스 선거법을 모방해 이용하고 훗날 조세법이 개정되기를 기다려 타당한 선거법을 만들면 어떠한지 라는 것이다. 추론하면 이때의 마쓰오카 등은 아직 상세하고 본격적인 선거법을 정할 시기는 아니라고 말한 것처럼 생각된다. 이 점을 고려하면 아직 상세한 선거법 등은 자세히 작성되지 않았을 거라고도 추측된다. 그러나 마쓰오카 문서 중의 「국회의원 설립에 관한 포고안國會議院取設ニ付布告案」이라는 것을 보면, "우리 나라의 회의원會議院을 설치하는 것에 관해서는 선거인을 세워 의원議員을 입찰해 공선하는 법을 비롯해 그 외 여러 규칙을 이미 조사하고 있습니다만, 지금 갑자기 이를 법령으로 포고하면 실제로 실행하기 어려운 사정도 있을 수 있으므로, 먼저 지방의 관원을 소집시켜 의원議院을 세우는 방법과 조치에 관해 평의하게 한 후에 내년부터 개원해 규칙대로 시행할 것입니다."라는 등의 글이 있는 것으로 보아 그 해에 이미 상당히 상세한 선거법을 비롯한 의회법, 의사절차법 그 외 세칙까지 만들어져 있었다고 미루어 판단할 수 있다. 그렇다면 최근 발견된 「민선의원 가규칙民選議院假規則」은, 그 「초고」의 형태가 이 시기의

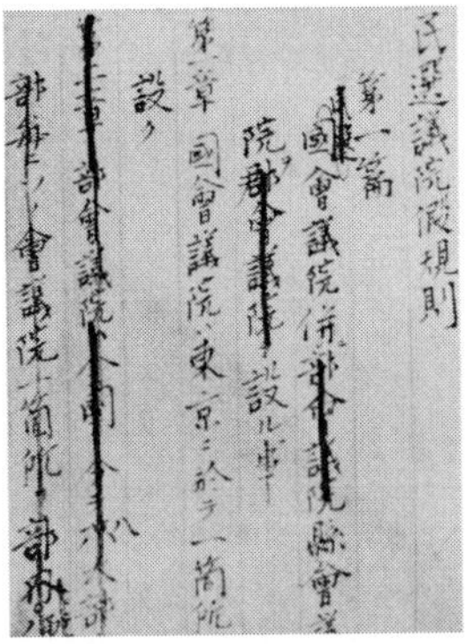

〈마쓰오카 도키토시가 좌원에서 기초한 민선의원가규칙〉

것이고 앞서 본 「별책」일 거라고 생각된다.

그런데 위와 같은 「국회의원절차조사」 등을 의장에게 제출하지만 의장은 감히 천황에게 올리지 못한다. 그 이유로 생각되는 것에 관해 미야지마는 여러 가지를 든다. (상세한 것은 『국헌편찬기원國憲編纂起原』을 참조)

메이지 6년(1873년) 6월 24일 집의원集議院은 폐지되고, 그 사무는 좌원左院에서 취급하게 되면서 「좌원직제職制 및 사무장정事務章程」이 다음과 같이 결정된다.

[좌원 직제]

의장

- 회의를 이끌고 주재하며 국헌과 민법을 편찬하는 일을 총괄하거나 또는 명命을 받아 법안을 기초한다.
- 제 건백建白의 가부를 변별해 위로 올리는 것을 관장한다.
- 각 성의 경은 의사에 출석할 수 있는 직무상 권한이 있다. (하략)

[좌원 사무장정]

1. 본원의 사무는 회의 및 국헌과 민법의 편찬 혹은 명을 받아 법안을 기초하는 일을 관장하는 것이다.

1. 모든 제도와 조례를 창립하고 혹은 규칙을 제정하면서 부가하고 삭제하고 고치고 바꾸는 일 일체를 의결한 뒤 정원正院에 상달해야 한다. (하략)

미야지마는 이 당시에 관해 다음과 같이 서술한다.

이때 이지치 씨의 국헌은 일본의 국체에서 영원히 흔들리지 않는 황실의 기초를 안정시킨다는 이치를 국민이 깨닫도록 고금의 헌법을 참작해 크게 편찬하려 한다. 우선 의관議官 마쓰오카 도키토시松岡時敏와 하급관리를 충원해 민법을 편찬하는데, 일본에 예부터 전해져 온 상찬할 만한 습속을 취하고 여기에 프랑스 민법을 참작해 편찬해야 한다고 한다.

이는 메이지 6년 6월 말부터 7월 초 사이의 것이다. 「민선의원 가규칙」의 「초고」가 붉은 글씨로 「다음 원고」라고 수정되고, 마찬가지 붉은 글씨로 「편찬담당 마쓰오카 도키토시 고稿」라고 쓰여 있다. 전문全文에 이르는 곳에 붉게 덧쓴 흔적이 있기에 혹 전년에 기초한 「초고」에 이때 다시 붉게 덧쓴 게 아닌가 라고도 생각된다.

그렇더라도 공적 기록으로는 메이지 7년 5월 12일자로 좌원에 「국헌편찬담당國憲編纂掛」이 설치된 기록이 있을 뿐이다.

좌원 제출 　　　메이지 7년 5월 12일
3등출사出仕 　　마쓰오카 도키토시
4등의관議官 　　오자키 사부로尾崎三郎
5등의관 　　　　요코야마 요시키요橫山由淸
국헌편찬담당으로 분부하시었습니다.
위와 같이 제출한 앞의 글을 보낸 것을 아룁니다.

부의장 이지치伊地知는 앞서 서술한 것처럼 아주 적극적인 자세였다. 그러나 미야지마의 기록에 의하면, 좌원의 사무총재事務總裁로 고토 쇼지로가 새로 부임하자마자 "이번에 좌원에서 편찬하는 국헌은 이른바 프랑스 국헌을 기준으로 삼은 것으로 형법刑法, 치죄법治罪法, 세법稅法, 상법商法, 사송법詞訟法[99]의 5법을 편찬하게 된다. 이에 따라 의관을 5과에 분배했는데, 이지치 씨가 제실왕장帝室王章을 담당하게 되면서 모여 있던 자들이 뿔뿔이 흩어져 그림자도 찾아볼 수 없게 되었다."라는 상태가 된다. 이지치의 방침은 다시 수용되지 못한 바, 유쾌하게 즐기지 못했을 것이기에 부의장직 사표를 제출한다.

이렇게 되어 좌원의 헌법 조사 및 기초 사업은 일단 좌절된다. 그 속에 「정한론征韓論」이 발생해 조정에 큰 소동이 있었던 결과 자연 소멸되는 모양이 된다. 그런데 이듬해 메이지 7년 1월 18일에 주지하듯이 소에지마副島, 고토. 이타가키, 에토 등 옛 참의들이 「민선의원설립건백民選議院設立建白」을 정원에 제출한다. 그러자 정부 내에서도 재차 헌법 기초가 문제가 되는 분위기가 된다. 특히 좌원으로서는 이전에 상당히 구체적인 성안까지 이루었던 것이어서 같은 해 2월 28일 다음과 같은 요청서를 정원에 낸다.

> 삼가 살피건대 헌법은 국가의 기초로서 치국의 핵심으로 군주와 신하가 영원토록 굳게 믿고 의지하여 유지하는 근거가 되는 길입니다. 그렇기에 이를 세우는 방법은 그것이 가능했던 옛 현인과 철인도 심히 어려웠다고 합니다. 하물며 불초한 신들이 감히 가볍게 논할 바는 아닙니다. 그렇더라도 치국헌법治

99 사송詞訟은 전근대에 주로 민사소송의 의미로서, 사송법은 소송법訴訟法

〈소에지마 다네오미〉

〈에토 신페이〉

國憲法의 큰 근본을 정하려면 만사의 실마리가 대략적 줄거리와 자세한 조목을 잡고 질서를 이루어야 행할 수 있습니다. 중요한 법칙과 제도도 훗날에는 변혁되고 사람의 마음도 동요해 영구히 굳게 지키던 목적도 잃게 됩니다. 이는 국정에 많은 손해가 됩니다. 유신 초기의 5개조의 어서문은 만세의 국헌인 것은 물론이고, 일본의 국체에서 영원히 흔들리지 않는 황실의 기초로 받들어야 하는 것입니다. 그런데 어서문에 나오는 것은 실제적이지 않을 뿐더러 완전한 법조항을 갖추지 못한 불완전한 규정의 모습입니다. 따라서 상하의 편의를 두루 고려하고 고금을 참작해 이른바 근원율법根元律法인 국헌을 확정시킬 때라고 생각합니다. 위에 관해서는 하루종일 중대한 정무들로 분주할 것이기에 본원에서 의관 몇 명이 특별히 선정된다면 예상되는 조항들을 편찬하고, 약간 균형을 맞추기 위해 위로 아룀으로써 마치고자 합니다.

그런데 조정이 일이 많아 좀처럼 지령이 내려오지 않았기에 5월 5일 다시 독촉장이라 할 만한 요청서를 낸 것으로 보이는 바, 마쓰오카 문서 안에 다음과 같은 서류가 있다.

메이지 7년 5월 5일

대신大臣 의장

참의參議

국헌 편찬 일에 관해 올해 2월 28일 올려 둔 바, 오늘에 이르기까지 아직 가부 결정 통지가 없는데 필경 분주하다고 보입니다. 하지만 위와 관련해 본원 의관의 각 분과 업무분담 등도 당분간 보류되어 있는데 이번에 있을 것입니다. 또한 국헌에 관한 일은 오늘날의 시급한 업무이기에 방치하기는 어렵고 가령 재가가 되더라도 중대한 일은 일조일석에 조사해서는 이루어지기 어렵기에 부디 조속히 지령을 내려주시기 바라는 바, 앞서 올린 글에 관해 다시금 고견으로 판단해 주십시오.

이리하여 간신히 5월 10일경 다음과 같은 결정이 도달한다.

질의한 글은 열어 취지를 봄. 편찬한 뒤에 상신할 수 있음. 단 담당할 의관에 관한 일은 본원에서 선정하도록 그 이름을 제출할 수 있음.

그 결과 앞서 인용한 것처럼 5월 12일에 마쓰오카, 오자키尾崎, 요코야마横山 3명이 「국헌편찬담당」이 되었다는 취지의 「좌원 보고」가 제출된다. 이로서 미루어 보건대 「민선의원 가규칙」에 있는 「편찬담당 마쓰오카 도키토시」 라는 것은, 이때 이후의 것으로 그 「다음 원고」라는 것도 이때 이후의 일이 아닌가 라고도 생각된다. 메이지 6년 6월 24일의 「좌원직제 및 장정」이 결정된 후 마쓰오카가 이지치의 명을 받아 국헌편찬에 종사하게 되었음은 미야지마가 서술하는 것인데, 이때 공식적으로 편찬 담당이 정해졌는지는 분명치 않다. 이 점에서 추측해 보면 「다음 원고」가 만들어진 것은 아무래도 메이지 7

년 5월 12일 이후의 일이라 보는 게 맞다고도 생각된다.

우선 이지치는 자신의 포부를 털끝만큼도 실현할 수 없는 것에 마음이 몹시 상해 계속 결근하지만, 그 소신이 채택되었다는 언질을 받고는 결심해서 다시 출근한다. 메이지 6년 11월 15일의 "이지치 부의장 오래간만에 출근, 본원의 모든 이들이 경축함."이라고 미야지마는 적고 있다. 더욱이 미야지마는 계속해서 다음과 같이 적는다.

> 25일 이지치 부의장과 마쓰오카 의관이 다시 정원의 제도담당으로부터 분부를 받는다. 이때부터 점차로 내무직제內務職制 조사에 관한 좌원직제장정 등도 개정하는 평의가 제도국制度局에서 시작한다. 정원이 새 참의인 데라시마寺島와 이토伊藤 두 사람에게 이 일을 겸무하게 하였음.

마찬가지로 미야지마의 『국헌편찬기원國憲編纂起原』의 서언에는 다음과 같이 적고 있다.

> <사가佐賀의 난>이 일어나자마자 이지치 씨는 지난 가을 이래의 사표를 거두고는 비로소 좌원에 출근해 국헌 편찬에 진력한다. 정원에서 새로운 참의 데라시마 무네노리寺島宗則와 이토 히로부미伊藤博文 두 사람, 좌원에서 의관 가토 고조加藤弘蔵와 마쓰오카 도키토시 등을 편찬에 종사시킨다.

즉 메이지 6년 10월 기도 다카요시가 구미를 두루 살펴본 결과 통감한 바를 기록한 장문의 「입헌건백立憲建白」을 제출하자마자, 이것이 계기가 되어 정부에서는 정체政體조사 사업을 개시한 것인데, 좌원 안에서 이루어진 헌법조사가 이제 여기에 합류하는 것이 된다.

〈메이지 10년대의 원로원〉

그런데 메이지 8년(1875년) 〈오사카회의大阪會議〉의 결과 4월 14일의 천황 조칙에 의해 「원로원元老院」이 창립되고 좌원이 폐지된다. 그래서 "여러 해 동안 이지치가 조사한 국헌 편찬도 도저히 이루어질 수 없다고 전망되자 이지치 참의는 사표를 냈다."라고 미야지마는 기록한다.

국헌 편찬은 이제 원로원의 업무가 된다. 좌원의 헌법제정 사업은 원로원이 계승하게 되었다고 생각되지만, 그간의 경위는 아직 명백히 드러난 게 아니다. 다만 다음과 같은 기록이 남아 있다.

원로원의 상신　　메이지 8년 5월 2일

지난 4월 14일 좌원이 폐지되었을 때 좌원의 서책 일체가 정원에 인계된 바, 서책들 중에 참조하기 위해 본원에 비치를 신청해 반드시 사용해야 하는 부분은 시급히 인도되기를 원하므로 위와 같이 상신합니다.

사관史官으로부터 원로원에 통첩　　메이지 8년 5월 10일

구 좌원의 서책을 인도하는 일은 부의장으로부터의 상신의 뜻도 있어 별책 부전지에 기재된 책 목록 부분을 제외하고 인도하고자 합니다. (책 목록은 생략합니다)

그런데 위와 같이 해서 기초된 마쓰오카의 「민선의원 가규칙民選議院假規則」은 국회의원國會議院, 도회都會의원, 현회縣會의원 및 군회郡會의원에 관한 총괄적 규정인데, 주목해야 할 것은 이들 각각이 그 직무 담당에 있어 유기적 관련을 가지는 것이라고 되어 있는 것이다. 조문만으로 반드시 명백히 드러나는 건 아니지만, 특히 현회의원은 국회의원의 구성요소를 이루는 것인가, 라고도 추단된다. 즉 국회의원議院이 국민에게 널리 알려야 하는 것은 현회의원議院을 통해 이루어져야 한다고 규정하기도 하고, 부현회의원議員은 동시에 또한 국회의원議員이기도 해서, 나와서는 국정國政을 논의하고 돌아가서는 현정縣政을 논의하는 것이라고 되어 있다. 재산에 따른 제한선거이고 또 양원제二院制를 염두에 둔 점에서는 마찬가지로 마쓰오카의 초고라고 생각되는데, 이는 「의사상원규칙議事上院規則」이라는 게 있는 점에 의해서도 분명하다.

그 주요 조문을 소개하면 다음과 같다.

[민선의원 가규칙]

- 제1편

  국회의원議院 및 현회의원을 설치하는 것. (초고에는 국회의원, 도회의원, 현회의원, 군회의원이라 되어 있다.)

  제1장 국회의원은 도쿄에 1곳 설치한다. (초고의 제2장 도회의원은 전국을 8개 대도시로 나누어 도시마다 회의원會議院 1곳을 도시 안의 가장 편리한 곳에 설치한다.)

  제2장 (초고의 제3장) 현회의원은 현청이 있는 곳마다 회의원 1곳을 설치한다. (이하 지움. 도시에 72현 72회의원으로 한다.) (초고의 제4장) 군회의원은 현청 관할의 군마다 회의원 1곳을 설치한다.

  제3장 (초고의 제5장) 현 소재 지역의 면적이 크거나 작아 동

등하지 않다면 두 현을 겸하거나 혹은 세 현을 겸해 회의원을 설치하고 훗날 현에 있을 변경을 기다린다.

제4장 국회의원은 전 국민의 대의사代議士가 모여 회합하고, 현회의원은 전 현내의 대의사가 모여 회합해야 한다.

제5장 국회의원에서 널리 알려야 하는 것이 있으면 현회의원에 보내 현내 인민에게 보인다.

• 제2편

민선의원 사무장정 상上

제8장 (6,7 두 장 결락) 부현의 대의사는 소환되면 그때부터 2개월 이내 도쿄에 회의를 위해 집합해야 한다.

제9장 회의를 위해 모인 날로부터 닷새 안에 입찰로 공선하는 법에 의해 의원議員 중에서 3인의 성명을 적어 내고 그중 1인을 천황이 친히 의장으로 선임한다. 그러나 당분간은 입찰을 이용하지 않고 천황이 대의사 중에서 의장과 부의장을 선임한다.

제10장 의원은 회의를 주재하는 의장을 특별히 선정해 천황에게 상주하고 상원上院에서 천황의 허가를 청해 시키부료式部寮[100]에서 임명한다.

제12장 (제11장 결락) 의회 회기는 2개월 혹은 3개월을 기한으로 한다.

제13장 의원議院의 회의일에는 일반인이 참여해 청취하

100 메이지시대 태정관 제도 하의 관청. 내외의 의식, 도서, 천황의 시중, 아악雅楽 사무를 관장. 후에 궁내성宮内省 소관업무로 된다.

는 것이 자유로워야 한다. 논의 가부를 결정하는 것은 물론 일반인의 면전에서 해야 한다.

제15장 (제14장 결락) 의원의 회의원을 소집해 원院을 개회하거나 회기일에 한해 진행하거나 유회시키거나, 원을 폐회하고 의원을 회의일정에서 벗어나게 하는 각각의 일은 천황만의 권한이다. 그렇더라도 천황이 의원議院을 일정에서 자유롭게 만들 때는 그 다음 날부터 일수상 6개월(180일) 이내에 다시 의원을 열고 의원을 소집해야 한다.

(중략)

• 제3편

민선의원 사무장정 하下

제41장 (초고에는 제28장인 것을 다음 원고에서 제41장이라고 붉은 글씨로 수정한다.) 의원은 정사를 논의할 권한이 있고 정사를 행할 권한은 없어서, 집의에서 결정하더라도 이를 행할 수 없다. 또한 이를 전후해 완급을 결정하는 것은 완전히 시정관施政官의 임무이기에 의원議員이 논해서는 안 된다.

제42장 의원이 부현의 일반 인민의 대의사가 되면 부현의 일반 인민에 대해 항상 힘써야 하는 공의公義를 의원의 의무로 한다. 그 각 조항 중에 가장 큰 것을 대체로 들면 다음과 같다.

전국의 재화를 총계하여 출납의 기본을 상세히 밝히는 것.

전국의 법률을 총의總議하여 그 가부 필요를 표현하는 것.

제43장 의원이 전국의 재화를 총계한다는 것의 골자를 들자면 평상시에는 상비금으로 그리고 어려울 때는 상비금 외 금액으로 태정관 및 각 성의 모든 관리를 위해 골고루 용도를 달성하게 해야 한다. 그렇더라도 위를 위한 목적으로 하고 아래를 위한 목적으로는 하지 않는다. 관리의 용도를 달성하려고 그 참에 백성의 고혈을 쥐어짜 재물을 옭아매서는 안 된다.

제44장 법률은 전국에 시행하여 준수시키는 것이기에 전국의 백성과 함께 논의해 만들고 함께 받들어야 한다. 그렇더라도 전국의 백성이 모두 모일 수 있는 방법이 없다면 대의사를 모아 이들이 상의하고 포고하여 전국의 백성과 함께 지켜야 할 법률로 한다. 이것이 의원이 전국의 법률을 총의한다는 의미다.

제34장 (초고 제32장을 30이라 붉게 수정하고 다시 34로 한다.) 도쿄 체재 기간의 의원의 월급은 10등等[101] 상당으로 한다.

제35장 각 의원의 현에서 도쿄로 왕래하는 여비는 10등 상당으로 한다.

제45장 (초고의 제34장) 의원은 민권을 저해하는 것을 없앰으로써 민권을 보호하는 일을 확정하는 직이다. 천부天賦의 뛰어난 지혜를 지닌 인민이라면 정부가 민권을 속박하지 못한다. 그에 의해 자주와 자

101 메이지 8년(1875년)의 『관원록官員録』 등을 보면 당시 관등에 따라 1등에서 15등까지 있고, 그 아래 등외로 4등까지 또 있다. 10등의 월봉月俸은 40엔. 1등 중 가장 높은 태정대신의 월봉은 800엔이고 1등에 속하는 대신이 600엔, 참의가 500엔이고, 15등은 12엔이었다. 따라서 중하급 관료 수준의 월급에 상당한다. 이런 처우를 통해서도 근대 초기 일본의 의회의원에 대한 인식을 읽을 수 있다.

유로 이루려는 바를 하도록 하는 것을 민권이라 부른다. 민권이라는 권리는 저울추에 의해 과함과 부족함의 차이가 없이 알맞게 저울에 단 무게의 정확함을 얻을 수 있는 것이다. 그래서 인민을 위함에 있어 정확히 과함과 부족함의 차이가 없듯이 다른 사람을 제압하는 사람에 의해 제압당하지 않는 것에서부터 이름 붙는다. 그러므로 나의 자주와 자유를 멋대로 하여 다른 사람의 자주와 자유를 방해하는 것은 민권이라 말해서는 안 된다. 의원은 직무에서 이런 것에 주의해야 한다.

제46장 민권을 보호하는 것은 정부의 임무다. 그렇기에 모든 관리는 전국의 백성을 대신해 사무를 처리하고 백성의 부모인 천황을 보좌하고 받들어 백성이 자주와 자유의 권리를 받을 수 있게 해야 한다. 그렇기에 백성을 구실로 백성을 사역시켜서는 안 된다. 의원은 이것에도 주의해야 한다.

제47장 의원은 도쿄의 국회의원에서 회의하고 기일을 마치면 각자의 현으로 돌아가 현회의원의 직무로 나아가 현령縣令이 행하는 사무에 관해 맡아 처리해야 할 조건을 구별하고 상의해야 한다. 전국이 광대해 백성의 실정이 윗사람에게 모두 전달되기 어려움은 세상의 불가피한 사정이다. 그렇기에 각 현의 인민이 도쿄의 정부가 하는 일에서 안 보이도록 숨긴 비밀이 있으리라 의심하는 마음이 없을 수 없다. 그래서 부현에서 일반 인민의 대의사를 도쿄에 소집해 일반 인민에 관계된 것을 논의하게 하고 정부에서 이를 채택해 일반 인

민에게 비밀 없는 정무政務 일을 알게 하는 것이 의원議院을 설치하는 본뜻이다. 그렇다면 각 의원이 각 현에 돌아가 현회의원의 직무로 나아감에 있어 이러한 본뜻을 명심해 인민에게 널리 알려 정무와 풍속을 전국이 모두 마찬가지로 만들어야 한다.

제48장 의원이 맡아 논의할 권한이 있는 사건은 다음에 게시한 종류의 것이다.

도로, 교량, 수리, 제방 등에 지출할 비용 및 그 축조, 수리를 검사해 비용과 공사가 적정 정도인지 아닌지를 논하는 것.

전신기 및 철도, 철교 및 항구의 등대 등은 필요한 것이고 비용도 가장 큰 것이기에 특히 주의해 논하는 것.

백성을 근로에 파견하는 일은 평균해서 편파적이지 않도록 정밀하게 상의하고, 사역이 관대한 것인지 엄격한 것인지를 검사해 적정 정도를 만들기 위해 논하는 것.

우마 목축 등을 위한 토지가 적합한지 아닌지 논하는 것.

금·은·동·철 등 모든 광산의 비용 및 광산을 새롭게 여는 것을 논의하는 것.

왕래하는 가도의 공물운반 선박이 통행하는 운하의 공물운반 및 증기차, 마차, 인력거의 운임 혹은 빈민 교육법을 논하는 것.

민간이 공동설립한 학교의 비용 지급을 논의하는 것.

백성이 금전과 곡물을 납부해야 하는 모든 조항 혹은 백성의 질병에 관계된 사항은 빠짐없이 논의할 것.

제6장 (초고의 제38장) 의원회의는 9월 상순에 각 현 의원이 도쿄에 회집해야 한다.

(중략)

제36장 의원은 전국 재화의 기본을 상세히 조사하는 장소다. 따라서 각 성의 인건비 및 그 해 보내고 지불해야 될 부분과 이듬해의 잔고에 관한 명세장부를 작성해 의원에 제출해야 한다.

제37장 위 명세장부에 관해 의원이 확실히 알지 못하는 것이 있으면 각 성의 경卿과 보좌역輔은 하나하나 이에 관해 옳고 그름을 밝혀 이듬해의 비용지출을 의논해 정함으로써 이듬해의 액수를 정해야 한다.

제49장 (열고列稿 제50장) 입법권에는 태정관과 국회의원議院이 있어야 한다. 전국을 위한 법률을 만드는 것은 태정관의 일이고 그 법의 이해관계를 백성과 의논하는 것은 국회의원의 일이다. 따라서 태정관에서 새로 제정하려는 법률의 의안을 국회의원에 내서 이에 관해 상의를 거듭한 뒤에 확정해야 한다. 전국이 넓기에 실정이나 풍속도 한 가지가 아니다. 그렇기에 이 현에서 행하여져도 저 현에서는 지장이 있는 법률도 있다. 따라서 부현의 대의사에게 물어 이런저런 설을 참착한 뒤 법률을 하나로 정하는데, 이렇게 입법하는 권한도 국회의원에 있다.

제50장 각 성에서 새로 법령을 내려 할 때는 담당 성에서 법령 초고를 논의로 정하고 이를 태정관에 올려 태정관의 평의를 거친 뒤에 해야 한다. 즉 이를 법으로 만들려면 당초 올린 성에 돌려보내 성의 경과 보좌역이 이를 의원에 제출해 의안이 되게 하여 가부의 평론을 구해야 한다. 의원에서 가결되면 의원에서 태정관에 올린 뒤 태정관에서 전국에 포고해야 한다.

제51장 위 신법 의안에 관해 의원에서 이론이 비등하고 정부의 사정에 맞지 않을 조짐이 보이면 의안 회수를 명할 권한은 태정관에 있다.

제52장 위 신법의 각 조항을 변경하거나 삭제하거나 보충하는 등의 권한은 의원에 있다.

제53장 각 성에서 제출한 신법의 의안에는 신법을 제정하는 근거 이유를 명료하게 기재한 문서를 첨부해야 한다.

제54장 신법의 의안 및 신법제정의 근거 이유를 기재한 문서를 의장이 의원주사議員主事 혹은 의원 중에서 선정된 6-7인에게 주면, 이를 받아 그에 관한 계획서를 만들어야 한다.

제55장 각 성의 경과 보좌역도 위 계획서를 성안에 보여주며 논의시키고 의견을 구한다. 그래서 이에 답하는 의견을 문서로 만들어 의원에 제출해야 한다.

제56장 신법의 의안 및 의원의 계획서와 각 성 경의 답변서는 모두 책자로 만들어 각 의원에게 주어야 한다.

제57장 위 절차가 끝나고 그에 대한 평가논의에 들어서면 먼저 신법의 큰 개요를 논의하고 제정해야 할

지의 가부를 결정해, 제정한다고 결정하면 순서에 따라 각 조항을 하나하나 정교하게 세부적 상의를 거듭한 뒤 확정해 훗날 유감이 없게 해야 한다.

제58장 신법의 의안이 만약 부결되면 그 취지를 문서로 만들어 의원이 태정관에 반납해야 한다. 가결되면 제51장의 끝단을 참조해 처리해야 한다.

제23장 (초고의 제60장) 민권을 제대로 갖춘 자란 재판소에서 거짓을 꾸민 죄가 밝혀지지도 않고 돈을 차용하고는 변제치 않거나 뇌물을 주고받는 등의 악행도 한 적이 없는 자를 말한다.

제38장 (초고의 제61장) 전국의 세입 및 세출 예산을 위해 의원의 사계국司計局[102]에서 명료하게 정비된 장부를 작성해 의장에게 제출해야 한다. 의장에게 제출되면 곧바로 서기국에 제출해 책자로 만들고 원하는 자에게는 대가를 받고 주어야 한다.

제39장 전국의 세입 예산 안에 부현의 조세는 물론이고 항구의 모든 공물운반, 은銀 등 일체의 토지산출물을 기재하고 동시에 가능한 한 상세히 묶어 기록해야 한다.

제40장 전국의 세출 예산 안에는 태정관 및 각 성이 정한 액수와 부현 관청의 상비금 및 국내 일체의 토목공사 비용과 모든 전국의 사건에 관한 비용지출을 기재해야 한다.

102 결산을 총괄해 결산서를 작성하고, 예산 집행을 조사하는 부서

• 제4편

의원議員에 관한 것

(초고 제84장 의원은 연령 25세 이상으로 해야 한다.)

제59장 (초고의 제81장) 각 의원의 재직 연한은 4년으로 하고, 2년마다 교대표를 참조해 반수를 개선改選해야 한다. 퇴직하는 자를 곧바로 다시 선거할 수도 있다. 다시 선거할 때는 신의원과 구의원을 차별해서는 안 된다. 최초의 개선을 할 때는 결원을 메꾸는 것으로서 반수를 퇴직시켜야 한다.

(초고의 제82장 의원의 품행을 조사해 부지런한지 게으른지를 살펴 필요하면 도태시킴에서는 제81장에 한하지 않는다.)

(초고의 제83장 의원은 겸직을 허용하지 않는다.)

제60장 만약 이주 혹은 퇴직하는 의원이 있으면 조속히 대체하는 의원을 선거해야 한다.

(초고의 제85장 제86장 생략)

제61장 (초고의 제87장) 교대표에 정해진 기한 외에 퇴임자가 있어 대신 선거된 자는 구 의원의 퇴임 기한에 퇴임해야 한다.

제63장 (초고의 제88장) 의원이 될 수 있는 자는 민권을 완비한 본국인으로 연령 만 25세 이상이고 약간의 직접세直税를 납부하는 자여야 한다.

제64장 국회의원의 의원이 될 수 있는 자를 선거하려면 본국에 거주하는 자로서 연령이 만 25세 이상 및 민권을 완비한 자로서 약간의 직접세를 납부하는 자여야 한다.

(하략)

[의사상원약칙議事上院略則]

- 제1단段

상원과 하원의 권한

제1조 상원은 입법권에 있어 의식과 제도에 관한 교법敎法에만 관계되는 조건(영국법은 모든 이연離緣[103]에 관련해 사람의 친족관계를 회복시키고 작위를 회복시키는 것에 관계된 의안은 상원에서 만든다.)의 의안은 하원에 앞서 기초한 후에 하원에 보내 하원회의의 허가를 얻으면 상원에서 태정관에 상주해야 한다. 그 조목을 열거하자면 천황궁 안의 의식과 천황 순행 등의 의식 그리고 신궁 및 각 신사와 사찰, 제식과 각 천황릉의 제식, 외교, 외교예식, 교부성敎部省[104]의 교법 등과 같은 것을 논의하는 것 등이다. 그 외의 건은 모든 정부의 세입과 세출에 관계되는 의안 및 일체의 금전과 곡물에 관한 의안 부분에 들어가야 할 법령을 제외하고는 상원이나 하원 중 어디에서 먼저 논의를 시작해도 당시의 사정에 따른다면 지장이 없다.

제2조 하원은 입법권에 있어 모든 정부의 세입과 세출에 관계되는 의안 및 일체의 금전과 곡물에 관한 의안 부분에 들어가야 할 법령은 상원에 앞서 기초한 후에 상원에 보내 그 회의를 거쳐 허가를 얻으면 하원에서 태정관에 상주해야 한다. 그 외의 건은 의식과 제도에 관한 교법을 제외하고는 하원이나 상원 중 어디에서 먼저 논의를 시작하더라도 당시의

103 부부나 양자의 인연을 끊음

104 메이지 초기의 태정관 제도 하에서 종교 통제에 의한 국민교화敎化의 목적으로 설치된 중앙관청조직

사정에 따른다면 지장이 없다.

제3조 모든 의안의 어떤 일에서도 오로지 화족華族[105] 의 권리에 해당하는 것은 상원에서 만들어야 한다. 하원의 의식을 통해 이를 변환해서는 안 된다. 사람의 친족관계를 회복하고 작위를 회복하는 등의 논의가 그렇다.

제4조 모든 정부의 세입과 세출에 관계되는 의안 및 일체의 금전과 곡물에 관한 의안 부분에 들어가야 할 법령에 관해 하원에서 논의를 시작하면 상원이 혹 부동의하는 일이 있더라도 구두로 논의해야 한다. 부동의의 뜻을 기재하고 토론해서는 안 된다. 만약 제3조 및 본조 이외의 건에서 양원兩院의 의견이 가부로 갈라지는 경우에는 의견이 나뉜 그대로 상주하면, 천황이 친히 심판해 같은 의견이 많은 쪽으로 정해 줄 것이다.

- 제2단

상원 개원에 관한 것

제5조 상원은 매년 정례적으로 3개월간 열어야 한다. (영국법은 매년 6개월이다.) 임시로 여는 것은 천황의 권한으로 태정관의 포고가 있어야 한다.

제6조 개원은 천황이 친히 개원식을 행하여야 한다.

제7조 상원은 국체國體의 제2등원(태정관을 제1등원으로 한다.)

105 화족은 조정 공가公家의 당상가堂上家에서 유래하는 당상화족, 에도시대의 다이묘가大名家에서 유래하는 다이묘화족 그리고 국가에 대한 훈공에 의해 화족에 추가된 훈공화족, 전 황족 출신의 황친皇親화족으로 대별된다. 1874년의 내무성內務省 발표 자료에 의하면 당시 화족은 2,891명이었다.

으로서 그 의원은 황족과 왕자와 화족의 세습으로 한다. 혹은 고관으로 근무한 자는 천황의 특명에 의해 종신 화족에 올려 상원에 참석시킨다.

- 제3단

상원의 담당 직무 및 의원議員에 관한 것

제8조 상원의 담당 직무는 입법과 사법의 두 가지다. 입법 담당 직무는 태정관 및 하원과 함께 행한다. 모든 새로운 법령을 고치려면 하원회의의 5분의 3 이상의 허가를 얻어 태정관에 상주하지 않으면 법이 될 수 없다. 단 사법 담당 직무는 추후 논의에 붙여 이에 게재한다.

제9조 상원의원은 나이 21세 이상으로 해야 한다.

제10조 상원의원은 종신으로 재직한다. 만약 질병이나 사고로 인해 사직하려면 의장은 태정관에 올려 허가를 얻어야 한다.

제11조 상원의원은 대체로 화족의 10분의 1로 해야 한다. 만약 비상적인 대사건이 있으면 칙령으로 화족을 보내지 않고 상원을 소집할 수 있다.
단 교법을 관장하는 의원은 관사官司 및 교정教正[106]인 화족 중에서 선택해야 한다. 모든 의원은 재직 중 급료를 받아서는 안 됨.

제12조 상원 의장은 천황이 친히 화족 중에서 선임한다.(영국법에서는 사법의 장이 이를 맡지만 상원에 재판법을 부여할 때까지 일시적으로 이 법을 채택하지 않는다)

106 메이지 초년에 교부성教部省에 설치한 교도직教導職의 최상위직

제13조 상원은 2국으로 나눠 하나는 정무논의를 주관하는 국으로, 하나는 교법논의를 주관하는 국으로 한다. 두 국으로 나누더라도 평상시 의사에는 같이 열석해 상의해야 한다.

- 제4단

의원선서에 관한 것

제14조 상원의원은 처음 회의에 임석할 때 의장 면전인 중앙의 탁상에서 선서해야 한다. 그 문구는 다음과 같다.

"누구는 조정을 위해 충성을 다해야 할 몸인 바, 앞으로 한층 더 위로는 황실을 받들어 보좌하고 아래로는 국민을 보전해야 할 것이다. 항상 법률을 준수하고 광명정대한 공의를 빠짐없이 행하여 보좌하면 역대 천황과 천신이 이를 비춰 주실 것을...... (하략)"

제3절 기도, 오쿠보, 사사키의 헌법제정론

좌원의 헌법 초안 편찬사업은 앞서 본 바와 같이 일단 의회에 한정된다. 모든 국가기관 그리고 국민의 권리와 의무에 관해 포괄적이고 체계적으로 규정하는 것은 기도 다카요시木戸孝允에 의해 처음 시도된다. 또한 오쿠보 도시미치大久保利通도 마찬가지 기획을 가졌다.

앞서 구미歐美에 파견된 이와쿠라 대사 일행은 눈앞에서 구미의 문물을 접촉하고 깨닫는 바 적지 않았다. 특히 유신 원훈元勳 중에

〈이와쿠라사절단. 왼쪽부터 기도 다카요시, 야마구치 마스카山口尚芳, 이와쿠라 도모미, 이토 히로부미, 오쿠보 도시미치.〉

가장 입헌적 두뇌가 풍부한 기도 다카요시는 그 지역 학자와 가깝게 지내며 연구한다, 또한 수행원인 구메 구니타케久米邦武와 하타케야마 요시나리畠山義成에게 명해 「미국헌법주해米國憲法註解」를 기초하게 한다. 기도는 귀국하고 곧바로 헌법제정을 건의한다. 또한 관료의 전형으로서 전제정치가의 표본인 듯한 오쿠보 도시미치도 헌법제정을 건의한다.

기도의 건백은 메이지 6년(1873년) 7월에 제출된다. 그것은 구미를 둘러본 결과 국가의 성쇠는 무엇보다 그 나라의 헌법, 법령, 제도와 그 운용의 좋고 나쁨 그리고 적합성 여부에 관련되어 있음을 통감해, 먼저 그 사실을 지적하고 역설하는 것에서 출발한다. 그리고 나아가 일본이 당면한 지금의 현상이 불안정한 것을 한탄하고, 5개조의 어서문인 「우리 나라 정규의 기초我邦正規ノ基」가 아무리 은혜가 넓고 두터워 아주 훌륭한 것이라 해도, 이것만으로는 내외의 분란으로 일도 많고 복잡한 사정으로 얽힌 시기에 국가와 인민이 지향할 바를 지시하기에는 불충분하다고 한다. 그래서 그에 기초해 적절한 「정규

전칙政規典則」을 세우는 것이야말로 오늘날의 초미의 시급한 일이라고 단언한다. 「정규」는 헌법憲法을 의미하고 「전칙」은 법률法律을 말한다. 당당히 당대를 비춘 깨우침이 그런 입론에 착안케 한 것이다.

또한 기도는 외유 당시 헌법제정의 필요를 통감해 아오키 슈조青木周藏 공사로 하여금 초안을 작성하게 했다. 이것이 「제호대일본정전帝號大日本政典」 혹은 「대일본국정규초안大日本國政規草案」이라 알려진 것이다. 이는 규정이 극히 상세하고 동시에 입헌주의적 요소를 자유롭게 받아들인 것으로, 용어의 적합성 여부는 차치한다면 당당한 헌법 초안이다. 군주중심주의를 원칙으로 해 군주의 대권이 상당히 넓고 통수권統帥權도 군주가 장악하고 법률에 대신할 수 있는 긴급칙령緊急勅令도 인정한다. 또한 국민의 자유권自由權은 제한적이고 양원제二院制이고 국민의 병역의무를 부과하는 것이다. 그럼에도 다른 한편으로는 동시에 군민동치君民同治 원칙을 조항으로 명시하고, 대신의 부서副署책임제를 명백히 하고, 군주가 즉위할 때 의회에 헌법준수를 선서하는 것을 규칙으로 규정하고 국민의 권리와 자유 및 평등을 헌법 서두에 명기하는 등 매우 개명되고 진취적인 초안이다.

오쿠보의 「정체론政體論」도 그에 뒤떨어지는 점이 없는 포괄적 헌법정치론이다. 또한 하나의 헌법 초안이라 간주될 수 있을 만한 부분을 포함하고 있다. 그 입론과 규정은 약간 관권지상적官權至上的이다. 즉 이는 헌법제정의 필요를 통감하고 그것이 확정되지 않으면 한 나라의 통치가 아주 완전한 것일 수 없다고 설명한다. 그리고 민주정치는 실제를 보면 흉포하고 잔학한 군주정치보다도 심하고 도저히 이끌어갈 수 없는 것이라고 한다. 그렇다면 군주정치로써 일본은 앞으로도 평온을 얻을 수 있는가? 아니다. 시대 흐름이 점차 개화를 향해 가는 때에 결코 구태를 굳게 지켜서는 안 되고 입헌군주제立憲君

主制로 이행해야 한다는 것이다. 입헌군주제를 채택하면 군주 대권은 제한되는 게 없는가?

> 천황의 대권은 외관을 더욱 중시하면 실권은 더욱 가벼워진다. 왜냐하면 마사카도將門[107]가 권력을 잡을 때 천황은 궁중 안에 있어 위엄이 당당하고 아래 백성들이 우러르는 신이었지만 천황은 극히 작은 권력도 없었다. 그런데 천황이 친히 모든 정치적 중대사를 재단하게 되면 아래 백성은 처음으로 천황에게 절을 하지만, 그 경우 천황도 역시 세상 사람인 것을 알게 된다. 외관의 위엄이 있으면 반은 손해를 보는 것이다. 문명개화로 향해가는 실정과 시대의 흐름은 물의 습기가 차오르는 것처럼, 물리적 자연은 인력으로 버틸 수 없다. 지금 이를 살피지 않고 외관의 대권을 강하게 지키려 하면 천황의 자리라는 빈 그릇만 지키는 것으로, 옛날 마사카도 시대의 일과 다르지 않을뿐더러 천황의 지위도 참으로 위험하게 하는 것이다. 이로써 위로 군권을 정하고 아래로 민권을 제한하는 것은 생각건대 국가를 사랑하는 마음이 진정으로 나와 사람인 군주人君로서 만세불후의 천황의 지위로 안정되게 하고 인민으로 하여금 자연 고유의 위계를 유지시키는 근거다.

참으로 잘 설명하고 있다. 실제 정치가로서의 오쿠보, 헌정의 이상가로서의 오쿠보의 진가가 이것이다. 이미 메이지 원년 정월 오사카 천도를 논하는 중에도 다음과 같이 갈파했다.

107 타이라노 마사카도平將門. 헤이안平安 중기의 무장. 939년에 반란을 일으켜 간토關東지방을 지배하며 스스로를 '신황新皇'이라 칭하지만 후지와라노 히데사토藤原秀鄉, 타이라노 사다모리平貞盛 연합군에 패한다.

이제까지 그랬듯 주상主上이라고 아뢰어 받든 것은 옥발玉簾 안에 있고 인간을 대신해 내리는 모습일 뿐이고, 공경이 그 바깥에서 절하고 받들지 않을 수 없는 모습인 분이라면, 하늘이 내린 백성의 부모라는 직무를 맡는 것에는 맞지 않는다. 그렇다면 이러한 근본도리에 적당하도록 맡을 직무를 정해야 비로소 나라의 구체적인 일에 관한 법을 세울 수 있을 것이다.

주상이 있는 곳을 운상雲上[108]이라 하고 공경을 운상의 사람이라 부르고 용안은 배알하기 어려운 것이라 생각하고 옥체는 작은 땅을 밟아도 옥과 같은 것이라고 몹시 우러러 받들어, 자신이 분수에 넘치게 존대고귀한 모습이라고 생각되어져 마침내 상하가 동떨어지는 그런 모습이 오늘날의 나쁜 풍습이 된 것 같다. 윗사람을 존경하고 아랫사람을 사랑하는 것은 인륜의 대강이어서 논하지 않고 지나가면 군주로서 가야 할 길을 잃게 되고 신하로서 가야 할 길을 잃게 되는 폐해가 있을 것이다.

오쿠보가 구미행을 통해 씻어 낸 두뇌가 이것이다.

그렇다면 오늘날 먼저 일본의 국체를 논의하는 일이 시급히 필요하다. 다만 이를 논의함에 순서가 있다. 함부로 구미 각국의 군민공치 제도를 흉내 내서는 안 된다. 일본은 황통이 한 핏줄로 이어 오는 법전이 있고 인민의 문명개화 수준이 있어 적절하게 득과 실 그리고 이익과 폐해를 자세히 살피어 조사해 참작하고 이로써 법헌전장法憲典章을 정립해야 한다.

108 천황이나 공가公家 등의 고귀한 사람들이 있는 장소. 궁중宮中

여기에 이르러 점진주의가 된다. 지금은 아직 때가 이르다는 것이다. 실제 정치가로서의 오쿠보의 본심이 다분히 드러난 것이다.

다음으로는 내각 조직內閣組織을 중심으로 헌법제정의 근본 골자에 다다른다. 그가 염원한 것은 강력한 중앙집권제의 확립이다. 일체의 통치권 발동은 천황이 임한 정원正院을 통해 수행된다. 물론 모든 정치적 중대사는 천황이 '넓은 시야로 판단'하는 것이지만, 보필하는 대신 중의 최고 유력자는 태정대신太政大臣이어서 태정대신은 지극히 권력집중적集權的이고 광범한 권한을 가진다. 이른바 행정, 입법, 사법 일체가 그의 권한 하에 통일적으로 종속된다. 좌원은 "제 입법에 관한 것을 논의하는 곳이다."라고 되어 있지만, 우대신도 좌원 의장이 될 수 있도록 규정되어 있어, 처음부터 좌원은 순수한 자문관부로서 어떠한 삼권분립이 보장된 게 아니다.

오쿠보가 장래 혹 실시해야 할 하나의 이상적 안으로서 만든 「의의擬義」에서조차도 입법부에 해당할 「의정원議政院」은 이른바 민선의원과는 전연 별개의 관부기관에 불과하다. 그 의원은 '화족인 호주로서 21세 이상인 자'가 '선거하는 화족의원 20명'과 '그 외 천황의 특명으로 선거하는 의원'으로 구성될 뿐만 아니라 '행정 각 성의 경'도 또한 '폐하의 특권'에 의해 의원이 되는 것이다. 게다가 이와 같은 관리적官吏的 의원으로 이루어지는 관부기관임에도—아니, 이기에— 의안의 발안권發案權도 없다. 이에 반해 천황은 '의원議院의 논의가 전국에 장애가 될 때는 그 논의를 폐'할 수 있다. 더욱이 그 대권은 광범하고 지극히 높은 것으로 이후 이와쿠라 등이 주장한 대권내각주의大權內閣主義에서 보다도 훨씬 우월한 것이다. 여하튼 민선의원을 문제로 한 좌원의 초안보다도 적잖이 후퇴했다고 평가해도 좋을 것이다.

〈사사키 다카유키〉

다음으로 당시의 관변적 분위기를 엿볼 수 있는 사사키 다카유키佐々木高行의 말이 있다. 그는 이와쿠라 대사 일행에 이사관으로서 수행했는데 미국을 둘러본 소감을 다음과 같이 말한다.

> 합중국의 정체政體는 실로 묘하다. 입법, 사법, 행정의 삼권이 확고하게 세워진 것은 실로 볼만하다. 공화정체이므로 인민 중에서 대통령을 선출하고 그를 4년마다 교체하는데, 워싱턴이 건국했을 때의 대정전大政典을 굳게 지켜 조금도 변경하지 않는 게 제일 훌륭한 점이다. 삼권이 나누어짐에 있어서도 실제로 권한이 있어 제왕국帝王國과는 다르다. 대통령, 재판관, 의원議員으로서의 확고한 권한으로 삼권의 균형을 잘 지킨다. 재판 등은 재판관에 맡긴다. 일반적인 큰 강령은 준수하더라도 그 외의 것은 각 주州의 실정과 풍속에 적합하게 시행하는 점도 실로 정치의 핵심을 파악한 것이다...... (『메이지천황과 신 다카유키明治聖上と臣高行』에서 원용한 일기)

사사키는 미국의 대정전 즉 헌법에서 느끼는 바가 있어 귀국 후 산죠 사네토미三條實美에게 해외 사정을 보고하는데, 산죠로부터 구미에 관한 소감을 질문받자 다음과 같이 답한다.

> 일본에는 대정전을 수립하는 일이 가장 조속히 착수해야 할 일일 것이다. 또한 모든 일에서 급진적 개혁을 하는 것보다는 일본 풍속과 관습에 적합한 법률을 시행해야 한다……

또한 대신, 참의에게 대정전 즉 헌법의 제정을 건백하는데 거기서 다음과 같이 말한다.

> **천황도 결코 변경시킬 수 없는 대법전大法典**을 제정해야 한다. 일본의 오랜 옛날에는 스스로 이러한 대법전이 갖추어져 있던 것이더라도 세상의 변천에 수반해 혹은 변하고 혹은 폐지해 오늘날 이러한 하나의 대법전은 없는 것과 같다. 따라서 각국 법전을 참작해 일본 고유의 법전을 갈고 다듬어 조속히 대법전을 세워 모든 일은 반드시 그 대법을 기초로 하고 제 규칙을 시행하게 한다면 위와 아래가 비로소 방향을 하나로 하고, 정령政令은 스스로 균형을 이루고, 인민은 일상생활에서 지켜야 할 법도를 준수해 국가의 안녕이 보호되는 길이 확연해질 것이다.

의회문제야 여하간에 국가근본법으로서 헌법의 제정은 필요하다는 의견이다. 이 글은 민선의원론 등이 일어나는 게 헌법제정이 없기 때문이라는 것이어서 오히려 민선의원 반대론이라 보일 수 있다. 실제로 메이지 7년 4월의 건백서에는 그런 뜻이 명시된다.

널리 중의를 펴는 것을 민선의원이라 하는데 그 이름은 본래 좋은 것이다. 두텁게 공론을 취하는 것을 공화정치라고 하는데 그 명칭은 본래 좋은 것이다. 그러나 보건대 사리에 따라 제도를 갖추는 데는 차례가 있고, 국체에도 이것과 저것이 서로 다르다. 하루아침에 설치해서는 안 되는 것이 민선의원이고, 일생토록 행해서는 안 되는 것은 공화정치다.

그렇게 설명하고, 민선의원 즉 공화정치에 대해서는 단호하게 그 폐해를 기술하며 다음과 같이 결론짓는다.

민선의원이나 공화정치를 시행하려 하면 분명히 난신적자亂臣賊子가 꼬리를 물고 일어난다. 손바닥을 보듯 명백하다.

의원정치는 곧 공화정치 그리고 위험사상(난신적자)이라는 것은 오랫동안 관료의 머리를 지배한 삼단논법이다. 사사키의 논의도 역시 예외가 아니다.

그래서 이러한 위험으로 인해 다음과 같은 결론을 낸다.

다카유키의 일념이 이에 이르러 우려를 금할 수가 없다. 엎드려 바라건대 현재 사가佐賀의 난을 진압해 안정을 되찾은 때에 조정의 칙임관 이상을 회의하게 하여 천하 치세의 기초인 대법전을 만들어 세우고, 확고하고 흔들림 없는 조항들을 정해 천하 모든 백성이 자리 잡게 되기를 삼가 기원합니다.

그런데 메이지 13년 2월 사사키의 건백서는 행정관의 감찰을 위해 민선의원은 필요하다는 의견으로 진보한다.

제2편

헌정의 준비기

제2편

헌정의 준비기

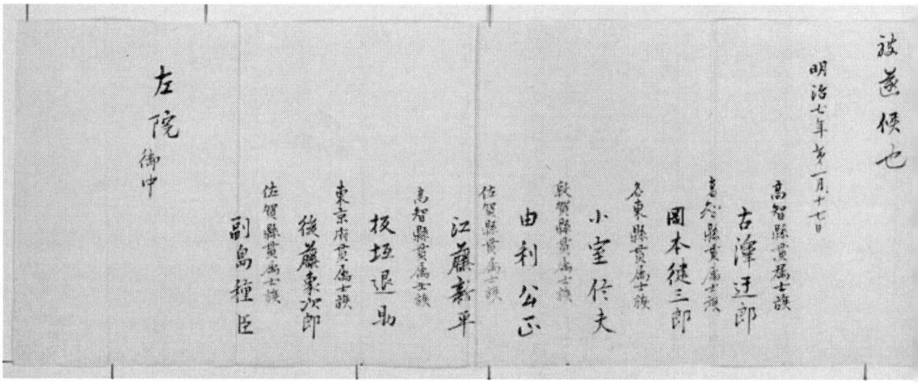
被遊候也
明治七年第一月十七日
高知縣貫屬士族 古澤迂郎
高知縣貫屬士族 岡本健三郎
名東縣貫屬士族 小室信夫
敦賀縣貫屬士族 由利公正
佐賀縣貫屬士族 江藤新平
高知縣貫屬士族 板垣退助
東京府貫屬士族 後藤象次郎
佐賀縣貫屬士族 副島種臣
左院 御中

제1장 민선원 설립 건백

메이지 6년 10월「정한론征韓論」이 분열을 가져오면서 사쓰마의 사이고 다카모리西郷隆盛, 도사의 이타가키 다이스케板垣退助, 고토 쇼지로後藤象二郎, 히젠의 에토 신페이江藤新平, 소에지마 다네오미副島種臣 등은 사직하고 하야한다. 하지만 이 정변에서 가장 타격을 받은 것은 도사파 사람들이다. 그런데 도사번은 예전부터 언론정치를 표방해 대정봉환의 대운동을 이루었다. 그 결과는 바라던 바와 같이 진전되지는 않았지만 이제 시대 흐름에서 언론정치를 요청하는 기운이 점차 움직인다. 대정봉환의 주역이자 이번에 하야한 고토 쇼지로는 이 정변에 즈음해 적절한 국면타개 방책으로 민선의원 개설을 주장해야만 했다. 그래서 이를 이타가키 다이스케와 함께 도

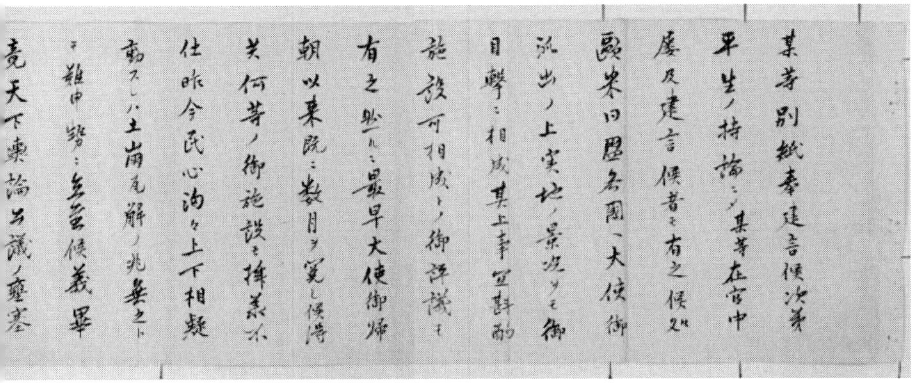
某等別紙奉建言候次第
平生ノ持論ニシテ某等在官中
屡ゝ建言候者モ有之候処
欧米回歴各国ヘ大使御
派出ノ上実地ノ景況ヲモ御
目撃ニ相成其上事宜斟酌
施設可相成トノ御評議ニテ
有之然ルニ最早大使御帰
朝以来既ニ数月ヲ閲シ候得
共何等ノ御施設モ拝承不
仕昨今民心洶々上下相疑
動スレハ土崩瓦解ノ兆無之ト
不難申勢ニ立至候儀畢
竟天下輿論公議ノ壅塞

〈민선의원설립건백서 日本国立公文書館〉

모한다. 때마침 영국에서 귀국한 고무로 시노부小室信夫, 후루사와 우로古沢迂郎(시게루滋)의 주장을 듣고, 소에지마 다네오미, 에토 신페이의 찬성을 얻는다. 전 도쿄부지사府知事 유리 기미마사由利公正 및 전 오쿠라 다이죠大藏大丞 오카모토 겐자부로岡本建三郎도 민선의원 주장을 하고 있기에 함께 모여 토의하고 민선의원 건백을 하기로 결정한다.

그 초안은 처음에 후루사와가 영문으로 기초해 번역한 것인데, 문장 중에 군주전제君主專制라는 문자가 있기에, 소에지마가 이를 책망하고 유사전제有司專制로 바꾸는 것으로 문장을 다듬는다.

이렇게 하여 8명이 연서해 메이지 7년 1월 18일 좌원에 제출해 이듬해 좌원에서 정원에 올린다.

건백서 자체의 각 주장의 구체적 내용과 이론적 근거는 이후의 「입지사立志社 건백서」 혹은 가타오카 겐키치片岡健吉, 고노 히로나카河野廣中 등의 청원서의 그것과 약간 차이가 있음을 알 수 있다.

[민선의원설립건백서]

신들이 엎드려 지금 정치권력이 돌아가는 바를 살피건대, 위로 황실로도 아니고 아래로 인민으로도 아니고 오직 유사有司[1]에게로 귀착되고 있다. 유사는 위로는 황실을 공경한다고 말하지 않는 게 아니고 아래로는 백성을 지킨다고 말하지 않는 게 아니다. 그러나 정부의 법령에는 여러 제약이 많고 조령모개朝令暮改되고 정령과 형벌은 정실에 따라 움직이고 상벌은 사적인 애증에서 나오고 언로는 막혀 가려져 있어 고충을 호소할 수 없다. 이와 같이 해서 천하의 치안을 유지하기를 바라는 것은 삼척동자도 불가능함을 안다. 낡은 관습에만 따르고 고치지 않으면 아마도 국가가 붕괴될 것이다. 신들의 애국의 마음을 누를 수 없는 것은 자명하다. 그 구제의 길을 강구하는 일은 오직 천하의 공의를 펼치는 것뿐이다. 천하의 공의를 펼치는 것은 민선의원民撰議員의 설립에 있을 뿐이다. 즉 유사의 권한을 제한함으로써 상하의 안전과 행복을 수용할 수 있다. 청컨대 끝내는 이를 논할 수 있어야 한다.

1 본래는 직을 수행해야 하는 관사官司나 그에 속한 관리의 의미인데, 메이지 초기 이래 주로 이타가키 다이스케 등이 정부 내의 특정 번벌에 속한 정치가 몇 명에 의해 정치가 행해지는 것을 '유사전제有司專制'라고 비판하면서, 유사有司는 주로 비판적 관점에서 주목된다. 유사전제는 흔히 1873년(메이지 6년)에 일어난 정변으로 오쿠보 도시미치大久保利通의 주도권이 확립된 시기부터 1890년에 메이지헌법이 시행되고 의회가 설치되기까지의 시기를 지칭한다.

애초에 인민이 정부에 대해 조세를 납부할 의무가 있기에 정부가 하는 일을 함께 알고 그 가부를 결정할 권리를 가진다. 이는 천하의 통론通論이라서 신들이 이에 관해 군말을 덧붙일 필요도 없다. 따라서 신들이 마음속으로 바라건대 유사들도 이런 일반적 이치에 저항할 수 없을 것이다.

지금 민선의원을 세우자는 제안을 거부하는 자는 말한다. 우리 인민은 배우지 못해 무지하고 아직 문명개화의 수준으로 나아가지 못하기에 오늘날 민선의원을 세우는 것은 시기상조라고. 신들이 과연 실제로 그러한지 보건대, 배워서 지혜를 얻고 그래서 서둘러 문명개화의 수준으로 나아가게 하는 길이야말로 민선의원을 세우는 것에 있다. 왜냐하면 오늘날 우리 인민으로 하여금 배워서 지혜로 나아가게 하려면 먼저 그 통의권리通議權利를 보호하고, 이로써 자존자중하여 근심과 즐거움을 함께 하는 기상을 일으켜야 하기 때문이다. 자존자중하여 천하와 근심과 즐거움을 함께 하는 기상을 일으키려면 이를 천하의 일로 만들어야 한다. 이렇게 해서 고루함에 안주하고 배우지 못해 무지한 자신을 받아들이는 인민은 없어지게 된다. 그럼에도 지금은 인민이 스스로 배워 지혜를 얻어 문명개화의 수준에 들어가기를 기다릴 뿐이다. 이는 거의 백년하청百年河淸을 기다리는 식이다. 심지어는 바로 지금 조속히 의원을 설립하는 것은 천하의 어리석은 자들을 모으는 것에 지나지 않을 뿐이라고 말하기까지 한다. 아아, 이들은 스스로 너무나 심하게 오만해서 인민을 멸시하는 것 같다. 유사 중에는 지혜가 물론 다른 사람보다 뛰어난 자도 있을 것이다. 그렇더라도 학문하여 지식이 있는 자가 세상의 다른 모든 사람보다 뛰어난 자인 것은 아니다. 천하의 인민을 이와 같이 멸시해서는 안 된다. 만약, 혹 멸시할 수 있는 자라고 한다면 유사도 역시 그중의 한 사람이 될지도 모른다. 그렇다면 마찬가지로 배우지 못해 무식한 사람이다. 몇몇 유사의 전제와 인민의 여론공의與論公議를 펼치는 것 중에 과연 어느 것이 현명한 것인가. 신들이 보건대 유사의 지식도 유신 이전과 비교해 보면 분명히 진보한 것이다. 왜냐하면 인간의 지식은 이용하면 할수록 그에 따라 진보하는 것이기 때문이다. 그렇기에 민선의원을 세우는 것은 곧 인민을 배우게 하여 지식을 얻게 하고, 이렇게 해서 급속히 문명개화의 수준으로 나아가게 하는 길인 것이다. 애초에 정부가 잘 받들어서 목적으로 삼아야 할 직무는 인민이 진보하게 하는 것이다. 미개하고 야만적인 세상의 백성은 용맹하고 흉포하고 사나워서 따를 줄을 모른다. 그 경우에 정부의 직무는 이렇게 따르는 것을 가르쳐주는 것이다. 지금 우리 나라는 이미 미개하지 않아서 인민이 순종하는 게 아주 심한 정도다. 그렇다면 오늘날의 정부가 제대로 그 목적을 이루려면 민선의원을 설립해 우리 인민이 과감하게 행동하는 기운을 세워 천하를 나누어 맡기는 의무를 알게 하고, 천하의 일에 참여할 수 있게 해야 한다. 이는 일본의 사람들 모두가 같은 마음이다. 무엇이 정부를 강하게 만드나. 천하 인민이 모두 같은 마음이 되면 된다. 신들이 결코 먼 옛일을 끌어다가 이를 증명하지 않고 작년 10월의 정부의 변혁[2]을 통해 살펴보고자 한다. 그것은 특히 위험하고도 위험한 것이다. 정부가 고립된 것은 왜였나. 작년 10월의 정부의 변혁으로 인해 천하의 인민은 기뻐하기도 근심하기도 하지만, 천하 인민 중에는 어리둥절해 잘 모르는 경우가 십중팔구다. 그들은 단지 군대의 해산에 놀랄 뿐이다. 지금 민선의원을 세우면 정부와 인민 사이에 뜻과 사정이 통해 서로 합쳐 일체

2 정한征韓 논쟁에서 발단된 정변

가 되어 나라는 비로소 강해지고 정부도 비로소 강해진다.

신들이 이미 천하의 큰 이치에 관해 살피고, 일본의 오늘날의 정세에 관하여도 실정을 밝히고, 정부의 직무에 관하여도 논하고, 작년 10월의 정부의 변혁에 관하여도 살펴보았다. 이로써 신들은 마침내 신들의 설이 옳다고 굳게 믿는다. 간절히 말하건대 오늘날의 천하를 유지하고 떨쳐 일으키는 길은 오직 민선의원을 세워 천하의 공의를 펼치는 것에 있다. 그 방법을 논하는 것 같은 일은 신들이 결코 여기에서 언급하지 않는다. 십 수매의 서면으로는 제대로 다 적을 수 없기 때문이다. 다만 신들이 가만히 듣고 있자니 오늘날 유사는 신중론을 핑계 삼아 많은 일에서 구습에 따르기만 하고, 세상의 개혁을 말하는 자를 경솔한 진보라 부르면서 상조尙早라는 두 글자로 이를 거부한다고 한다. 신들이 이에 관해 논하게 해 주시길 청한다.

애초에 경솔한 진보라 부르는 것을 물론 신들은 이해할 수 없다. 혹시 세상일이 갑자기 출현하는 것을 경솔한 진보라고 부르는가. 민선의원은 그 일을 정중하게 하는 것이다. 각 성 사이의 불화로 변경할 때 일의 본말이나 완급의 순서를 잃어 서로의 시책을 보지 않는 게 경솔한 진보라고나 할까. 이는 나라에 정률政律이 없고 유사가 임의로 바꾸는 것이다. 이 두 가지는 실로 민선의원이 설립되어야 하는 이유를 증명하는 것일 뿐이다. 애초에 진보란 천하의 지극히 좋은 것이다. 모든 일들은 진보하지 않으면 안 된다. 그렇다면 유사는 진보라는 두 글자를 죄라고 볼 수 없다. 죄로 보아야 하는 것은 경솔이라는 두 글자에 그친다. 경솔이라는 두 글자는 민선의원과는 전혀 상관없다. 신들은 상조尙早라는 두 글자를 민선의원 세우는 일에 적용하는 걸 이해할 수 없을뿐더러 진정 반대한다. 왜냐하면 오늘 민선의원을 세우더라도 아마도 오랜 세월을 기다린 후에야 비로소 충분한 완비를 기대할 수 있기 때문이다. 따라서 신들은 하루라도 설립이 늦어지는 걸 걱정한다. 그래서 신들은 시기상조론에 반대할 수밖에 없다.

유사들은 또한 다음과 같이 설명한다. 구미 각국의 오늘날의 의원은 일조일석에 설립한 의원이 아니고, 그 진보도 점차적으로 이루게 된 것일 뿐이라고 말이다. 따라서 우리가 오늘날 모방할 수 없다고 말이다. 그러나 진보가 점진적으로 이루어지는 것이야 어찌 의원 하나뿐이겠는가. 모든 학문, 기예 그리고 기계가 그렇다. 그런데 그들이 수백 년이라는 오랜 세월에 쌓아 올려 이에 이른 것은 성문 규정이 없고 모두 스스로의 손으로 경험하고 발명시킨 것이기 때문이다. 이제 우리가 그 성문의 규정을 채택해서 취한다면 어찌 그에 이를 수 없겠나. 만약 우리가 우리 손으로 증기의 원리를 발명하는 것을 기다린 뒤에야 비로소 증기기계를 사용할 수 있고, 전기의 원리를 발명하는 것을 기다린 뒤에야 비로소 전신선을 가설할 수 있다고 한다면, 정부는 어떤 일도 할 수 없을 것이다.

신들은 이미 오늘날 우리가 민선의원을 세우지 않으면 안 되는 이유 그리고 오늘날 일본 인민의 진보의 정도가 이런 의원을 충분히 제대로 세울 수 있다는 것을 변론했다. 이는 이런 뜻을 거부하는 자들이 반론하는 것을 봉쇄하려는 게 아니다. 이러한 의원을 세우는 것이 천하의 공론을 신장하고, 인민의 통의권리通義權利를 세워 천하의 원기를 고무시키고 이로써 위와 아래를 친근하게 하고 군신을 서로 사랑하게 하고 우리 제국을 유지하고 떨쳐 일으켜 행복과 안전을 보호하게 되기를 바라는 것이다. 청컨대 이 제안을 채택해 주시기를.

더욱이 이 건언에 대해 의견을 낸 가토 히로유키의 반박에 대해 참의들[3]이 낸 「가토 히로유키에 답하는 글」을 보면 참의들이 생각하는 「민선의원」의 성질은 한층 명백해진다.

> 오늘 이러한 의원을 세운다는 뜻은 오직 각 번이 의원議員을 내는 제도를 정리해 바로잡아 어서문의 의미를 확장하려는 것이다. 애초에 지금 이런 의원을 세우는 것 역시도 갑자기 인민이 그의 대리인을 선출하는 권리를 일반적인 것으로 하겠다고 말하는 것은 아니다. 사족 및 호족인 농민과 상인 등만이 당분간 이 권리를 보유할 수 있을 뿐이다. 이러한 사족 및 농민과 상인 등은 앞서 그들의 선구적인 의사義士와 유신의 공신을 낸 것이다.

그럼에도 이러한 건백이 나오고 여론이 떠들썩해진 것은 메이지 역사에서 특기할 만한 것이다. 이른바 여론이라는 것이 오늘날의 여론과 양적으로는 다르지만 새로운 정치목표를 향해 조야朝野가 논전한 것은 실로 전에 볼 수 없던 장관이다. 그 건백을 당시 가장 제대로 갖춘 신문이라 일컬어지던 「닛신신지지日新眞事誌」에 게재시킨 것도 바람직한 선전 방법이었다. 신문이라는 언론기관이 있더라도 아직 정치상의 의견을 발표하는 것으로 이용되지는 않던 때에 전 참의들이 연명한 정치의견서가 당당히 공표된 것은 경이롭다고 할 만한 사건이었다. 당시의 지식계급인 사족계급은 상식도 바뀌고 녹봉도 없어지고 게다가 앞길의 목표도 정해지지 않아 불평불만의 무리든 아니든 간에 모두 애를 태우면서 우울하게 닫힌 상태로 지낼 때 이런 일대 논제를 부여받았다. 그래서 악착같이 그것으로 향해 갔다.

3 메이지 6년의 「정한론」 파문으로 물러나 위 건백에 참여한 이타가키, 고토, 에토, 소에지마 등의 전 참의.

左院御用

官許

日新眞事誌

〈닛신신지지에 게재된 민선의원건백 日新眞事誌 明治7年1月18日〉

그러나 이 건백도 조정을 움직이기에는 역부족이었다. 사회는 아직도 봉건적 무력의 색채가 완전히 제거되지 못했다. 「정한론征韓論」에서 패배해 하야한 장성將星은 그 향리에서 봉건적 전통세력을 배경으로 하나의 큰 적대 세력을 형성한다. 언제 무력이 움직일지 알지 못하는 상태였다. 도저히 언론정치에 귀를 기울일 여유는 없다. 이 건백이 있기 3일 전에 같은 도사 사람인 다케치 구마키치武市熊吉 등 7명은 우대신 이와쿠라 도모미를 습격하는 직접행동에 나섰다. 또한 머지않아 건백자 중 한 사람인 에토 신페이는 사가佐賀에서 난을 일으킨다. 그리고는 싸움에서 패한 뒤 일어설 수 없게 된다. 헌정憲政에 대한 이해가 없는 정부 관리들은 민선의원론 같은 건 불평 사족의 선동수단 정도로 밖에 생각치 않는다. 헌정적 두뇌가 가장 풍부한 기도 다카요시에게 이타가키가 교섭하기도 하지만 조금 사이가 틀어져 기도의 감정이 상하자 기도 또한 반대하게 된다. 어떠한 경우라도 민선의원론 같은 것에 정부 관리들이 호감을 가지고 맞아주지는 않는다. 이래서는 도저히 나아갈 방법이 없다.

이렇게 정부관리들이 돌아보지 않았지만 그것이 민간에 내린 씨앗은 확실히 헌정이라는 큰 나무를 기르는 하나의 큰 근원이 된다.

제2장 오사카회의

메이지 6년(1873년)의 정한론에 의해 분열된 정국은 오쿠보 도시미치大久保利通를 중심으로 내각의 진용을 갖추게 된다. 하지만 이듬해 메이지 7년의 〈타이완臺灣 정벌〉에 관한 의견 차이로 기도 다카요시木戸孝允가 정계에서 물러나게 되어 내각의 중심은 약간 무게감이 적어진다. 오쿠보 한 사람이 종횡으로 수완을 발휘해 국정을 맡아 감당하지만 사쓰마의 사이고, 죠슈의 기도, 도사의 이타가키 모두 재야의 유력자로서 산을 이고 있는 호랑이 같이 각지에 할거한다. 그러자 내각은 위협을 느끼지 않을 수 없었다. 하물며 외교문제는 곤란해져서 거국일치의 공고한 내각을 만들 시급한 필요가 있었다. 더욱이 죠슈 측에서는 사쓰마의 오쿠보 한 사람이 전권을 휘두르는 것을 제어하지 못하면 안 된다는 의견도 있었다. 이토 히로부미伊藤博文, 이노우에 가오루井上馨는 죠슈 출신임에도 오쿠보계에 접근해 왔더라도 우두머리인 기도의 은퇴는 달가울 수 없다.

각 방면의 여론이 기도의 입각을 촉구하는 분위기를 계속 키우지만 기도는 쉽게 움직이지 않는다. 타이완 정벌이 끝나고 오쿠보가 조정으로 돌아오자마자 오쿠보 스스로도 기도를 맞이하려 한다. 그 사이를 이토가 알선해 오쿠보는 오사카로 향하고, 기도도 오사카로 나와 만나기로 한다. 그런데 한편으로 이토는 이노우에와 모의해 이타가키도 입각시키려 한다. 이는 이타가키가 반정부 활동의 도구로 쓰는 민선의원이라는 좌익적 의견이 기도의 중간파적 의견과 어느 정도 일치하고, 이로써 기도에게 정부개혁의 명목을 부여하도록 준비를 갖추는 것이다. 이 소문이 곧바로 전파되어 알려지자 죠슈 측은 기도의 입각을 권유한다. 특히 야마다 아키요시山田顕義가 기도에게 입헌적 개혁을 이루어야 한다면서 다음과 같이 말한다.

몹시 실례되고 황송하지만 어리석은 의견으로 다음과 같이 정리하니 가만히 보시어 취하거나 혹은 버리시기 바랍니다.

제1 좌부左府[4]의 진퇴
제2 금전과 곡물의 출납
제3 조세의 증세와 감세
제4 외국과의 외교와 강화 및 전쟁
제5 관리들의 진퇴, 단 칙임勅任 및 주임奏任 이상
제6 관선의원官撰議院의 설치

야마다는 다음과 같이 주의를 주고 있다.

앞의 조항들이 현재 필요한 일인지를 어리석은 의견으로 봅니다. 본래 헌법이라 하면 갖가지 인권의 구별, 혼인의례, 황실의례 그 외 세부적 사항들에 관한 여러 내용도 있습니다만, 여하튼 위 조항들만은 오늘날 확정되지 않으면 한시도 일이 마무리된 게 아니라고 생각합니다

4 좌대신左大臣

또한 야마다는 스기마고 시치로杉孫七郎, 노무라 모토스케野村素介, 아오키 슈조青木周藏와 연서한 다음의 글을 기도에게 보낸다.

> 대신의 진퇴는 가벼이 갑자기 해서는 안 되는 것입니다. 따라서 부디 이 기회에 지난번 서양에서 귀국할 때 건언한 뜻도 있는 국헌론國憲論 주장은 전국 인민의 방향도 정하는 것이기에 분명히 약정해 귀경하실 때 논의하시기 바랍니다.

즉 지난해 건의한 헌법(정규전칙政規典則) 제정에 관한 의견을 주장해야 한다고 기술한다. 이렇게 하여 이타가키도 오사카로 올라가 기도와 만나 의원론議院論을 강하게 주장하고, 기도는 다시 오쿠보에게 이 의견을 진술해 대체적 일치를 본다. 그래서 기도는 스스로 다음과 같이 기록한다.

> 9일 넘어서(2월 9일)부터 이토와 오쿠보에까지 일상적으로 나의 정률定律에 관한 주장의 근본요지와 민회民會 등을 일으켜 점차로 국회國會의 기초를 열자는 의견을 진술하여 오쿠보도 동의한다. 내가 전날 이타가키 등과 이러한 근본요지를 진술해 논하자 모두 나의 설에 동의한다. 오늘 오쿠보가 동의하므로 국가와 인민을 위하는 시발점이 되는 앞길의 큰 다행스러운 일이다. 나는 아주 기쁘다.

의논은 여기서 무르익어 메이지 8년 2월 11일 오사카 기타하마北濱의 가가이루加賀伊樓에서 오쿠보, 기도, 이타가키, 이토, 이노우에 등이 서로 만나 정부개혁을 논의한다. 세상에서는 이를 〈오사카회의大阪會議〉라고 부른다. 이 자리에서 기도가 스스로 기초한 개혁안은 아래에서 보듯이 삼권을 분립하고 원로원元老院을 상원上院으로 하고 지방관회의地方官會議를 하원으로 하는 것이다.

	천황	
	내각 태정대신 좌대신 우대신 참의	
행정	대심원	상　원로원
		하　지방관

또한 별도로 이타가키, 이노우에가 합의한 것이 있다.

1. 우리는 입군정률立君定律 정체를 정설定說로 할 것이다.
1. 우리는 이 정설을 실시하기 위해 의원議院제도를 채택하고 이로써 우리의 율법律法을 천하에 명확히 하는 데 힘쓴다.
1. 우리는 이미 이 정설로 합쳐 일을 이루고자 한다. 따라서 우리는 동지로서 한 덩어리의 정론이기에 한 사람이 개별적 사론을 가져서는 안 된다.

여기에는 일동이 조인하지는 않았지만 그것이 이번 오사카회의의 목적이었다.

제3장 메이지 8년의 천황 조칙

3월 8일 기도, 12일 이타가키가 각각 참의參議에 임명된다. 기도, 이타가키, 오쿠보, 이토의 네 참의에다가 이노우에도 참가해 제도개혁을 논의한다. 네 참의가 정체조사위원政體取調委員에 임명된다. 28일에 안이 만들어져 상주하는데, 요지는 다음과 같다.

> 지금 각국의 정체는 이른바 군주, 군민君民, 인민의 세 통치 형태를 절충함으로써 나라의 풍속과 시대 흐름에 적합한 것을 채택한다. 그에 알맞게 정원, 우원, 좌원을 태정관에 두어야 한다. 천황은 정원에 임해 모든 정치적 중대사를 통괄하고 3대신이 이를 보필輔弼한다. 태정대신이 우원의 장이 되고, 좌대신, 우대신, 참의 그리고 각 성 장관과 모든 정치를 서로 논의해 판단한다. 좌원은 좌대신과 우대신 그리고 참의 1명이 그 장이 되고 의원議員을 선임해 각 법제에 관한 일을 관장한다. 입법과 행정과 사법의 삼권이 나란히 서서 편중됨이 없는 것이 유럽의 좋은 제도이기에 일본의 정체도 역시 마땅히 그에 준해 만들어야 한다. 그렇더라도 이 모든 것을 모방하려 하는 것도 아니고 아직 그렇게 행할 것인지 아닌지도 조사하지 않은 것이다. 따라서 권력으로는 적절하게 상하양원上下兩院을 설치해, 귀족, 근로자 및 학식과 덕망 있는 자 중에서 선정해 상원의원에 충원해 입법원立法院으로 삼고, 하원은 지방관회의소地方官會議所로 하여 민선의원의 출발점으로 만들어야 한다.

앞선 기도의 의견 그대로다. 임시적 준비 단계에서 설치하는 것이기에 이 정도일 수밖에 없는지 모르겠다. 국민에게 참정권을 부여하지 않는 관선의원을 인정하고 한편으로는 중앙집권에 시급히 쫓기는 시대 흐름에서의 삼권분립이기에 상당히 묘한 게 나타난 것이다. 대신과 참의 아래 삼권분립 형태를 채택한다는 것이어서 극히 부자연스럽다. 의회는 자문기관 개념 이상으로 나타나지 않는다. 대신과 참의는 대권행위의 그늘에 숨어 삼권 밖에 서 있으려 한다. 헌정론으로서는 엉망진창이지만 종래의 사상과 비교하면 한걸음 진보한 것은 분명히 시대 흐름 덕택이다.

그런데 이 개념은 오랫동안 관료의 두뇌를 지배한 것이다. 정당政黨을 막연히 싫어하는 것은 그 아류에 속한다. 따라서 후에 의회를 연 뒤에도 정당을 기초로 하지 않는 초연내각超然內閣이라는 게 오랫동안 존재한 이유도 알 수 있다.

4월 14일에 「조칙詔勅」[5]이 발포된다.

> 짐은 즉위 초 군신을 모아 5가지 중대사를 신명에게 맹세하고 국시國是를 정해 만민을 보전하는 길을 구했다. 다행히도 선대 천황들의 신령과 군신의 힘에 의지해 오늘날 어느 정도 안정되게 되었다. 돌아보건대 중흥의 날이 머지않고 내치內治의 일 중에는 마땅히 진작시키거나 개혁해야 하는 게 적지 않다. 짐은 이제 5개조 어서문의 뜻을 확충해 여기에 원로원元老院을 설치함으로써 입법의 근원을 넓히고 대심원大審院을 설치함으로써 심판권을 공고히 하고 또한 지방관地方官을 소집함으로써 민정과 통하여 공익을 도모하고, 점차 국가입헌國家立憲의 정체政體를 세워 모든 국민과 함께 기쁨을 나누고자 한다. 국민들은 옛것에 빠져 거기에만 머물지 말고 또한 나아감에 있어 경솔하게 서두르지도 말고 짐의 뜻을 잘 따라 보좌하라.

5 천황의 말의 고지. 여기서는 이른바 「입헌정체수립立憲政體樹立 조칙」.

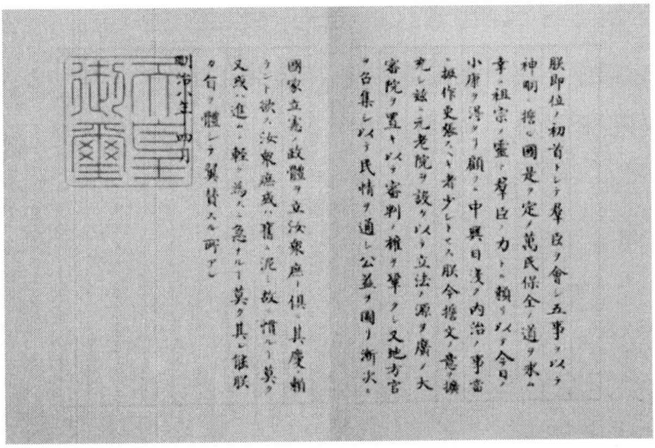
朕即位ノ初首トシテ群臣ヲ會シ五事ヲ以テ
神明ニ誓ヒ國是ヲ定メ萬民保全ノ道ヲ求ム
幸ニ祖宗ノ靈ト群臣ノ力トニ頼リ以テ今日ノ
小康ヲ得タリ顧ニ中興日淺ク内治ノ事當
ニ振作更張スヘキ者少シトセス朕今誓文ノ意ヲ擴
充シ茲ニ元老院ヲ設ケ以テ立法ノ源ヲ廣メ大
審院ヲ置キ以テ審判ノ權ヲ鞏クシ又地方官
ヲ召集シ以テ民情ヲ通シ公益ヲ圖リ漸次ニ
國家立憲ノ政體ヲ立テ汝衆庶ト倶ニ其慶ニ頼
ラント欲ス汝衆庶或ハ舊ニ泥ミ故ニ慣ルヽコト莫ク
又或ハ進ムニ輕ク爲スニ急ナルコト莫ク其レ能ク朕
カ旨ヲ體シテ翼賛スル所アレ
明治八年四月
天皇御璽

〈입헌정체 수립의 조칙 日本国立公文書館〉

5개조 어서문과 함께 헌정사에서 크게 다루어지는 천황 조칙이다. 이 조칙 초안의 기초에 이노우에 가오루井上馨가 관계했다는 설이 있다. 하지만 최근 이토 히로부미 집안에서 위 조칙 초안이라 추정되는 이토 자필이 발견되었다. 이는 문장이 대체로 조칙의 것과 같다. 다만 "원로 및 지방회의의 양원을 엶으로써 국가정률國家定律의 정체를 확립하려 한다……"로 되어 있어 대심원에 관한 것이 보이지 않는다. 사법권은 그에 관해 생각하게 된 기도의 의견에 의해 새롭게 추가된 것이라 보아야 할 것이다.

우대신 이와쿠라는 〈오사카회의〉에 대해, 군권이 실추되는 길을 연 것이라 불만을 표한다. 그 뒤 마침내 이 조칙이 발포되는 것을 보자 4월 24일 사표를 제출한다. 사표의 한 구절은 다음과 같다.

> 이제 정부 기강이 엄숙하게 바로잡히지 않고 재조와 재야 사이에 무리지어 서로 호응하면서 백성의 형세가 견디기 힘들게 되니 이는 군주정치하의 모습이 아니다. 이런 형세로 정치를 하면 대업이 무너지지 않고 대권이 추락하지 않게 하려 해도 할 수 없게 된다.

이를 보면 이와쿠라의 진의는 애매하지만 상상은 된다.

천황이 이와쿠라를 불러 친히 달래고 사표를 돌려준다. 이와쿠라는 황송하여 물러간다.

제4장 원로원 및 대심원의 설치와 지방관회의

제1절 원로원 및 대심원의 설치

위 조칙과 동시에 종전의 좌원과 우원을 폐지하고 「원로원元老院」, 「대심원大審院」을 설치하는 포고가 내려지고 대개혁이 실시된다. 실로 기도의 독무대인 듯한 모습이다.

4월 25일 「원로원」을 태정관 대신에 구 좌원 자리에 둔다. 7월 2일 천황이 친히 임한 개원식이 거행된다. 처음에는 좌대신 시마즈 히사미쓰島津久光를 원로원 의장, 우대신 이와쿠라 도모미를 대심원장으로 한다는 의견이고, 이로써 태정대신 산죠 사네토미와 함께 세 세력으로 정립시켜 삼권분립의 이상을 실현하려 하였다. 그러나 이와쿠라는 원래 오사카회의를 달가워하지 않았기에 그런 구도가 되지 못한다. 시마즈 히사미쓰를 임관하는 것에도 이의가 있어 이루어지지 못한다. 원로원 의관議官 공선에서는 의관을 맡고 있던 고토 쇼지로를 부의장으로 추천하고, 다마노 요후미玉乃世履를 이등판사判事로 승진시켜 대심원장 사무취급으로 삼는다. 이처럼 이상적인 안은 첫걸음부터 축소된다.

4월 25일 공포된 「원로원장정章程」은 다음과 같다.

제1조 원로원은 그 의법관議法官이 신법 제정과 구법 개정을 논의해 결정하고 제 건백을 받아들이는 곳이다.

제7조 신법 제정이든 구법 개정이든 의안議案은 모두 천황으로부터 주어져야 하고, 본원에서 기초를 위해 제출해도 이를 곧바로 회의에 부쳐서는 안 된다.

다음으로 「의안조례」를 제정해 의안의 체재를 상세히 밝힌다.

제1조 각 원院·성省·사使에서 기초해 건의한 것은 원로원의 회의에 부칠 것을 허락하는 천황의 명이 있을 때 비로소 의안으로 할 수 있다.

제2조 각 원·성·사에서 건의해 이미 천황의 명을 얻어 의안이 된 것은 모두 천황의 칙지가 나온 것과 마찬가지다.

제3조 의안이 원로원 회의에 부쳐지려면 태정대신의 부서라는 형식을 요한다.

그 해 12월 개정된 「직제장정」은 다음과 같다.

제1조 원로원은 의법관에 의해 일반적으로 신법 제정과 구법 개정을 논의해 결정하는 곳이다.

제4조 의안은 칙명으로 내각에서 교부한다.

제5조 의안은 본원이 논의해 결정하는 것과 사실 조사해야 하는 것으로 구분되는데 구분은 내각이 정한다.

제6조 시급히 결정되어야 하는 사건으로 원로원의 사실조사를 거칠 여유가 없는 것은 내각에서 시의적절하게 포고하고 이후 사실조사에 부칠 수 있다.

제7조 원로원은 신법 제정이나 구법의 폐지나 개정에 관한 의

견서를 상주할 수 있다. 그렇게 하려면 내각에서 안을 만든 뒤에 다시 본원에 내려 논의로 정하거나 사실 조사를 한다.

적어도 입법관立法官이라고 분명히 말한 이상은 표면상 원로원의 논의를 거치지 않으면 법률이 될 수 없다는 입장에 반대할 수는 없다. 그렇기에 이번에는 원로원의 발안권發案權을 인정하지 않을 뿐만 아니라 제6조의 예외도 둔 것이다. 아니나 다를까 이후에 정부는 이 제6조의 예외를 남용해 의안들이 줄줄이 원로원 논의에 부쳐지지 않고 발포되어 원로원은 유명무실해진다. 마침내 양로원養老院이라는 별명으로 조롱받게 된다.

또한 최초의 장정에 행정관行政官이 법령과 규칙에 위배하는 자일 경우에는 추궁하고 심문해 상주할 권한이 있다고 겨우 쓰여 있던 것은 완전히 삭제된다.

더욱이 메이지 16년(1983년)에는, 법률은 반드시 원로원이 논의해 정하는 형식에 의해 포고하는 것이더라도, 포고에서 모든 법률이 원로원의 논의로 정하도록 부쳐지지는 않는 것도 있다고 분명히 밝힌다.

또한 원로원의 논의를 거쳐 법률이 되어야 한다는 것을 10항에 두었더라도, 앞에서 열거한 구체적 항목에서는 입법관을 거치지 않고 특히 정부의 명령으로 발행하는 것이 있다는 예외를 두고 있기에 원로원은 더욱더 무용한 것이 된다.

5월 9일 「대심원」을 구 메이호료明法寮[6] 부지에 개설하고 사법직제를 크게 개정한다. 이는 참의 오키 다카토大木喬任 및 기도와 상

6 1871년에 종래 에도 바쿠후의 양학소洋學所의 전통을 이어받아 당시의 대학남교大學南校에서 우수한 생도를 선발해 프랑스식의 법조法曹 교육을 시작한 법률실무 전문가 양성기관. 사법성에 설치되는데 1875년(메이지 8년)에 사법성법학교司法省法學校로 흡수된다.

〈초대 대심원 청사〉

의해서 정한 것이다.

이 일본 최초의 「대심원장정」(관제)에는 상당히 광범한 권한이 보인다.

제1조 대심원은 민사 및 형사의 상고上告를 수리해 상등上等 재판소 이하의 심판의 불법한 부분을 파기해 전국 법헌法憲의 통일을 유지하는 곳이다.

제2조 심판의 불법한 부분을 파기하는 것은 이후 다른 재판소에 옮겨 심판하게 한다. 또한 사정에 따라 대심원 스스로 심판할 수 있다.

제4조 육군해군재판소의 재판권한을 넘는 것은 그 재판을 파기하고 적법한 재판소에 부친다.

제6조 중대한 국사범國事犯 사건 및 중대한 국내외의 교섭 및 민사 형사 사건을 심판한다.

제7조 각 상등재판소에서 보낸 사형 해당 사건을 자세히 조사해 부당하면 환송한다. 부당한 것은 합의로 회의合員會議해 법적용을 다시 하여 환부한다.

그리고 합의제合議制도 확립한다.

제8조 대심원의 심판은 판사 5인 이상이 법정에 열석한다. 5인 재판정에 열석하지 못하면 심판할 수 없다.

대심원은 이듬해 메이지 9년 5월 사법성司法省 경내의 구 이와무라岩村번 저택에 청사를 신축해 그곳으로 이전한다.

제2절 지방관회의

오늘날 지방관회의라고 하면 단순한 사무적 회합에 불과하다. 하지만 이 시기의 「지방관회의地方官會議」는 천황의 조칙에도 명기된 것처럼 하원을 시도한 것으로 관선의원의 일종이다. 이는 기도의 이상에 기초한 것이지만, 애초에 이런 류의 회합의 맹아는 지난해 오쿠라大藏성이 소집한 지방관회의에 기초한 것이기에 그에 관해 조금 기술할 필요가 있다.

메이지 초년의 오쿠라성은 실로 내각의 중심적 기관이라서 굉장한 권력이었다. 관장하는 사무도 오늘날의 오쿠라성 외에 내무, 농림, 상공, 체신 각 성의 사무까지 관장하고, 일부 재판권도 가진 유력한 성이었다. 따라서 지방관도 소집할 실력을 보유했다.

그해 4월 오쿠라경 대리 오쿠라 다이스케大輔(차관) 이노우에 가오루井上馨는 지방관회의에 관한 「의사議事장정」을 반포한다. 전편 23절, 147장으로 이루어진 의사규칙으로 당시 이 정도로 상세히 규정된 것은 없었다. 즉 일본 최초의 가장 잘 정비된 의사규칙이다.

그 기안은 요시카와 아키마사芳川顕正가 외국의 것을 번역한 것으로, 거기에 시부사와 에이이치澁澤榮一가 쓴 다음과 같은 제언이 포함되어 있다.

〈시부사와 에이이치〉

> 크게 이러한 회동을 열어 각기 마음 속의 생각을 보여주고 마음에 품은 바를 내보여 이익과 폐해에 관해 토론하고 득과 실을 따진다. 법이 번거로우면 없애고 일에 익숙해지면 가만히 하고 순서를 정하고 권한을 상세하게 하고 서로 공경하고 받들어 준수하게 되어 서로 의견이 달라 거스를 걱정이 없다. 오히려 사지가 머리에 응하듯 기맥이 유창하게 상통해 털끝만큼도 가슴이 답답하게 정체되지 않게 한다. 이는 물론 오쿠라성이 지방地方에 바라는 바로서, 지방이 오쿠라성에 바라는 것은 그에 응해 나오지 않았다. 그런즉 이 회동으로 백성의 모든 일을 진흥시킬 필요가 있다. 또한 앞으로 기구의 잘못된 점을 바로잡는 것도 기대할 수 있어 국력과 정치권력이 확립되는 것을 기대할 수 있을 것이다.

이를 보면 그 포부를 알 수 있다. 그리고 18장에 다음과 같은 내용이 있는 걸 보면 지방관회의는 단순한 사무적 회합이 아니었다.

> 의원이 회의장에서 논의할 때는 각 관청 관리의 사무관원이 아니다. 또한 부현의 지사知事나 현령縣令이나 참사參事도 지방의 관원이 아니다. 오직 일반 지방 사무를 의정議定하는 입법관立法官으로서 일반의 의원議員으로 간주해야 한다. 따라서 한 관리에 관하여 혹은 한 군郡만의 일을 주장해서는 안 된다.

이때는 오쿠라성의 권력이 너무 커서 태정관과 사이에 권한 다툼이 있고, 내무성內務省을 창설하자는 의견도 있었다. 게다가 정한론 직전의 조정이라 상당히 풍운이 거세지는 때였다. 그래서 오쿠라성에서의 지방관회의는 행정관의 권한을 넘어 입법관의 권한으로 침범하는 것이라는 비난이 인다. 태정관 정원에서는 장정을 파기한다. 그로 인해 회의는 일시 정지된다. 그래서 회의의 중심인물 이노우에가 재정상의 의견을 달리한다는 이유로 사직한다. 즉 메이지사에서 유명한 이노우에와 시부사와가 사직한다. 그래서 회의도 자연히 흐지부지된다.

그러나 일단 소집한 것을 중지하는 것도 정부의 체면에 관계된다. 특히 그 무렵 좌원에서도 헌정론憲政論이 맹렬해지던 때였기에 그 지방관을 가지고 좌원에서 회의를 열면 어떻겠느냐고 한다. 좌원에서 참의 이타가키 다이스케板垣退助와 교섭하고, 참의 사이고 다카모리西鄕隆盛에게도 상담하니 사이고도 대찬성이다. 그래서 즉시 태정관 정원의 논의에 부치고 규정안도 제출된다. 이후 대회의규칙 32칙을 제정해 제출한다. 그때 올린 취지는 다음과 같다.

> 유신 이래 각 방면의 정치가 일단 목적한 대로 가는 실마리가 잡히고 기강이 점차 올라가고는 있다. 그렇더라도 번의 풍습이 아직 남아 있고 동서의 풍속이 아직 하나가 되지 못하고 정치적 성과도 아직 고르지 못하다. 따라서 전국 인민의 대의인代議人이 각각 지닌 생각을 밝히게 해 공의여론公議輿論을 채택함으로써 율법을 정해 정치로 백성을 교화하는 것을 하나로 하여, 위와 아래가 막히는 폐단을 없애고 민정民情을 창달하는 길을 열어 전국의 인민이 천하의 무게를 각각 담당해야 함을 알게 하고자 한다. 다만 그 일이 중대하고 갑자기 행하면 혹 거스를 우려가 있다. 따라서 먼저 지방 및 각 성의 주임관奏任

官을 소집해 좌원에서 중의를 모아 장래 치안의 기초를 세우고자 한다. 각 관원은 천황의 뜻을 받들고 아래로는 일반 인민을 대신해 협동하고 하나로 화합해 공론을 상세히 논의하여 앞으로의 계획에 진력해야 한다.

앞선 취지서에서도 말하듯 봉건적 할거의 풍습이 남아 있는 것을 모두 타파하는 게 시급한 일이라고 역설한다.

그 제2칙에서는 다음과 같이 말함으로써 앞서와 마찬가지로 단순한 사무적 회합이 아님을 분명히 밝힌다.

지방 및 각 성의 의관은 각기 담당하는 전문적 업무가 있더라도 본원에 들어와 의사에 참석하면 곧 일반의 입법관인 것이다. 따라서 마음을 공평하게 두고 논의를 정확히 찾아 구하여 전국이 일치해 나랏일을 처리할 수 있기를 기대하며, 적어도 은혜가 한쪽으로 치우치지 않도록 배려해야 할 것이다……

그런데 좌원에서 서로 어긋나 마침내 이런 의견을 상정하지 못하게 된다. 그래서 지방관은 일단 각 현으로 돌려보낸다. 5월 18일 태정대신 산죠 사네토미가 지방관에게 다음과 같이 연설한다.

모든 지방관에 의한 의회는 인민의 일의 형편을 좋게 하기 위해 실제 사정에 비추어 생각해야 할 긴요한 일이므로 정사를 집행하는 데 얻을 이득이 적지 않다. 따라서 추후 의사 체재를 선정해 좌원에서 매년 개최할 것이다. 규칙 등은 결정한 뒤 반포할 것이다……

이후 좌원에서 개회할 예정이고 좌원도 그해 가을 소집할 생각이

〈산죠 사네토미〉

었다. 그런데 그 사이 정한론이라는 대정변도 있고 내무성도 창설되어 이 안건도 당분간 논외로 된다. 그리고 이듬해 메이지 7년(1874년)이 되자 의원헌법議院憲法을 공포하게 된다.

메이지 7년 5월에 부현에 다음과 같이 포고된다.

부현府縣

이번에 지방관회의가 개최되게 된 바, 의원헌법 및 규칙의 별책대로 정해진 뜻을 확인할 것. 단 소집일정에 관해서는 추후 명이 있을 것.

즉 앞선 오쿠라성의 지방관회의가 일시 정지되었는데, 산죠 태정대신의 연설에 있는 것처럼 좌원이 주장하는 지방관회의를 개최하기 위한 포고다.

의원헌법이라는 명칭은 흡사 헌법제정처럼 당당하다. 그러나 이 무렵의 용례에서는 헌법憲法이란 보통의 법률이다. 따라서 의원헌법이란 지방관회의 규칙이라는 의미에 불과하다. 그래서 이를 발포할 때 다음과 같이 통지한다.

짐은 천황의 자리를 물려받을 때 처음에 신명에게 맹세하고 그 뜻에 기초해 점차 이를 확충해 전국 인민의 대의인을 소집하고, 공의여론으로 율법을 정해 위와 아래가 협동하고 화합하며 민정을 창달하는 길을 열어, 전국의 인민이 각각 그 업을 안정되게 가짐으로써 국가의 무게를 담당해야 할 의무가 있음을 알게 되기를 기대했다. 따라서 먼저 지방 장관을 소집해 인민을 대신해 협동하고 공의하게 한다. 그래서 의원입법을 반포한다. 각 관원은 이를 준수하라.

이는 앞서 본 좌원이 대회의규칙을 제정할 때의 문구와 닮은 점이 있다. 또한 메이지 8년의 천황 조칙 중의 한 구절에도 같은 취지의 것이 보인다. 따라서 이 의원헌법은 앞선 양자를 연계시킨 것으로 중요한 지위를 점하는 것이다.

그해 7월 참의 이토 히로부미가 「지방관회의」 의장에 임명되어 8월에 유시마湯島서적관을 회의소로 하고 7월에 개회하려 한다. 그런데 〈타이완臺灣 사건〉[7] 등 국내외로 일이 많아 개원에 이르지 못하고, 같은 해 11월 이토의 의장직도 면직된다.

이 지방관회의에 관해 메이지 8년 3월 12일자 도쿄니치니치東京日日신문은 다음과 같이 논설한다.

지방관회의 같은 것도 회의설치의 근본은 지난해 오쿠라성에서 시행한 회의에 근거하는 것이지만, 이를 이듬해에 다시 일으킨 것은 건백(민선의원설립건백) 덕택이다. 그렇다고는 하지만 이

7 1871년 10월 표류해 타이완에 도착한 미야코지마宮古島 사람 54명이 살해되는 사건에 대해, 청淸 정부가 "타이완 사람은 중국 백성이 아니므로 청의 책임이 없다."라고 하고, 이후 일본 측이 범죄수사 등을 명목으로 1874년(메이지 7년) 출병한다. 대규모 살육이라는 이유로 경찰이 아닌 군대를 파견하는데 이는 메이지유신 이후 일본의 첫 해외파병이다.

회의는 정부의 어떠한 사정과 결부되어 있는 바, 지금은 개회가 지연되고 있더라도 완전히 폐지되는 모습으로 끝나지는 않을 것이라 믿는다……

그에 의하면 앞서 본 회의와 관계가 있고 민선의원건백에 의해 촉발된 것이라 볼 수 있다. 이와 같은 시대 흐름을 기회로 기도가 〈오사카회의〉의 조건으로 내걸며 당당한 삼권분립의 외양을 만들어 개원하면서 「지방관회의」는 중요성을 더해간다.

메이지 8년 5월에 다가오는 6월 20일 지방관회의를 연다는 뜻을 발령하고, 다음달 의원헌법 및 그 규칙과 세부항목을 수정하여 반포한다. 도쿄 아사쿠사淺草의 히가시혼간사東本願寺에서 제1회 지방관회의를 개최하면서 기도 다카요시가 칙명에 의해 의장에 임명된다.

그런데 이 무렵 원로원에서 항의가 나온다. 즉 원로원은 입법의 부府로서의 임무를 맡았는데 지방관회의도 입법 일에 관련된 것인 듯 생각되기에 혹은 원로원의 담당 직무를 침범할 우려가 있다고 생각되기에 하는 항의다. 그렇다면 양원제 개념은 전혀 뇌리에 없는 게 된다. 이에 대해 이토 히로부미는 현재 인민의 개화가 충분치 않고, 공의여론의 부府에 민선의원을 모이게 하는 것까지 할 필요는 없기에 우선 지방장관을 집회시켜 협의하게 하는 것으로, 어떠한 원로원의 직무와 서로 저촉되지 않는다고 답한다. 그러나 이는 하원으로 간주된 지방장관회의의 입헌적 의의를 몰각한 견해라고 말할 수밖에 없다.

여하튼 이렇게 문제가 된다면 양자의 권한을 명확히 할 필요가 있다. 6월에 그런 취지의 서면질의에 대해, 지방관회의의 의안 중에 법률적 관계가 있는 건은 본원의 논의에 부칠 수 있다는 지령이 있고, 다시 지방관회의 폐원식의 칙어에도 "상주한 것에 대한 답변은 다시 원로원의 의견을 구하고, 짐은 친히 재가할 것이다."라고 했다. 그렇게 결정된 것이다.

그해 5월 31일의 고토 부의장의 상주에서도 기염을 토했다.

> 지난 달 14일의 조칙을 받들어 비로소 원로원이 설치되고 신들은 의관의 반열이 되었다. 이는 생각건대 무진戊辰년의 어서문의 뜻을 확충해 새롭게 제도를 세우고 또한 이제 입헌정체의 근본으로 삼으려는 것이다. 천황의 뜻이 향하는 바는 이루어질 것이다. (......) 어서문에 말하기를 널리 회의를 열어 모든 정치적 중대사를 공론으로 결정한다고 한다. 조서詔書에도 역시 말하기를 본원을 두어 입법의 근원을 넓힌다고 한다. 본원은 회의會議 관청이다. 또한 입법立法 관청이다. (......) 지금 국의원國議院이 없고 민의원民議院도 없다. 지방관회의가 있다 하더라도 역시 유사有司의 외곽 부서에 불과하다. 따라서 법을 논하는 권한은 오로지 본원에 있다......

그래서 6월 20일 개원하고 천황이 친히 임해 칙어를 내린다. 보건대 의원헌법을 만들 때의 통지에서는 지방장관은 인민의 대의인代議人의 의미로 소집된다는 취지였다. 하지만 이번의 칙어에는 "깊이 공론중의公論衆議에 따르는 곳이다."라고 되어 있다.

> 너희 관원들은 지방의 막중한 임무를 맡아 친히 민정을 살피고 성심을 다해 같은 마음으로 잘 협력하고, 여러 일들이 분주하더라도 힘써 급한 일을 서두르고 논의가 같거나 혹은 다르더라도 귀결은 하나로 해야 한다. 그래서 오로지 서민대중을 위해 공익을 도모하면, 이 회는 이제 국가무강無疆의 행복을 여는 시작점이 된다.

이렇기에 그 의미가 어느 정도 열어진 것이다. 이는 앞서 본 원로원의 상주가 있었기 때문이라고 추측된다. 이래서는 하원을 시도한 것이라는 취지는 멸각되고 단순한 사무가事務家의 회동이 된다. 그러나 이는 사실이다. 원래 관리가 인민의 대의사代議士 기능을 갖게 한다는 기도 식의 의견은 성립될 리가 없다.

회의는 지방경찰警察의 비용 건과 경관 배치에 관한 규칙을 논의하는 것으로 시작한다. 도로·교량·제방법에 관한 건을 논의하는 데 회기의 대부분을 허비한다. 「지방민회地方民會」를 여는 건에 관한 토의 일수가 적어지자 지방에서 상경한 유지들은 분개한다. 그것이 토의를 압박한다. 마침내 회기를 3일간 연장해 '지방민회를 개설해 그 지역의 민비民費 및 공익에 관한 일 등은 중의를 받아들여 정한다는 것 그리고 새롭게 의회에 관한 법을 제정하고 공선公選 의원議員을 채용하는 것과 당분간은 구장과 호장區户長을 의원으로 한다는 것, 그리고 어떤 것인지 오늘날 인민에게 적당한 정도에 맞춰 실제로 이익이 있을지 득실이 어떠한지'를 토의한다.

지방관회의원地方官會議員 자신은 관선官選의원이라 생각했다. 그런데 지방민회는 관선인지 공선인지에 관한 논의를 하는 묘한 상황이었다. 그러나 의제가 여론의 중심이었기에 상당한 논의로 다투어지는데 다음과 같이 결정된다.

- ㅇ 구장區長·호장户長으로 하자는 자 39인
    - 그중 구장·호장으로 하되 공선 교체하자는 자 2인
    - 민회는 안 되고 부득이 당분간 구장·호장으로 하자는 자 1인
- ㅇ 공선해야 한다는 자 21인
    - 그중 공선하되 당분간 구장·호장으로 하자는 자 8인
    - 공선하되 적정 정도 가부는 말하지 않는 자 1인
- ㅇ 반은 구장·호장, 반은 공선하고 가부는 말하지 않는 자 1인

다수로서 구장과 호장으로 하기로 결정하고, 구장으로 부현회府縣會를 여는 법안과 호장으로 구회區會를 여는 법안을 심의하지만, 여기서는 세상의 기대에 부응하지 못해 유지들의 큰 실망을 초래한다.

7월 17일 천황이 임한 폐원식이 열리고 칙어가 내려지면서 폐회한다. 동시에 의장이 태정대신에게 「지방정촌회町村會준칙」을 조속히 제정시키기 바란다고 상신한다.

이렇게 해서 그럭저럭 오사카회의의 주요 사항은 시행되지만 합심협동해 정국에 대처하자는 정신은 일찌감치 사라졌다. 좌익론자 이타가키는 국무대신國務大臣(참의參議)과 행정장관行政長官(경卿)의 분리론으로 내각을 압박하지만 의견이 받아들여지지 않는다. 그러자 봉건적 지론에 귀 기울이지 않는다는 이유로 불평 가득한 좌대신 시마즈 히사미쓰 같은 극우익론자가 이타가키와 서로 의기투합하는 기이한 모습도 노정되면서 10월 27일 함께 사직한다. 기도와 오쿠보의 사이도 점차 소원해진다. 기도는 이듬해 메이지 9년 3월 28일 사직하고 내각고문으로 자리를 옮긴다. 오사카회의의 진행 경과가 허무하게 되지만 헌정사에 새긴 발자취는 결코 헛된 것은 아니다.

더욱이 메이지 11년 4월 제2회 지방관회의가 개최된다. 참의 이토 히로부미가 의장이 된다. 이때는 제1회 때 정도의 권위는 없지만 「부현회규칙府縣會規則」, 「지방세地方稅규칙」, 「정촌편제법町村編制法」이 의제가 되어 같은 해 7월 부현회규칙이 발포되고 처음으로 공선의원公選議員과 지방자치제地方自治制가 시행된다. 큰 수확이었다.

이듬해 메이지 12년 처음으로 부현회규칙이 실시되었을 때 각 지방은 모두 그것이 훗날 국회國會의 예행연습이라고 본다. 또한 부현회의원인 자는 부현민의 대표자라는 의미를 진지하게 생각해 선출된 자는 누구든 그 지방의 일류 명망가이자 인재였다. 따라서 도쿄부회

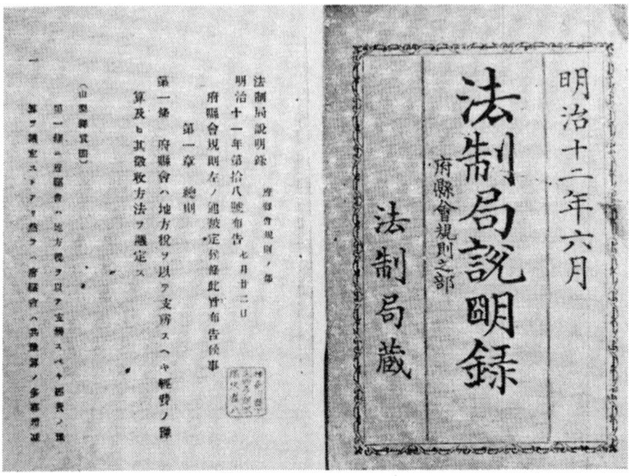
明治十二年六月
法制局説明録
府縣會規則之部
法制局藏

法制局説明録 府縣會規則ノ部
明治十一年第拾八號布告 七月廿二日
府縣會規則左ノ通被定候條此旨布告候事
第一章 總則
第一條 府縣會ハ地方税ヲ以テ支辨スヘキ經費ノ豫算及ヒ其徴收方法ヲ議定ス

〈부현회규칙〉

府會 같은 경우도 의장은 후쿠치 겐이치로福地源一郎, 부의장은 후쿠자와 유키치福沢諭吉이고 의원도 모두 명사들이었다. 나중에 중의원衆議院 의원으로 또한 중앙정계의 주역으로 활약한 사람들 상당수가 이 무렵 부현회 의원이었다.

제5장 정당의 발생

제1절 애국공당과 입지사

고토 쇼지로, 이타가키 다이스케, 소에지마 다네오미, 에토 신페이, 유리 기미마사 등은 「민선의원설립건백」을 제출함과 동시에 한편으로 정당政黨을 조직해 여론을 환기시키는 데 진력하기 위해 긴자銀座 산쵸메三丁目에 「행복안전사幸福安全社」를 설치해 동지들의 회합 장소로 만든다. 도사의 후쿠오카 다카치카, 오쿠노미야 조사이奥

宮慥斎, 마쓰야마松山의 나가야 다다아키長屋忠明 등이 와서 회합해 정당을 조직하고 「애국공당愛國公黨」이라 이름 붙였다. 공당이라 칭한 것은 종래의 도당徒黨과 특별히 구별하기 위함이다. 메이지 7년 1월 12일 서명식을 거행한다. 그 취지서는 다음과 같다.

[맹세本盟]

1. 하늘이 인민을 낳음에 반드시 그에 통의권리通義權理를 붙인다. 통의권리라는 것은 하늘이 인민에게 골고루 부여한 것이기에 인력으로 이탈시킬 수 없는 것이다. 그러나 세상의 형편이 아직 완전히 열리지 않아 인민이 움직이지 않으면 이 본연의 통의권리를 지킬 수 없다. 그래서 통의권리를 얻지 못한 자는 아시아의 모든 곳을 통틀어 가장 심한 억압과 속박의 정치를 받게 된다. 비굴하고 교활하게 복종하게 된다. 이와 같이 하여 어찌 국력을 왕성하게 하고 국위를 선양하기를 바랄 수 있겠는가. 우리는 일편지성一片至誠의 애국심이 깊기에 분개하여 일어나 크게 진력한다. 즉 동지들과 맹세해 통의권리를 선두에서 주창하고 하늘이 내린 것을 보전해 인민 본연의 지위에 오르게 하고 세계의 문명화를 돕게 되기를 간절히 바란다.
1. 우리의 정부는 인민을 위해 설치한 정부라고 간주되는 것 외의 다른 게 아니다. 그러므로 우리 당의 목적은 오직 인민의 통의권리를 보호하고 주장함으로써 인민을 독립시키고 속박되지 않는 자유로운 인민이 되게 하는 데 있다. 이는 군주와 인민의 사이가 융화해 일체가 되어 재난과 행복을 적절히 서로 나누어 함께 일본제국을 떨쳐 일으켜 뻗어 나가게 하는 길과 다름 아니다.
1. 우리는 모두 통의권리를 주장하고자 한다. 늘 인내력을 배

양해 난관이 우리를 아프게 하고 수없이 좌절시키더라도 조금도 기개가 꺾임이 없이 지성을 다해 흔들리지 않을 각오다. 우리의 목숨이 다하도록 힘쓸 것이기에 오직 통의권리를 보호하고 주장하는 일에 죽도록 진력할 것이다. 이에 마침내 약속 문서에 날인해 맹세한 자는 다음과 같다.

소에지마 다네오미副島種臣
고토 쇼지로後藤象二郎
이타가키 다이스케板垣退助
에토 신페이江藤新平
오카모토 겐자부로岡本建三郎
유리 기미마사由利公正
고무로 시노부小室信夫
후루사와 우로古沢迂郎
오쿠노미야 마사요시奥宮正由

이것이 이른바 일본 정당의 맹아로 불리는 것이다. 다만 이는 정당조직이 아니고 일종의 계몽운동에 불과하다는 설도 있다. 분명히 탁월한 견해이기는 하다. 그러나 이 무렵의 시대 흐름으로 볼 때 정당운동은 동시에 계몽운동이 아니면 안 되었다. 이것이 후에 「애국사愛國社」가 되고 나중에 애국사를 재건하려 회고하는 것이 정당의 기초적 신조가 되었기에 애국공당을 정당의 맹아라고 보아도 크게 부적합한 것은 아닐 것이다. 이 맹세에 일관되게 흐르는 것은 천부인권天賦人權 사상이다. 종래 일본 사람에게 심어져 있던 천도天道라든가 도道라든가 하는 도덕적 규범이 바쿠후 말기부터 들어온 만국공법萬國公法 개념과 결합해 어서문에 이른바 '천지의 공도公道'로 된 것은 졸저 『유신 전후에 있어서의 입헌사상』 및 『국제법으로 본 바쿠후 말기 외교이야기』에서 기술한 바이기에 다시 설명하지는 않겠지만, 이것이 정치이론이 되어 천부인권설이 환영받게 되고, 이어서 들어온 「민약설民約說」에 의해 청년 정객의 피를 끓게 하여 열혈 민권운동民權運動이 된 것이다. 돌아보건대 일반 대중은 잠에서 깨려고는 하지 않고 당장의 번벌藩閥정부의 자의적 횡포에는 극히 분개한다. 청년 정객을 기쁘게 만드는 형식논리가 이제 하나의 신조가 되어 가슴 아프고 슬픈 정당운동이 된다.

하지만 이때는 아직 그다지 이론적인 근거도 정열도 없었기에 애국공당도 거의 존재를 인정받지 못했다. 그래서 별도로 학사學舍를 열고 상국商局을 설치하고 법률연구소를 열고 공회당公會堂에서 토론과 연설을 개최해 자유민권주의를 고취시켰다. 이는 실로 사이고 다카모리의 사학교私學校에 바쿠후 말기의 가이엔타이海援隊[8]를 가미하고, 무력을 대신해 변론辯論이라는 새로운 맛을 가미했다고도 말할 수 있다. 특히 「입지사立志社규칙」에 도사 주민인 것을 사원社員 자격으로 한 것은 봉건 할거하던 당시의 흔한 모습이다. 사쓰마薩摩의 사학교가 순수한 가고시마鹿兒島 번병藩兵으로 훈련된 것으로 폐번치현廢藩置縣을 헛되이 부는 바람이라 큰소리치는 것과 비교하면 도사의 입지사는 한 걸음 나아간 것이다. 헌정이라는 바람에 휩싸인 점이 다르기는 하지만, 어차피 재야의 번벌로 재조在朝의 번벌을 넘어뜨린다는 의식은 잠재하기에 번벌 대 번벌의 싸움이다. 순수한 정당과는 아주 거리가 있다. 옛 입지사의 사원 시마자키 이소마島崎猪十馬씨의 『옛 각사의 업적舊各社事蹟』에 의하면 다음과 같은 모습이다.

8 바쿠후 말기에 도사번의 낭사浪士 사카모토 료마坂本龍馬가 중심이 되어 결성한 조직. 1867년부터 1868년 사이에 사설私設 해군과 물자운반, 무역중개 등 근대적 상사 활동을 한 주식회사 유사 조직

우리 고치高知시에서는 옛 번 시대보다 모임이 왕성해져 무슨 무슨 모임이라 칭하며 무사계급이나 하층계급의 각계에 할거하고 분립해 집단을 만들어 행동한다. 그들이 내세우는 주된 취지는 서로 학문을 닦고 지식을 연마하고 인격을 수양한다는 것으로, 이른바 무사도를 고취하는 정신과 다름없다. 그런데 사단社團을 달리 하면서 서로 삐걱거리며 부딪치고 대항한다. 접촉할 기회가 있으면 수차례 충돌해 싸우고 서로 치고받고 한다. 그중에는 상처가 끊이지 않는 걸 자랑하는 용감한 자도 있다. 이와 같이 하여 학문이나 도리를 연구하고 닦으면서 보통은 대개 무력 단련에 힘쓴다. 이런 각 소집단은 세상의 진보 경향에 동반해 발달하여 지역적으로 허용되면 서로 합동하기도 한다. 「가쿠요사嶽洋社」, 「가이텐사回天社」가 그들이다. 또한 유신有信, 하쓰요發陽, 슈리쓰修立, 교코共行의 4사는 「입지사立志社」 창립 후 그 중심이 된 여러 사족이 서로 모의해 각 출신 지방에서 설립한 것이다. 그래서 시중의 사족士族 즉 당시의 지식계급에 속한 청년 자제들의 과반수는 이렇게 각사에 가입한다. 당초에는 이들 청년은 주로 면학 지도에 중점을 두었지만 메이지 10년 무렵부터 가쿠요, 가이텐 2사와 함께 입지사를 중심으로 산하에 집단을 이룬다. 그래서 정치적으로 활약하기 시작해 점차 세력을 키워 정치결사政社로서 이타가키 씨(각 사원은 이타가키 씨의 성명을 부르는 자는 없고 모두 경칭하여 고다新田[9]의 큰 선생이라 부른다)가 주창한 자유민권론에 공명하는데 일치한다. 그래서 삿쵸 번벌정부에 대항해 교코를 제외한 가쿠요, 가이텐, 하쓰요, 슈리쓰, 유신의 5사는 메이지 20년경까지 전성기를 지속하며 시종일관 국회개설國會開設 청원을 시작으로 「3대사건 건백三大事件の建白」에 이르기까지 힘을 다해 국가를 위해 분투 노력한다.

9 이타가키 다이스케의 저택이 있던 지역명

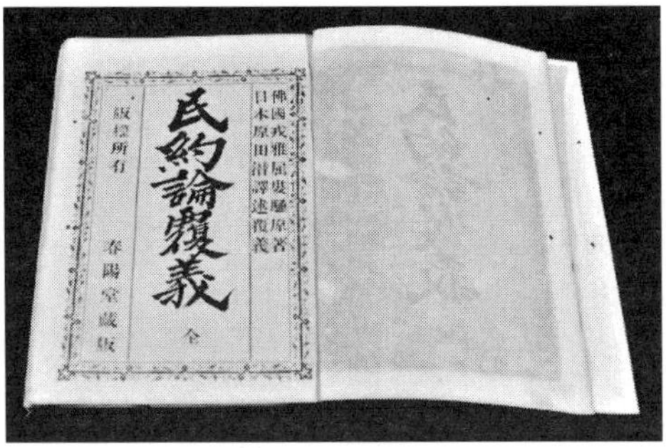

〈1883년 하라다 센原田潜 역 민약론 초판〉

이와 같이 국사에 분주한 한편 더욱더 학문을 장려하는데 그들이 즐겨 탐독한 서적은 새로 출간된 번역서인 스펜서H. Spencer의 『사회평권론社會平權論』, 밀J. S. Mill의 『대의정체代議政體』, 벤덤J. Bentham 의 『자치론自治論』, 스미스A. Smith의 『경제서經濟書』, 루소J. J. Rousseau의 『민약론民約論』 및 『프랑스혁명사佛國革命史』 등으로, 이들을 통해 정치적인 신지식을 취득하려고 애쓴다. 그리고 각사의 중심적 모임은 입지사에 모여 헵번J. C. Hepburn의 『심리학心理學』을 강독하지만 의미가 심원해 이해하지 못하는 게 많아 때때로 이타가키 씨의 해설을 듣기도 한다.

메이지 6년 「정한론」으로 분열해 이타가키 다이스케는 사직하고 이듬해 메이지 7년 4월 고치로 돌아가 곧바로 가타오카 겐키치片岡健吉, 하야시 유조林有造, 다니 시게키谷重喜 등 여러 인사들과 같이 교마치京町(지금의 신세카이新世界 부근)에 「입지사立志社」를 설립하고 세상에 자유주의自由主義를 주창한다.

지난해 도쿄에서 「애국공당」을 조직하고 「민선의원설립건백」을 하였더라도 유사전제有司專制의 폐단을 끊고 입헌정체를 건설하려면 먼저 지방정치결사의 단결에 힘을 쏟아 그 합동한 세력에 의하는 수밖에 없다고 통찰했기 때문이다. 메이지 4년 근위병으로 도쿄에 징집되어 임무를 마치고 지방으로 돌아온 인사들은 거의 모두 돌아와서는 이에 투신하는 식이다.

입지사 설립 취지서에는 다음과 같은 구절이 있는 바, 전체 취지는 앞서 본 애국공당의 취지와 마찬가지다.

> 우리는 다 같이 일본제국의 인민으로 3천여만의 인민은 모두 동등해 귀천과 빈부의 구별 없이 마땅히 일정한 권리를 향수하고, 이로써 생명을 보전하고 자유를 지니며 직업에 힘쓰고 복지를 이어가고 속박되지 않는 독립한 인민이어야 함은 너무나 명백하다. 이들 권리는 위압적 권력에 의해 빼앗길 수 없는 것이다. 부귀로도 억압할 수 없다. 하늘이 골고루 인민에게 부여한 것이다. 이 권리를 보유하려면 인민은 근면해야 한다. (......)
>
> 애초에 정부란 인민의 권리를 보전하기 위해 설립되는 것이기에 오직 인민을 위한 것이다. 따라서 서구의 말에 정부 관원을 지칭하기를 공공의 종복이라 한다. 그렇다면 인민은 나라의 근본이다. 이제 우리는 그 하나다. 어찌 스스로 공경하고 스스로 존경하지 않을 수 있겠나......

입지사가 창립되자마자 고무로 시노부는 아와阿波[10]에 돌아와 이노우에 다카노리井上高格와 함께 「자조사自助社」를 만들어 입지사와 서로 호응한다. 이것은 "그중에 가장 도사주의에 감염된 것은 옛 아슈阿州[11]번이다. 도사번역사土州飜譯社 아니 입지사는 일명 「아슈정사阿州政社」라는 이름으로 불리기도 한다. 이들은 메이지 7-8

10 시코쿠四国 도쿠시마德島현의 옛 이름

11 옛 아와지방阿波國의 별칭

년에 아슈에 자조사 구성원이 있게 되면서 섞이게 된다. (『사쓰마·쵸슈·도사·히젠薩長土肥』[12])"라고 냉담한 평가를 받기도 하지만, 여하튼 입지사의 한 분파라고 보아도 좋을 정도의 관계였다. 메이지 9년에 사이타마埼玉현에 「신슈회進修會」가 만들어지는데 이 또한 입지사를 본받아 따른 것이다.

제2절 애국사

〈이타가키 다이스케〉

〈하야시 유조〉

입지사의 기초가 형성되자마자 전에 애국공당에 관계했던 인사는 다시 중앙에 하나의 큰 정치결사를 재건해야 한다고 주창한다. 그래서 메이지 8년 2월 22일 오사카에서 대회를 열어 「애국사愛國社」를 조직하고 본부를 도쿄에 두기로 하는 합의서와 약관을 작성한다. 그때는 마침 〈오사카회의〉의 시기로 정계의 주요인물 일동이 회합해 천하의 이목이 그리로 움직이는 때여서 그 한 사람인 이타가키가 이

12 小林雄七郎, 『薩長土肥』, 博文館, 1889.

끄는 정치결사는 시기를 가장 잘 만난 것이다. 하지만 큰 영향을 주지는 못한다.

> 이타가키가 오사카에 오자마자 하야시 유조林有造로 하여금 간사이關西 각지의 유지들에게 글을 보내 오사카에 와서 회합하게 한다. 그런데 당시 도쿠시마德島 자조사의 사원으로 회의에 온 자가 대략 20여 명이고, 그 외에는 이시카와, 돗토리, 고치, 오이타 등 여러 현에 있는 정치결사의 사원으로 총원은 겨우 40여 명에 불과했다. 당시 이른바 오사카회의는 조야朝野 거물들의 집회로서 회의는 국가 대개혁을 다루는 것이다. 그런데 이 기회에 그런 세력을 가지고서도 회의에 오는 자가 겨우 40여 명에 불과하고, 확인해 본즉 회합한 성원은 죄다 옛 무슨 무슨 번의 사족이다. 당시 우리 일반인의 정치사상은 여전히 수준이 아주 낮아 국회개설론 같은 것도 단지 조야의 거물들 사이에 존재하는 것이라 말할 수 있다. (『메이지정사明治政史』[13])

도리어 회합한 인사 중에는 이후의 〈아키즈키秋月의 난〉[14]에 관계된 무리나 오쿠보 도시미치 암살사건에 관계된 자들도 있었기에 오히려 위험인물로 주목받은 것이다. 이 애국사도 이타가키의 입각入閣도 일반적 반향은 적었다. 그래서 자연스레 사라지는 듯한 상황이 된다. 앞의 오사카회의라고 하면 이 회합을 말한다. 오사카가 정국의 중심인 듯 보인 것은 당시 교통기관이 완비되지 않고 봉건적 할거가 남아 있는 시기인데 정계 세력이 간사이와 규슈九州에 많았기 때문에 오사카가 스스로 중심이 된 것이다.

13 指原安三 編, 『明治政史』, 富山房, 1893

14 1876년 후쿠오카福岡현 아키즈키에서 발생한 사족 반란

제6장 원로원의 국헌제정과 각 참의의 건백

제1절 원로원의 국헌제정

메이지 9년(1876년) 9월 7일 오전 10시 원로원 의장 아리스가와노미야 다루히토有栖川熾仁 친왕이 부름을 받고 조정에 들어와 있다. 천황이 가쿠몬죠學問所[15]에 나오고 우대신 이와쿠라 도모미가 그 옆에 있다. 궁내경宮內卿 도쿠다이지 사네노리德大寺實則, 다루히토 친왕이 천황 앞으로 나간다. 천황이 칙어를 내린다.

> 짐은 이제 우리 나라 건국의 국체體에 기초해 널리 해외 각국의 법을 참작해 국헌國憲을 정하고자 한다. 너희들이 초안을 잘 기초해 들려주면 짐이 이제 만들 것이다.

위와 같이 마치고 다루히토 친왕이 별전으로 물러나고 얼마 뒤 다시 가쿠몬죠에 불려 나가니, "국헌 제정은 국가의 중요 대전을 만드는 것이기에 오랜 세월 기다린 위업이다. 너희들은 힘을 다해 그 일에 종사해 조속히 만들어 바치라."라는 칙어가 내린다.

다루히토 친왕은 칙령을 받고 물러나는데 이때 참고하라고 알퓨스 토드Alpheus Todd의 『영국의원정치英國議院政治Parlamentary Government in England』를 준다. 천황의 손에 있던 이 책은 요시이 도모자네吉井友實가 헌상한 것임이 최근에야 밝혀졌다.

다음 날 8일 다루히토 친왕은 각 의관議官을 원로원 의사당에 모

15 전근대 교육기관의 하나로 에도시대에는 바쿠후가 설치한 쇼헤이자카 가쿠몬죠昌平坂學問所의 약칭이기도 하고, 그 외 바쿠후가 설치한 학교나 각 번의 번교藩校 중에도 가쿠몬죠라는 명칭이 사용되기도 했다.

이게 해 위 칙어를 봉독하게 하고 의관 야나기와라柳原, 후쿠바福羽, 나카지마中島, 호소카와細川의 4명을 부른다.

(각 서류)

의관 야나기와라 사키미쓰柳原前光

의관 후쿠바 비세이福羽美静

의관 나카지마 노부유키中島信行

의관 호소카와 쥰지로細川潤次郎

국헌조사위원國憲取調委員으로 임명한다.

메이지 9년 9월 8일　　의장 아리스가와 다루히토

위 사령을 교부하고 다음과 같이 분부한다.

> 국헌 제정을 본원에서 조사하라는 칙명을 받았다. 그래서 여러분을 첫 위원으로 한다. 국가의 대전인 국헌의 제정은 오랜 세월을 기다린 큰 계획이다. 그 일에 힘써 종사하여 조속히 성공을 올리라는 특명을 받은 것이다. 여러분은 힘써 정진해 잘 그 뜻을 받들라.

그렇게 통지하고, 4명의 위원은 명을 받든다. 다루히토 친왕은 다시 의관 일동에 대해 분부한다.

> 국가의 중요한 대전인 국헌의 제정은 소홀히 해서는 안 된다. 이제 위원을 두었더라도 의관 여러분도 의견이 있으면 잘 진언하기 바란다.

이렇게 해서 제정된 원로원의 「일본국헌안日本國憲按」은 메이지

11년에 그 최초의 형태로 정리되어 의장의 손에 제출된다. 조사위원들이 초안을 첨부해 의장에게 올린 상서의 문장을 통해 기초자의 의도를 엿볼 수 있기에 두세 곳 인용한다.

> 우리 제국은 실로 군주국이다. 그래서 문명개화가 왕성한 나라들처럼 정치를 시행하려 한다면 입헌군주立憲君主 정체가 아니면 안 될 것이다. 군주국은 군권이 커서 지나친 것이다. 군권이 커서 지나치면 민권이 신장되지 않는다. 민권이 신장되지 않으면 인심이 군주에서 멀어져 뿔뿔이 흩어지게 되어 군주만이 권리를 누릴 수 있다. 따라서 군민君民의 권리는 나누지 않으면 안 되는 것으로, 군민의 권리를 만들어 그 안에서 알맞게 하려면 국헌을 정하는 방식이 아니면 안 된다.

> 우리 제국에서는 예부터 군권은 단지 하나의 황실에 있는 것으로 여러 차례의 변고를 거쳤더라도 아직 완전히 잃은 건 아니다. 이제 그 자체에 있는 것을 나누어 인민에게 부여하고 관리에게 부여하는 것은 가능하지 않다고도 말하는 듯하다.

> 국헌은 물론 정하지 않으면 안 된다. 그런데 건국의 국체에 기초해 해외 각국의 법을 참작한다 하더라도 이를 이음에 있어 서로 받아들일 수 없는 게 많다.

> 국헌이 있는 나라에 대의사代議士가 없는 경우는 없다. 생각건대 대의사가 없으면 입법권을 나눌 수 없어 국헌을 준수하자는 약속을 체결할 수도 없다. 해외 각국에 이러한 제도가 있는 것은 본래 불가피하게 나온 것이다. 그것이 마땅하다는 것을 알기에 취하지 않을 수 없다. 그런데 그 명문만을 들어 이를

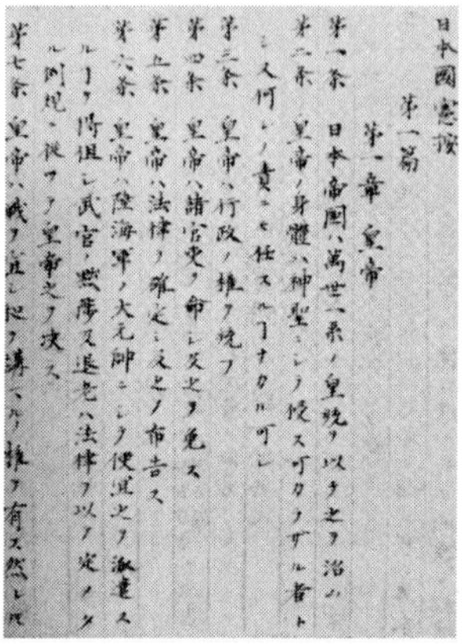
日本國憲按
第一篇
第一章 皇帝
第一條 日本帝國ハ萬世一系ノ皇統ヲ以テ之ヲ治ム
第二條 皇帝ノ身體ハ神聖ニシテ侵スヘカラサル者ト
ス又何等ノ責ニモ任スルヿナカルヘシ
第三條 皇帝ハ行政ノ權ヲ統フ
第四條 皇帝ハ諸官吏ヲ命シ又之ヲ免ス
第五條 皇帝ハ法律ヲ裁定シ又之ヲ布告ス
第六條 皇帝ハ陸海軍ノ大元帥ニシテ便宜之ヲ派遣ス
ルヿヲ得但シ武官ノ黜陟及退老ハ法律ヲ以テ定メタ
ル例規ニ依テ皇帝之ヲ決ス
第七條 皇帝ハ戰ヲ宣シ和ヲ講スルノ權ヲ有ス然レ

〈원로원의 제2차 국헌안 日本國會圖書館〉

곧바로 지금의 현황에 비교하기는 어려운 것이다. 그래서 국헌이라는 명문을 만드는 일은 각국의 국헌을 참작하고 진력해 그 시행 가능한 것을 취합하는 것이다.

다 같이 바라건대 천황의 뜻인 이른바 건국의 국체에 기초해 해외 각국의 법을 참작함에 크게 거스르지는 않기를.

이 국헌안이 대권내각大權內閣주의, 통수권統帥權 독립, 양원제, 25세 이상 및 일정액 조세납부자로 하는 제한선거라는 '단서'가 붙은 국민의 자유 등을 규정하고 있더라도, 거기에는 또한 수많은 민주주의적 조문이 존재한다. 의회의 권한은 현행헌법[16]에 비해 훨씬 강대하다. 오늘날 「황실전범皇室典範」으로 분리되어 있는 사항도 여기서는 다 같이 헌법 안에 포함되어 있을 뿐만 아니라 천황은 즉위할

16 이 책이 1938년에 발간된 만큼, 여기서 현행헌법이란 1889년(메이지 22년) 2월 11일에 공포되고 1890년 11월 29일부터 시행된 구 「대일본제국大日本帝國헌법」 즉 약칭 메이지헌법을 말한다. 즉 패전 후인 1946년(쇼와昭和 21년) 11월 3일 공포되고 1947년 5월 3일부터 시행된 현행 「일본국日本國헌법」 이전의 헌법이다.

때 양원兩院이 모인 회의에서 헌법준수 서약을 하도록 규정된다. 또한 황위 계승에 따른 변경도 양원의 승인을 요한다고 되어 있다. 더욱이 천황과 친왕 등 각 왕의 세입은 법률로 정하도록 되어 있다. 헌법의 수정 및 개정 권한도 의회가 가진다. 조세는 법률의 승인이 없이는 일체 부과할 수 없기에 혹 의회 동의가 없는 경우에는 정부는 전혀 징세할 수 없다는 규정이 있음은 말할 것도 없다. 대신에 대한 의회의 감독은 상원이 대신의 죄를 논고論告하고 대심원大審院에 출소할 수 있다는 규정에 의해 한층 확보되어 있다.

그렇기에 먼저 이와쿠라는 이 초안이 일본의 국체國體에서 허용되지 않는 점이 있다면서 용인하지 않는다. 국헌조사위원은 수정을 가해 메이지 13년 7월에 다시 보고한다. 이때는 이미 아리스가와노미야有栖川宮는 좌대신으로 옮기고, 오키 다카토大木喬任가 원로원 의장이었다.

그것은 앞선 안에서 문구만 다소 다를 뿐이었다. 다만 현저히 달라진 부분은 황위계승에 관한 제4조, 섭정에 관한 제6조, 제국에 관한 제3조를 삭제하고 문제가 된 입법권 장을 고친 것이다.

제1조 황제, 원로 및 대의사원代議士院이 합동해 입법권을 행한다.

제2조 황제는 법안法按을 양원에 내려 부의한다. 양원도 의견서를 상주할 수 있다. 이로써 비준할 수 있는 것을 법안으로 한다.

제3조 각 법안은 양원 협동協同으로 한 뒤 황제의 비준을 얻지 못하면 법률이 될 수 없다.

그리고 원로원 권한 중 대신탄핵, 황위계승 순서변경 승인, 황제 및 섭정의 선서를 듣는 항을 삭제하고 단지 다음과 같이 규정한다.

제4조 원로원은 입법 사무를 관장하는 외에 상언서上言書[17]의 입법에 관한 사무와 관계되는 것을 접수한다.

연봉年俸 조항도 삭제된다. 그리고 대신탄핵은 양원의 통칙에 들어가고 양원협의회協議會 규정도 부가된다.

사법권司法權에 관한 부는 제2조가 다음과 같이 된다.

제6조 판사는 범죄나 탄원情願에 의하지 않고는 면직할 수 없다.

그리고 제7조, 제10조는 삭제된다.

제7편의 읍회邑會는 구정촌회區町村會가 되고, 제8절의 회계는 국비가 되고, 제1조 단서에 '이는 먼저 대의원代議院의 결의를 거쳐'라는 예산선의권先議權을 부가한다. 그래도 이와쿠라는 이의한다.

> 이제 원로원이 명받은 법안을 상주하려 한다. 신이 이를 보건대 기본은 만들어졌지만 아직 전부 갖추었다고 할 수는 없다...... (메이지 13년 8월 이와쿠라 상서의 한 부분)

원로원은 심의 끝에 메이지 13년 12월에 상정한다.

참고로 말하건대 원로원 국헌안이 나온 데는 원로원 고문인 프랑스인 부스케A. C. Bousquet, 영국인 페어백G. H. Verbeek의 공을 잊어서는 안 된다.

17 신하가 천황 등에게 올리는 의견을 개진한 서면

제2절 각 참의의 헌법건의

한편 이들의 국헌안에 만족하지 않는 이와쿠라는 메이지 11년 3월에 상서한다.

> 천황이 즉위 초에 수장으로서 신명에게 맹세하고 정치적 중대사를 공론으로 결정하기로 하였다. 그로부터 8년이 지났다. 원로원과 대심원이라는 두 원을 두고 입법의 원천을 확대하고 심판권을 공고히 한다. 또한 지방관을 소집해 민정을 살피고 공익을 도모하고 점차 입헌정체를 수립하고자 한다. 이러한 칙명이건대 신민에게 공연히 국정을 논의할 권리를 부여함으로써 고유한 국체에 다소 변경을 가져오게 하는 것이 있다. (......)
> 임시로 하나의 국局을 설치해 위원을 두고 국가의 법전國典을 수집해 선대 천황들이 남긴 법제를 고증하고 이에 외국의 좋은 제도도 고려해 위로는 황위계승의 순서부터 아래로는 황족의 연봉에 이르기까지 조사 기초함으로써 천황의 결정을 받고자 한다. 이와 같이 황실에 영구히 지속될 법제를 정하려면 황실의 존엄을 영원히 보전하는 것이어야 한다......

이렇게 의제조사국儀制調査局의 설치를 주장한다. 그리고 메이지 12년에는 다음과 같이 말한다.

> 도모미는 태정대신 산죠 사네토미에게 말한다. 메이지 8년 4월에 입헌정체를 만든다는 논의가 있을 때 도모미는 의견을 진술할 바가 있음에도 하지 않았는데 마침내 천황의 조칙이 발포된다. 이제 다시 이를 어떻게 해 볼 수가 없다. 단지 그 뜻을 잘 이어가 크게 이루어야 할 뿐이다. (......) 이제 칙명을 참의들에게

내려 각자에게 의견을 올리게 하여, 천황의 생각으로 이를 취하거나 버리고 우리 국체에 부합하는 바에 따라 헌법을 천황이 친히 만들어欽定 주기를 바란다. 이것이 오늘날의 가장 긴요하고 시급한 일이라 생각한다. 사네토미는 이에 대해 그렇다고 말한다...... (『이와쿠라공 실기岩倉公實記』[18])

메이지 13년 8월에는 「국헌심사국國憲審査局을 설치하는 의견」을 상서한다. 이에 의해 뒤에 헌법과 황실전범을 구별하고, 또한 제실제도심의국帝室制度審議局을 두게 된 것이다.

원로원안에 만족하지 못한 이와쿠라는 다른 한편으로는 당시 민간에 사찬헌법안私撰憲法案[19]이 잇따라 나타날 정도까지 된 상태를 우려한다. 이미 머뭇거릴 때가 아니라서 산죠에게 말해 각 참의에게 각각의 헌법제정과 국회개설에 관한 의견을 아뢰게 하고, 이를 취사선택해 실로 국체에 부합하는 헌법을 흠정하는 것이야말로 현재 가장 긴요하고 시급한 일이라고 한 것이다.

그래서 참의 야마가타 아리토모山縣有朋, 구로다 기요타카黒田清隆, 야마다 아키요시山田顕義, 이노우에 가오루井上馨, 이토 히로부미 및 오키 다가토 원로원의장이 연이어 모두 의견서를 올린다. 죄다 점진적 보수적 의견으로 국회개설은 시기상조라고 했다.

야마가타는 국헌이 하루아침에 제정될 수 있는 게 아니기에 먼저 강령을 정해야 하고, 부현의 인망 있는 자들로 하나의 의회를 열어 국헌의 조건을 논의하게 하고, 세상의 입법에 관한 여러 사항에 걸친 수년의 경험을 거쳐 입법의 대권大權을 맡기기에 족하면 그때 이를 민회民會로 바꾸는 게 마땅하다는 의견이다. 구로다는 우선 교육을

18 多田好問 他 編, 『岩倉公實記』, 皇后宮職, 1906

19 개인 혹은 민간에서 편찬된 헌법안

확대하고 법제를 정비하고 병력과 산업을 충실히 하여 국력을 배양하고, 그 후에 국회를 열어도 늦지 않다고 한다. 야마다는 합의를 통한 법률의 규정, 조세 징수 및 비용보고서 검사, 비용예산서 검사, 국경 변경 등에 관해서는 인민의 참정권을 허용해야 하지만, 당면 정책으로서는 헌법을 가정해 4-5년간 원로원과 지방관회의로 이를 시도하고 그 실적에 관해 가부를 판단한 후에 헌법을 확정해 발포하자는 자중론이다. 가장 진보적인 이노우에도 이토와 마찬가지로 별다른 두드러진 견해가 아니다.

이노우에는 다음과 같은 의견을 밝힌다.

> 대체적으로 말해 지금 국가의 곤란을 구제하려면 정부의 조직을 일변하고 정책 근거로 삼는 바를 확정하지 않으면 안 된다. 따라서 이런 목적을 달성하면 국회를 열고, 그렇지 못하면 국회를 여는 것은 먼저 헌법을 정함에 있고 헌법을 정하려면 우선 민법을 편찬해야 하기에 민법 편찬을 위해 먼저 원로원을 폐지하고 별도로 상의원上議院을 설치해야 한다.

이토는 다음과 같이 말한다.

> 지금 유럽의 문물이 너무나 빨리 일본에 들어와 정체政體에 관한 새로운 설이 사족 사이에 받아들여져 수년 새 도시와 농촌에 만연해 갑자기 막아낼 수 없을 것이다. 그 사이에 쓸데없이 끼어들어 혼란을 만들어 듣는 사람을 놀라게 하는 자도 있다. 즉 가볍게 들떠 생각 없이 행동하고 정부의 뜻도 알지 못하고 병도 없는데 신음하고 미친 듯이 난폭해 다른 사람의 생각을 어지럽히는 자가 있다.

그리고는 "신은 아직 국회가 갑자기 열려서는 안 된다고 생각한다."라며, 그 점진적 방법을 든다.

> 신은 지금 시기에는 점진적인 길에 의해 시대 변화를 억제하고 서서히 개혁하기를 바라는 바, 먼저 원로원을 혁신更張해 명실상부하게 해야 하는데 만약 그렇지 못해 원로원을 명실상부하게 하지 못한다면 화족과 사족에게 맡겨야 한다.

그러면서 메이지 8년의 원로원은 입헌을 점진漸進하라는 천황의 뜻에 의한 것이었더라도, 지금은 다음과 같은 상황이라고 말한다.

> 당시 새롭게 만든 것은 우선 규모를 정하는 것에 그치는 것이고 아직 실용의 성과를 거두는 게 급하지는 않다. 혁신을 장식하고 마무리해 실로 이름에 부합하게 하려면 지금은 기다려야 한다. 이제 세상 인물의 수준을 대체로 보건대 국사를 담당하여 문명에 솔선해 감당하려면 사족士族에 기대하지 않을 수 없다. 사족의 위치는 본래 귀족의 일부에 해당한다. 사족은 분명히 화족華族 아래 등급에 위치시킬 수 있는 것이다.

원로원 의관은 화족과 사족 중에서 공선해야 한다고 한다. 이 무렵에는 아직 이토에게서 눈에 띄게 뛰어난 의견은 찾아보기 어렵다.

오키도 당시 민권가의 국회개설요구를 쓸데없는 위험사상 혹은 반국체反國體사상으로 보고 시기상조론을 주장한다.

위와 같은 사실만 보더라도 당시 조정의 분위기를 충분히 알 수 있을 것이다. 그러나 이런 종류의 고식적 시기상조론이나 자중론으로 호도할 수 있는 시대가 아니다. 이미 정부의 억압·단속법령이 잇따라 발포됨에도 불구하고 헌법제정 및 국회개설 요구는 전국 방방곡곡에서 외쳐지고 여러 「사의헌법안私擬憲法案」이 작렬하는 시대다. 때마침 〈홋카이도개척사 관유물불하北海道開拓使官有物拂下〉 문제가 발발해 정부도 마침내 시기상조론을 내던지고 국회개설을 천명하지 않을 수 없게 된다. 이는 뒤에 서술하기로 하고 일단 당시의 자유민권운동 발전의 자취를 확인해 보아야 한다.

제7장 자유민권운동의 전개

제1절 국회청원운동

그러는 사이에도 〈자유민권운동自由民權運動〉은 전인민의 운동으로서 전국적으로 정부를 향한 조직적 공격을 시작한다. 그 선구자인 도사의 '입지사'에 관해서는 앞서도 보았지만, 메이지 10년 6월 가타오카 겐키치가 전체 대표로 제출한 '입지사 건백서'는 일대 역사적 문헌이다. 이는 어디까지나 천황에 대한 건백서지만, 건백서 형태로 발표할 수 있는 최대치의 철저한 민권적 요구와 주장이 선언된다. 입지사는 단순한 지방의 한 정치결사가 아니라 실로 자유민권을 지도하는 정치결사였다. 당시의 입지사에 관해 현재 생존한 사원의 이야기에 의하면 스펜서H. Spencer의 『사회평권론社會平權論』 그리고 루소J. J. Rousseau의 『민약론民約論』 등은 노소를 막론하고

〈가타오카 겐키치 日本國會圖書館〉

가지지 않은 자가 없고, 프랑스혁명사는 편찬물이나 번안소설 그리고 지사志士의 전기 등을 원서原書 강의로 심취했다. 그래서 늘 "루이 16세의 말로를 보라."라든가, "왕후장상王侯將相이 어찌 씨가 있겠는가."라든가, 패트릭 헨리P. Henry[20]가 말한 "우리에게 자유를 달라. 아니면 죽음을 달라."라는 식으로 외쳤다고 한다. 이를 보면 당시의 분위기를 충분히 엿볼 수 있을 것이다.

그 건백서는 다음과 같이 말한다.

> 천황이 즉위하고 수년 사이에 기구에 관한 법과 혁신의 자취가 혁혁함은 볼 수 있었다. 하지만 도리어 안에서는 사민士民의 소란이 있고 밖에서는 외국이 오만한 태도로 일본을 업신여겨 근심하고 두려워할 게 한두 가지가 아니다. 그것이 알려지고 분명하여 가릴 수 없음에도 거론하지 않는다. 그 하나를 말하건대 내각대신이 어서문御誓文에서 천황이 서약한 뜻을 확충하지 않고 공의公議를 취하지 않고 전제를 한다는 것이다.
>
> 그 둘을 말하건대, 태정총리太政總理가 위계를 잃은 것이다. 애초에 정치는 오로지 두세 대신의 손에서 나오고 공의로 행하지 않아 공익으로 이루어지지 않는 까닭에 그 정치 체재體裁가 제대로 될 수 없다. 그렇게 체재가 제대로 될 수 없으면 태정총리가 위계를 잃는 것이다.
>
> 그 셋을 말하건대, 중앙정부의 권력집중이 지나친 것이다. 태정이 기준으로서의 공정함을 보이면 인민자치의 기상을 양성하고 이로써 공의를 취해 모든 정치적 중대사를 결정하게 된다. 그런데 공의를 취하지 않고 쓸데없이 권력집중이 필요한 정도를 넘어 천하의 백성은 흩어지고 시골 벽지는 어려워지고

20 미국 독립혁명의 지도자. 1775년 인민대회에서 "자유가 아니면 죽음을 달라."라는 유명한 연설을 하고 영국과의 개전을 주장하였다.

원기는 고갈되고 신체는 쇠약해지게 되면 전제의 폐해는 극에 달한다.

그 넷을 말하건대, 징병령徵兵令이 정체와 부합하지 않아 군제軍制를 세우지 못한다는 것이다. 애초에 징병제도를 정하고 인민에게 혈세를 부과하는 것은 전제정치이기에 전제를 겪는 인민에게 감히 행해서는 안 된다. 이를 행하려면 반드시 입헌정체를 만들어야 한다. 세상일은 전제로 행해지기 쉽고 전제로 달리기 쉽다. 어째서 특히 이런 일은 전제정치가 아니라 입헌정체의 요건으로 정해야 하는가. 애초에 입헌정체국은 정부와 인민의 상호작용으로 국시를 정하고 치안을 유지하는 근거로 삼고 모든 조세를 부과해 행복과 안전의 영역에 살게 한다. 호국의 비용은 분담하고 이를 보내지 못해 일신의 피로써 행하게 되는 자는 실로 인민자치의 정신이 분발해 끊임없는 기운을 함양한다. 전제정치는 그렇지 않다. 군주는 최상의 특권을 지니고 유사有司는 더할 나위 없이 강한 세력을 가지고 인민은 겨우 몸을 맡길 땅을 가지는 것에 불과하다. 잉여자산은 끈질기게 가혹한 조세에 바쳐 초췌하게 숨을 헐떡거리게 되고 보내지 못하면 일신을 피로 갚을 수밖에 없다. 그런데 가혹하게 채찍질하고 꾸짖어 이를 하게 해도 하늘은 강압적 방법으로 생명을 빼앗아 가는 걸 알면 기뻐하지 않는다. 따라서 최상의 특권을 지니고 더할 나위 없이 강한 세력을 가진 정부는 나라를 유지할 책임을 하나로 하여 자기에게 귀속시키고, 이른바 군주가 사유한 병정에 무기를 갖추어 비로소 이루어질 일체에 인민이 관여하는 게 아니라면, 이런 징병령은 정체에 부합하지 않으므로 결국 병제兵制를 세워서는 안 된다.

그 다섯을 말하건대 재정이 길을 잃는 것이다. 본래 재정은 나라에 있어 예나 지금이나 근심거리임은 마찬가지다. 입헌정체를 세우지 않은 나라는 재물을 다루는 비밀스런 부서에 관한 일을 밖에 알리지 않고 인민이 이를 들여다보아 알게 되는 걸 꺼리는 일도 많다. 본래 천하의 인민에게는 자신의 신체와 생명에 관한 세금이 있고 자신의 고혈을 짜내는 세금이 있다. 그런데 세금을 거두어들이는 방식은 엄혹해서 절제된 흔적이 없다. 이런 까닭에 1년 예산표는 보더라도 결산표는 보지 못한다. 예비금은 각 성의 금액으로 지출하고 남은 금액의 명칭은 들어도 남은 금액의 실질이 의심스럽기도 하다. 이따금 시골에서 도읍으로 나오는 자는 토목이 뛰어나고 관제가 아름다움을 보고는 각지의 쇠잔함과 공평하지 않은 걸 의심한다. 통화는 한 곳으로 흘러넘쳐 유통의 길을 잃게 되리라는 우려가 천하 인민의 몸과 마음에 사무친다. 이는 오로지 재물을 다루는 비밀스런 부서의 일로 들여다보기가 어렵다. 예산표는 확실하게 보여주고는 결산의 실질은 알리지 않는다. 출납 권한은 주재하는 곳 하나로 독단적으로 귀결되기에 해마다 토목과 군역軍役을 일으켜 끊임없이 큰 비용이 나가고 내외의 국채가 발행되는데 천황이 누구와 함께 상의해 이를 처리하나. 천하의 인민이 헛되이 고혈을 짜내 행복과 안전의 영역에 있지 못하는데 어찌 재정이 길을 잃었다고 말하지 않을 수 있겠나.

그 여섯을 말하자면, 세법이 번잡하고 가혹하여 인민이 견딜 수 없다는 것이다. 나라의 정부라는 것은 인민을 보전하기 위해 대신 처리하는 업무가 있어 모든 조세를 부과해 그 보전 비용에 충당해 행복과 안전의 영역에 있게 할 책임이 있다. 그리고 인민도 이 의무를 다함을 싫어하지 않으면 입헌정치가 잘될 수 있고 끈질기고 자질구레하고 가혹한 세금의 폐해가 설 땅을 잃고 사라질 것이다. 전제정치를 하는 정부라면 그렇지 않고 인민을 노예로 간주해 모든 조세를 부과함에 있어서도 독단적으로 한다. 어떤 경우는 느린데 어떤 경우는 서두르고 수납방법 변경도 일정하지 않은데도 풍족한 세상을 만들어 잘 살게 해 준 것이라고 자랑한다. 그래서 인민은 피부를 벗겨내고 정신을 소모시키고 뼈가 드러나도록 세금을 내는 것도 모른다. 지조개정地租改正 칙명에 의한 세금부과는 많고 적음의 폐해가 없이 백성에 일하는지 아닌지에 따라 한쪽에 치우치지 않게 해야 하는 것인데도 봉건의 풍습이 남아 다스리는 방식이 하나가 되지 못해 어떤 현縣은 제도를 달리하고 어떤 촌村은 방식이 특수하고 애초에 갑은 많고 을은 적어 산과 숲과 밭과 들의 문제에서 어지럽게 뒤섞인 잡다한 폐해가 있다.

그 일곱을 말하자면, 사민평등의 제도를 잃는 것이다. (생략) 천황이 즉위한 이후 봉건 풍습이 남아 있는 번치藩治를 통할해 제도가 한쪽으로 치우친 것은 정리하고, 무사계급의 상식을 벗어나게 하거나 무사의 반열을 내리게 하더라도 이것이 그 책임을 버리게 하는 것은 아니다. 그래서 무사인 자는 애국의 뜻이 깊어지고 오히려 스스로 의義가 두터워져 일반 인민에서도 구할 수 없는 게 된다. 일반 인민도 분발해 스스로 애국의 마음을 굳게 지녀 무사와 마찬가지로 국가의 정치권력을 분담해 행복과 안전의 영역으로 들어가려는 것이다. 그런데 천황의 뜻이 실로 인민의 정신을 정치 위에 함양하는 게 되지 못한다. 즉 상식을 벗어나자마자 일반 인민이 그 기상을 무사와 마찬가지로 지녀 정치권력을 분담할 의무를 지지 않고, 오히려 무사의 기상을 축복이라 받아들여 예부터 내려오던 인민의 비굴한 나쁜 풍습에 사로잡혀, 폭군이나 부정한 관리의 말도 곧바로 승낙해 명령을 들으려 한다. 이것이 바로 사민평등의 제도를 잃는 것이다.

그 여덟을 말하건대, 외국의 간섭에 대한 대처를 그르치는 것이다. 나라 안의 입헌이 하나로 정해지지 못하면 인민은 행복을 지키지 못하고 안녕을 살필 수 없어 하루도 나라다운 체면을 유지할 수 없다. 여기서 인민은 고통스럽게 참으며 살아가면서도 책임을 정부에 맡기지 않을 수 없다. 요즈음 외국의 간섭으로 그르친 것은 4가지다. 무엇인가. 타이완臺灣, 조선朝鮮, 사할린樺太, 조약개정條約改正이다. 이 모든 국가적 영욕榮辱은 인민의 행복에 가장 관계가 큰 것이다. (생략) 가장 긴요한 각국과의 조약 개정 같은 것도 기한이 이미 도래하였다. 그래서 당시에 개정을 바랐기에 특명전권대사特命全權大使가 이사관 백여 명을 이끌고는 거액의 재물을 낭비하면서 구미 각국을 순시하고 돌아와서는 개정을 결단하지도 못하면서 한 푼도 나라에 변상하지 않는다. 게다가 외국의 업신여김을 물리치지도 못한다. 이런 식으로 나라가 유지된다. 인민은 고통을 억누르면서 나라가 단 하루도 나라다운 체면을 지니지 못하는 것에 분개한다. 그래서 그 책임을 전제정치에 돌리려는 것이다. (생략)

이제 전제정치의 폐해를 깊이 비추어보아 오로지 공의가 있는 곳을 보건대, 국가독립의 기본을 배양하고 인민의 안녕을 설계하려면 민선의원民選議院을 설립해 입헌정체의 기초를 확립하는 것보다 좋은 건 없다. 민선의원을 설립하고 입헌정체의 기초를 확립해 인민을 정치권력에 참여시키고, 하늘이 내린 권리를 거리낌 없이 주장하게 하면 인민은 스스로 분발해 국가의 안위를 책임진다. 가령 정부가 공의를 취하지 않는 일을 바라면 그런 공의는 억누르고 다그침으로써 길이 없어져 정부 전제의 목적을 이루기 어렵다. 따라서 기강이 문란해지는 근심도 없고 위와 아래가 획일적 권리를 가져 인민은 날로 문명상태로 나아간다. 안으로는 사민士民의 소란을 진정시키고 밖으로는 외국의 업신여김을 물리쳐 천하의 인민이 천황과 함께 그 기쁨

에 의지하려 한다. 무릇 모든 정치적 중대사를 공론으로 결정하고 입헌정체를 세우는 것은,

천황이 즉위하면서 한 서약 및 메이지 8년 4월 14일의 천황 조칙에서의 천황의 뜻인 것이고, 천황이 바라던 바이고, 인민의 경사라고 해도 지나친 게 아니라고, 겐키치 등의 상서가 자세히 진술하는 바, 이를 천황에게 들려주기 바라는 것이다.

천황은 주변의 말에 미혹되지 말고, 겐키치 등의 청을 들으셔서 인민의 바람에 부응하시라. 세상이 아주 행복하게 될 것이다.

이는 우에키 에모리植木枝盛, 요시다 마사하루吉田正春가 기초하고 다케우치 즈나竹内綱 등이 윤색한 것이다. 채택되지는 못하지만 건백서 등은 곧바로 인쇄되어 전국에 널리 반포된다.

"입지사 건백서는 〈사이고西鄕의 난〉[21]이 발발한 직후에 제출되었기에, 정부에게는 모반의 예고라고 간주되었다."(『타이요太陽』, 임시증간, 「정당사政黨史」, 29쪽)라고 한다. 여하튼 그렇지 않아도 일대 내란에 직면한 정부에게는 큰 위협이었을 것이다. 이 건백서는 이타가키 등의 메이지 7년의 건백서와 비교하면 동일한 의견은 아니다.

이에 이은 주요 사건은 애국사 재건(메이지 11년) 그리고 애국사의 「국회개설國會開設청원에 이른 데 대해 천하 인민에 고하는 글(메이지 12년)」의 발표다. 메이지 13년 4월에는 가타오카 겐키치 및 고노 히로나카河野廣中 등을 대표로 한 2부 22현 8만 7천 명의 「국회개설의 허가를 바라는 글」이 제출된다. 이에 이르러 운동은 다시 하나의 비약을 이루어 전국적이고 전인민적인 것이 된다.

이타가키 등이 앞서 「민선의원설립건백」을 함과 동시에 「애국공

21 〈세이난西南전쟁〉. 1877년 1월 29일부터 9월 24일에 걸쳐 구마모토熊本·미야자키宮崎·오이타大分·가고시마鹿児島현에서 사이고 다카모리西郷隆盛를 맹주로 하여 일으킨 사족에 의한 무력반란. 메이지 초기의 일련의 사족반란 중 최대 규모였다.

당」을 조직했지만 그 활동이 생각대로 되지 않던 중에 당내외의 여러 사정까지 더해져 부득이 자연소멸되고, 이타가키는 도사에 돌아와 입지사에 웅거했던 것은 이미 본 바와 같다.

입지사에 이어 각 지방에 같은 성격의 정치결사가 속속 생겨나는데 필연적으로 이들의 전국적 통일이 요구되어 메이지 8년 2월 22일에 오사카에서 이들을 합동·통일시킨 「애국사愛國社」의 설립이 가결된다.

그러나 그것은 "회합에 오는 자 겨우 40여 명에 불과하고, 확인해 본즉 회합한 성원도 죄다 옛 무슨 무슨 번의 사족에 그친다. 당시 우리 일반인의 정치사상은 여전히 아주 수준이 낮아서 국회개설론 같은 것도 단지 조야의 거물들 사이에 존재하는 것이라 말할 수 있다."(『메이지정사明治政史』[22])라는 상태였다. 더욱이 중심인 이타가키 자신도 오사카회의의 협정 결과 얼마 뒤 입각하는 사정까지 더해져 큰 발전을 보여주지 못한다.

이와 관련해 한마디 해둘 것은 당시 사족의 활동이다. 사회 모든 방면의 활동에 눈을 뜨고 있지만 「자유민권운동」에서 주도권을 쥔 자는 거의 모두 옛 사족이었다. 민권운동의 주체라 할 도사의 입지사 같은 경우도 거의 전부 사족만으로 구성된 것이다. 메이지 8-9년경은 말할 것도 없고 12-13년이 되어서도 여전히 그랬다.

여러 선진 외국의 자유민권 문헌에 친숙하고 민주주의적 이론을 섭취하더라도 근저에는 봉건적인 사족적 심리와 감정이 깊이 잠재해 있었다—적어도 대중적으로 고찰한다면 거기에 당시의 민권운동 내지 민권론을 제대로 해석할 수 있는 하나의 열쇠가 있다.

그러는 사이에 〈세이난西南전쟁〉을 끝으로 무력적 내란도 종식됨과 더불어 입지사를 비롯한 지방의 각 정치결사도 기초를 확립한다.

22 指原安三 編, 『明治政史』, 富山房, 1893

그래서 다시 이들의 전국적 결합이 당면 문제가 된다. 말할 필요도 없이 도사 입지사와 이타가키가 전국 자유민권운동의 중심이다.

메이지 11년 4월 29일 「애국사재건취지서」를 들고 입지사 사원은 전국 유세의 길에 오른다.

그래서 같은 해 9월 전국 유지들이 오사카大阪에 회합해 「애국사」 재건을 결의한다. 이 시기에 회합한 자는 "도사를 비롯해 단지 사족 집단 뿐이고 아직 평민의 그림자 하나도 보이지 않았다."라고 『메이지정사』는 기록한다. 하지만 애국사 재건은 참으로 전국의 자유민권 운동에 조직적 중심을 부여한 것이다. 그래서 이에 자극 혹은 지도되어 이후 잇따라 각 지방에 여러 정치결사가 발흥하고 「국회개설청원」의 대운동이 전개된다.

이듬해 메이지 12년 3월 27일 재차 오사카에서 애국사 제2회 대회가 열린다. 18현 21사社의 대표자 80여 명이 모인다.

같은 해 11월 7일 다시 오사카에서 제3회 대회를 연다. 회의석상에서 「후쿠오카쿄아이회福岡共愛會」는 조약개정 건백에 관한 의견을 낸다. 그러나 입지사는 "조약개정 건이 국가의 시급한 일이긴 하더라도 먼저 국회를 개설해 인민의 참정 권리를 부여하고 여론의 세력을 진흥시켜 거국일치로 그것을 응원하지 않는다면, 이를 정부에 건의하더라도 효과를 볼 수 없을 것이다."(『자유당사自由黨史』, 상권[23], 323쪽) 라며, 먼저 국회개설운동을 일으키자고 제의한다.

대회는 이를 승인하고 이듬해 메이지 13년 3월 제4회 대회까지 청원서 초안을 작성하기로 결의한다. 여기서 기초위원으로 거론된 자가 바로 우에키 에모리植木枝盛다.

이 결의에 기초해 「국회개설청원에 이른 데 대해 천하 인민에 고하는 글」(메이지 12년 11월)이라는 격문이 기초된다. 이를 전후로 전국 각지

23 宇田友猪・和田三郎 編, 『自由黨史 上』, 五車樓, 1910

〈오사카의 국회기성동맹 발상지〉

의 정치결사에서 잇따라 같은 종류의 격문이 나와 국회개설 요구는 전국을 뒤덮는 큰 물결이 된다.

이후 오카야마岡山현 유지의 단독적인 국회개설청원서 제출, 후쿠오카쿄아이회의 조약개정 및 국회개설청원운동 그리고 이바라키茨城현 유지의 국회개설청원이 독자적으로 이루어진다. 하지만 그 외의 각 지방은 앞선 결의를 지키며 일치 협력하여 전체적인 청원서를 내기 위해 약속을 이행하여 메이지 13년 3월 15일 오사카에 모인다.

제4회 애국사 대회에는 회합에 온 자가 "수천 명에 달해 20명 이상으로 이루어진 단체의 대표자에 한해 발언권을 가지기로 했는데, 그런 단체만 꼽아도 발언자가 96명에 달할 정도로 성황이었다."(고노 히로나카의 말) 그런 사실을 보더라도 자유민권운동이 격화된 상태에 있음이 엿보인다.

3월 17일 애국사를 「국회기성동맹國會期成同盟」이라 개칭한다.

애국사의 회합 상황을 고쿠보 기시치小久保喜七는 말한다.

> 아무튼 민권운동 등을 하는 자는 대부분 사족뿐이어서 고쿠

라바카마小倉袴[24]에 뎃오기鐵扇[25]를 가지고 니시키에錦繪[26]에 나오는 장사壯士 그대로였다. 물론 논의 등도 너무나 형편없는 것도 있었다. 상당히 유명한 남자조차 "나는 도쿠가와 시대로 돌아가게 하면 좋겠다."라는 등을 공언하고 있었는데 일반적으로 상상할 수 있듯 여하튼 누구 한사람 불평하지 않는 자가 없었다...... (『이토 히로부미 비록伊藤博文秘錄』[27])

그래서 고노, 가타오카 두 사람은 4월 17일 태정관에 「국회개설의 허가를 바라는 글」을 제출한다. 그 전문은 아주 유명하고 또한 장문이라서 생략하지만 요지는 앞서 서술한 입지사 건백과 대략 같은 취지로 시작해 국회개설을 청원하는 글이다.

태정관에서는 원로원에 제출해야 한다고 하고, 원로원에서는 수리하지 못한다고 하여 두 사람은 두 관청 사이를 왕복한다. 마침내 수리되지 못해 전말서를 작성해 각지의 동지에게 보고한다. 이보다 먼저 앞선 오카야마, 후쿠오카 유지들 대표의 청원서는 각하된다. 이제 이런 결과가 되자 청원운동의 열기가 한층 높아진다. 나가노長野현 마쓰모토松本의 「쇼쿄사奨匡社」의 대표 마쓰자와 규사쿠宋澤求策 등을 시작으로 각 지방의 유지 대표는 잇따라 도쿄에 와서 태정관으로 혹은 원로원으로 또는 아리스가와 좌대신 관저, 이와쿠라 우대신 관저로 계속해서 끊임없이 찾아간다. 하지만 어느 곳에서도 목적을 이루지 못한다.

24 예전 규슈의 고쿠라小倉 지방에서 짠 면직물 소재의 전통 의복

25 뼈대 부분을 철로 만든 접을 수 있는 부채

26 에도시대에 성행한 회화인 우키요에浮世絵 판화의 판양식

27 平塚篤, 『伊藤博文秘錄』, 民衆時論社, 1929

원로원의 「메이지 13년 건백일람표」를 보면 청원은 다음과 같다.

- 국회개설 제의

  후쿠오카현 사족　미나가와 마사오南川正雄 외 1명

  동 오카야마현 평민　미무라 히사요시三村久吉 외 2명

- 국회개설반대 제의

  사카이堺현 평민　우다 다로宇陀太郎

- 국회개설 제의

  오이타大分현 사족　미야무라 산타宮村三多 외 1명

  동 히로시마廣島현 평민　나가이 마사루長井勝

  동 개척사開拓使　기타 신木多新

  동 에히메愛媛현 사족　아야노 슈조綾野宗造 외 1명

  동 히로시마현 사족　후지무라 가즈조藤村和造

  동 에히메현 평민　고니시 진노스케小西甚之助

  동 효고현 사족　이노우에 분지로井上文慈郎 외 1명

  동 가고시마현 사족　나이토 게이치로內藤佳一郎 외 4명

  동 나가노현 사족　시게마쓰 사이쥬로重松宰十郎 외 1명

  동 이바라키茨城현 평민　오쓰 쥰이치로大津淳一郎

  동 이바라키현 평민　요시카와 겐조芳川源藏

- 국회개설반대 제의

  미야기宮城현 사족　기시 미쓰테루岸光輝

- 정규政規확립 제의

  미야기현 사족　오시마 요시야스大島懿恭

- 국회개설 제의

  아오모리青森현 사족　혼다 요이쓰本多庸一 외 1명

- 국회개설반대 제의

  고치高知현 사족　시모모토 도시노리下元敏功

- 국회개설 제의

  후쿠시마福島현 사족　몬마 다카쓰네門馬尙經동

  고치현 사족　가타오카 겐키치 외 1명

  여기에는 '본인의 희망에 의해 각하'라고 쓰여 있다.

  동 시마네島根현 사족　와타나베 쥰이치渡部潤一 외 1명

  동　마쓰무라 벤지로松村辨治郎
- 국회개설에 앞서 국헌을 제정해야 한다는 제의

  이와테岩手현　아오키 이쓰민靑木逸民
- 국회개설반대 제의에 대한 건의

  사카이현 평민　야스이 사다타카安井定孝 외 1명
- 국회개설시기상조 의견

  아이치愛知현 평민　나카오 마사나오中尾正直
- 국회개설 않더라도 별도의 부국강병책이 있다는 건의

  사카이현 평민　야스이 사다타카 외 1명
- 가타오카 겐키치 등의 국회개설청원서의 오만무례함을 천하에 보여주어 민심이 동요되지 않기를 바란다는 제의

  이와테현　아오키 이쓰민
- 국회개설 제의

  아키타秋田현 평민　도야마 가쿠스케遠山角助

  동 가나가와현 사족　마쓰모토 후쿠쇼松本福昌 외 14명

  동 니가타新潟현 평민　시마다 시게루島田茂 외 1명
- 국회개설반대 제의

  나가노현 평민　마쓰모토 신겐松本眞弦 외 1명
- 입법에 관해 신민이 올린 청원서의 수리를 청하는 제의

  니가타현 평민　야마기와 시치지山際七司 외 1명
- 국회개설청원서의 수리를 청하는 제의

  사이타마埼玉현 평민　호즈미 료스케保泉良輔

- 국회개설청원서의 수리방법을 제정하여 건언建言의 자유를 얻기를 청하는 제의
  지바千葉현 평민　이바라 요노스케茨原庸之助 외 1명
- 국회개설 제의
  후쿠시마현 평민　미우라 시게지로三浦茂次郎
- 관민官民이 공화共和하여 정치를 행하는 것에 관한 제의
  도쿠시마德島현 평민　후지에 지로사부로藤江二良三郎
- 국회개설 제의
  도쿠시마현 사족　나가오 사토루長尾覺 외 8명
  동 구마모토熊本현 사족　모토무라 마사후미本村眞史
  동 시가滋賀현 평민　가타기시 고사부로片岸伍三郎 외 12명
  동 에히메현 평민　고니시 진노스케
  동 군마群馬현 평민　요시다 슈타로吉田修太郎
- 국회청원자 취급방식에 관한 건의
  야마구치山口현 평민　후지모토 오키藤本瓮樹
- 국회개설 제의
  도쿠시마현 평민　미야우치 이즈미宮內泉 외 1명
- 지금 국회를 개설하면 아마도 재해를 초래하므로 당분간 시기를 기다린 뒤에 확고한 국회를 개설해야 한다는 제의
  시가현 평민　산다이지 센지三大寺專治
- 간사한 관리를 엄한 형벌에 처하고 국민이 바라는 국회 개설에 이르러야 한다는 제의
  이와테현 평민　오다 겐타로小田源太郎
- 국회개설 제의
  아이치현 사족　마미야 반자에몬間宮伴左衛門 외 73명
  동 야마가타山形현 사족　사토 시게타카佐藤重孝
  동 도치기栃木현 사족　도다 죠戶田譲 외 1명

- 국회개설을 하면 징병회피의 폐해도 소멸하여 인민이 자진해 징병에 응한다는 제의
  이바라키현 사족 나가타 도모히코永田友彦
- 국회개설 제의
  와카야마和歌山현 야마다 다다시山田正
  동 미에三重현 사족 모토무라 미쓰쓰나本村光綱
  동 가고시마현 사족 가시와다 모리부미柏田盛文
  동 도치기현 평민 야마구치 신지山口信治
- 국회개설 등 제의
  이바라키현 고야마 슌사이小山俊齋
- 국회를 청원하는 제의
  야마구치현 사족 다구치 야하치로田口彌八郎
- 국회개설 제의
  도치기현 평민 오타니 소시치大谷宗七 외 1명

그 중의 다수는 국회에 관한 건백인 것이다.

심지어는 근위오장近衛伍長[28] 오하라 야소하치小原彌惣八가 천황에 올리는 의견서를 가슴에 품고 관저 앞에서 칼로 자결하려다가 제지당해 군율로 다스려지고, 에치고越後[29]의 아카자와 즈네요赤澤常容도 태정관 문 앞에서 자결하려 하였다.

심지어 야마나시山梨현의 후루야 센조古屋專藏와 다나베田邊 누구 등이 천황의 순행巡幸 길에 영국 인민이 국왕을 옹립해 마그나카르타에 조인시킨 옛 사람의 슬기를 본받자고 야마나시현 유지들이 연대 서명한 청원서를 올리려고 기도한 일까지 있었다. 이는 다른 사

28 천황 등의 측근에서 경호를 맡는 근위부近衛府의 오장. 오장은 옛 일본 육군 계급의 하나로 우리의 하사에 해당

29 옛 일본의 지역명. 혼슈本州 중앙부로 동해에 접한 호쿠리쿠北陸 지역

람들에 의해 저지되어 다행히 중지된다.

시대 흐름이 이렇다 보니 야마가타 아리토모가 스에마쓰 노리즈미末松謙澄 앞으로 다음과 같은 편지를 보낸다.

> 지난해 이래 올봄에 이르기까지 국회론國會論이 각 방면에서 비등하고 원로원에 건언建言한 것도 이미 수십 통에 이를 정도로 많습니다. 그중에는 극렬한 급진주의자도 있고 혹은 전혀 국회가 무엇인지도 모르고 이른바 무턱대고 도장을 찍어주며 가입하는 자도 있습니다. 그렇기에 사람 수는 많더라도 알짜배기 순수한 자는 생각한 것보다 적은 모양입니다. 이제 이런 정도라면 국회는 도저히 없어서는 안 된다는 것은 누가 알려주지 않아도 아는 것입니다. 그러므로 앞으로의 정략적 목적을 충분히 세우지 않으면 일본이라는 배의 운행은 나아갈 길을 반드시 그르칠 수밖에 없을 거라 생각됩니다......

또한 당시의 신문은 이렇게 말한다.

> 대부분 식자識者들의 이런 모습은 안세이安政-분큐文久 시기에 각 번 유지들이 다투어 양이쇄국론攘夷鎖港論을 바쿠후에 제출하던 그 무슨 무슨 날과 같이 가만히 근심하고 두려워하게 된다. (......)
>
> 그런데 유지 대표로 국회청원서를 태정관에 올리는 게 갑자기 일반에 유행처럼 된 것은, 애초에는 애국사 대표의 상경에 이어 지방관회의를 방청하러 각 부현에서 상경한 부현회의원 중에 수십 명이 서로 만나 이에 관해 논의한 것이었다. 그런데 이들이 각 지방으로 돌아가서는 많든 적든 모두 청원을 보내는 것을 장려한다. 혹은 연합해 청원을 올리고 혹은 혼자 가서

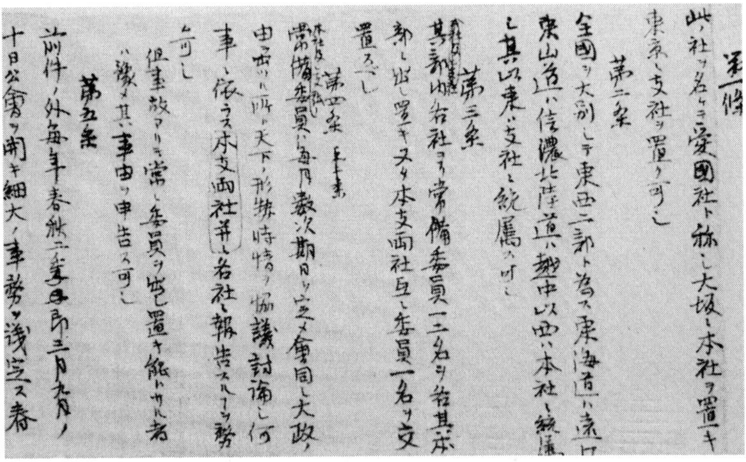

第一條
此社ヲ名ケテ愛國社ト称シ大坂ニ本社ヲ置キ
東京ニ支社ヲ置クヘシ
第二条
全國ヲ大別シテ東西二部ト為ス東海道ハ遠江
東山道ハ信濃北陸道ハ越中以西ハ本社ニ統属
シ其以東ハ支社ニ統属スヘシ
第三条
其新加盟各社ヨリ常備委員一二名ヲ出シ其本
部ニ出シ置キ又タ本支両社互ニ委員一名ヲ交
置スヘシ
第四条
常備委員ハ毎月数次期日ヲ定メ會同シ大政
由テ出ル所ト天下ノ形勢時情ヲ協議討論シ何
事ニ依ラス本支両社并ニ各社ニ報告スルノ務
ムヘシ
但シ事故アリテ常ニ委員ヲ出シ置キ能ハサル者
ハ豫メ其事由ヲ申告スヘシ
第五条
前件ノ外毎年春秋二季三月九月ノ
十日公會ヲ開キ細大ノ事務ヲ議定ス春

〈1880년의 애국사 사칙 초안 日本國會圖書館〉

건백을 제출하는 등의 차이는 있더라도 국회를 개설해 달라고, 국헌을 제정해 달라고 하는 염원으로 올리는 정신에서는 같은 길을 밟는다. 하나의 의견을 올릴 때마다 신문에서도 연설회에서도 감탄해 칭찬한다. 그래서 지금 청원을 하지 않는 지방은 게이오慶應 시기에 근왕勤王과 바쿠후 타도를 외치지 않은 번들처럼 세상에 몸의 일부만 비좁게 운신하는 모양이다. 그러니 우리 모두 늦지 않도록 분발해야 하는 것인가. 단바丹波, 단고丹後, 사가미相模, 스루가駿河, 이즈伊豆, 가이甲斐, 히타치常陸, 에치고越後, 오우奧羽 7국, 히젠肥前, 빗추備中, 미마사카美作, 사누키讃岐, 도사土佐, 지쿠젠筑前, 사쓰마薩摩 등에서는 이제야 유지들의 대표가 청원서를 태정관에 올리거나 혹은 건백을 원로원에 내는데 그 수를 헤아리기도 어려울 지경이다. 이제는 청원 명목이면 일률적으로 이를 배척해서는 안 되기에 한때 청원조례를 제정한다는 설 등도 있었다. 그러다가 중앙정부는 마침내 올해 12월 9일 제53호로, 인민의 상서로서 일반 공익에 관한 상서는 어떠한 명목으로 하더라도 모두 건백이라 하여 원로원에서 취급하게 하고, 관할청을 경유해 원로원에 제출해야 한다고 포고했다...... (『메이지문화전집明治文化全集』, 「잡사雜史편」[30]에 게재한 도쿄니치니치東京日日신문의 메이지13년 기사)

참으로 한때 유행하던 모습이다. 그래도 그 유행은 극히 성실하고 진지한 것이었다.

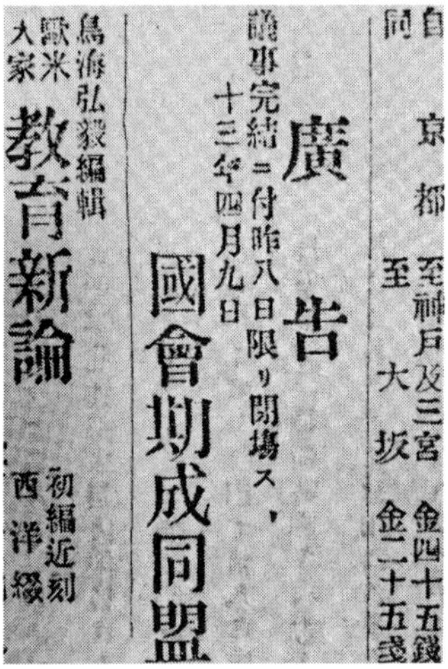
自京都至神戸及三宮　金四十五錢
同　至大坂　金二十五錢

廣告

議事完結ニ付昨八日限リ閉場ス
十三年四月九日
國會期成同盟

鳥海弘毅編輯
歐米大家
教育新論
初編近刻

〈국회기성동맹 대회종료 광고〉

이제 국회개설을 열망해 외치며 논의하는 자가 전국에서 일어나 만약 이를 방치하고 돌아보지 않는다면 아마도 과격한 언행으로 점점 더 인민의 마음을 선동해 국가의 평안을 저해하고 마침내 막을 수 없는 재앙을 보게 될 것이다. 도모미具視는 이를 우려한다. 그래서 보건대 조정도 조속히 국회개설 시기를 예정하여 우리의 국체를 근본으로 삼고 동시에 구미 각국의 좋은 제도를 참작하고 절충해 이를 가지고 헌법을 기초해야 할

30 吉野作造 編, 『明治文化全集』, 第22巻 雜史篇, 日本評論社, 1927

> 것이다. 그 초안이 만들어지는 날이 되면 천황이 이제까지의 일을 거울 삼아 판단하고 장래를 고려하고 이해득실을 살펴 결정해 신민들에게 분명히 보여주실 것이다. 부디 국가의 평안을 영원히 보전할 수 있기를 도모미는 간절히 바라마지 않는 바, 산죠 사네토미, 아리스가와노미야 다루히토 친왕도 그렇다고 동의한다. 도모미는 곧 사네토미, 다루히토 친왕과 함께 이를 담당할 책임을 맡을 것을 약속한다. (『이와쿠라공실기岩倉公實記』[31])

메이지 13년(1880년) 11월 앞서 본 「국회개설기성동맹國會開設期成同盟」 회합에 기초하고 동시에 국회개설 청원이 수용되지 않았기에 그에 대한 대책을 논의하기 위해 제2회 대회를 도쿄 교바시구京橋區 니시코야정西紺屋町에 있는 구 애국지사愛國支社에서 연다. 모인 자는 2부 22현의 동맹위원으로 「대일본국회기성유지회大日本國會期成有志會」라 개칭하고 본부를 도쿄에 두기로 하며 합의서를 개정한다.

이 자리에서 오사카부의 고지마 다다사토小島忠里는 말한다.

> 물러서 일본인의 모습을 관찰하건대 러시아 허무당虛無黨[32] 처럼 갑이 넘어지면 을이 일어나는 그런 양상은 아니다……

도사의 하야시 가네아키라林包明는 말한다.

> 보라 보라. 프랑스의 상황을 축복하라. 감베타Léon Gambet-

31 多田好問 他 編, 『岩倉公實記』, 皇后宮職, 1906

32 19세기 후반 러시아의 극단적 전제군주제에 반대해 정치가를 잇따라 암살하려고 만들어진 결사나 정당. 투르게네프가 소설 『아버지와 아들』의 주인공을 니힐리스트(허무주의자)로 이름 붙인 이래 당시의 혁명가나 민주주의자 등을 지칭하는 명칭이 된다.

ta[33]의 엄청난 고통을 맛보거나 혹은 투옥되거나 혹은 몸을 산야에 숨길 때 프랑스 인민은 거액을 거두어 모아 남은 가족을 부조해 생활의 어려움으로 인한 근심이 털끝만큼도 없게 한다. 프랑스 인민의 의로운 마음은 부러워할 만하고 추종할 만하다. 어찌 아니라고 하는 자가 있겠나……

당시의 정객이 원용한 것은 러시아 허무당이나 프랑스혁명이었던 것이다. 또한 고지마는 말한다.

처음에 우리는 청원 건백으로도 충분히 국회개설은 할 수 있는 것이라 생각했다. 하지만 올봄 이래 정부가 청원 건백자에 대해 응답하는 모습과 봄 이래 정부가 우리 당에 대해 행하는 정치의 모습을 숙고해 보건대 아무래도 청원 건백으로는 국회개설하는 게 어려울 것이다. 그렇다면 어떻게 해야 할 수 있나. 전국의 인민을 단결시켜 우리 당의 세력을 강하게 하는 게 급선무다. 그 방식은 신문을 발행하거나 연설자를 출장 보내는 게 상책이다. (생략) 또한 오늘날 가장 필요한 것은 결사적 인사를 양성하는 것이다. 유신 당시에 옛 바쿠후를 전복시킬 수 있었던 근거는 다름 아니라 결심한 인사들이 있어서였다. 오늘날 조정에서 정권을 장악하게 된 것은 유신 당시에 결사적으로 일을 도모했기 때문이다. 오늘날 여론이 국회를 개설할 수 없음은 필경 결사적 인사가 부족하기 때문이다. 따라서 오늘날의 급선무는 당분간 결심을 지닌 인사를 양성하는 것이다. 또한 이들이 국회 건으로 인해 변고를 당하면 그 가족을 구조하는 방법을 만들어야 하는 것이다.

33 1838-1882. 프랑스의 정치가. 제3공화정 초기를 대표하는 공화주의자

그래서 「변을 당한 자의 유족부조에 관한 법」이 가결된다. 또한 미야즈宮津의 사와베 세이슈澤邊正脩는 말한다.

적어도 국회를 청원하려면 헌법을 예상해 세우지 않으면 안 된다. 왜냐하면 만일 정부가 관의 명령 형식의 헌법을 가지고 국회를 개설한다면, 제군들은 서서히 헌법 초안을 세워 정부를 향해 헌법의 개량을 요청하고나 있을 겐가.

그 때문인지 다음과 같은 의안이 제출된다.

본회에서 국헌 예상서를 심사해 논의로 정해야 한다.
위 예상서 기초위원 5명을 공선해야 한다.
별도로 심사위원 10명을 공선해야 한다.

이는 부결되지만 의결된 합의서에 다음과 같은 조항이 있다.

제4조 회의에 올 때는 각 조가 헌법예상안을 지참해 연구한다.

정부가 그저 정부 측에만 편리한 헌법을 만들었을 때는 민간에서도 헌법 초안을 만들어 둬 수정시켜야 하고, 정부에 민간의 의향을 보여주어 견제할 필요가 있다는 의견에 따른 것이다. 그래서 이른바 「사의헌법私擬憲法」[34]의 시대라고도 부를 만한 시기가 나타난다.

34 메이지 전기에 사인私人이 혹은 사적 용도로 기초한 헌법안. 정부 내부 당국자의 참고자료로 쓰기위한 시안과 민간의 개인 혹은 그룹이 작성한 시안이 있는데, 흔히는 민권운동 각파가 국가구상을 동지나 국민에게 호소하기 위해 기초한 헌법안

제2절 사의헌법

〈우에키 에모리〉

당시 민간의 여론은 압도적으로 「국회즉각개설론國會卽開論」 및 「국약헌법론國約憲法論」이었다. 도사의 입지사 등은 일원론一院論, 보통선거, 입법부 제일주의를 토대로 그 위에 입헌군주제를 세우기를 바랐다. 그다지 극단적이지 않은 죠야朝野신문, 유빈호치郵便報知신문 등의 논객도 의회중심주의, 정당내각제의 수립은 당연한 것으로 하고, 또한 그것이야말로 황실의 평안함을 도모하는 유일한 방책이라 믿었다. 따라서 그들이 기초한 헌법 초안은 모두 위와 같은 근본사상을 조문화한 것이다.

먼저 민권파 계통의 대표적인 것으로는 도사 입지사의 「일본헌법예상안日本憲法見込案」 및 오사카입헌정당大阪立憲政黨의 것으로 알려진 우에키 에모리가 기초한 「동양대일본국국헌안東洋大日本國國憲按」을 들 수 있을 것이다. 전자의 내용은 아직 분명히 밝혀지지는 않았지만 가타오카 겐키치의 초고 「입지사시말기요立志社始末記要」는 그에 관해 다음과 같이 말한다.

이번 달(메이지 14년 5월) 사카모토 나미오坂本南海男, 히로세

이코廣瀨爲興, 야마모토 유키히코山本幸彦를 위원으로 하여 「일본헌법예상안」을 기초하게 한다. 지난해 10월 개최한 국회기성동맹國會期成同盟의 의결 중에 각 조의 헌법예상안을 지참해 연구해야 한다는 조항을 둔 뒤에 기타가와 사다히코北川貞彦, 우에키 에모리 등이 그 임무에 참여해 이를 기초하고, 다시 가타오카 겐키치, 고타니 마사모토小谷正元, 고지마 미노루小島稔, 야마다 헤이자에몬山田平左衛門, 시마지 마사나리島地正存, 기타가와 사다히코, 모리와키 나오키森脇直樹, 이토 모노노베伊藤物部, 다구치 사다아키라田口貞晟의 10명을 위에서 기초한 초고의 심사위원으로 해 시간을 두고 기준에 맞춰 정리한다.

사카모토는 입지사 안의 우에키와 함께 지도적 이론가로서 일찍부터 원서로 스펜서Herbert Spencer의 『사회평권론社會平權論Social Statics』 등을 읽고 강의하였다고 전해진다. 또한 당시 입지사의 국민주권론, 일원제론 등으로 추측해 보더라도 그 초안이 상당히 철저한 민주주의적 입헌군주제를 지향한 것임은 명백하다. 우에키 에모리가 기초했다고 판단되는 「동양대일본국국헌안」 쪽은 종래 기초자가 불명인 채로 유포되어 온 가장 '과격한 헌법안'이다. 그 초고를 보면 "일본국은 일본국헌에 의해 세우고 유지한다.", "일본 인민이 일본국을 세우는 것은 법제를 만들어 각기 자유와 권리를 보전하기 위함이다." 등 국민주권의 입장이 명료하게 기술되어 있다. 또한 입법부에 중대한 권한을 인정해 "국가 조세는 입법원立法院의 논의를 거치지 않으면 징수할 수 없고 소비하거나 사용할 수도 없다."라는 등의 규정도 있다. 물론 입헌군주제를 이상으로 하는 것으로 공화주의적인 것은 아니다. 메이지 15년 3-4월경에 만들어진 것이라 생각된다.

사상 계통에서 본다면 마찬가지 경향의 것으로는 「긴지평론近事

評論」파가 있다. 이 파는 「사의헌법의견私擬憲法意見」을 기초했다고 알려지는데 그 초안은 공표되지 못했다. (위 잡지 메이지 14년 5월 23일호, 5월 28일호 참조) 지쿠젠쿄아이회筑前共愛會도 자유당自由黨계이기는 하지만 그 「대일본제국헌법대략예상서大日本帝國憲法大略見込書」(메이지 13년 초에 제작된 듯하다)는 양원제二院制로 대체로 영국의 군주제 비슷한 것을 모방한 것 같다. 호쿠리쿠지유北陸自由신문의 메이지 16년 1월 30일호에 그 일부분이 게재된 「사초私草헌법」도 양원제다. 메이지 14년 10월 1일부터 11월 24일에 걸쳐 도카이교쇼신보東海曉鐘新報 지상에 연재된 호쿠신사北辰社파의 「각국대조사고국헌안各國對照私考國憲案」은 세습군주제, 지식에 의한 제한선거, 양원제, 정당내각제 등 영국적 초안으로 「고쥰사交詢社」[35]안 등에 가깝다.

영국 풍의 의회정치를 모방한 것으로 대표적인 것은 고쥰사의 「사의私擬헌법안」으로 「고쥰잡지交詢雜誌」 제45호에 발표된(메이지 14년 4월 25일) 것이다. 이와 성향은 같지만 표현된 내용이 다른 것으로 유빈호치신문의 메이지 14년 5월 20일호 이후에 발표된 「사고私考헌법 초안」이 있다. 이들 모두 양원제, 정당내각제를 골자로 한다. 또한 「교존도슈共存同衆」의 것이라 알려진 「사의헌법의견」도 거의 같은 모습이다. 오노 아즈사小野梓가 기초한 「사의초안」의 최초의 부분이 「야마다 아키요시 관계문서山田顕義關係文書」에서 발견되었는데 이것과 위 「사의헌법의견」은 같은 것이 아니기에 상당한 갖가지 고안이 각 방면에서 제작된 사실을 짐작할 수 있다. 고쥰잡지(제92호)의 기사에 의하면 위 파의 사람이 사의헌법을 만들었는데, 그 제1장 제2조는 "대일본제국의 정치권력政權을 나누어 입법, 행정, 사법의 삼권으로 하고 입법권은 국회에 맡기고 행정권은 태정대신에게 맡기고

35 1880년 후쿠자와 유키치福澤諭吉가 제창하여 게이오기주쿠慶應義塾 출신자를 중심으로 설립된 일본 최초의 실업가 사교클럽

사법권은 대심원 및 그 외 여러 재판소에 맡긴다. 그리고 대일본 천황은 삼권의 집행을 감시해야 한다."라는 내용인데, 이것이 고쥰사안과 별개의 것임은 분명하기에 여기서도 또한 하나의 안이 있었음이 분명하다. 이 외에 「오메이사嚶鳴社」[36]의 다구치 우키치田口卯吉, 가와즈 스케유키河津祐之, 스에히로 시게야스末廣重恭가 메이지 12년 말부터 연구회를 열어 헌법 초안을 만들었다고 하는데, 최근에 발견된 우에키 에모리의 노트 속에 그 안 비슷한 것으로 다음과 같은 항목이 기재되어 있다.

- 제1편 황제
  제1관 황위상속
  제2관 섭정
- 제2편 국회 ○하원 ○상원
  제1 국회의 권리
  제2 국회의 개폐
- 제3편 국헌의 개정
- 제4편 국민의 권리
- 제5편 행정관
- 제6편 사법권

따라서 그 편제만은 엿볼 수 있다. 회계 장은 없지만 일반적으로 당시 민권가의 초안에는 회계 같은 건 등한시되었다.

황실중심주의를 표방한 것은 후쿠치 겐이치로福地源一郎의 「국헌의견國憲意見」으로 이는 도쿄니치니치신문에 메이지 14년 3월 30일 이후부터 연재된다. 이에 대해서는 도쿄요코하마마이니치東京横

36 자유민권과 국회개설을 주장한 메이지 전기의 정치결사로 도쿄에 본사를 두고 전국 각지에 지사를 두어 전성기에는 사원이 천명 이상이었다.

濱每日신문 등이 공격을 가한다. 그러나 위 신문도 후쿠치의 황실주의 자체에 대해서는 털끝만큼도 다른 견해를 달지 못한다. 히라누마 요시로平沼淑郎씨도 당시 하나의 안을 만들었다고 한다. 그 외 정부 쪽에서는 참의 야마다 아키요시가 헌법 초안을 만들고, 이노우에 고와시井上毅에게도 초안이 있다. 두 사람 모두 옛 프로이센[37]헌법 그대로라고 말해도 좋을 정도로 직역적으로 모방한 초안이다. 그래도 민간의 것이 대부분 영국의 입헌제를 모방한 것에 비하면 성문헌법으로 정비된 제권帝權 중심의 프로이센 헌법에 의한 것이기에 체재와 내용 모두 훨씬 정비되어 있고, 현행헌법과도 상당히 공통적인 점도 있다.

이색적인 것은 사쿠라이 시즈카櫻井靜가 메이지 13년 1월 전국의 유지에게 배포한 「대일본국회초안」이다. 이는 순수한 헌법 초안은 아니고 국회의 구성과 권한에 관한 규정이다. 그러나 그 국회라는 것이 헌법 초안을 심의하기 위한 국회의 의미를 다분히 지니는 것이어서, 헌법보다도 먼저 국회를 여는 것이 선결문제이고 국회가 열리고서야 비로소 헌법을 어떠한 내용으로 제정해야 할지가 문제 될 수 있다고 본 당시 민권파의 주장을 구체화한 것이라 보여진다.

이와 같이 메이지 13-14년에는 상하의 관민 모두가 착착 연구를 진행하면서 각각의 헌법 초안 제작에 힘쓴다. 헌법제정과 국회개설은 조야의 큰 문제가 되어 있었다. 그리되자 조정의 가장 중심적인 인물인 이와쿠라 같은 경우도 어느새 헌법 발포는 시기의 문제라고 보고, 종래의 시기상조론을 버리고 이제는 가장 국체에 적합한, 군권이 추락하지 않는 대헌장을 만들어야 한다고 생각한다. 그래서 제국

37 프로이센Preußen은 18세기 초에 프리드리히Friedrich 1세가 왕호를 허락받고 세운 공국公國 및 왕국으로 후에 강국으로 성장해 〈프로이센-프랑스 전쟁〉 후에는 독일제국을 성립시킬 정도로 제국의 중심을 이룬다. 1871년 독일제국이 성립한 이후인 1880년대라서 그 이전은 옛이라 표현한 것이다. 이 책에서는 영어식의 프러시아Prussia라고 표기하지만 프로이센이라 번역한다.

헌법의 초석이라 불릴 헌법 「대강령」, 「강령」 및 「의견」을 이노우에 고와시井上毅에게 기초하게 한다. 이에 의해 오쿠마 시게노부 일파의 정당내각주의와 의회즉시개설론 내지 민간의 급진과격론을 일소시키려 한다.

제8장 메이지 14년의 정변

제1절 오쿠마 참의의 건의

〈오쿠마 시게노부〉

민간에서는 전국적으로 국회개설운동이 전개되어 이와쿠라조차도 "이제 국회개설을 열망해 외치며 논의하는 자가 전국에서 일어나 만약 이를 방치하고 돌아보지 않는다면 아마도 과격한 언행으로 점점 더 인민의 마음을 선동해 국가의 평안을 저해하고 마침내 이를 막을 수 없는 재앙을 보게 될 것이다."라고 부르짖을 정도였다. 그런데 이때 그 추세에 더욱 기름을 부은 게 〈메이지 14년의 정변〉이다.

앞서 기술한 바와 같이 정부 내의 관리들도 각각 헌법건의를 올리는데 유독 수석참의 오쿠마 시게노부大隈重信는 아직 의견을 올리지 못한다. 아리스가와노미야 다루히토 친왕이 오쿠마를 재촉하지만 오쿠마는 직접 천황에게 글을 올리겠다고 밝힌다. 그러나 의견서를 제출하라는 것이다. 그래서 어쩔 수 없이 다른 사람이 보는 걸 허락하지 않도록 청하면서 다루히토 친왕을 통해 의견을 올린다. 친왕은 다른 자에게 보여주지 않는다고 약속하지만 한 번 보고는 그 급진론에 놀라고 또한 이와쿠라와의 사전 약속에 따라 산죠와 이와쿠라에게 보여주면서 문제는 커진다. 이토는 이런 급진설에는 도저히 찬성할 수 없다고까지 극언한다. 이와쿠라가 알선해 오쿠마가 사죄하고 용서를 빌어 문제가 일단 매듭지어졌다고 생각되었다. 그런데 바로 그때 〈홋카이도개척사 관유물불하 北海道開拓使官有物拂下〉 문제가 발생한다. 이에 관해 서술하기 전에 오쿠마 건의의 주요 부분을 한 번 보자.

(전략) 제2 국민의 여론을 살펴 정부 고관을 임용할 것

군주가 인물을 임용하거나 발탁하려면 물론 국민의 여론을 살펴야 하지만 독재 정치체제에서는 국민이 여론을 표시할 수 있는 지위가 없기에 공적에 의하거나 혹은 실제 행한 바를 보아 가장 국민을 위해 촉망된다고 천황이 본 인물을 임용해 정무고문으로 두는데 이는 어쩔 수 없이 이루어지는 것이다.

입헌정치에서 여론을 표시하는 장소는 바로 국의원國議院이다. 여러 사람의 여론이 귀착되는 자라고 불리는 것은 과반수를 형성하는 정당의 수령이다. 국의원은 국민이 추선推撰하는 자로서 국민의 사상을 표시한 것이기에 추선된 의원이 바라는 것은 곧 국민의 바람이다. 국민 과반수를 보유한 존경받는 정당으로서 그 영수로 우러러 받들어지는 인물이 어찌 곧 여론이 귀착되는 곳이 아니겠나. 그렇기에 입헌 정치체제는 천황이 잘 들어맞는 인물을 쉽게 볼 수 있는 좋은 장소를 만드는 것으로서 혼자 보고 선별해야 하는 수고를 면하게 할 뿐만 아니라 국가가 항상 편안한 축복을 향유하게 할 수 있을 것이다. 왜냐하면 이렇게 해서 선거로 임용되는 인물은 인민이 참정하는 장소

인 국의원에서 과반수를 점유함으로써 밖으로는 입법부를 좌우하는 권력을 장악하고, 또한 천황의 은총으로 정부에서 자당의 인물을 중요한 자리에 배치함으로써 안으로는 행정의 실권을 잡을 수 있기 때문이다. 이로써 안과 밖이 어긋나지 않는다. 모든 정치는 하나의 근원에서 나와 일을 시작하고 합쳐서 정리할 수 있게 된다.

더욱이 오쿠마의 주장은 나아가 내각 경질이 영국풍의 입헌주의적 원칙에 따라 정당 중심으로 이루어져야 한다고 상세히 기술한다.

게다가 이렇게 자유주의적 입헌주의의 확립을 지향하는 국회의 개설은 '올해 헌법을 제정해', '메이지 15년 말에 의원을 선거해 16년 초에' 단행해야 한다고 주장하는 것이어서 다른 여러 참의의 시기상조론과는 다른 의견이다.

입헌정치의 진정한 본질은 정당정치다. 그에 의해 입법과 행정 두 부문을 일체로 하여 모든 정치를 하나의 근원에 귀착시키는 좋은 결과를 얻게 됨은 이미 앞서 기술한 바와 같다. 결국 입헌정치는 사회질서를 흐트러지지 않게 하고 국민의 뜻을 평온하게 표시함에 있다. 그런데 지금 국내에 정당이 없는 때 갑자기 국의원을 개설하면 가령 하루아침에 수많은 정당을 낳게 될 것이고, 그 근본이 견고하지 못한 일반 인민은 어떤 정당이 어떠한 주의를 지니는지 알지 못해 정당의 위세가 빈번히 부침을 거듭하는 일이 많아질 것이다. 그렇다면 혼란과 분쟁의 참혹한 모습을 정치 위에 현출시킨다. 사회질서를 유지할 준비로 인해 도리어 이를 문란시킬 우려가 있어 금하고 삼가지 않으면 안 된다.

정당이 우뚝 서지 못하는 것은 이를 낳는 장소가 없어서 그렇다. 그래도 입헌정치체제를 정한다고 널리 알리면 정당의 맹아를 발생시키는 일에 대응하는 게 빨라질 것이다. 그래서 1년 혹은 2년 반의 기간만 지나면 각 정당의 지론이 크게 세상에 알려져 국민도 갑 또는 을, 저쪽 혹은 이쪽의 득과 실을 판정해 각 유파를 세우게 될 것이다. 이때에 의원議員을 선거해 의원議院을 개설하면 사회질서를 유지하면서 입헌정체의 진정한 혜택을 거둘 수 있을 것이다.

따라서 의원을 개설한다는 포고는 아주 빨리 할 필요가 있다. 개설의 시기는 갑작스러운 게 되어서는 안 된다. 이 두 가지 이치에 따라 고찰하면 올해 헌법을 제정하고 메이지 15년 초 혹은 올해 말에 공포해 15년 말에 의원을 소집하고 16년 초에 비로소 개설하기로 예정하기를 희망한다. 이렇게 한다면 큰 화가 없을 것이라 믿는다.

여기서 놓쳐서는 안 되는 건 당시 이토 히로부미 등에 의해 '실로 생각지도 못한 급진론'이라고 비난받게 된 그 주장의 이론적 근거다. 오쿠마의 「의견」은 이렇다.

인심이 크게 나아가서 법제가 크게 뒤처질 때는 그 폐해나 법제를 모질게 무너뜨린다. 인심이 아직 뒤처져 법제가 아주 앞서갈 때는 법제의 나라로 나아가지 않는다. 따라서 나아가는 것이 아직 아주 많지 않고 뒤처지는 것이 조금 적을 때는 법제를 개진改進[38]하면 인심이라 부르는 것이 곧 치국의 좋은 사고

38 일을 고쳐 나아감. 후쿠자와 유키치福澤諭吉의 조어. 메이지시대 자유민권운동의 대표적 정당으로 개진주의改進主義를 강령으로 1882년부터 1896년까지 존재한 입헌개진당立憲改進黨의 초대 당수가 오쿠마 시게노부인 것에서 보듯, 후쿠자와와 친한 오쿠마가 후쿠자와와 그 문하생을 주축으로 한 「고쥰사」로부터 영향을 받은 것이 위 오쿠마 의견서라고 알려져 있다. 그래서 개진이라는 표현을 쓴 것이다.

방식이 된다.

지난해 이래 국의원 설립을 청원하는 자가 적지 않은 바, 청원자의 인품과 행실에 관해서는 갖가지 평이 있더라도 이들 인민이 이와 같은 청원을 하게 된 것은 곧 인심이 바야흐로 약간 앞으로 나아가려는 조짐을 보인 것이다. 그래서 그 외의 일반적 인심을 살피건대 뒤처진 자 또한 아주 적다고는 한다. 그렇다면 법제를 개진해 국의원을 설립할 시기가 차츰 무르익었다고 말할 수 있다.

또한 인심이 점차 나아가서 법제가 점점 뒤처질 때는 인심이 집중되는 곳 하나에 법제를 개진하기 위해 각 인민에게 긴요한 외국에 대치하는 사상과 국내를 개량하는 사상 같은 것은 거의 마음에서 멀어져 가고 그저 제도와 법의 개혁에만 열중하게 된다. 이 역시 국가에는 도움이 되지 않는다.

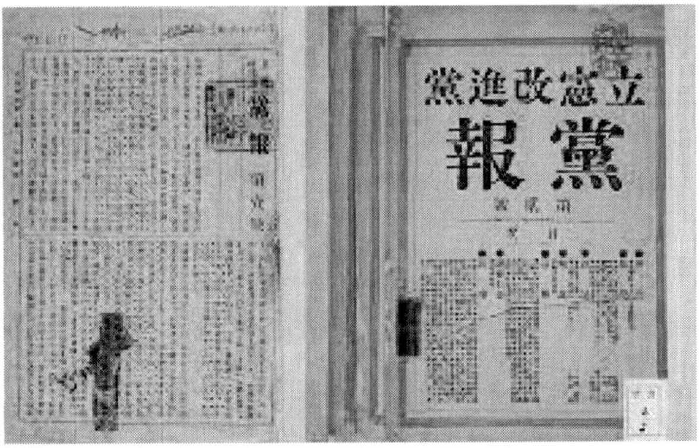
立憲改進黨
黨報

〈입헌개진당 당보 早稲田大學圖書館〉

이듬해 메이지 15년 3월 「입헌개진당立憲改進黨」이 내건 강령에서 말하는 '내치의 개량을 주로 하여 국가의 확장에 이르는 것'이라는 주장은 오쿠마의 「의견」에서도 한결같이 보이는 근본적 입장이다. 그렇다면 거기에 '당시의 민권론자와 크게 입장을 달리하는 것'

이 포함되어 있었던 건 아주 의아한 것도 아니다. 즉 그는 "(1) 헌법이 흠정이어야 함을 주장함과 함께, (2) 정무관政務官(오쿠마의 이른바 정당관政黨官)과 사무관事務官(오쿠마의 이른바 영구관永久官) 외에 중립영구관의 설치를 필요로 하고, 군주의 최고고문부顧問府와 군무軍務와 경무警務 부문은 정당 세력 밖에서 초연해야 한다고 주장한다."

또한 헌법제정에 관해서도 당시 민간의 여론인 국약國約헌법, 헌법제정회의 소집 같은 건 오쿠마에게는 전연 문제시되지 않는다.

> 법규가 이미 세워져 사람이 이에 의할 때는 일이 바로 정해지고, 법규가 아직 세워지지 않아서 사람이 먼저 모였을 때는 일이 바뀌어 정해지지 않는다. 이제 전에 없던 통치체제를 천하에 시행하려 함에 있어 그 완성에 필요한 것은 사회의 평안한 질서다. 고삐 줄을 한 번 끊으면 말들이 제멋대로 달아나 질서가 쉽게 회복될 수 없다. 따라서 먼저 천황의 결정으로 헌법을 제정하게 하고, 이에 의해 국의원國議員을 소집하기를 바란다. 헌법 제정에 관해서는 내각에서 위원을 정해 조속히 착수하기를 희망한다.

> 중립영구관은 3대신(정당에 관여하지 않고 천황을 보좌해 내각을 조각하기 위해 가장 지지가 높은 정당에 천황의 비공식 칙서를 내릴 때 등에 고문으로 준비시켜 공평하게 국익을 고려하기 위해 비정당관으로 해야 한다. 또한 3대신은 함께 하여 사람이 없으면 그 관직이 결관인 것으로 정해야 한다) 및 군관軍官, 경시관警視官이다. 이상의 세 가지 직은 모두 국내의 치안과 공평을 유지하는 임무이기에 가장 불편부당하고 훌륭한 덕을 갖추어야 한다.

내각 경질의 경우에 3대신에게 자문하라는 오쿠마의 의견은 순수 영국류의 정당내각제적 입헌주의와는 이미 거리가 있다.

이렇게 가장 지지가 높은 정당에 관하여 생각하고 논의할 때는 정당과 관계없는 황실 인사 혹은 3대신을 고문으로 삼는 게 마땅하다.

경찰 및 군대의 권한을 정당내각 밖에 두자는 것은 입헌주의적 의미에서 영국류와 관계가 없다. 오쿠마는 이 「의견」에 대한 이와쿠라의 힐난에 답하면서 "나의 의견은 결코 이토와 크게 다른 게 없다." 라고 말하는데, 이는 단순한 변명만이 아니었다고 믿어도 좋다.

그러나 정당내각론, 의회즉시개설론 같은 것은 다른 참의들의 건의와는 결코 같은 의견이 아니다. 게다가 이토 등은 이토, 이노우에 고와시, 오쿠마 3명이 서로 제휴해 국가적 견지에서 정부부서 개혁을 시도할 심산이었다. 따라서 오쿠마가 단독으로 이와 같이 시대 흐름에 편승한 급진론을 주창한 것은 민간세력을 배경으로 자신의 세력을 넓히기 위해서라고, 말을 바꾸면 삿쵸정부를 전복하려는 수단이라고 해석했을 것이다. 그들은 갑자기 오쿠마를 적대시한다. 물론 다른 관료들은 큰 두려움을 느꼈을 것이다. 곧 조정이 오쿠마 배척에 일치하게 된 것은 그 공포심 때문일 것이다.

제2절 홋카이도개척사 관유물불하사건

일시적으로는 이토와 오쿠마의 사이도 회복된다. 이와쿠라는 요양차 서쪽에 있고 오쿠마는 천황의 순행에 동행해 7월 30일 도호쿠東北로 향한다. 그런데 그 부재중에 생긴 일이 홋카이도개척사 관유물불하에 대한 민간의 일제 공격이다. 약 천오백만 엔을 투자해 개발 중에 있던 홋카이도의 모든 관유물을 사쓰마인 고다이 사이스케五代才助 등의 간사이關西무역상회에 약 39만 엔에 그것도 무이자 30년 분할납부로 불하하려 했다. 건수를 기다리던 민간 정객이 이를 묵과할 리가 없다. 각지에서 공격적 연설이 이루어진다. 그것이 절대적 인기를 부른다. 결국에는 아직도 국회가 개설되지 않았기에 번벌이 이렇게까지 부당한 전횡을 휘두르는 것이니 즉시 제대로 국회를 개설하자고 준엄하게 비판하는 소동이 된다. 「국회즉시개설론」은 동시에 삿쵸정부 타도론이다. 오쿠마의 인망이 홀로 빛나고 민간의 기개가 하늘을 찌를 기세가 된다. 그러자 이제 불하는 물론이고 「국회시기상조론」까지 버리지 않으면 어떤 불상사가 생길지 알 수 없었다. 관료들은 크게 놀란다.

10월 11일 천황이 순행에서 돌아온 날 밤 곧바로 어전회의를 열어 불하중지, 오쿠마 면직[39] 그리고 다가오는 메이지 23년을 기해 국회를 개설함을 국내외에 천명하기로 결정한다. 이로써 조정에서는 오쿠마의 자유주의적 입헌정치론이 일거에 청산된다. 오쿠마 일파의 면직과 하야가 줄을 잇는다. 참으로 정한론 이후의 대정변이다. 이제 국회개설과 헌법발포의 기준이 되는 것은 이와쿠라의 헌법론이다.

39 오쿠마 의견에 대한 후속조치로 오쿠마 파면 등이 조정 내에서 합의된 것도 있고, 특히 개척사 문제가 그 일을 촉발시킨 이유는 불하문제가 오쿠마의 모략에 의해 비판받는 것이라고 보았기 때문이다.

제3절 이와쿠라의 헌법론과 국회개설칙유 공포

〈이와쿠라 도모미〉

참의들은 모두 미봉적인 국회 시기상조론을 주장하고 있었다. 그래서 국회를 개설한다는 상황이 되어도 어떤 방침이 있는지 대단히 의문이다. 그저 이와쿠라의 입장이 군권지상君權至上, 민권배척인데 이는 다른 사람과 동일하다. 이와쿠라는 탁월한 처신을 보여 왔다. 그것은 그에게 이노우에 고와시井上毅 같은 탁월한 두뇌가 있었기 때문이기도 할 것이다. 그가 메이지 14년 7월 요양차 서쪽에 머문 사이에, 조정이 이후의 방침을 확정하기 위한 자료로 쓰기 위해 제출시킨 「대강령」, 「강령」 및 「의견」은 이미 이노우에가 기초한 것이다. 즉 이노우에의 덕택이다. 그런데 이노우에를 시종 가르치고 이끈 자는 뢰슬러K. H. Roesler였다.

1. 흠정欽定헌법 체재로 할 것.
1. 점진주의를 잃지 않을 것.
   부기: 유럽 각국의 법률을 취사선택함에 있어 프로이센 헌법의 점진주의에 적합하게 할 것.
1. 황실의 승계는 역대 천황들 이래의 모범에 의하고, 새로 헌법에 기재할 필요는 없음.
1. 천황이 친히 육해군을 통솔하고 외국과의 조약을 체결하고 화폐를 주조하고 훈위勳位를 수여하고 은사를 베푸는 등의 것.
1. 천황이 친히 대신 및 이하 문무 중신을 임용 진퇴시킬 것.
   부기: 내각 재상의 자격은 의원 여부에 구애되지 않음.
   내각의 조직을 의원議院이 좌우하게 맡겨서는 안 됨.

1. 대신의 정치적 책임은 근본적인 국가정치에 관계된 것을 제외하고는 주관하는 담당사무 각각의 책임에 귀속시키고 연대책임의 법에 의하지 않을 것. (하략)
1. 민선의원선거법은 재산에 따른 제한을 둔다. 단 화족과 사족에는 재산에 구애받지 않는 특권을 부여할 것.
1. 모든 의안은 정부에서 발안할 것. (하략)

이것이 그의 헌법의견의 핵심이다. 그는 열심히 논하면서 역설하기를 영국풍의 의회정치와 정당내각제를 채택해서는 안 된다는 것, — "국왕은 하나인데 다수인 의원議院을 위한 제도가 되어 정당의 승패에 맡기는 방식에 의해 이루어진 결정을 천황의 뜻인 것으로 하여 내려 보내는 것에 지나지 않아, 한 사람은 좌측으로 한 사람은 우측으로 굽어도 바람 속의 깃발 같을 뿐. 따라서 행정권이 오로지 국왕에게 속한다고 말하더라도 실제는 행정장관이 반드시 의원 내의 정당의 수령에 의해 발탁되어 행정 실권은 실로 의원 속의 정당이 장악하는 것이고, 국왕과 의원議院이 주권을 나눈다고 말하더라도 실제는 주권이 오로지 의원에게 있어 국왕은 실권 없는 지위虛器를 지키는 것 뿐." — 프로이센을 본받아 대권내각大權內閣주의, 천황친재親裁주의를 채택해야 한다는 것, 이를 위해서는 (1) 대신 이하 문무 고관의 임면任免 권한을 천황이 장악하는 것, (2) 대신은 반드시 연대책임을 부담시키지는 않는 원칙을 확립하는 것, (3) 회계연도 예산에 관해 정부와 의회가 충돌하는 경우에는 지난해 예산이 효력을 갖도록 하는 것 등 세 항을 헌법에 명문화할 필요가 있다는 것 등을 주장한다.

10월 11일의 어전회의에서 국회개설이 결정되자 곧 여러 참의가 연서해 상주하는데 거기서 천명된 헌법제정 의견도 요약하자면 위이와쿠라 헌법론에 포섭되는 것이다. 여하튼 상주한 글에 의해 머지 않아 발포될 헌법이 양원제, 통수권독립을 근간으로 하는 국체를 준수해야 하고 군권 중심 흠정헌법이어야 함은 명백해진다. 이와쿠라가 설치한 큰 초석 위에 일본 입헌정치 수립의 구체적 방침이 확립된 것이다.

신이 삼가 생각건대 천황이 일찍이 입헌정체를 세우는 것을 기약하고 메이지 8년의 천황조칙을 내려 원로원과 대심원의 두 원을 설치함으로써 그 기초를 삼은 뜻은 헤아리지 못할 정도로 심원하다. 그 이래 신민이 함께 우러러 그 실마리를 이어 지방회의를 열고 법전을 개량해 점차 앞으로 나아간다. 정치가 이를 헤아려 서서히 따라 나아감에 조급히 하지 않는다. 그래서 아직 갑자기 입헌의 실제를 거론하는 데는 이르지 않았다. 중흥의 대업이 조금 이루어졌지만 개혁의 시기가 아직 무르익지 않은 것이다. 그래서 바야흐로 훗날을 기약하고 서서히 확충해야 한다는 것이다. 신들이 가만히 보건대 국회개설을 열망하는 자를 헤아리니 성급한 마음으로 말을 멋대로 하고 행동을 완수하지는 않아 과격한 의견이 된다. 지금 서둘러 일정한 조정의 뜻을 명백히 천하에 제시하지 않으면 인민은 천황의 통치계획이 어떤 것인지 알지 못해 방향을 그르치게 된다. 제대로 먼저 국회개설의 기한을 예정하고 거행하는 순서를 두고, 이로써 국가정치가 지향하는 바를 알려 인민이 조정의 뜻과 하나가 됨을 알게 해야 한다.

입헌정체를 만드는 것은 옛 시대에 없던 큰 흐름이고 앞으로 다가올 만대의 대업을 이루려는 것이다. 그 일이 착수되고 아직 많이 나아가지 못했는데 급하게 일을 하면 아주 작은 차이가 천리의 차이만큼 그르치는 결과를 만들 수도 있는 바, 큰 계획은 한 번 왼쪽左으로 가면 다시 회복할 수 없게 된다. 제대로 갖추고 신중하게 행하는 순서를 좇아야 하기에 그 사이 수년을 필요로 하지 않을 수 없다. 하물며 중흥 초창기의 사업이 아직 결말나지도 않아 시행이 실로 절반 정도 되는 게 많다. 천황이 정치방침을 이미 보였고 기한이 예정됨으로 인해 민간에서는 개인 의견으로 위세를 부리면서 조급히 경쟁시켜 사변을 선동하는 것 같다. 이것이야말로 천황의 덕을 막아 국가의 안녕을 저해하는 것이다. 국법으로 잘 처리해 양민을 미혹하지 못하게 해야 할 것이다.

헌법을 정하는 표준에 관하여 신들이 가만히 생각해 보건대 건국의 근본인 각 원류를 더한 것을 그에 옮길 수는 없을 것이다. 역대 천황들이 기초를 만들어 전해 준 것이 천황의 지위다. 그것은 백성과 함께 지킬 만대불변의 길이다. 천황이 시기에 비추어 고금을 살펴 실정에 맞게 일을 잘 처리해 이제 정치권력을 나누어 인민에게 공표하려 한다. 생각건대 이는 실로 역대 천황들이 후세에 남긴 공적을 들어 그 훌륭한 가르침을 널리 펴지게 함에 지나지 않는다. 지금 민간에서 정치에 관해 논하는 자들을 보건대 흔히 구미의 과격한 설을 주장하고 국체가 무엇인지 돌아보지 않는 자가 종종 있다. 신들이 이를 실로 우려해 바라건대 헌법을 만든 각국의 장점을 채택하고 참작하더라도 우리 국체의 아름다움을 잃지 않으면 비록 널리 백성의 논의를 열어 공적으로 많은 사람들의 생각을 모으더라도 황실의 대권을 추락시키지는 않는다. 천황이 대권을 총람總攬하고 정치의 근본을 세움으로써 만대불변의 기초를 만드는 것을.

신들이 돌아보건대 입헌군주정치의 나라는 그 터를 공고히 하는 길이 또 있다. 하나는 원로원을 두는 것으로 연로한 귀족으로 조직하는 것이다. 둘째는 육해군을 제왕이 친히 통수하는 것이다.

생각건대 나라에 상하 양의원이 있으면 수레에 두 바퀴가 있는 것 같이 되어 원로원은 실로 하원과 나란히 서서 그 평형을 유지해 급변하거나 급진적이 되는 폐해를 막는다. 그래서 영원히 헌법이 보장되어 왕실을 보좌하게 된다. 지금 원로원이 만들어져 겨우 새롭게 시작됨으로써 아직 열매를 거두는 데 이르지는 못한다. 이제 조직을 크게 바꾸고 확장해야 한다. 그 개략적인 것은 다음과 같다.

제1 황족이 만18세에 이르면 원로관元老官이 되고 임기는 정하지 않는다.

제2 화족에 작위의 예를 두어 작위를 받으면 귀족으로 하고, 그중 뛰어난 인재를 발탁해 임기를 정해 원로관으로 천황이 임명해야 한다.

제3 사족은 봉건적 무인 가문 시대에는 평민 위에 위치하고 교육은 말할 것도 없고 기개와 절조 있는 자가 많으므로 거기서 낸 자를 귀족의 일부로 해야 한다. 이제 그중에 발탁해 기용하고 화족과 더불어 원로가 되게 하여 공을 세워 은혜에 보답하게 해야 한다. 단 그 기용하는 법은 사족의 공선으로 하여 부와 현마다 약간 명을 발탁해 임기에 이르게 하되 화족에 비하면 짧은 임기가 되어야 한다.

제4 문무관인 공신 가문에 관한 것은 옛 관습에 의한다.

육해군에 관해 생각건대 천황은 군대의 원수로서 군인은 왕실의 명령에 따르는 수족 같은 관계다. 따라서 군인인 자는 오직 나라를 사랑하고 군주에 충성하는 의로움이 있어 당을 결성하거나 정치를 논의할 권리가 없다. 이제 기율을 잘 만들고 천황이 친히 고무하고 진작해 의로운 길을 보여주고 이를 전하여 풍습을 형성함으로써 영구히 국가의 간성이 되게 해야 한다.

이상 진술한 바를 아우르자면, 국회의 설립 기한을 예정한 것은 국가정치가 지향하는 바를 보여주기 위함이고, 헌법을 정하는데 국체를 중시함은 역대 천황들의 유업을 두텁게 지키기 위함이고, 원로원을 고쳐 확장하고 황족 및 화족과 사족으로 이를 충원함은 나라의 기초를 공고히 하기 위함이다. 또 원로원의 조직을 이미 고쳐 확장하기로 예정한 기한에 맞춰 국회를 개설해 상호 평형하게 하면 편중됨이 없을 것이고, 군제를 엄격히 하여 군심을 하나로 하면 나라를 지킬 필요가 있을 때 해이하지 않은 자가 된다. 이 모두가 신들 각각이 진정으로 천황의 입헌계획을 도와 이루기 위해 시작하고 끝을 잘 맺기를 바라는 이유다. 신들은 삼가 이 의견에 대한 천황의 결정을 기다리며 황공하게 올린다.

다음 날인 12일 점진 방침의 흠정헌법으로 한다는 대원칙을 선언하는 「국회개설칙유國會開設の勅諭」가 공포된다.

[칙유]

짐은 선대 천황들의 2천5백여 년의 대업을 이어받아 중고中古시대에 혼란했던 대권을 확장하고 국가정치를 통일적으로 총람하고 또한 일찍이 입헌정체를 세워 후세 자손에게 이어갈 업을 이루고자 기약했다. 그래서 메이지 8년에 원로원을 설치하고 11년에 부현회를 열게 하였다. 이 모두는 점차 기초를 만들어 순서에 따라 앞으로 나아가는 길에 의하는 것이 아니면 안 된다는 것이다. 그러니 너희 인민도 짐의 마음을 양해하기 바란다.

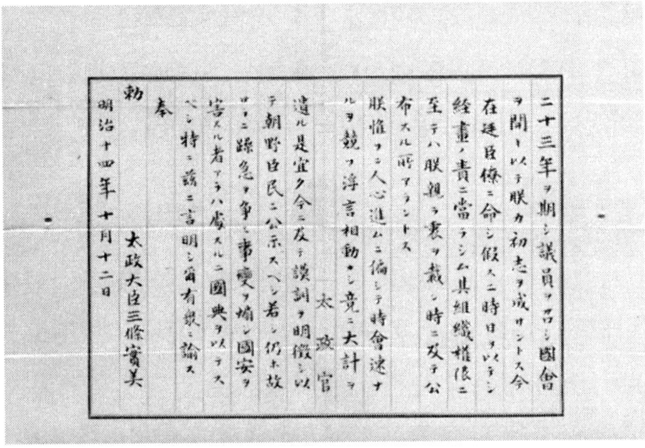

二十三年ヲ期シ議員ヲ召シ國會
ヲ開キ以テ朕カ初志ヲ成サントス今
在廷臣僚ニ命シ假スニ時日ヲ以テシ
經畫ノ責ニ當ラシム其組織權限ニ
至テハ朕親ラ衷ヲ裁シ時ニ及テ公
布スル所アラントス
朕惟フニ人心進ムニ偏シテ時會速ナ
ルヲ競フ浮言相動カシ竟ニ大計ヲ
太政官
遺ル是宜ク今ニ及テ謨訓ヲ明徵シ以
テ朝野臣民ニ公示スヘシ若シ仍ホ故
サラニ躁急ヲ争ヒ事變ヲ煽シ國安ヲ
害スル者アラハ處スルニ國典ヲ以テス
ヘシ特ニ茲ニ言明シ爾有衆ニ諭ス
奉
勅　太政大臣三條實美
明治十四年十月十二日

〈국회개설 칙유 日本國立公文書館〉

돌아보건대 나라마다 국체는 각기 다르다. 이런 중대 사업은 실로 가볍게 행해서는 안 된다. 우리 선대 천황들이 하늘에서 내려 보고 있다. 선대 천황들이 남긴 공적을 드날리고 큰 계획을 넓히고 고금을 살펴 사정에 맞게 결단하고 행할 책임은 짐에게 있다. 메이지 23년을 기해 의원을 소집하고 국회를 엶으로써 짐의 처음 뜻을 이루려 한다. 이제 조정신료들에 명하노니 시일을 두고 그 책무를 맡아야 한다. 그 조직과 권한에 관해서는 짐이 친히 절충 판단해 때가 되면 공포하고자 한다.

짐이 생각건대 인심이 나아감에 한쪽으로 기울어지고 시기를 서두르고자 경쟁한다. 근거 없는 소문이 서로를 움직이고 결국 큰 계획에서 벗어난다. 그렇기에 이제 국가의 대계가 되는 가르침을 명백히 밝힘으로써 조야의 신민에게 알린다. 만약 일부러 조급하게 경쟁하여 사변을 선동하고 국가의 안녕을 저해하는 자가 있으면 국법으로 처단할 것이다. 특히 여기에서 언급하니 너희 인민은 깨달아야 할 것이다.

주칙奏勅　　태정대신　산죠 사네토미

메이지 14년 10월 12일

이 칙유의 안은 이노우에 고와시가 기초한 것이라 한다. 동시에 개척사관유물불하는 취소를 명한다. 다음 날 천황, 대신, 참의, 각 성의 경들을 어전에 소집해 다음과 같은 칙어를 내린다.

> 어제 칙유를 반포해 명백히 천하에 보여준 것은 짐의 뜻으로 실로 기한을 정해 입헌정체를 거행하려는 것이다. 생각건대 유신 이래의 국내외 초창기 사업의 시행이 실로 절반 정도인 것이 있고, 여러 정무가 순서를 매겨 정돈될 필요가 있는 것이 많다. 너희 군신은 각자 맡은 바 일에 종사해 일처리를 빠짐없이 하여 장래에 이어갈 실마리로 삼고 짐의 명을 인민에게 명확히 밝히고 선양시키라.

제9장 정당의 발달

제1절 자유당의 창립

이보다 앞서 「개척사 관유물불하」 문제가 여전히 시끄러울 때 이타가키 다이스케板垣退助는 8월 26일 이른바 '가이난海南의 초가를 나와서'라는 영웅적 표현과 함께 도사를 떠나 유세의 길에 오른다. 이 시기 이타가키의 명성과 인망은 실로 굉장한 것이었다. 9월 1일 고베神户에 도착하자마자 당시 오사카아사히大阪朝日신문은 "뇌우雷雨가 오는 것이다, 뇌우가 오는 것이다."라는 제목 하에 하나의 대기압이 가이난에서 일어난 것이라고 풍자한다. 9월 10일 오사카 에비스자戎座에서 "미개한 인민이라 하더라도 권리에 차등이 있어서는 안 된다."라는 연제로 5천 명의 청중을 심취시키고, 해로로 요코하마橫濱에 도착한다. 9월 16일 도쿄에 들어가자마자 신바시新橋역 앞의 환영은 극히 장관을 이룬다. 재야의 각 당과 각 파가 모두 환영한다.

23일 우에노上野의 세이요켄精養軒에서 있은 환영회 석상에서는 각 파가 단결하자는 논의가 있었지만, 오쿠마파와 이타가키파의 의견이 서로 받아들여지지 않아 이타가키는 소매를 뿌리치고 도호쿠東北 유세의 길에 오른다. 나중에 「자유당自由黨」과 「개진당改進黨」이 공동의 적을 앞에 두고 서로 다투게 되는 사연은 멀리 보면 이 시기부터 비롯된 것이다.

한쪽에서는 「전국기성동맹회全國期成同盟會」 사람들이 지난해의 약속에 따라 도쿄에 모여 회의를 여는데 그때 「국회개설칙유」가 공포된다.

한편 고노 히로나카河野廣中 등은 순수한 정당조직을 기획해 자유당 결성맹약을 만들고 있었다. 그런데 칙유가 공포되어 국회기성동맹회와 자유당은 합동해야 한다는 논의가 예기치 않게 일어나 급작스레 그 대회가 개최된다. 고노 히로나카는 다음과 같이 회고한다.

> 일단 칙유가 공포되었다고 하니 집회조례 및 그 외 정부의 신랄한 압박에 물러나 거의 소리를 내지 않았다고 할 정도로 위축되어 부진에 빠져 있던 인심도 갑자기 원기를 얻어, 사방에 산재하던 인물들까지 칙유 공포의 기운을 만든 게 마치 자기들이라고 말하는 듯한 얼굴을 하고는 도쿄에 군집했다. 그래서 민권운동의 수훈자 이타가키나, 그에 미치지는 못하지만 메이지 13년 10월 애국사 총회에서 정당의 조직을 결정함에 따라 그 일체의 준비를 부탁받은 이래 동분서주하면서 활동을 계속해 모든 인고와 싸우며 진정으로 힘 있고 도움 되는 정당을 조

직하려고 노력해 온 우리와는 조금도 상의하는 게 없었다. 또한 우리가 자리에 앉는 것조차 기다리지 않고 갑작스레 대회를 열어 자유당 조직을 결정하고 게다가 이타가키를 배척하고 다른 인물을 총리로 추대하려는 것 같은 상태를 목격하면서 우리는 그 경솔하고 신중치 못한 태도에 어이없다는 생각을 금할 수 없었다...... (『고노반슈전河野磐州傳』[40])

그렇듯 불평도 있었다. 그러나 국회개설칙유가 아주 갑자기 즉 아닌 밤중에 홍두깨 같았기에 급하게 대회를 서둘렀던 사정도 다소는 참작해야 한다.

이리하여 10월 18일 도쿄 아사쿠사淺草의 이부무라로井生村樓에서 열린 대회에서 자유당 맹약 및 규칙 등을 논의로 정하고 선거에 의해 다음과 같은 조직을 둔다.

[제1기 임원役員]

총리總理	이타가키 다이스케
부총리	나카지마 노부유키中島信行
상의원常議員	고토 쇼지로
동	바바 다쓰이馬場辰猪
동	시마모토 나카미치島本仲道
동	스에히로 시게야쓰末廣重恭
동	다케우치 즈나竹內綱
간사幹事	하야시 가네아키라林包明
동	야마기와 시치지山際七司
동	나이토 로이치內藤魯一

40 河野磐州傳編纂會, 『河野磐州傳』, 河野磐州傳刊行會, 1924

동　　　　　　오이시 마사미大石正已
동　　　　　　하야시 마사아키林正明

여기서 비로소 조직을 갖춘 정당으로서의 「자유당」이 탄생한다.

다만 이 대회 도중 규슈九州의 위원은 도사파와 함께 하지 않는다며 가버린다. 애국사 제4회 대회 때에도 규슈인이 도사인의 행동은 용납할 수 없다면서 실로 결렬하려 한 적이 있었던 것처럼 이후 오랫동안 자유당의 세력범위에는 규슈가 참가하지 않는다.

또한 회의 중에 고문顧問 설치에 관한 논의가 나온다. 고노 히로나카는 고문 추대를 거절한다.

> 나는 결코 스스로 비하해서 고문 추대를 거부하는 게 아니다. 내가 거절하는 데는 그럴 수밖에 없는 이유가 있다. 첫째로 설명에 의하면 고문직은 늘 총리의 진영에 참가해 그 고문이 되어 보좌하고 동시에 한 당을 지도하는 것으로 그런 임무에 적당한 자는 학식과 경력을 겸비한 도쿠가와 요시노부德川慶喜나 시마즈 히사미쓰島津久光나 소에지마 다네오미副島種臣나 가쓰 야쓰요시勝安芳나 유리 기미마사由利公正 같은 사람을 그 위치에 두자는 뜻이 진술되었는데, 우리는 지사로서 스스로 임무를 맡기고 있지만 그런 사람들과 비견될 만한 자는 아니다. 만약 실로 위와 같은 인물을 고문에 추대하려 한다면 나 같은 자를 고문으로 하는 것은 고문 추대에 방해가 되는 게 아닌가. 나 같은 자가 고문인 것은 그 직을 둔 정신에 부합하지 않는 게 아닌가. 둘째로 만약 고문이 구태여 해야 할 임무도 없고 쓸데없이 사람을 위해 설치한 한직이어서 은거하는 듯 아무것도 하지 않는 역할에 불과하다면 나는 결코 사직하지 않을 수 없다. 냇가의 버들에게도 '화재감시인인 산 할아범을 버리

〈고노 히로나카〉

는 곳'이라 말한다는데, 나는 못나고 어리석어 지난해 애국사 대회에서 애국사 해산 및 자유당 창립 준비에 관한 위원으로 위촉받아 동분서주하고, 밤낮 없이 진력해 자리가 데워질 틈조차 없이, 사람들이 어려운 일을 피해 돌아보지 않을 때도, 관헌의 압박이나 괴로움과 어려움 속에서도 고군분투해 온 것이다. 이제 국회개설칙유가 공포되고 정당도 이미 조직되고 우리의 책무는 더욱 무거워짐을 통감하지 않을 수 없다. 우리는 이제부터 크게 해야 할 많은 사업이 있다. 적어도 입헌정체를 건설하고 그 효과를 거두는 것을 임무로 하는 자가 어찌 '화재감시인'이라는 한직을 받아들일 수 있겠나. 나는 한 사람의 고노 히로나카로 족하다. 결코 임원이 되기를 바라지 않는다. 나는 뜨거운 피를 국가와 인민에 바치고 어디까지나 자유민권을 위해 분투노력할 뿐이다. 셋째로 정당이라는 것은 이제 창업하는 시기에 속해서 적어도 뜻을 천하에 두려면 구구한 사심을 품지 않고 참으로 공명정대한 정신으로 상호 협심 협력하지 않으면 도저히 임무를 완수할 수 없다. 내가 곰곰이 이번 회의의 형세를 살피건대 그 취지에 반하는지 아닌지 아주 의문시하지 않을 수 없다. 보라, 우리 당은 제대로 수령으로 추대하지 않으면 안 될 인물이 회의에 오기도 전에 이런 회의를 개최하고 또한 너무 한적한 장소로 벗어난 게 아닌가. 이 정당의 결성을 위한 고정장치가 없다. 보라, 규슈의 위원 같은 경우는 가버려서 한 자리에도 없지 않나. 이것은 동지의 결합이 균열되는 게 아닌가. 우리는 널리 전국의 동지를 규합해 공고한 결맹을 만드는 것이 정당 활동의 첫걸음이라 믿고 있다. 그럼에도 결성에 고정장치가 없고 결합에 균열을 만드는 것 같은 건 도대체 어떤 상태인가. 우리는 말할 것도 없이 일신을 국가에 바쳐 앞장서 천하의 큰일을 맡아 우리 당의 결함을 보완하고 분골쇄신해 입헌정체 건설에 노력해야 한다. 그래서 한직에서 은거하듯 아무것도 하지 않는 고문이라는 역할을 감수하는 것 같은 일은 도저히 내가 할 수 없는 일이다. 내가 여러분의 추대를 거부하는 까닭은 여기에 있다. 실로 우리 당을 위해, 여러분을 위해 진실한 활동을 하고자 하는 지극한 마음에서 우러나온 것이다.

고노의 도도한 열변은 모든 참가자를 압도한다. 이때 우에키 에모리는 열렬히 고노의 설에 찬성하면서 "이 즈음에 차라리 앞선 결의에 급급하지 말고 결연히 재의해 정당 출발의 첫걸음을 바로잡는 게 옳지 않은가."라고 발의한다. 다수의 참가자도 동의하면서 마침내 다시 의논하기로 하고, 다음 날 19일 본회의에서 변경하여 총리 이하의 임원을 선거하였다. (『고노반슈전』)

임원 선거 결과 고노는 선출에서 빠져 있다. 도사土佐파는 도호쿠東北파와 의사를 소통하지 않은 것이다. 그러나 여하튼 성립한 것이다. 그 구성요소는 다음과 같았다.

「자유당自由黨」의 중추는 생각건대 4대 요소로 이루어진다.

하나는 국회기성동맹회를 중심으로 한 지방단체 및 지방 유지들의 집단, 둘은 고토 쇼지로를 중심으로 중앙에 있는 도사파 집단, 셋은 고쿠유회國友會를 중심으로 한 바바 다쓰이, 스에히로 시게야쓰, 다구치 우키치田口卯吉 등의 집단, 넷은 나카에 도쿠스케中江篤介[41], 다나카 고조田中耕造, 가와즈 스케유키河津祐之 등의 집단이 그것이다.

자유당의 강점은 지방단체의 영수인 가타오카 겐키치(입지사), 고노 히로나카(세키요사石陽社), 오이 겐타로大井健太郎, 야마기와 시치지, 나이토 로이치, 스즈키 이에사다鈴木舍定, 기쿠치 구로菊地九郎, 마쓰다 마사히사松田正久, 가시와다 모리부미柏田盛文 등과 같이 민권론을 지도적으로 주창한 유지들이 중심세력인 것에 있다. 이를 도우는 것에는, 중앙에서는 도사파 집단인 시마모토 나카미치나 오카모토 겐자부로岡本健三郎, 다케우치 즈나 등이 핵심이고, 논객으로는 고쿠유회에 속한 바바 다쓰이, 오이시 마사미, 스에히로 시게야쓰, 아사노 겐淺野乾, 혼다 마고시로本多孫四郎, 사에키 고헤이佐伯剛平, 니시무라 겐도西村玄道, 하라 이사쿠原猪作, 하타노 쇼고로波多野承五郎, 가도타 마사쓰네門田正經, 다카하시 기이치高橋基一, 호리구치 노보루堀口昇, 스즈키 겐타로鈴木券太郎 등이 있고, 순이론파로서는 나카에 도쿠스케, 다나카 고조 등이 있다. 자유당이 진취적이고 과감한 정신이 풍부해 논의가 간이하고 표현도 직설적이고 행동이 맹렬한 것은 우연이 아니다.

고쿠유회는 메이지 14년 봄 바바, 오이시, 스에히로, 다구치 등 창립에 관계한 자가 한편으로는 정치연설을 임무로 하고, 다른 한편으로는 잡지를 발간하고 민권론을 주장하지만, 자유

41 나카에 조민中江兆民

당을 열자마자 회원이 모두 자유당에 참가한다...... (『대일본헌정사 大日本憲政史』[42])

그렇게 의결된 자유당 조직은 취지서, 총칙, 맹약 및 규칙을 둔다.

[자유당 조직 취지서]

자유는 사람의 천성이다. 자유를 지키는 것은 사람의 큰 도리다. 그런데 사람이 만든 권력이 걸핏하면 하늘이 부여한 자유를 억압하고 본연의 모습을 훼손하고 그 권리를 보전할 수 없게 하여 우리 인민의 가장 귀중한 생명과 재산의 안전을 유지할 수 없게 한다. 그래서 모두 통치자가 좌우하는 바에 맡겨진다. 그 위태로움은 실로 얇은 얼음판을 밟고 있는 것과 같다. 이리되면 예전부터 슬프게 한탄하고 걱정하지 않을 수가 없다. 그럼에도 전국의 우리 동포가 자유라는 천성을 지니고 자유를 확충함으로써 진리를 세상에 밝혀야 하는데, 개중에는 각자의 의무, 즉 진력해야 할 큰 도리를 모르는 자도 없지는 않다. 그러자 사람이 만든 권력은 우리가 자유의 경계를 겁내게 하고, 사람의 지식을 배양함에 필요한 도구인 언론출판의 자유를 방해하고 나아가 정치에 관한 사상을 억눌러 그저 사회가 일치하도록 용해시키려고만 한다. 그러는 사이에 인민의 진취적 기상은 위축되어 펼쳐지지 못한다. 인문人文의 자유도 개발을 기약하지 못하고 참정의 권리도 회복되지 못한다. 이에 더해 재정의 어려움은 날이 갈수록 압박이 심해져 거의 전국의 경제가 측정하기 어려울 정도로 끔찍해지는데도 구제할 방법이 없다. 이는 차치하더라도 항상 구미제국에 멸시당하여 국권은 위축

42 大津淳一郎, 『大日本憲政史』 第1巻, 寶文館, 1927

되어 보이지도 않고 대등한 권리를 얻을 수는 없는데, 이렇게 해서 정치의 법권法權을 회복하고 항구 세관의 조세부과 권리를 얻으려 하지만 아무리 기다려도 마찬가지다. 그렇다면 이에 대처하기 위해 어떻게 해야 할 것인가. 하나의 자유정당을 조직해 협동 일치하는 정신을 발휘하고 이로써 하늘이 부여한 자유를 확충하여 사람이 만든 권력을 억제하고 위로는 정치를 개량하고 아래로는 자유의 기상을 발전시켜야 한다. 자유가 없어서는 안 되는 것은 어떤 시대라도 마찬가지다. 생각건대 오늘날보다 더 절실하게 자유가 특히 긴급히 필요한 시기도 없다. 만약 오늘날에 결단력 없이 한가하게 안주한다면 국가 치안이 저해되고 사회질서가 문란한 상태가 지속될 뿐이다. 따라서 적어도 국가에 뜻이 있는 자는 자유를 신장하고 진리를 명백히 하는 법을 강구하고, 전국의 동포가 자유를 누림으로써 국민이 국민다운 근거를 분별해 내도록 하지 않으면 안 된다. 그렇다면 자유의 공기는 전국에 가득 차 넘치고 자유의 진리는 도달하는 바가 분명해져 인민의 지와 덕이 빠른 속도로 위로 나아갈 것이다. 참으로 이렇게 잘 될 수 있다면 사람이 만든 권력을 억제해 정치를 개량하는 것도 쉽게 될 수 있고, 국권을 신장해 외국과 대등한 외교를 하는 것도 반드시 지극히 어려운 일만은 아닐 것이다. 그렇더라도 이는 애초에 한 사람의 힘으로 할 수 있는 게 아니다. 우리 당은 널리 동지들을 전국에서 구해 이 정당을 조직하고 협동 일치하여 서로 지식을 교환하고 서로 도와 서로 잡아당겨 자유의 권리를 진취進取하여 국가질서가 문란해지지 않게 구제하려 한다. 나라를 사랑하고 세상을 걱정하는 인사들은 이에 찬성하고 우리 당과 자유를 진취하는 길을 강구해 전국을 어려움에서 구한다면, 전국 인민을 위해서뿐만 아니라 또한 인간다운 의무도 다하는 것이라 말할 수 있다. 아아,

우리 당의 주의와 정신은 이와 같다. 여러분에게 청컨대 조속히 와서 함께 협력하고 행복하게 진력하여 하늘이 내린 도리에 따라 큰 길을 밟아가는 일을 게을리 하지 말자.

[자유당 결성 총칙]

제1조 우리 당의 주된 취지는 자유의 진리를 확충해 여론의 세력을 배양하고 하늘이 부여한 행복을 보유함에 있다.

제2조 자유를 확충하는 길은 여론을 배양하는 방법 하나로는 족하지 않아, 신문을 발행하고 서적을 출판하고 연설을 열어 유세를 행하는 등 우리 당의 목적 달성에 긴요한 사업도 힘써 진작시킨다.

제3조 우리 당은 자유의 진리를 확충하고 여론의 세력을 배양함을 주안점으로 하기에 특히 법률에 저촉되는 것 같은 행위를 하는 일은 각자 서로 경계한다.

제4조 자유를 확충하고 여론을 배양함은 혼자만의 힘으로 이루어질 수 없으므로 적어도 우리 당에 참여하는 사람은 일찍부터 공동하는 정신을 발휘해 그 목적 달성에 힘써야 한다.

제5조 우리 당은 우호를 두텁게 하고 우정을 긴밀하게 함은 물론이고 때때로 통신을 주고받아 각지의 정세를 알려야 한다.

[자유당 맹약]

제1장 우리 당은 자유를 확충해 권리를 보전하고 행복을 증진해 사회 개량을 도모할 것이다.

제2장 우리 당은 선량한 입헌정체를 확립함에 진력할 것이다.

제3장 우리 당은 일본에서 우리 당과 뜻을 함께하고 목적을 같

이 하는 자와 일치 협동해 당의 목적을 달성할 것이다.

전체적 취지에서 애국공당 시대보다 별반 진보했다고 인정할 수는 없지만 조직은 이제 전국적인 것이 된다. 그런데 자유당의 핵심인 입지사에서는 이에 앞서 메이지 13년 10월 미즈노 도라지로水野寅次郎 등의 일파가 분리했다. 실로 발밑에서 생각지도 못한 일이 일어난 것이다. 그 분리선언장은 "할 말은 많지만 요약하면 입지사는 말은 입헌왕정에 의한다고 하지만 실질은 공화주의共和主義로 천하를 만들고는 도리의 정체를 천하에 세운다는 것이어서 천하의 동포를 속여 넘기려는 것이다." (『옛 각사의 업적舊各社事蹟』[43])라고 말하는 것이다. 그에 대해 입지사도 변명하지만 결국 절교하기로 결정한다. 이 일파는 나중에 설립되는 「제정당帝政黨」에 참여한다.

이 공화주의 운운하는 구실은 오랫동안 정당을 괴롭힌다. 당시에는 식자층이라도 입헌정치는 공화정치이고 그러므로 위험사상이라고 하는 삼단논법을 믿고 있었다. 마치 메이지 말기의 신사상 즉 사회주의는 곧 위험사상이라는 것과 마찬가지 논법이었다. 따라서 자유민권론은 위험사상이고 정당은 오늘날의 공산당 이상인 것으로 비춰졌다. 이는 정당을 압박하기 위한 정략으로서의 선전일 뿐만 아니라 그렇게 진지하게 믿었던 것이다.

그래서 민권론에 있어 가장 곤란한 부분은 황실과 정당내각 사이의 관계였다. 이것이 재조의 번벌 사람들이 가장 득의양양하게 사용하는 공격수단이었다. 오늘날의 관점에서 본다면 이를 문제시하는 것조차 이상할 정도이고 상식화된 것이지만 초기 정당운동에서는 가장 중요한 논점이었다.

43 島崎猪十馬 編, 『舊各社事蹟』, 高知舊各社記念會, 1938

〈미시마 미치쓰네〉

구미의 민권론은 정부 공격의 창끝을 종국에는 왕실로 향하지만, 일본의 민권론자는 어떤 과격론자라도 결코 황실에 대한 것은 아니고 유사有司 공격에 그치는 것이었다. 나중에 의회가 열리고 "번벌을 공격할 때는 호랑이 같은 민권운동의 용사라도, 말이 일단 황실에 관한 것이 되면 고양이처럼 유순해진다."라고 어떤 정치사에 기술된 것은 당시 정객의 내심을 토로한 것이다. 이 역시 전에 기술한 바와 같이 민권운동이 유신근왕勤王 운동의 연속이라고 보아야 비로소 이해되는 것이다. 그런데 이 무렵의 민권론자는 번역론飜譯論의 천박한 소매점이었기 때문에 구미의 왕실공격론을 정부공격론의 책으로 바꿔 놓는 것에는 주의를 기울이지 않았다. 그래서 결국 말과 생각이 다르게 되고, 또한 격앙된 나머지 부지불식간에 선을 넘어 반대론에 올라타게 되는 일도 있어 전술적으로 극히 불리했다. 따라서 반대편 번벌 사람들은 이 무기를 가장 유리한 것으로 내세웠다.

너무나 오랜 봉건의 압박으로 인해 당대 정부에 반대하는 자는 모반인으로서 엄한 형벌에 처해지던 인습이 민권론 발흥에 즈음해서도 급격히 완전히 탈피되지는 못한 정세를 이용한 것이다. 그래서 적어도 천황이 친히 맡기는 정부에 반대하는 것은 곧 반역자다. 하물며 의회나 헌법에서 천황 대권을 제한하려는 것 같은 일은 대권을 간범干犯[44]하는 엄청난 것이다. 신하가 입에 올려서조차도 안 될 일이다. 만약 그들이 주장하는 것처럼 정당내각이 된다면 이는 곧 가마쿠라鎌倉시대 말기 호죠北條와 아시카가足利가 각축하는 무인정치와 다

44 간섭하여 다른 권리를 범함. 천황의 군통수권을 두고 내각과 군부 간에 벌어진 논쟁인 「통수권간범론」 등에 등장한 개념

를 바가 없는 게 아닌가라는 논리로 민권론자를 공격한다. 오늘날로 본다면 거의 가치를 둘 일이 아닌, 한 번 웃고 말 어리석은 생각에 불과하지만 당시 지식층에서는 상당히 유력한 입장이었다. 번벌의 총아로서 관료의 전형인 미시마 미치쓰네三島通庸가 “자유당과 방화범, 도둑은 한 마리도 관내에 안 둔다.”라고 큰소리쳤는데, 그것이 반드시 이상한 말로만 받아들여진 건 아니었다. 상당한 세월이 지난 뒤에도 귀족원 의원 중에 당시 정부에 반대하는 자가 있었을 때 다른 의원이 황실의 수호자가 정부에 반대하는 건 괴이하다면서 분개한 일도 있었던 정도이기에, 이 무렵의 시대 흐름에서는 여전히 굉장한 것이었음은 생각해 보면 알 것이다.

이는 자유당뿐만 아니라 개진당도 마찬가지였다. 역체총감驛遞總監을 사직하고 개진당 창립에 진력한 마에지마 히소카前島密는 다음과 같은 일을 겪는다.

> 마에지마의 많은 자녀들은 그 무렵 아직 어렸기에 화족 여학교에 통학하는 아이들도 있었는데, 학교에 가면 동년배 아이들이 눈을 치켜뜨고 마에지마가의 자녀들을 보면서 모반인의 자식이라고 말하며 야유했다. 그런 괴롭힘을 당하고는 집에 돌아와 울면서 호소하는 것이었다. 그것은 물론 아이들의 부모가 나쁜 평판을 만들기 때문이었다. 마에지마는 신경성 소화기 질환이 생겼다. 결국 이렇게 아주 어리석은 일이 있는 게 불쾌하다고 말하면서 저택을 옮기게 되었다. (『고소로쿠鴻爪錄』[45])

마치 최근의 공산당을 대하는 것 이상이었던 것이다.

45 岩田僊太郎, 『鴻爪録』, 晩成處, 1928

〈기후공원의 〈기후 사건〉 발생지〉

이렇게 피와 감옥으로 얼룩진 비통한 조야의 항쟁이 전개된다.

그러나 또 다른 입장에서 이 무렵의 정계를 냉정하게 회상한 우치다 로안內田魯庵의 기술은 대체로 정곡을 찌른다. 더욱이 로안의 정치기사는 상당히 드문 것이므로 소개하고자 한다.

> 그 무렵의 자유민권이라는 것은 바쿠후 말기의 존왕양이尊王攘夷하는 낭인의 기분에 사쿠라 소고로佐倉宗五郎적인 백성 잇키一揆[46]로 직소直訴하는 기분을 가미한 반정부 운동이었다. 그래서 자유민권이라 말하면서도 그 말의 내용을 실제로 이해하는 건 아니었고 또한 이해를 못해도 상관없었다. 오직 권위에 반항해 비분강개하고 멋진 말로 크게 외치며 반정부 기세를 선동하는 걸 즐기는 것이다. 검무라도 추는 것 같이 생각하는 정치운동이었다. (그렇긴 하지만 자유민권뿐만 아니라 정치운동이라는 게 대체로 축제의 야단법석 같은 것임은 오십보백보로, 그 주의 주장은 신위가마를 메고 영차 영차 같은 소리를 내는 것에 지나지 않는다. 지금이나 옛날이나.)

46 일치단결한 집단행동. 일본의 중세부터 무사 등에 의한 잇키가 이루어져 왔고, 근세 에도시대에는 백성 즉 농민이 바쿠후와 번주의 압정에 저항하는 백성 잇키가 빈발해, 에도시대에만 약 3,300건이 일어났다고 한다.

메이지 몇 년경인지 잊어버렸는데(오사타케尾佐竹猛 군은 잘 아실 것이다) 아마도 세이난전쟁 직후였다. 태정관 문앞에서 직소하는 건백서를 품에 안고 할복한 지방 유지가 있었다. 사건 경위는 잊어버렸지만 무서운 세상이 되었다는 공포의 인상은 남아 있다. 그 무렵이 자유민권 외침이 가장 왕성했던 시기로, 그로부터 수년 후인 〈기후 조난岐阜遭難〉[47] 무렵에는 자유민권은 어느새 시골의 정치론이 되어 있었다. 도회에서는 자유민권 같은 말에는 이미 곰팡이가 피어 있었다. 같은 정론政論이라도 내용 있는 설은 환영받지만 공허한 자유민권론 등에 귀 기울이는 자는 없었다.

그러나 지방에서는 비분강개나 크게 외치는 멋진 말이 세인의 귀에 들어가기 쉬워 공허한 자유민권론은 여전히 환영받았다. 아마도 메이지 23년(1890년) 국회개설 무렵까지도 그러했을 것이다. 봉건시대의 호걸이 된 기분이나 백성 잇키의 강소強訴[48]를 하는 기분으로 자유민권의 열렬한 외침에 공명하며 마구 정부를 물어뜯는다. 연설이 재미있어 조상 대대로 이어온 논밭까지 팔아 버리고 일생의 상당부분을 정치운동을 해서 얻은 건 단지 코밑의 수염뿐이라는 우스갯소리는 가는 곳마다 들리는 이야기였다. 오늘날의 「정우회政友會」[49]에서 연로자라고 불리는 자는 대체로 선조 대대로 지녀온 전답을 코 밑의 수염

47 1882년(메이지 15년) 4월 6일 기후에서 자유당 당수 이타가키 다이스케가 괴한 아이하라 나오후미相原尚褧에게 습격당한 사건. 「이타가키는 죽어도 자유는 죽지 않는다板垣死すとも自由は死せず」라는 말의 유래가 된 사건이라 알려져 있다.

48 도당을 이루어 강압적 집단적 행동으로 소원訴願하는 것. 조정이나 중요 관서 등에 요구를 들이밀며 재허裁許를 강요하는 것으로 일본의 고대에서부터 존재했다.

49 「입헌정우회立憲政友會」. 정당내각제를 부득이 받아들인 이토 히로부미가 1900년 만들어 1940년까지 존재한 정당. 특히 1925년부터 1931년에 걸쳐 「입헌민정당立憲民政黨」과 함께 제국의회에서 양대 정당을 이룬 대표적 정당

과 바꾼 동료 중에서 아직 살아있는 자들이다.

그러나 그 무렵 지방 지사知事의 세력이라 하면 지금의 대신에 비할 것만도 아니었다. 지사가 관할지역을 순회할 때 등에는 땅에 엎드려 조아리고 마중 나갈 때도 그렇게 엎드려 조아리도록 강제했다. 봉건시대 다이칸代官의 권위와 유신시대 낭인浪人의 만용에서 나오는 힘을 더한 맹위를 휘두르고, 아무렇지도 않게 웅담과 고추를 섞어 무리하게 입에 쑤셔 넣는 것 같은 폭정을 펼치는 경우도 있었다. 그렇기에 인민도 괴로워 눈알을 굴리게 되므로 다소 기골 있는 유지의 심정에서는 자유민권의 외침을 드날리지 않을 수 없었다. (......)

나는 소년시대에 별로 정치에 흥미에 없었고 주위에도 정치에 열광하는 자가 없었기에 기억이 불분명해 별로 인상에 남아 있는 게 없다. 자유민권의 소리는 상당히 커서 『긴지평론近事評論』이라든가 『후소신지扶桑新誌』라든가 하는, 극단적이고 맹렬하게 원칙에 따라 말하고 정론을 펼치며 거리낌 없이 직언한 정론잡지도 있었지만 제국의 수도에서는 언론만이 그러했다. 자유민권의 직접행동이 되어 불꽃을 올리고 가마솥의 엿보다도 달고 장렬한 대단원을 연출해 낸 건 주로 지방이었다......

(『신구시대新舊時代』, 제2년 제4,5호, 「자유민권의 기억」)

당시 활동한 요시다 마사하루吉田正春의 말도 연구해 볼 만하다.

이제 와서 똑바로 생각해 보면 모두 자유민권이라 말하긴 했지만 사족민권과 평민민권의 구별이 보였다. 그렇게 명료한 건 아니지만 호흡이 맞지 않는 부분이 있었다......

또 나카무라 다하치로中村太八郎의 흥미로운 관찰도 있다.

자유민권론은 본래 프랑스 사상에서 유래하는 것이지만 저 정도로 전국적으로 유행한 것은 한편으로는 일종의 영웅숭배열이 상당히 크게 거들었기 때문이라 생각한다. 관존민비가 극단적이던 당시는 군장郡長[50] 정도의 공무원조차 인민과는 동석해 이야기하지 않는 걸 당연시하고 현령縣令[51]과 면회하려면 현회의원의 소개를 필요로 하는 식이었다. 그래서 우선 누가 누구와 동석해 대화할 수 있느냐가 이른바 높으심의 표준이 될 정도였다. 따라서 높은 분이 되면 될수록 서민 등에게는 눈길도 주지 않는다고 일반에서는 알고 있었다. 그런데 자유당의 이타가키, 고토 같이 참의의 위치에 있는 사람이 동석하여 이야기도 해 준다는 것이기에 서민으로부터 존경받는 것도 무리는 아니다. 특히 고토 백작은 사람을 대하는 게 능숙한 사람으로 시골에서 상경한 대표자 등을 도쿄 다카나와高輪의 당당한 저택에 초대해 잘 대접했다. 메이지 20년 유명한 「대동단결大同團結」이 만들어졌을 당시 고토 저택의 양관 대리석 계단에 이 빠진 나막신이 흩어져 있던 걸 지금도 기억한다. 이런 말이 상당히 큰 감화를 미친 결과 자유당이 시골에 그리고 전국적으로 저 정도로 뿌리를 내리게 된 게 아닐까...... (『메이지문화연구明治文化硏究』, 제4권 제7호[52])

이는 확실히 일면적 관찰이다. 영웅숭배열이라 할 정도가 아니더

50 군제郡制를 시행할 당시에 군의 자치행정을 관장한 수장

51 메이지 4년(1871년)의 폐번치현廢藩置縣에 의해 그때까지는 부·번·현府藩縣으로 되어 있던 지방제도를 부府와 현縣으로 통일하고, 같은 해에 현치조례에 의해 현의 장관의 명칭을 지현사知縣事에서 현령縣令(4등관) 등으로 개칭하는데, 도쿄, 교토, 오사카의 3부府는 기존의 지사知事라는 명칭을 유지한다. 이후 1886년에 지방관관제地方官官制에 의해 현령도 지사로 명칭이 바뀐다.

52 明治文化硏究會 編, 『明治文化硏究』 第4巻 第7號, 明治文化硏究會·三省堂, 1928

라도 어딘가 신기하다고 할 수 있을지, 교통이 불편한 시대에 오랫동안 타국에 가는 게 금지되던 따라서 지식욕에도 목말라 있던 때에 중앙의 고관으로부터 새로운 설을 듣는다는 게 특별히 지방 사람을 매혹시킨 것이다. 게다가 그것이 오랫동안 울던 아이에게 지장보살[53]은 이길 수 없다고 포기와 절대복종을 강요하는 관헌을 공연하고 당당하게 공격한다는 것이기에 청년의 피를 끓게 한 것이다. 지금도 대신과 차관 등과의 면회는 이권을 위한 운동과 극히 관계되지만 이전에는 이른바 경의를 표한다는 것만으로 어떤 내용 없이도 면회하는 것도 괜찮았다. 이전에는 이른바 헛기침을 접한다는 정도였더라도 고관 쪽에서 뜻을 맞아 준다는 것이기에 지방 유지들은 기뻐서 어찌할 바를 몰랐던 것이다.

제2절 자유당의 별동파

자유당 창립을 전후해 간사이의 자유주의자 구사마 도키요시草間時福, 후루사와 시게루古澤滋, 고지마 다다사토小島忠里, 도이 미치마사土居通豫 등은 다시 만나 정당을 조직하기로 하고, 당시 도호쿠 유세 중인 이타가키 다이스케에게 총리가 되어달라고 요청한다. 그러나 이때 중앙에서 자유당 조직이 구성되고 이타가키가 총리가 되었기에 고사한다. 그래서 다시 나카지마 노부유키中島信行를 초빙하려고 자유당과 상의한다. 자유당에서는 자유주의의 확장에서 벗어

53 일본에서 지장보살地藏菩薩은 도로변 등 곳곳에 작은 석상 등으로 많이 모셔져 있는, 가장 대중적이고 서민적인 기원의 대상인데, 그 기원은 신도神道와 혼동되기도 하고 지역의 독자적 민간신앙의 의미를 부여받기도 한다. 지장보살에 대한 기원 중에는 아이가 밤에 우는 것 등에 관한 기원도 있다.

나는 게 아니기에 요청에 응하기로 해 나카지마를 추대한다.

그래서 메이지 15년 2월 대회를 열어 조직을 발표한다.

[입헌정당대의大意]

1. 우리 당은 메이지 원년 3월의 5개조 어서문을 듣고 마음에 새기고, 메이지 8년 4월의 조서 즉 국가입헌의 정체를 세워 인민과 함께 기쁨을 나누고자 하니 짐의 뜻을 잘 따라 보좌하라는 천황의 뜻을 잘 받들어 황실의 존엄한 영광과 은덕을 늘리고 국민의 권리와 복지를 나아가게 함에 뜻을 둔다.
1. 이 뜻을 같이 하는 자를 우리 입헌정당立憲政黨으로 한다.
1. 우리 당은 널리 뜻을 같이 하는 자로 조직하는 공당公黨으로서, 정치에 관한 사항을 담화하거나 논의하기 위해 결사를 만든 게 아니다. 따라서 우리 당의 뜻을 달성하기 위해 장래에 결사 혹은 그 외의 방법을 요할 때는 별도로 규칙을 정하고 국법을 준수해 행하여야 한다.

그 외에 「입헌정당」에 관한 의견서를 작성하고, 기관으로서 입헌정당신문을 발간하고 후루사와 시게루를 주필로 하여 자유주의를 선전한다.

입헌정당이 성립되자마자 규슈에서는 자유주의적인 각 사가 메이지 15년 3월 구마모토熊本에서 만나 「규슈개진당九州改進黨」을 조직한다. 그 강령은 다음과 같다.

제1조 우리 당은 자유를 신장하고 권리를 확장함에 뜻을 둔다.
제2조 우리 당은 사회 개량과 행복 증진을 목적으로 한다.
제3조 우리 당은 입헌정체를 확립함에 힘쓸 것이다.

제4조 우리 당은 널리 주의와 목적을 같이 하는 자와 일치 결합할 것이다.

그 외에 당칙이 있다. 이 정당은 개진당이라 부르더라도 그 후 창립된 오쿠마 일파의 개진당과는 다른, 자유당 별동대別働隊였다.

제3절 개진당의 조직

〈누마 모리카즈 日本國會圖書館〉

자유당이 위에서 말한 경로를 거쳐 조직됨에 비해, 별개의 입장에서 그에 대립해 조직된 것이 「입헌개진당改進黨」이다.

자유당이 전국을 풍미한 국회개설운동을 계기로 대중에 호소한 위세는 굉장한 것이었다. 하지만 그 운동은 자칫 극단으로 나아가 결벽한 소시민층에서는 싫어하는 자도 있기에, 지식 있고 자산 있고 온건한 사상을 보유하는 자의 정당이 나오면 좋겠다는 분위기가 퍼지도록 만든 게 오쿠마 시게노부大隈重信 일파였다.

오쿠마는 비삿쵸 출신의 참의로서 지혜와 용기를 가지고 적정하게 일을 판단하고 처리하는 능력이 당대를 압도했다. 그 막하에 신진 인재를 안고 있어 하나의 큰 적대 세력의 모습이었다. 그러다가 〈메이지 14년의 정변〉에서 「삿쵸 연합」의 은밀한 계책으로 함정에 빠져 하야한다. 그와 동시에 오쿠마의 동료라고 여겨진 농상무경農商務卿 고노 도가마河野敏鎌, 역체총감驛遞總監 마에지마 히소카前島

密, 판사 기타바타케 하루후사北畠治房를 비롯해, 야노 후미오矢野文雄, 우시바 다쿠조牛場卓造, 오자키 유키오尾崎行雄, 이누카이 즈요시犬養毅, 나카미가와 히코지로中上川彦次郎, 오노 아즈사小野梓, 무타구치 겐가쿠牟田口元學, 고마쓰바라 에이타로小松原英太郎, 나카노 다케나카中野武營, 시마다 사부로島田三郎, 다나카 고조田中耕造, 모리시타 이와쿠스森下岩楠 등 관청의 신지식인도 죄다 사직해, 세상 사람들은 오쿠마 세력의 깊은 뿌리에 놀란다. 이는 이른바 정한론 이래의 대정변이라 불려진다.

이즈음에 오쿠마에게 정당을 조직하라고 권유한 것은 누마 모리카즈沼間守一라는 설이 있다.

하야한 오쿠마 일파는 어떻게든 자신들이 나아가야 할 방향을 정하지 않으면 안 되는 상황이 되어 상당히 고심한다. (중략) 마이니치每日신문 사장 누마 모리카즈는 처음부터 국회기성동맹회에 관계하였기에 자유당으로 변경할 때도 발기인의 한 사람이었다. (……) 그런데 자유당 안의 논객으로 알려진 바바 다쓰이와의 의견차와 감정으로 인해 관계가 나빴고 심한 다툼을 한 뒤에 누마는 동료들로부터 탈퇴해 고립되고 말았다. (……) 몹시 괴로워하며 날을 보내면서 어떻게든 자신의 입장을 만들지 않으면 안 되는 지경에 내몰렸다. 오쿠마와는 신문 경영을 통해 친하게 지냈다. 관유물불하 사건 당시에도 오쿠마로부터 비밀을 들어 정부공격을 왕성하게 할 수 있었던 그런 관계이기도 했다. 그래서 오쿠마도 적지 않게 누마를 신뢰하고 있었다.

오쿠마가 정부에서 물러나 많은 수하들을 떠맡고 한없이 곤혹스러워 하는 사정을 듣고 있던 누마는 곧바로 오쿠마를 방문해 정당을 조직하라고 재촉한다. 그런데 오쿠마는 이에 대해 "우리가 이타가키의 수하가 되는 것도 안 되고, 여하튼 이제 와서 우리가 정당을 새로 일으키면 아무리 해도 이타가키에 필적할 수 없을지도 모른다. 그래서 조금 더 세상의 동향을 보려고 한다."라고 답한다.

이에 대해 누마는 다음과 같은 취지로 말한다.

당신이 이끄는 신진 인재로 새로운 정당을 만들면 이타가키나 자유당 밑으로 서둘러 달려가지 않았던 사람들은 반드시 당신의 부하로 모여 올 게 분명하다. 이타가키 쪽으로 달려간 자는 지방 군촌郡村의 농민이든가 혹은 옛 번의 사족뿐이기에 지지 않으려고 벼르면서 세상에 서 있는 사람이 많다. 따라서 비분강개하고는 있지만 조직적으로 의논해 정치를 논한다든가 하는 식의 사람은 적다. 그래서 도회지 상공업자에 해당하는 인물이나 다소 서양의 책을 읽는 지식계급 사람들은 그들의 정당에 동조하지 않는다. 그 무리를 긁어모아도 상당한 세력은 얻을 수 있다고 본다. 특히 의회가 열리더라도 그들은 농민이나 중산계급 이하의 사람들을 대표하는 게 된다. 이로 인해 의회가 개회한 뒤에는 농민당農民黨으로서의 세력은 되지만 그 외 계급의 대표인물을 낼 수 있을 만한 단체는 아닌 한, 당신의 수하에 그 사람들이 모이면 이제 재미있는 정쟁이 일어나게 될 거라 생각한다. 여하튼 당신에게 그런 생각이 있다면 나로서도 충분히 진력할 생각이 있는데 어떤가.

이때 오쿠마의 뜻이 조금씩 움직여 만사를 누마에게 맡긴다. 그 결과 메이지 15년 4월이 되어 「입헌개진당立憲改進黨」이 탄생한다. (『메이지이면사明治裏面史』[54]) 오쿠마가 정당 조직에 뜻이 있다고 알려지자마자 조야는 크게 들쑤신 듯 움직인다.

벼슬에서 물러난 제후(오쿠마)의 진퇴는 국민이 다 같이 주목하

54 伊藤仁太郎, 『隠れたる事実 明治裏面史』, 大同出版社, 1939

는 것이었다. 어떤 자는 호랑이를 들에 풀어놓은 것이라 하고, 제2의 에토 신페이, 사이고 다카모리처럼 되지는 않을까라고도 생각했다. 그러나 제후는 분노의 태도도 없이 평상시와 마찬가지로 기지바시雉子橋에 있는 집에서 생활하며 자신은 메이지의 사직한 칙임관의 모범이라도 되는 양 이타가키의 흉내는 내지 않는다고 말하고 유유히 지내자 정부반대자도 조금씩 안심하는 듯했다. 그런데 얼마 가지도 않아 제후가 정당을 조직하고 그 총재가 된다는 소문이 끊임없이 신문지상에 오르게 되어 다시금 정부 사람들을 놀라게 했을 뿐만 아니라 국민 사이에도 일대 센세이션을 불러일으켰다. 어떤 자는 반대하고 어떤 자는 찬성하고, 제후의 태도에 관해 논의가 분분했다. (『문서로 본 오쿠마 시게노부공文書より観たる大隈重信侯』[55])

거기서 후지타 이치로藤田一郎가 오쿠마를 방문해 확인한 일문일답이 도쿄니치니치신문에 게재된다. 오쿠마는 다음과 같이 말한다.

정당을 조직하는 건 사실이다. 나는 지난해 진심으로 형에게 메이지정부의 사직한 칙임관의 귀감이 되어야 한다고 말했다. 지금도 어찌 이를 잊었겠나. 내가 귀감이라 한 것은 사람이 가는 곳이 바른 것을 가리킨다. 나는 작년에 정부를 떠날 때 태정관에 출두해 관원들에게 고했다. 나는 재조에 있어도 재야에 있어도 주의主義로 하는 바는 바뀌지 않는다. 제군이 이를 기억하라 하였다. 이는 조정에 있는 제군들이 하나같이 아는 바다. 이타가키 다이스케군처럼 정한론으로 내각을 떠나면서 수개월을 나오지 않고 민선의원설립 건백서를 올리는 것 같은 행

55 渡邊幾治郎, 『文書より観たる大隈重信侯』, 早稲田大學出版部, 1932

〈오노 아즈사〉

동을 나는 감히 하지 않는다. 나는 주의에 따라 정부를 떠나고 그 주의를 민간에 주창하는 것이다. 가는 곳이 어찌 바른 곳이 아니겠나. 내가 곰곰이 요즘 우리 나라 사정을 생각건대 정당의 조직도 멈추어서는 안 되고, 정치에 관한 토론이나 연설도 없애서는 안 된다. 필시 얼마 되지 않아 많아질 거라 본다. 이뿐만 아니라 내가 형과 함께 걱정해야 하는 것은 오늘날 정당 사람들의 행동이다. 그들은 정부라고 하면 선악을 분별하지 않고 군의 관리나 순사조차도 공격하려 한다. 민권이란 게 정부에 대항하면 얻어질 수 있는 것이라 생각한다. 가장 심한 게 자유당 부류다. 이대로 방치해 둔다면 마침내 사회를 파괴하게 될 것이다. 이것이 내가 불민함을 돌아보지 않고 민간에 있으면서 이를 교정하고 국가의 치안을 유지해 천황에게 보답하여 바치려고 자임한 까닭이다. 내가 어찌 쓸데없이 일을 만드는 걸 좋아하겠나.

오쿠마는 독특한 의견을 당당하게 발표한 것이다.

그 정당을 조직하는 일을 같이 하면서 가장 힘이 된 것은 오노 아즈사小野梓다. 오노는 영미에서 배운 신지식을 오쿠마로부터 인정받고 대접받으면서 오쿠마가 메이지 14년에 올린 국회개설의견서의 기획에도 참여하고, 오쿠마가 물러날 때도 함께하여 회계검사관會計檢査官 직을 사직한다.

> 10월 12일의 정변 이후에 정당을 조직하는 이야기는 크게 진척되었다. 11월 3일에 오노는 도쿄 와세다早稻田 별장에 있는 제후(오쿠마)를 방문해 정당 조직에 관한 담화를 나눴다. 이때부터 그는 누차 제후를 찾아 정당 조직에 관해 이야기하는데 이듬해 15년에 들어와서는 논의가 더욱 진전된다. 1월 31일 와세다 별장에 고노 도가마, 마에지마 히소카 등의 동지가 모여 정당 조직을 의논하는데, 그(오노)가 정당 규약을 기초하는 일에 추대되었다. 그는 귀가 즉시 원고를 만드는 데 열심히 착수하였는데, 한결같이 신중해서 2월 2일에는 규약 및 정책강령을 기초했다. 그 사이에도 제후를 방문해 상담하였다. 2월 5일에도 제후를 찾아 요의要義, 선언, 규약의 초안을 가지고 제후에게 의견을 물었다. 이튿날 이것을 정서해 7일에 또 제후에게 보여주고 의견을 물었다. (......)이렇게 해서 만든 게 입헌개진당 선언서 및 주의정강主義政綱 등이다. (『문서로 본 오쿠마 시게노부 공』)

오쿠마의 정당조직에 참가한 구성원은 첫째는 고노 도가마를 중심으로 한 마에지마 히소카, 기타바타케 하루후사, 무타구치 겐가쿠 등의 일파가 있고, 둘째는 야노 후미오를 중심으로 한 「동양의정회東洋議政會」 집단 즉 후지타 모키치藤田茂吉, 이누카이 즈요시, 오자

〈오자키 유키오〉

키 유키오, 미노우라 가츤도箕浦勝人 등의 게이오기주쿠慶應義塾 출신자이고, 셋째는 오노 아즈사를 중심으로 한 「오토회鷗渡會」 즉 다카타 사나에高田早苗, 오카야마 겐키치岡山兼吉, 야마다 이치로山田一郎, 아마노 다메유키天野爲之, 이치시마 겐키치市島謙吉, 야마다 기노스케山田喜之助 등의 대학파大學派이고, 넷째는 「오메이사嚶鳴社」 즉 누마 모리카즈를 중심으로 한 시마다 사부로島田三郎, 오오카 이쿠조大岡育造, 고이즈카 류肥塚龍, 즈노다 신페이角田新平, 아오키 다다스青木匡, 하타노 덴자부로波多野傳三郎, 마루야마 메이세이丸山名政 등의 집단이다. 실로 당시의 지식계급을 망라한 모습이다.

메이지 15년 3월 14일 창당 취지서를 발표하고 16일 교바시京橋구 고비키木挽정의 메이지카이도明治會堂에서 「입헌개진당」 결성식을 거행하고 주의정강 및 당칙을 결의한다.

천황의 조칙이 내려져 헌법을 만드는 일이 정해지고 제국의 신민은 만대에 드문 태평한 세상을 만난다. 생각건대 이런 시기에 어떤 계획을 하고 어떤 직분을 다해야 제국의 신민임에 부끄럽지 않겠는가. 이는 바로 정당을 결성해 서로 모이고 같이하여 우리의 여망을 표현하는 것이 아니겠냐. 오라, 우리 형제여. 와서 우리 정당에 참여해 신민으로서의 직분을 다하자. 행복은 인류가 얻고자 하는 것이지만 소수가 전유하는 행복은 우리 당이 얻고자 하지 않는다. 생각건대 그런 행복은 이른바 이기적인 것으로서 우리 당이 희망하는 왕실의 존엄한 번영과 인민의 행복에 반한다. 우리 당은 왕실의 존엄한 번영과 인민의 행복을 깊이 희망한다. 그렇더라도 우리 당은 일시적인 존엄한 번영과 행복은 바라지 않는다. 그런 것은 잠시의 것으로서 우리 당이 희망하는 무궁한 존엄한 번영과 영원한 행복에 반한다. 그래서 만약 한두 개의 사당私黨이 우리 제국을 독점하고 왕실의 존엄한 번영과 인민의 행복을 업신여기고 눈앞의 일시적 안락에 빠져 영원한 재앙을 돌아보지 않는다면 우리 당은 이를 공적公敵으로 규정하고자 한다. 우리 당은 실로 왕실이 무궁하게 지켜가야 할 존엄한 번영과 인민이 영원히 향유해야 할 행복을 바라는 사람들로 이 정당을 결성하고자 한다. 오라, 우리 형제여. 와서 우리 정당에 참여해 희망을 표명하라. 우리 당은 정치의 개량 전진改良前進을 희망한다. 단 급격한 변혁을 바라지 않는다. 순서에 따르지 않고 갑작스레 변혁하려고 일을 꾸미는 것은 사회질서를 문란하게 하고 도리어 정치의 진행을 방해하는 게 될 수 있다. 우리 당은 자신만의 좁은 소견에 미혹되어 쓸데없이 수구守舊를 위주로 하거나 서로의 조급함을 경쟁하는 것을 즐기며 격앙되게 일하는 것으로부터는 물러서 그들과 희망을 함께 하지 않는다. 우리 당은 실로 도리를 좇는 올바른 수단에 의해 우리 정치를 개량하고 확실한 방법으로 전진시키기를 희망한다. 이에 공약 2장을 정한다.

제1장 우리 당은 입헌개진당이라 부른다.

제2장 우리 당은 다음과 같은 희망을 지닌 제국의 신민으로 결성한다.

1. 왕실의 존엄한 번영을 지키고 인민의 행복을 보전하는 것.
2. 내치의 개량을 위주로 하여 국권을 확장시키는 것.
3. 중앙의 간섭 정략을 줄이고 지방자치의 기초를 세우는 것.

4. 사회 진보의 정도에 따라 선거권을 신장하는 것.
5. 외국과의 정략적 교섭을 줄이고 통상관계를 강화하는 것.
6. 화폐제도는 경화硬貨주의[56]를 유지하는 것.

그 자리에서 오쿠마 시게노부를 총리總理로 추대하고, 간사掌事 3명을 선거해, 오노 아즈사, 무타구치 겐가쿠, 하루키 요시아키春木義彰가 당선된다. 그 외에 오쿠마가 읽고 오노가 기초한 「개진당인에 고한다」라는 제목의 글을 인쇄해 당원에게 배포한다. 그 요지는 다음과 같다.

유신 중흥의 위업은 한두 민족이 정치권력을 전유하는 것을 배격함을 목적으로 한 것이다. 따라서 정부는 당초의 뜻을 관철해 위로는 황실의 존엄한 번영을 도모하고 아래로는 만민의 행복을 만드는 것이야말로 실로 본분이 아닐까. 아니, 세상의 인민이 지치지 않게 하는 게 메이지정부가 힘써야 할 바가 아닌가. 내각의 제후들은 과연 그런 덕을 잘 갖추고 있나. 의무에 잘 진력했나. 천하의 식견 있는 자들은 물론 실상을 알고 있을 것이다. 나는 오로지 한두 민족이 우리 제국의 정치권력을 전유하는 것을 배격하려 했고, 중흥의 위업을 보좌해 받드는 것에 힘쓴 한 사람으로서 이후에도 의연히 변치 않고 그 주의를 지킬 것이다. 아니, 더욱더 뜻을 확고히 해 유신 중흥의 위업을 크게 이루고, 제국의 만대의 기초를 세워 황실의 존엄한 번영을 무궁하게 지켜 인민의 행복을 영원히 보전하기를 바랄 따름이다. 그런데 세상에는 간혹 자칭 존왕주의 당파라고 외치며

56 국제금융상 금 또는 각국 통화와 늘 바꿀 수 있는 화폐에 의한 금은통화주의

그 선덕이 있다고 꾸미는 자가 있다. 그러나 대부분은 한두 민족을 황실의 수호자로 하고 혹은 병력으로 황실을 지키려 함에 불과하다. 심지어는 군주를 표면에 노출시키고 행정의 중요 역할을 담당해 주기를 바람으로써 황실을 위험한 곳에 떠밀어 세우려는 자가 있다.

그런 것으로 과연 황실의 존엄한 번영을 도모하는 것이 가능할까. 아니, 이렇게 해서는 황실의 존엄한 번영을 도모할 수 없다. 그것이 가능하더라도 일시적인 덧없는 번영이다. 나는 그런 덧없는 영화와 일시적인 존엄한 번영에 만족할 수 없다.

물론 황실이 존엄한 번영을 유지하는 데는 자체의 길이 있다. 인민이 행복을 향유함에는 법칙이 있다. 적어도 그 길과 법칙을 얻지 못하면 희망하더라도 도저히 얻을 리가 없다. 여러분 우리 당은 정치를 개량 전진시켜 그 무궁한 존엄한 번영을 유지하고 영원한 행복을 보전하기를 희망하지 않는 자가 있다면 그들과는 진로를 함께 하고 싶지 않다. 이제 국내의 쇄국은 개방되어 문을 열고 해외의 개진 풍조는 자유롭게 일본에 유입되고 게다가 세력이 아주 왕성하다. 세상의 여론이 완전히 개진으로 기울어진 오늘날 대담하게도 이에 역행하려는 것은 웃어넘겨버릴 일이다. 하물며 사물의 도리로 본다면 개량 전진은 세상 민중의 불변의 규칙이다. 갖가지 사물을 음미해보라. 어떤 사물인지 불문하고 모두 성긴 것에서 고운 것으로 바뀌고, 섞인 것에서 남는 것으로 나아가지 않는 게 없다. 날이 갈수록 개량하고 달이 갈수록 전진함을 그만두지 않는 게 아닌가. 그런데 이제 오만하게 이에 저항하고 세상의 대세에 등지려는 것은 잘못이다. 나는 메이지 초년부터 정치의 개진을 자임해 유신정부의 국가정치에 참여해 미력이나마 그 개량 전진에 힘을 다했다. 다만 정부의 조직에 의해 내가 품은 희망을 충분하게 채울 수 없었다. 따라서 때때로 여러분의 의지를 충분히 만족시킬 수 없었던 것은 내가 가장 크게 유감으로 생각하는 바이다. 그렇더라도 우리 제국의 풍조는 점차 개진의 이치를 바라는 흐름이 되고, 놀랍게도 여러분의 보좌에 감사해 하게 되었다. 그래서 나는 조만간 사회의 신용을 얻어 그 유감을 풀게 되는 즐거움이 있으리라 믿는다. 정치의 개량 전진은 우리 당의 일치하는 희망으로 내가 평생 지녀온 뜻이다. 그렇더라도 그 실현은 반드시 도리를 좇는 올바른 수단과 착실한 방법에 의해야 한다. 나는 천하의 도리를 실행함에 있어 두 가지 길이 있다고 생각한다. 하나는 직행하여 도리의 막다른 곳을 조사해 드러내는 것이고, 하나는 그 수단과 방법을 찾아 진보하여 도달하는 것이다. 돌아보건대 정치를 개량 전진시킴에 있어서도 반드시 위의 두 길에 의하지 않으면 안 된다. 도리의 막다른 곳을 조사해 드러내고 직행하여 도달하기를 바라는 것은 장 자크 루소에서 갈라진 흐름이다. 그 극단은 사회질서를 문란하게 하고 정치의 개진을 방해하는 것으로 끝맺을 것이다. 그것은 우리 당이 바라는 바가 아니다. 우리 당은 정치를 개량 전진시킴에 있어 도리를 좇는 올바른 수단과 착실한 방법을 찾아 진보하여 목적에 도달하기를 희망한다. 우리 당은 다만 수단과 방법을 찾아 우리 정치를 개량 전진시키려 한다. 따라서 루소에서 갈라진 흐름을 이어 받아 자코뱅류의 두 번째의 춤을 연출하면서 조급하고 격앙되어 과격한 변혁을 하기를 바라는 자가 있다면 나는 물러나 진로를 함께 하지 않고자 한다. 나는 그렇게 급격한 변혁을 배척한다. 하지만 우리 당은 수구의 내실을 덮으려 점진이라는 외모를 지니는 당파와도 구별하는 것이 중요하다. 우리 당은 다만 정치의 개진을 존중하는 정당이다. 도리를 좇는 올바른 수단과 착실한 방법을 찾아 할 수 있는 한 완전히 정치를 개량하고 전진시키고 싶다. 그래서 해야 할 기회를 만나서도 하지 않고 이름을 점진이라고 거짓으로 내세우고 일부러 지지부진하면서 사적인 이익을 분별없이 추구하는 것 같은 당파와는 종류가 다른 것이다.

개진주의에 대한 설명이다. 자유당에 대항하는 보수당이라는 명칭을 피하고 개진당이라 칭한 이유에 대한 해명이라고도 보인다.

여기 개진당 조직 당시의 놀랄 만한 사료가 발견되었다. 그것은 오노 아즈사의 『류캬쿠사이일기留客齋日記』에 적혀 있는 것이다.

4일, 약간 맑음, 오후 기지바시雉子橋 노인[57]을 방문했다. 아마 시오타니鹽谷 모씨가 찾아와 노인을 뵈었다. 이윽고 시오타니는 돌아갔다. 남은 이야기를 했다. 이야기가 마침내 내밀한 칙명內勅에 관한 것에 이르렀다. 9시경 물러나 귀가했다.

기지바시 노인은 오쿠마인데, 이 일에 관해 『문서로 본 오쿠마 시게노부공』의 저자는 다음과 같이 말한다.

이 4일은 개진당 조직의 준비가 완성되고, 10일 뒤에 결당식을 거행하려 한 때다. 그날에 "이야기가 마침내 내밀한 칙명에 관한 것에 이르렀다."라고 특히 방점을 붙여 기록한 것은 무엇을 말하는 것인가. 기사가 간단해서 추측하는 수밖에는 없겠지만, 정부는 제후(오쿠마)를 견제 수단으로 강구하여 천황의 생각을 어지럽히지 않게 하려 했던 건 아닐까. 이런 것에 관해서는 언제나 절대비밀을 지킨 제후는 다름 아닌 오노에게만 그 일

57 당시 도쿄 기지바시에 집이 있던 오쿠마 시게노부

부분을 알려주었지만, 엄중하게 경고를 받아 다른 사람에게 알리지 못하게 되어 일기에조차도 남은 얘기를 기록하지 못한 건 아닐까. 혹시 사실이라면 참으로 몹시 두려워 삼갔던 것이다.

참으로 두려워할 수밖에는 없는 것이다.

이렇게 하여 개진당은 기관지로서는 당시의 대신문이라 불린 야노 등의 호치報知신문을 위주로 하면서, 죠야朝野신문의 사장 나루시마 류호쿠成島柳北, 요미우리讀賣신문의 마에다 겐지로前田健次郎, 우키요浮世신문의 지케무라 하야마사寺家村逸雅도 참가시킨다.

제4절 입헌제정당

이타가키는 「우리 나라 헌정의 유래我國憲政ノ由來」(국가학회 편, 『메이지헌정경제사론明治憲政經濟史論』에 수록)에서 말한다.

그렇더라도 개진당은 성립 유래 및 성격, 모습이 자유당과는 크게 다른 것이지만 다 같이 전제정부에 대항하고 입헌정체를 수립하려 하는 것이고 미온적인 것과 열렬함과의 차이 정도로, 번벌정부에 적대적인 것은 마찬가지다. 이에 대해 정부는 민간정당의 기운이 팽배해 일어나고 경찰력과 법률의 힘에만 의존해서 제압할 수는 없다고 보고 결국 똑같이 정부당政府黨을 조직해 맞서게 한다. 후쿠치 겐이치로福地源一郎, 미즈노 도라지로水野寅次郎, 마루야마 사쿠라丸山作樂 등으로 하여금 「입헌제정당立憲帝政黨」을 조직하게 한다.

정부의 지시에 따르는 식으로 결성된 제정당에는 자유・개진 양당 같은 사회적 지반은 없고, 이보다 먼저 구마모토에서 규슈개진당에 대항하기 위해 설립된 「시메이회紫溟會」나 그 외 도사의 다니 다테키谷干城, 사사키 다카유키佐々木高行 등의 개인적 지반을 겨우 근거로 하는 것이었다. 그리고 도쿄니치니치신문의 후쿠치 겐이치로나 마루야마 사쿠라, 미즈노 도라지로 등에 의해 이루어진 것에 불과하기에 세상 사람들이 삼인당三人黨이라 부른 것은 알려진 사실이다.

메이지 15년(1882년) 3월 18일에 당의黨議강령이 발표된다.

> 우리 입헌제정당은 메이지 8년 4월 10일 및 메이지 14년 10월 12일의 칙유를 받들어 안으로는 만대불변의 국체를 보유하고 공중의 권리와 행복을 공고히 하고, 밖으로는 국권을 확장하고 각국에 대해 광영을 지켜내기를 바라며 서서히 정해진 바에 따라 앞으로 나아가 수구에 집착하지 않고 조급함을 다투지도 않고, 항상 질서와 진보의 병행을 추구함으로써 국가의 안녕을 유지하고 개진을 계획함을 주된 취지로 한다. 이에 따라 다음에 게재한 바를 우리 당의 강령으로 정한다.
>
> 제1장 국회개설을 메이지 23년에 하기로 한 것은 천황의 칙유로 명백하다. 우리 당은 이를 받들어 준수하고 감히 그 기간을 늘리거나 줄이거나 늦추거나 당기는 것을 논의하지 않는다.
>
> 제2장 헌법은 천황이 친히 만드는 것은 천황의 칙유로 명백하다. 우리 당은 이를 받들어 준수하고 감히 흠정헌법으로 정해진 바에 위배하지 않는다.
>
> 제3장 우리 황국의 주권은 천황이 홀로 총람함은 물론이다. 그리고 그 사용에 관해서는 헌법이 정한 바에 의한다.

제4장 국회의원은 양국兩局을 설립해야 한다.

제5장 대의인 선거의 분한分限과 자격을 정해야 한다.

제6장 국회의원은 국내에 널리 행해지는 법률을 의결할 권한이 있어야 한다.

제7장 천황은 국회의원의 의결을 재가하거나 혹은 재가하지 않는 대권을 지닌다.

제8장 육해군인은 정치에 간섭하지 않아야 한다.

제9장 사법관은 법률제도가 정돈됨에 따라 독립시켜야 한다.

제10장 국가의 안녕 및 질서를 방해하지 않는 집회와 공론은 공중의 자유다. 연설과 신문 및 저서는 법률의 범위 내에서 자유롭게 해야 한다.

제11장 재물운용은 현재의 지폐를 점차로 바꾸어 교환지폐로 해야 한다.

이 당은 처음부터 정부당政府黨임을 자임하기에 도쿄니치니치신문에 발표한 「강령해설」에는 "우리 당의 인사들은 당의강령을 논의로 정한 뒤에 특히 내각의 대신과 참의 및 여러 공들에게 드리기 위한 정사본에 이르기를, 우리 당이 강령으로 하는 바는 실로 이와 같고 이 강령이 아니라면 항상 질서와 진보의 병행을 추구해 국가의 안녕을 유지하고 개진을 계획할 수 없다고 믿는 바, 오늘날 내각이 주의로 하는 바와 이 강령에 같거나 다름이 있는지 아닌지 혹 다르다면 청컨대 그것을 명시해 주도록 바라니, 내각의 여러 공들은 입헌제정당의 강령과 내각의 주의는 모두 동일하고 내각은 굳게 이 주의를 지켜 움직이지 않는다는 답을 들었다."라고 진술하는 상태다. (『자유당사自由黨史』 상권[58], 547-8쪽)

58 宇田友猪・和田三郎 編, 『自由黨史 上』, 五車樓, 1910

따라서 정부의 대우도 다른 당에 대한 것과는 달랐다.

예를 들면 메이지 16년 3월 발행한 「관령전보부록官令全報附錄」 안에 있는 「내부훈령」을 보자.

> 통고하건대 도호쿠의 모 현에서 관내 경찰서에 내부 통달한 것을 들으니 제정당의 연설은 관리가 인민을 말로 잘 타이르는 것과 마찬가지인 정도여서 인가받지 않아 해산되는 것은 없는 모양이다. 그 연설은 집회조례에서 단속할 만한 게 없다……

제정당의 실제적 활동에 관해서는 '그 서둘러 모은 당원은 봉건시대의 타성에 젖어 탄식하고 정의감에 복받치기만 하는 옛 사족이라든지 신관神官이나 승려 혹은 촌정村町 관청의 관리 등에 불과해 거의 정치적인 한 세력으로서의 가치를 지니지 못하고'(『타이요太陽』, 임시 증간, 「정당사政黨史」, 48쪽)라고 말하는 설도 있기는 하다. 반면 정부의 비호에 의한 자력資力 및 언론기관에 의해 '전국의 고루한 분자들을 거두어 은연중에 하나의 집단을 만들어' 자유・개진 양당과 함께 '거의 천하를 삼분해 대치하는 세력을 이루어'라고 『자유당사』는 밝히고도 있다. (상권, 550쪽)

제10장 탄압과 폭동

국회개설칙유가 갑작스러운 것이어서 민간운동의 추진력이 약간 무뎌진 감이 있었지만 잠깐이었다. 운동은 한층 극히 맹렬해진다. 이제 최고조에 달한 자유민권의 열기는 칙유가 있다고 해서 갑자기 냉정으로 돌아와 서서히 헌법을 연구하는 식이 될 리가 없다. 칙유는 정부 측의 양보라고 보고 이 흐름에 편승해 「의회즉시개설론」을 주장한다. 그 정도가 아니더라도 칙유에 의해 전국의 정치운동은 급격히 각성한다. 정당이 결성되고 재조 세력이 민간으로 내려와 오쿠마 일파의 힘이 새롭게 민론에 세력을 더한다. 이들이 헌정의 발달에 가져온 것은 기뻐할 만한 현상이기는 하지만 재조 사람들에게는 기쁘지 않다. 이는 국가에 우려할 만한 일이라고 착각한다. 그래서 뒤이어 이를 탄압하는 게 국가에 충성하는 것이라고 오해한다. 늘 그렇듯 잘못된 정의관념이야말로 맹렬하고 대담하게 행동한다. 이에 반해 민간의 운동은 봉건적 무력의 환경에서 성장한 사람들이거나 그렇지 않으면 정당적 훈련을 받지 못한 집단이다. 정부 사람들에게는 점점 더 위험한 단체로 비춰진다. 그렇지 않아도 권위에 반항하는 걸 즐기는 청년의 객기는 새롭게 해방된 정치운동을 향해 돌진하고 국회개설이라는 정치목표가 정해지면서는 한층 더 광분한다. 형식논리의 교묘함은 즐거운 것이지만 본래는 한학적 소양이다. 이론은 구미류歐美流이지만 감정은 동양적이다. 프랑스혁명을 노래한 일도양단된 군주의 머리라는 시와, 바람은 아주 고요히 불고 역수易水의 물은 차갑게 흐르는데 라는 징커荊軻의 시[59]가 함께 애독된다. 미국의 독립에 피가 끓은 나머지 프랑스혁명이나 러시아 허무당虛無黨까지 동정한다. 이렇게 되면 조야의 항쟁은 첨예화되지 않을 수 없다. 탄압에 탄압이 이어지고 폭동에 폭동이 이어진다. 이른바 공포시대라고도 간주될 만한 가슴 아픈 시대가 헌정의 찬란한 빛이 비추기 전에 전개된다.

메이지 15년 6월 「집회조례集會條例」의 개정이 추가된다. 이것도 반드시 악법인 건 아니지만 확실히 민간운동을 진압하기 위한 것이

59 중국 전국시대 위衛나라 검객. 연燕의 태자 단丹의 부탁을 받고 진시황을 암살하려다 성과 없이 죽임을 당함. 「사기史記」에서 가장 인기 있는 일화의 하나. 인생에서 질 가능성이 특히 높은 싸움에 임하지 않으면 안 될 때의 비장한 결의를 노래한 시

다. 더욱이 집행자가 남용하면서 점점 민론을 과격하게 만든다.

같은 해 12월 이와쿠라의 「부현회 중지 의견서」가 건의된다. 이는 오늘날까지도 이와쿠라의 완고함을 알려주는 유명한 글인데, 확실히 당시 재조 일부의 의견이기에 그 한두 절을 소개한다.

> 메이지 7-8년 이래 민심이 날로 분주하게 진행되어 위와 아래가 점차 괴리되는 상태가 되고 정부의 권위는 조금씩 쇠약해지는 것 같다. 이는 한편으로는 창업이 이미 이루어져서 상하의 편안함과 즐거움이 적어도 안정되는 모습이고, 한편으로는 민심이 아직 정해지지 않은 것에 편승해 아주 빠른 속도로 서양의 자유와 권리에 관한 설을 수입하고 이를 고무 선동하는 것에 원인이 있다.

이는 그렇게 잘못된 관찰도 아니다.

> 오늘날의 형세를 보건대, 근심 걱정이나 하면서 무료해 하던 무리가 처음에는 불평의 기운을 입 밖에 냄으로써 일시적으로 즐겁고자 하다가, 말재주나 종이와 붓을 무기로 하여 모든 면에서 무지한 인민을 선동한다. 그래서 기세가 점차 커지고 그 힘이 조금씩 창궐하자 세력이 거세지면서 우리가 가지는 생각을 만들고, 오로지 관부官府에 대항하고 정치를 펴는데 장애를 만드는 것에 힘써 마침내 다시 수습하기 어려운 형세에 이르게 된다. 그래서 그 연설장에서 말하는 바나 신문에서 논하는 바는 오로지 윗사람을 농락하고 분수를 저버리는 것이고 사당을 세워 사적인 것을 꾀하는 데 이르지 않는 게 없다. 생각건대 프랑스혁명 이전의 시기가 아마도 이런 형세와 크게 동떨어진 게 아닐 것이다.

이러한 공포심이 있기에 탄압은 있을 수 있다고 보인다. 그래서 메이지 8년의 천황 조칙에 대해 다음과 같이 우려했다.

> 일이 이렇게 되면 아래 백성이 윗사람을 농락하는 길로 가게 되고, 점차 대권 아래로 옮겨감으로써 실로 선대 이천오백삼십여 년의 확연한 불변의 국체를 일변시켜 회복할 수 없게 하는 원인인 될 우려가 있다.

개척사관유물불하 사건에 관해서는 언론의 힘에 놀라고 있다.

> 이 괘씸한 무리는 맨주먹 맨손으로 쓸데없이 말로 고무시키고 붓대로 농락한다. 물론 삼군의 무리도 아니고 총검의 무기도 아니다. 그래서 정부는 특히 위험하고 험준하여 편안치 못하고 경악하며 견디지 못하는 것도 있다. 아아, 대권 아래로 점차 옮겨와 이제 기회를 살피는 것이다.

그리고 이 모두가 「부현회」를 열어 인민에게 위를 범하는 길을 일깨워주어 정부를 멸시하는 사상을 만들었기 때문이다. 따라서 "부현회를 중지하고 육해군 및 경시警視의 위세를 좌우에 이끌어 위엄 있게 아래로 임하여 민심을 전율케 해야 한다."라는 것이다. 이와쿠라의 완고함을 비웃지 말라. 이는 당시 재조 사람의 일반적인 심리다. 이를 공연하게 분명히 말한 것은 과연 이와쿠라다.

정부 쪽에서는 단호한 결의로 임한 것이다. 반면 민간 재야의 2대 정당인 자유·개진 양당은 일치 협동하여 번벌 타도에 매진하기는커녕 서로 상대방을 시기하고 공격해 전투력을 현저히 약화시킨다.

개진당이 이타가키의 외국행 비용은 정부에서 냈고, 이타가키는 정부에 매수되었다고 악평을 내면, 자유당은 개진당을 미쓰비시三菱

재벌의 주구라고 하면서 가짜 정당 박멸을 외친다. 공동의 적을 앞에 두고 양당이 상호 배격하는 것은 여러 사정과 그 외의 관계 때문이기는 하지만, 애초에 정당의 성립이 너무 일러 공동전선을 펴는 것은 무리다. 그럴 것이면 처음부터 합동해 한 당을 이루어야 했을 터이다. 이미 각각 별도의 정당을 조직한 이상, 곧바로 공동의 움직임에 나선다는 건 어느 쪽인가 한쪽 당의 무조건 항복이다. 게다가 정권의 추락이 목전에 있다면 상호 양보해 보조를 하나로 하는 것도 가능하겠지만, 당분간 정권을 얻을 전망이 없다면, 벗이라 할 정당이 생기는 것은 오히려 쓸데없는 길동무로 혹은 방해물로 비춰지는 것이다. 훗날의 몫이 요구될 우려가 있기까지는 그릇된 의심은 하지 않더라도 왠지 모르게 마음에 들지 않는 것이 쌍방의 감정이다. 그래서 정면의 적을 향한 주먹이 빗나가면 벗이라 할 정당으로 향하는 게 된다. 한번 공격이 시작되면 정면의 철벽으로부터도 반응이 있다. 그만 그쪽의 접전이 격렬해진다. 물론 이런 진영 내부의 분열에 대해 정면의 적은 이런 호기를 어서오너라 할 뿐만 아니라 양자의 이간책을 펴게 되는 것도 말할 필요가 없다. 이를 모르지는 않지만 항쟁이 격해지면 새롭게 감정은 격앙된다. 감정은 다시 얽히고설켜 투쟁심리는 더욱 고조된다. 우리는 그 옛날 다이라 일족平家과 미나모토 일족源氏의 전투를 인용할 것까지도 없이 늘 되풀이 되는 이런 종류의 정전政戰을 슬퍼한다.

또한 다른 측면에서 관민官民 간의 알력도 첨예화하는데 그 희생자가 많이 난 것은 자유당이다. 자유당은 지방 유지에 기초를 두었기에 지방 관료와의 충돌이 빈번해서 결국 급진파는 직접 행동에 나선다. 이에 비해 개진당은 주로 시 지역에 근거를 두고 오늘날의 말로 하면 합법적으로 행하는 행동방식이기에 행동에서도 자유당과 다른 점이 있다. 이것이 또 상호 간의 감정을 서로 어긋나게 하는 이유가 된다. 관민의 알력이 가장 컸던 것이 〈후쿠시마福島 사건〉이다. 이는 자유당의 대표적 인물 고노 히로나카河野廣中와 관료의 전형 미시마 미치쓰네三島通庸의 충돌이다.

메이지 15년(1882년) 야마가타山形 현령縣令 미시마 미치쓰네가 후쿠시마 현령으로 자리를 옮긴다. 후쿠시마는 국회청원운동 이래 정계의 유력자로 도호쿠東北 지역을 대표하는 고노 히로나카의 근거지다. 여기에 미시마를 부임시킨 정부의 의도가 어떠한지를 불문하고, 미시마로서는 고노 탄압이 임무가 아니면 안 된다. 게다가 미시마란 자는 "자유당과 방화범과 도둑은 한 마리도 관내에 두지 않는다."라고 경멸하며 말할 정도로 전형적인 관료의 화신이다. 이래서는 현의 정계가 도저히 평온할 리가 없다. 게다가 미시마의 현정은 횡포가 극심했다. 이것도 미시마 쪽에서 말한다면 국가에 충성하기 때문인 것이다. 자신도 그렇게 믿고 있었을 것이다.

사건은 도로비가 부결된 것으로부터 시작된다. 단죠바라彈正原에 집합하고 마침내 집단폭동죄로 고노 및 이하의 사람들이 검거되고 50여 명이 도쿄에 송치되고 내란예비죄로 고등법원高等法院에 회부된다.

메이지 16년 9월 1일 고노 히로나카는 경금고 7년 그리고 이하 사람들도 각각의 판결을 선고받는다. 이 사건은 아주 유명해서 일일이 서술하는 것까지는 아니더라도 피고인의 심리를 알 수 있을 정도의 다음과 같은 일화를 순서대로 들어본다.

> 변호인은 모두 무죄라고 말했다. 정말로 무죄인 것으로 생각되어 혹시 출옥하게 될지도 모르겠다는 듯한 느낌도 일었다.
>
> (『고노반슈덴河野磐州傳』)

고노에게 그런 감상이 나온 것이다. 형정 담당자는 깊이 생각해야

〈후쿠시마사건 고등법원 재판 絵入自由新聞 明治16年7月27日號〉

한다. 이 판결은 특히 가혹한 형벌로 오랫동안 비난되는데, 피고인의 한 사람인 아이자와 야스카타愛澤寧堅는 나중에 이렇게 말한다.

> 당시의 감상을 솔직히 말하자면 무죄가 되면 아주 좋겠지만, 유죄라면 그 형은 차라리 가벼울 것이라는 느낌을 받았다……
>
> (『신구시대新舊時代』 제2년 제4책[60])

이 사건에 의해 고노는 일약 구세주로 떠받들어진다. 더욱이 고노의 지극한 효심과 어머니의 비통한 결심은 당시의 사람들을 눈물짓게 했다. 고노의 명성은 이때가 절정이었다. 그 후반의 삶은 오히려 이때의 타성에 의해 유지된 것이라고 보아도 좋을 것이다.

이 사건은 되레 민간당에 기세를 더해주어 그 주의를 선전하게 만든다. 또한 미시마의 폭정이라 불리던 도로개통은 시오바라鹽原로 이어져 오늘날 붐비게 되는 것도 의외의 부산물이다. 후쿠시마 사건

60 明治文化研究會 編, 『新舊時代』 第2年 第4冊, 福永書店, 1926

에 이어 발생한 것은 〈다카다 사건高田の獄〉이다. 니가타新潟현 구비키頸城의 자유당원 아카이 가게아키赤井景韶는 동지들과 니가타현 다카다에서 회합해 「천벌당天誅黨 취지서」를 만들어 주요 지위의 대신을 암살하려고 계획하다가 일이 발각되어 메이지 16년 12월 17일 고등법원에서 중금고 9년에 처해진다. 이후 탈옥하여 가는 도중 인력거꾼을 살해한 죄로 뒤에 체포되어 사형에 처해진다.

메이지 17년 5월에는 〈군마群馬 사건〉이 일어난다.

다카사키유신사高崎有信社는 미야베 노보루宮部襄, 나가사카 하치로長阪八郎 등이 이끄는 자유당계의 결사다. 야시로八城의 연설회가 있자마자 그의 동지들은 죽창과 거적깃발을 올리고는, 옛날을 돌아보건대 미국이 독립한 것도 거적깃발과 이와 같은 곳에서 피가 비처럼 내린 것이 아니었다면 자유의 토대가 굳지 않는다고 소리 높여 외치고 경관과 충돌한다. 또한 나카센도中仙道 철도개통식에 도쿄에서 온 고관을 몰살시키려고 모의한다. 그런데 개통식이 거행되지 않자 5월 운동회라고 이름 붙이고는 진바하라陳場原에 무리를 모아 생산회사生産會社[61]를 불태우고 마쓰이다松井田 경찰분서를 습격하고 다카사키 분서에 몰려가려 하였으나 성사시키지 못한다. 메이지 20년 7월 마에바시前橋 중죄重罪재판소에서 히비 유즈루日比遜가 유기징역 13년 그리고 이하 사람들도 각각의 형에 처해진다.

이 사변에 이어 〈가바산加波山 폭동〉이 일어난다.

메이지 16년 후쿠시마 현령 미시마 미치쓰네가 도치기栃木 현령을 겸하면서 업적을 쌓기 위해 토목공사를 일으킨다. 고노 히로나카의 조카 고노 히로미河野廣體 등은 모의하여 도치기의 동지 고이누마 구하치로鯉沼九八郎와 폭탄을 제조하고 우쓰노미야宇都宮 현청 개청식에서 대신과 참의를 몰살시키려고 계획하지만 개청이 연기되

61 주변 일대에 금융망을 가지고 그들의 약 반수 정도와 임차관계를 가진 뉴丹生라는 은행유사 회사

〈고노 히로미〉

어 다시 모의하고 있었다. 그런데 정탐이 더욱 심해지면서 일행 16명은 마침내 가바산에서 농성하고 일부는 폭탄을 던지며 마치야町屋 경찰분서를 습격하고 드디어 대상인을 위협하고는 경찰대가 와서 포위하자 일동은 밤을 틈타 산을 내려와 도치기 현청을 습격하려 하다가 경찰대와 충돌해 순사 1명을 살해하고 수명에게 부상을 입힌다. 폭탄을 잃어버려 의기소침해진 그들은 도쿄에서 다시 만나기로 약속하고 흩어지지만 그 무렵 체포되어 지바, 야마나시, 도쿄, 도치기의 각 재판소에서 메이지 19년 7월 도마쓰 마사야스富松正安는 사형을 선고받고 그 이하 사람들도 각각의 형에 처해진다.

메이지 17년 11월 1일 지치부秩父에서 일어난 폭도 천여 명은 다시로 에이스케田代榮助, 이노우에 덴조井上傳藏 등이 중심이 되어 총과 창과 칼의 3부대로 나눠 군청과 경찰서 및 재판소를 습격하고 인가를 불태우고, 일부는 군마, 나가노, 야마나시에 침입해 군대, 경찰과 싸우는데 같은 달 9일 점차 진압된다. 이로 인해 처벌받은 자가 3천여 명에 이른 대형사건이다. (자세한 것은 「무사시노武藏野」 제15권 제1,2호 및 「지케이自警」 제127호에 〈지치부秩父 폭동〉으로 서술되어 있기에 참조하기 바란다.)

이 사건은 사회문제적 의의를 지니는 점에서 다른 폭동과는 조금 다른 특이한 사건이다.

주모자에게 정치적 의미는 있었지만 표면적 목표는 고리대의 타도였다. 고리대 타도 즉 빈민구제는 자유당도 자신의 방침이라고 앞세운 것이긴 하다. 그런데 대중의 행동은 주모자의 목적에서 벗어나고 주모자는 질질 끌려가는 형태가 된다.

당시 정계에 자유민권의 함성이 고양되어 있다고는 해도 일반 민중은 아직 자각이 없었다. 그래서 여러 계몽운동으로 대중의 힘을 정

〈'지치부 폭동' 주동자 이노우에 덴조井上伝蔵〉

치로 향하도록 노력한 것이다. 방책으로는 직접 당면한 생활문제에 목표를 두고 부호에 대한 공격, 빈민의 편을 표방했다. 그렇더라도 이 무렵은 기성정당에 대한 무산당無産黨, 지주에 대한 농민조합이라는 식의 조직이 생기는 시대는 아니었다. 그래서 순수한 정당은 아니지만 곤민당困民黨이라든가 구민당究民黨이라든가 하는 것이 사이타마埼玉, 군마 지방에서 일어나 다소의 힘을 세운 것이다. 이것이 관헌의 눈에는 자유당원들이 무지한 농민을 선동하는 것으로 비춰졌다. 그런데 이 무렵 지치부군의 고리대가 극히 참혹했던 듯하다. 그래서 수차례의 교섭 끝에 결국 이런 폭동이 발발하게 된 것이다.

즉 정치문제로서도 사회문제로서도 사상적으로는 유치한 것이지만 종래의 백성 잇키一揆와도 다른 것이고 순수한 정치운동과도 거리가 있다. 그 점에서 과도기의 산물로서 돌아보고 주의를 기울일 가치가 있다. 지치부 폭도가 진압된 후 〈이다飯田 사건〉이 발각된다.

메이지 17년 4월 마카와三河의 무라마쓰 아이조村松愛藏 등은 정부전복을 모의해 기장과 암호를 만들고 격문을 기초한다. 격문은 당당하게 정부의 10대 죄악을 열거하고 규탄한 일대 문장이다. 그 한 구절은 다음과 같다. (우에키 에모리가 기초했다고 한다.)

> 천황이 메이지 8년 4월 14일의 조서에서 말하기를, 짐은 이제 어서문의 뜻을 확충해 원로원을 세워 입법의 근원을 넓히고 대심원을 두어 심판권을 공고히 한다고.
>
> 원로원은 일단 설립하고는 점차 권한을 축소시키고, 조금 정의로운 인사가 있으면 멋대로 멀리하거나 무시하거나 혹은 속이지 않는 경우가 없다. 입법의 근원을 넓힌다고 말하는 자는

과연 어디에 있나. 하물며 부현회 같은 것도 점점 권한을 삭감 한다. 대심원 같은 것은 문에 달은 간판을 접어야 할 듯하다. 그 실질은 사법경에 예속되고 사법경은 곧 내각에 예속되고 내각은 스스로의 힘으로 당장의 사법권을 좌우한다……

또한 별도로 군령을 기초하고 동지를 계속 모집하지만, 일이 발각되어 메이지 18년 10월 나가노長野 경죄재판소 마쓰모토松本 지청에서 무라마쓰 아이조는 경금고 7년 그리고 이하 사람들도 각각의 판결을 선고받는다.

이어서 발생한 것이 〈나고야名古屋 사건〉이다.

메이지 17년 여름 나고야의 자유당원 오시마 기요시大島清, 도미타 간베富田勘兵衛 등은 오쿠노미야 겐시奥宮健之 등과 공모해 정부전복을 계획한다. 그런데 군자금 조달의 방법으로 지폐를 위조하고 강도약탈을 하고자 한다. 시퍼런 칼날을 번뜩이며 유력자나 자산가의 집을 습격하고 관청에 침입해 공금을 탈취하고 순사와 충돌하면 살해한다. 목적은 국사国事에 있다면서도 강도살인 같은 보통의 범죄나 범하다가 목적에 착수하기도 전에 체포되어 나고야 중죄재판소에서 도미타 간베, 오시마 기요시는 각각 사형, 오쿠노미야 겐시는 무기징역 그리고 이하 사람들도 각각의 형에 처해진다.

나고야 사건에 이어 〈시즈오카静岡 사건〉이 일어난다.

시즈오카의 자유당원 야부 시게오藪重雄, 야마오카 오토타카山岡音高, 미나토 쇼타로湊省太郎 등은 특별한 수단으로 정부를 전복하려는 계획을 꾸미고 메이지 19년 7월 하코네 별궁箱根離宮 낙성식을 기회로 내각대신을 몰살시키려는 음모를 꾸민다. 그러나 사전에 발각되어 메이지 20년 7월 도쿄 중죄재판소에서 미나토 쇼타로는 징역 15년 그리고 이하 사람들도 각각의 형에 처해진다.

위와 같은 사건이 잇따라 일어나자 세상 사람들은 정당을 조금 꺼리고 싫어하게 된다. 한편으로 관헌의 탄압은 점점 더 심해져 각 당은 모두 막다른 지경에 빠진다. 이보다 앞서 서구행에 올랐던 이타가키 다이스케는 메이지 16년 6월 귀국하지만 명성이 옛날 같지 않았다. 게다가 자유당의 재난이 계속 이어지자 메이지 17년 10월 29일 결국 해당解黨한다.

오사카의 입헌정당, 제정당은 그 앞선 해에 이미 해당했다. 개진당은 메이지 17년 7월 총리 오쿠마 시게노부, 부총리 고노 도가마河野敏鎌 등이 탈당하면서 정당운동은 여기서 일단 좌절된다.

이런 일들은 탄압이 맹렬해진 것도 하나의 큰 원인이지만, 당의 내부원인으로는 당내 통제가 완전한 단체로서의 훈련에 이르지 못한 점과 재계의 불황 그리고 그 외 재정적 어려움에 빠진 것, 더욱이 일반 대중의 지지가 약한 것 등 여러 원인을 들 수 있다.

제3편
헌정 제정

제3편

헌법제정

제1장 이토 히로부미의 유럽행

국회개설 및 헌법제정의 칙유는 공포되지만 이토가 이후에 회고하듯이 정부에는 아직 충분한 준비가 갖추어지지 않았다. 따라서 조속히 조사 연구하지 않으면 안 되는 상황이었다. 그래서 칙유 공포 후 열흘도 지나지 않은 10월 21일에는 「참사원參事院」이 설치되어, 이토 히로부미가 의장, 다나카 후지마로田中不二麿가 부의장이 되고, 사이온지 긴모치西園寺公望, 이노우에 고와시井上毅, 기요우라 게고清浦奎吾, 이토 미요지伊東已代治, 히라타 도스케平田東助 등의 수재를 망라해 헌법 발포를 준비한다.

이듬해 메이지 15년 2월 천황으로부터 어떠한 헌법을 제정할 것인지에 관한 하문을 접하고, 24일 산죠, 다루히토 친왕, 이와쿠라의 3대신이 연서해 답서를 올린다.

신 사네토미 등은 삼가 아룁니다. 일전에 올릴 때 친히 천황의 칙유를 삼가 받았건대 천황의 뜻을 마음을 담아 깨닫게 하여 주시니 선대 천황들의 유업의 무게와 입헌을 기획하는 것은 달라지지 않았습니다. 그러니 장래 국회개설의 날에 황실의 대권이 총람함에 어떤 한계가 있겠습니까. 어떠한 일정한 조항이 필요한 것인지 및 이른바 기획 설비의 요령이 어떠한지에 관해서는 모두 아울러 상세히 논의하고 개개 조항들을 만들어 올릴 것입니다. 신들은 황공 감격하여 물러나 의견을 갖추어 삼가 천황의 결단을 우러르며 각국의 입헌제도를 생각해 보건대, 백성과 정치를 공적으로 하고 천하를 사적으로 만들지 않는 헌전憲典을 제정해 위와 아래가 모두 지켜 표준으로 삼는 바는 바뀌어서는 안 될 것입니다. 조직과 구성의 면에서 상하가 서로 교류하고 권한이 넓고 좁음에 관해 각국이 서로 같은 것도 있고 다른 것도 있습니다. 입법은 왕실과 상하양원上下兩院이 하도록 하고, 행정은 오로지 왕실이 가지게 하고 군주는 간범干犯할 수 없는 지위에 세우고 그 대신에 재상이 책임을 맡는 것은 각국이 크게 같습니다.

헌법에 군주는 국권을 총람한다는 큰 뜻을 게재하고 총괄하는 조관條款을 열거시킵니다. 헌법에 법률 공포, 법률 시행에 관한 조규, 의원議院의 소집, 개폐, 중지, 해산, 외국과의 조약 체결, 선전宣戰, 강화, 문무관 임면, 육해군 통솔, 훈위勳位의 수여, 은사의 특전, 화폐 발행 등은 오직 군주의 대권에 속한다고 게재해 정식 조항으로 합니다. 헌법의 명문에 구애됨이 없이 입법과 행정의 실권은 모두 의원이 장악하는 바에 귀속시킵니다. 그 외 법률제안 권한은 오로지 왕실에 속하거나 양원과 나누어 가집니다. 재가권한을 가진 군주가 비판하여 할 수 없다고 하는 것은 폐지하여 행하지 않게 하거나 혹은 중지하고 다시 재의를 기다리게 하거나 내의內議를 기다리게 합니다. 내각은 왕실에 속하므로 그 진퇴는 모두 왕실의 선택에 귀속시킵니다. 내각을 의원의 세력하에 속하게 하여 교체를 의원이 원하는 바에 맡기는 것도 있습니다. 이는 각국이 같지는 않습니다. 신들이 선대 천황들 이래의 국체의 무게를 우러러 인민의 좋은 습속은 살펴야 함은 말할 필요도 없거니와, 갑과 을 간에 취사선택해 그것을 버리고 이것을 채택하는 요령을 얻는 게 어렵지 않다는 것을 압니다. 생각건대 천황의 현명한 뜻이 반드시 분명히 꿰뚫어 보아 이를 판단해 채택하게 될 것입니다. 이제 그 대략을 갖추어 감히 좇아 올리게 한 바, 신들이 구구하나 가장 신중하게 하여 훗날 다시 조정에서 의논을 다해 올리게 될 것입니다.

지난해 10월 12일 천황 조칙의 뜻을 준수해 기획과 기구를 장래를 위해 미리 규모를 구성하는 데 신들이 중책을 맡을 수 있었습니다. 가만히 생각건대 그를 위해 인심의 잘못된 것을 바로잡아 고칠 필요가 있습니다. 입헌의 대강은 국회를 개설함에 있고, 국회의 용도는 인민의 뜻이 지향하는 바를 분별함에 있습니다. 그리고 국회가 일단 열리면 인심이 갈라지고 방탕해지는 것을 수습하기 어렵게 됨은 법전에서도 명백함에도 막기에는 부족합니다. 세상의 도리가 변하는 것은 항상 인심에 의하는 것입니다. 헌법이 행해지거나 행해지지 않거나 영구히 변경되지 않거나 변동되는 것은 항상 그런 건 아니고 오로지 인심의 향배가 어떠한지를 보는 것입니다. 따라서 국가정치를 만드는 길은 다른 게 아니라 인심을 잘 만드는 것에 있을 뿐입니다. 지금 정부는 점진을 표준으로 합니다. 반대로 천하의 인심은 조급하게 서두르는 것을 좋아합니다. 상하의 뜻이 종종 서로 배치됩니다. 우리 국민은 이전에는 옛 풍속 안에서 스스로 편안해하고 식견이 좁아 외국을 천하게 생각하는 것이 수백 년 동안 인습이 되었습니다. 그런데 하루아침에 그 울타리를 벗어나 외국과 교류하게 되어, 그 기세가 급히 한쪽으로 치우쳐 경쟁하여 나아감에 아주 들떠 이전의 일과 반대로 움직입니다. 더욱이 유럽의 과격한 정론政論이 먼저 도회와 시골에 침투해 청년 자제들이 신기하여 심취해 미혹되어 빠져나오는 방법을 알지 못하는 모양이 너무나 도도한 흐름이 되어 모두 그렇습니다. 지금의 흐름에 의해 한쪽으로 가게 되면 그 어떤 대세를 무너뜨리고 근본을 손상시키더라도 만회할 수 없게 될지 가늠할 수 없습니다. 신들은 밤낮으로 걱정을 그칠 수가 없습니다. 생각건대 인심을 만드는 길을 기왕에 휘어잡으려면 눈에 보이지 않는 사이에 이를 이끌어 좋고 나쁨을 판단하는 바를 함양하고 교정하는 것을 근본으로 삼아야 합니다. 따라서 오늘날 시급한 일은 더욱 교육에 조심하여 신진 무리들이 공평하고 바르고 착실함을 미리 마음속에 두게 하는 것을 위주로 하여, 경박하고 생각이 한쪽으로 치우친 흐름에 빠지지 않게 함에 있습니다. 다만 현재의 흐름은 하루아침에 이루어진 게 아니므로 이를 바로잡아 고치는 근거로 삼는 것도 역시 오랫동안 축적한 연후에 효과를 보고자 합니다. 이 또한 큰일을 거행함에 있어 반드시 시일이 필요한 이유입니다.

그 외의 일들로서 적어도 차후로 미루어서는 안 되는 것을 조목별로 열거하면 다음과 같습니다.

황실재산은 각국의 예에 따라 국고와 구분해, 국회에서 매년 논의로 정하는 바 이외의 것으로 함으로써, 황실의 존엄을 위해 사용을 필요로 하는 공급과 수요에 부족함이 없게 갖춘다.

화족은 나라에서 그 일족이 차례로 계승해 영광스러운 천황의 은혜를 빌려 장래 상원을 조직하게 함으로써, 황실을 둘러

싸 호위하고 헌장을 유지함에 있어 그 책무가 극히 중하다 할 것이다. 다만 봉건 유습이 대대로 사치스러운 생활을 하여 종종 어리석고 무기력하고 낡아 쓸 수 없는 모습인 것도 면할 수 없는 바, 오늘날의 화족이 되게 하여 나라의 기둥의 책임을 맡기려 하는 것은 혹 이름과 실질이 서로 균형을 이루지 못함을 두려워하기 때문이다. 이제 그 자제를 잘 교육하고 방향을 보여줌으로써 의지를 진작시키고 정신을 갈고 닦아 학식 있는 사람으로 그동안 떨치고 일어나게 하면 된다. 또한 조금 옛 제도를 개량해 노후한 것을 버리고 바꾸어 신선한 요소로 삼아야 한다.

인민의 상류에 위치해 나라의 큰 책무를 짊어진 화족 다음의 자를 사족이라 한다. 사족은 제도가 바뀜으로 인해 그 재산을 잃고 태반은 아직 일정한 방향을 잡지 못한다. 이에 뜻을 잘 보태어 민정을 살펴 돌보고 깨우치도록 이끌어 공을 세워 은혜를 갚도록 거두어 충의롭고 선량한 가문이 되게 해야 한다.

행정 각부의 권한과 책임, 감독 방법과 선거 규칙 및 질서 정연히 정돈된 조항이 어지럽지 않아 입법의원에 대응하여 답함에 부족함이 없게 해야 한다. 이로써 초창기를 지나 거듭 개량을 거치더라도 완비될 수는 없어 아직 산만함을 벗어나지는 못할 것이다.

회계 일은 가장 민심과 관계되어 여론이 주목하는 것이다. 생각건대 유신의 위업은 도쿠가와 씨의 적폐의 잔재를 이어받았음에도 무공문치武功文治를 일시에 이루어 육해 양군을 창시하고 외교를 확장해 국비가 옛날에 일찍이 보지 못할 정도로 거대해졌다. 그래서 조정은 오직 인자한 정치를 펴고 세율을 너그럽게 줄이고 농업과 상업을 장려한다. 생각건대 천황이 솔선수범해 검소히 하는 아름다움이 있어 회계가 궁핍해진 것을 아뢰는 일이 없도록 하지 않는다면 이를 알기 어려운 형편이 될 수 있다. 현재 지출과 수입은 서로 갚아나가지 않으면 안 된다. 여기에서 급한 건 지폐의 소비다. 신들이 대략 그 방법을 꾀해 시행할 것이다.

위와 같은 여러 건은 신들이 조정 신하와 함께 애써 진력하여 기획해 이를 이루는 실마리가 됨으로써 천황의 후의에 보답해 조금이나마 천황의 아름다운 계획을 도우면서 정치를 하고자 한다. 실로 조정 신하들과 그 세목을 심의해 하나하나 상주하여 천황의 결단을 간청하려 한다. 신 사네토미 등은 황공하여 머리를 조아린다.

메이지 15년 2월 24일

민권운동의 압력을 통감한 시기이기 때문일 것이다. 특히 국회개설 후에도 황실의 권위를 높이 세우기 위해 어떤 방책을 취하지 않으면 안 되는가에 깊이 주의해 만들어진 것이라고 해석된다. 이와쿠라 자신이 이 무렵 황실재산에 관해 건의하는데, 그것도 마찬가지로 위와 같은 배려에서 나온 것이다. 예를 들면 다음과 같다.

무릇 나라 끝의 해안이라도 천황이 지배하는 영토임은 우리 건국 이래의 근본이다. 그런데 메이지 5년 인민에게 토지소유권을 부여하고부터 인민 각자가 토지를 사유하고 정부를 유지하기 위한 조세를 납부하는 것으로 한다. 여기서 나아가 인민의 참정권을 이루려는 논의가 나오고 그에 따라 헌법을 만들어 세우자는 기약을 재촉한다. 그런즉 눈을 모아 국회개설 이후의 일본의 형편이 어떠한지를 명상해 보건대, 급진적 민권론은 늘 상 그 적당한 정도를 초월하기 때문에 정부 외의 논의는 점점 더 세력을 얻게 된다. 그래서 인민의 자치에 힘쓰지 않고도 자유를 요구해 관민이 괴리되는 상황이 될 것임은 오늘날의 부현회의의 예로서 충분히 미루어 짐작할 수 있을 것이다. 그 후 민권론은 그 기회에 급진해 천황이 힘을 실제로 가질 수 없도록 헌법 명문으로 비록 천황이라도 국회에 의해 좌우되고 황위는 있어도 없는 것과 마찬가지로 만들 것이다. 그래서 마침내 대권이 핵심을 잃게 하고 만대불변의 국체를 손상시킬 것이다. 밖으로는 그런 조롱을 받으며 안으로는 백성을 편안치 못하게 만들 것이다. 이런 일이 반드시 없으리라고 오늘날 보증하기는 심히 어렵다.

이런 걱정이 있는 한, 민론 탄압이 행해지는 것도 이해는 간다

헌법의 힘을 유지하기 위해서는 그 실질에서 황실재산을 부담으로 하여 육해군 경비 등은 모두 황실재산의 세입으로 지불하면 족할 것이다. (......)

대권의 핵심을 잃지 않기를 바란다면 국민의 재산과 황실재산은 크게 차등 없게 해야 할 것이다. (......)

일본의 법은 예부터 황실이 전국을 모두 보유하고, 인민은 극히 작은 개인의 땅도 지니지 않았다. 그런데 메이지 5년 이래 토지에 관유官有와 민유民有의 구별을 아주 분명히 세웠다. 무릇 관부인 것은 조정이고 조정은 곧 황실의 정치를 펴는 곳이다. 따라서 현재의 관유지를 모두 황실이 영유하는 것으로 한다는 것에 누가 이의를 제기할 자가 있겠는가......

그런데 3대신은 위 봉답서를 바치면서 헌법제정이라는 큰 임무를 성취하는 일을 맡기는 데는 이토 히로부미 같은 자 외에는 적절한 자가 없을 거라고 천황에게 올린다. 그리고 이토를 유럽에 파견하기로

결정한다. 이리하여 메이지 15년 3월 3일 이토에 대해 다음과 같은 천황의 칙지가 내려진다.

> 짐은 당초 메이지 14년 10월 12일의 칙지에 따라 입헌정체를 세운다는 계획을 정한 바 있다. 그렇더라도 그것을 경영하고 기획함에 관해서는 각국의 정치를 참작해 채택하여 갖출 필요가 있다. 그래서 앞으로 헌법을 세운 유럽 각국에 가서 정부 또는 석학 인사와 서로 접하고 그 조직 및 실제 모습에 이르기까지 관찰해 더할 나위 없게 하고자 한다. 이를 위해 특파이사特派理事에게 그 임무를 맡겨 만 리를 가도록 하여 막중한 임무를 완수하고 귀국하기를 기대한다.

또한 별도로 훈조訓條 31항을 내려 조사연구 방향을 제시한다. (이는 이와쿠라가 이노우에 고와시에게 입안하게 하였다고 전해진다.)

1. 유럽 각 입헌군주국의 헌법의 연원을 탐구하고 연혁을 고려하고 현재의 실황을 보아 이해득실을 연구할 것.
1. 황실의 여러 특권에 관한 것.
1. 황실 및 황족의 재산에 관한 것.
1. 내각의 조직 및 입법, 행정, 사법과 외교의 직권에 관한 것.
1. 내각의 책임에 관한 것.
1. 내각의 대신과 상하양원 사이의 관계에 관한 것.
1. 내각의 사무 취급 절차에 관한 것.
1. 상원 및 하원의 조직에 관한 것.
1. 귀족의 제도와 특권에 관한 것.
1. 상원 및 하원의 권한 및 사무취급 절차에 관한 것.
1. 상원 및 하원에 대한 황실의 특권에 관한 것.

1. 상원 및 하원의 개폐, 해산 및 회기연장에 관한 것.
1. 상원 및 하원의 자유정론에 관한 것.
1. 상원 및 하원의 특권에 대한 쟁의에 관한 것.
1. 의사규칙에 관한 것.
1. 황실의 상하양원 의원 대우에 관한 것.
1. 상하양원 사이의 관계에 관한 것.
1. 의안을 발의하는 곳 및 의안에 관한 것.
1. 상하양원의 회계예산 의정 혹은 결산조사 방법에 관한 것.
1. 상하양원과 사법권에 관한 것.
1. 청원 혹은 행정재판에 관한 것.
1. 상하양원 의원의 자격 및 선거법에 관한 것.
1. 법률 및 행정규칙의 경계에 관한 것.
1. 각 성의 조직과 권한에 관한 것.
1. 각 성과 상하양원 사이의 관계에 관한 것.
1. 각 성과 지방관의 관계에 관한 것.
1. 사법관의 진퇴와 승진 및 징계에 관한 것.
1. 사법관과 상하양원의 관계에 관한 것.
1. 관리의 책임 및 진퇴에 관한 것.
1. 관리의 정년과 대우에 관한 것.

다른 한편으로 산죠 태정대신을 통해 국내의 참의들이 일치 협력해 입헌제도 도입에 있어 갖추어야 할 것을 일깨워 준다.

지난해 10월 국회를 연다는 칙유를 선포한 바, 이 일이 전에 없던 대변혁으로서 막중한 일임은 말할 필요도 없다. 물론 내각의 신하가 보좌하더라도 혹 이를 잘못할 때는 위로는 수천 년의 선대 천황들에 대해 그리고 아래로는 만대의 자손들에 대

> 해 책임이 있다. 짐이 친히 지난해 겨울 이래 애써 생각한 바가 한둘이 아니다. 이번에 이토伊藤 참의를 서양으로 보내 각국 헌법의 원류를 조사할 것을 명하고, 위와 같이 붙이면서 지난번 이래로 3대신에게 차차로 의견을 진술하게 한 즉, 애초에 국회개설 기한을 메이지 23년으로 정한 바 그 기한이 짧아 준비가 갖추어지지 못한다는 이론異論이 있다고 한다. 그러므로 밖에서는 이토와 데라시마寺島를 힘써 배우게 하고, 안에서는 내각의 신하가 마음을 다해 법률이라든지 재정이라든지 하는 여러 방면의 일을 각자 담당을 정해 성공하기를 바라는 것이다. 그에 관해서는 이토 출발 전의 내각의 신하들이 심려를 다해 숙의해 국내외에서 동일하게 이루어지기를 기대한다. 그렇게 각각이 상의해 정한 뒤에 순서에 따라 받아 쓴 것을 밝혀야 할 것이다.

이에 의해 보면 민간에는 의회즉시개설론이 유력하더라도, 재조 사람들 사이에서는 10년이라는 개설 기한이 짧다는 논의가 있었던 것으로 보인다. 이는 민간당民間黨에 정권을 넘겨주지 않고 재조 사람들만으로 말을 바꾸면 번벌만으로 정당적 훈련을 거쳐 민간당에 대항하기에는 너무 짧다고 말한 취지로 보인다. 앞길에 예정된 계획이 손에 잡히지 않아 걱정과 두려움이 엄습해 가능하다면 오히려 무기 연기 혹은 조사하고 또 조사하면서 날을 보내고 싶다는 속셈이 있었기 때문일 것이다.

그래서 오키 다카토大木喬任, 이토 히로부미 이하 각 참의가 연서해 “밖에 있는 자는 힘을 밖에서 발휘하고 안에 있는 자는 힘을 안에서 다해 밤낮을 가리지 않고 힘쓰기로 서약해 성공을 바치기로 기약한다......”라고 봉답한다.

마치 예전 이와쿠라 일행이 구미에 파견되는 시기에 국내의 내각이 방침을 변경하지 않겠다고 약속한 것과 마찬가지다. 이는 이토의 요구로 보이는데, 민간당에 대응하기 위해 공고하게 일치된 내각을 필요로 한 것도 중대한 이유일 것이다.

여기서 용어의 문제를 한 번 보자면, 이 무렵에는 민선의원民選議員이라는 말은 「국회國會」가 되고, 국헌國憲이라는 말은 「헌법憲法」이 되어 있다. 그런데 국헌이라는 말은 뒤의 「교육칙어教育勅語」에도 사용되고 있듯이 완전히 쓰이지 않게 된 건 아니다. 아니, 오히려 헌법조사를 위해 이토가 파견되지만, 한편으로는 별도로 국헌조사가 원로원에서 의연히 행해지는 묘한 현상도 있었다.

앞서 기술한 바와 같이 원로원의 「국헌안」이 메이지 13년 7월에 보고되었지만, 다음 달 이와쿠라는 이에 불복해 국헌심사국國憲審査局을 두자는 의견을 건의했다.

> 신이 엎드려 생각건대 천황이 즉위하고 바로 일찍이 세상의 형세를 살펴 특별한 개혁을 단행하고, 다섯 가지의 일을 서약하고 크게 황실의 기원을 넓혀 유신의 대업을 만들었습니다. 모든 정치적 중대사는 그 어서문의 뜻에 의거하지 않는 것이 없습니다. 메이지 8년 4월 14일 원로원을 두고 대심원을 설치하고 점차 입헌정체를 세운다는 조칙이 있었습니다. 메이지 9년 9월 7일 원로원 의장 다루히토 친왕을 오가쿠몬쇼御學問所[1]에 불러 국헌 초안을 만들 것을 명하였습니다. 신이 친왕의 옆에 앉아 직접 칙어를 받았습니다. 이어 형법을 개정하고 치죄법治罪法을 세워 이제 포고하게 되었습니다. 바야흐로 소송법과 민법 또한 이루어지고 있습니다. 점차 5법을 시작으로 각종 법률을 모두 완비하면 입헌정체의 실질이 거행됨을 알게 됩

1 천황 거처인 고쇼御所 안에 있는, 천황이나 동궁이 학문學問을 닦는 곳

니다. 무릇 입헌정체의 큰 근본은 오직 국헌國憲에 있습니다. 예를 들면 곧은 나무의 뿌리처럼, 차의 축처럼 국헌을 세워 5법을 그에 붙여 시행되도록 하고, 이로써 또한 국회를 세워야 합니다. 따라서 국헌은 5법의 근간으로 상하의 흥망성쇠와 관계되는 국가의 중요 법전입니다. 이제 원로원이 명받은 법안을 천황에게 올리려 합니다. 신이 보건대 그 기본은 얻었더라도 아직 모두 완비한 것은 아니고, 또한 다른 법률에 관한 조항 같은 것은 다시 심의하지 않을 수 없습니다. 따라서 태정관 안에 제대로 국헌심사국을 두어 원로원을 비롯한 문무백관 중에서 대략 40-50명을 칙선하여 심사위원으로 맡기고 그 총재總裁를 세워 총리總理로 하여야 합니다. 그래서 널리 유럽 각국의 법률을 참작해 포고식에 이를 때까지 정밀하고 자세히 조사하게 하면 크게 이루고 모두 완비해 누락되는 게 없을 것입니다. 또한 전국의 인민이 이렇게 이루어지는 것을 듣게 되면, 분명히 천황의 마음이 담긴 바를 알게 되어 정치의 큰 흐름을 이해하고 지방관의 처분을 받아들이고 더욱 산업에 힘쓰고 점점 더 지식을 연마하고 떨쳐 일어나게 되어 방향을 그르치지 않을 것으로 기대할 수 있지 않겠습니까. 동시에 국헌은 상하가 준수해야 할 중요한 법전이기에 포고해야 할 때가 되면 제대로 전국에서 특별한 대의사를 소집해 널리 공론을 채택해 선정되게 해야 할 것입니다. 다만 그 일 같은 것은 시기가 되면 다시 말씀 올릴 것입니다. 삼가 바라건대 칙지가 있기를 신 도모미 황공하게 엎드려 거듭 절합니다.

메이지 13년 8월

그런데도 불구하고 원로원이 다시 메이지 13년 12월에 국헌안을 상정하고 있음은 앞서 서술한 바와 같다. 거기에는 이런저런 경위도 있다고 보이는 바, 메이지 14년 3월 23일에 "이번에 「국헌조사국國憲取調局」이 폐지되고 다시 「편찬국編纂局」을 두었습니다. 그 목적이 이루어진 것입니다."라는 원로원의 통지가 나온다.

그래서 앞서 본 바와 같이 이 무렵부터 각 참의의 「의견」을 구한다. 여기서 일단 원로원의 국헌안은 폐안된 것으로 보인다. 그리고 편찬국은 국헌이라는 명칭이 없기에 단순히 법전 등을 편찬하는 곳이 된 것 같다. 그러나 헌법에 관한 것도 조사한다고는 보이는 바, 이토 히로부미가 한편에서 헌법을 계속 기초하던 메이지 17년 9월에도, 다시 원로원이 외무성에 다음과 같은 조회를 하고 있음을 보더라도 원로원도 상당히 연구를 하고 있었다는 게 엿보인다.

> 구미 각국 의원議院의 법령 규정 및 그 외 헌법에 관한 것 등을 본원이 참고하기 위해 종래 조사하게 된 바, 여전히 그 실제에 관해 조사하고 있지만 명료하지 못한 사항도 간혹 있는데, 이번에 구키九鬼[2] 전권공사全權公使가 미국에 주재하게 된 바, 본원에서 조사하러 가기가 어려워 신고하는 사항이 있을 때는 때때로 각 조항을 글로써 문의해 아뢰고 싶어 상세한 보고를 하기에 이르렀습니다. 그런 일은 위 공사에게는 극히 수고스러운 일이 될 수 있더라도, 본원 사무의 실황을 숙지하고 있는 것도 있어 여러 점에서 볼 때 의뢰하게 되었습니다. 이 일은 사전에 위 공사와 서로 합의하기를 바라는 바 의뢰와는 별도로 알아보게 될 것입니다.
>
> 조만간 본원의 조사를 위해 유용하다고 인정되는 신간 서적이 있을 때는 청을 받아 주시기 바랍니다. 또한 관부의 간행과

2 구키 류이치九鬼隆一

> 관련해서 민간에서 매매 되지 못한 부분은 청구하면 교부하기를 바라기에 이 또한 공사와 합의해 두고 싶습니다. 이 일을 덧붙여 의뢰합니다.

앞서 이미 기술한 바와 같이 원로원은 시작부터 이토와 의견이 맞지 않았다. 게다가 메이지 14년의 칙유 공포와 함께 이토가 참사원을 설치하고 의장이 되는데, 그것은 원로원의 권한을 잠식하는 것이었다. 게다가 원로원 안과는 별개로 스스로 조사를 하기 위해 출장한다는 것이기에 원로원이 유쾌하게 생각하지 못한 건 당연하다. 그래서 이토에 지지 않도록 연구만은 하고 있었음이 분명하다.

또한 메이지 20년경에 원로원 의관 오자키 사부로尾崎三良가 기초하고 미우라 야스시三浦安, 미쓰쿠리 린쇼箕作麟祥, 호소카와 쥰지로細川潤次郎, 오규 유즈루大給恒가 찬성한 연명으로 「헌법의안 교부를 주청奏請하는 의견서」를 제출한다.

> 다행히 본원이 호법護法의 직으로 갖추어져 있으니 제대로 먼저 법안을 본원에 교부해 심의하게 해야 할 것이다. 무릇 국회와 헌법 같은 것은 국가에 전에 없던 대전大典으로서 보통의 법률처럼 열흘이나 수개월이면 능히 심사할 수 있는 게 아님은 말할 필요도 없다. 위와 아래가 이 신설되는 전에 없던 대전에 시작부터 부정을 품게 하여 마침내 그로 인해 방향이 괴리되는 불상사에 빠지는 것을 어찌 걱정하지 않을 수 있겠나. 바라건대 조속히 헌법과 국회에 관한 법안을 본원에 부의하도록 삼가 의견을 올리는 것이다.

또한 마찬가지로 도리오 고야타鳥尾小彌太가 기초하고 오카우치 시게토시岡內重俊, 하라다 이치도原田一道, 가토 히로유키加藤弘

之, 마키무라 마사나오槇村正直, 하야시 도모유키林友幸, 쓰다 마미치津田眞道가 연서한 「원로원장정에 관한 의견서」에서는, 국가의 법률은 모두 원로원의 의사를 거쳐야 하고 부결된 것은 천황의 재가를 청할 수 없다는 것 및 그 외 여러 건에 관하여 상신하고 있다. 이는 원로원 창설 당시부터 원로원 측이 주장했지만 받아들여지지 못한 것이다. 그것을 위 상서와 동시에 흐름을 더하기 위해 상신한 것이다.

즉 원로원은 헌법심사를 주장하면서 이토를 따돌려 놀라게 하려는 기백으로 보인다. 가네코 겐타로金子堅太郎는 다음과 같이 말한다.

> 이보다 먼저 데라시마寺島 원로원 의장은 말하기를, 이토가 외국에 가서 조사하는 것은 어차피 제대로 된 것일 수가 없다. 헌법은 국체에 적합한 것이 아니면 안 되기에 자신은 국내에 있으면서 훌륭한 헌법을 만들고 싶다고 말했다. 열심히 조사에 착수했지만 여하튼 헌법은 일본 최초의 시도다. 어떻게든 외국의 헌법을 보지 않고서는 이해하기 어려운 점이 있다고 말하면서 자신도 외국에 가고 싶어졌다. 미국공사가 공석이었기에 스스로 나서서 주미공사가 되었다. 그래서 사노 쓰네타미佐野常民가 대신 원로원 의장이 되었다...... (『정계측면사政界側面史』[3])

이로써 그 사이의 사정을 충분히 엿볼 수 있다. 이것이 앞서 본 칙유에서 '밖으로는 이토와 데라시마를 힘써 배우게 하고'라고 말한 이유다.

여하튼 이런 관계도 있어서 원로원의 안과는 별개의 것임을 보여주기 위해 그 무렵 점차 사용되던 「헌법憲法」이라는 성어成語를 채

3 林田龜太郎, 『明治大正政界側面史 上卷』, 大日本雄辯會, 1926

택하고 국헌國憲이라는 말을 사용하지 않은 것이라고 생각된다. 여하튼 간에 적어도 원로원의 국헌안이 있기에 이는 무시할 수 없다. 그러나 원로원의 초안은 결국 채택되지 않는다.

3월 14일 이토는 야마사키 나오타네山崎直胤, 이토 미요지伊東巳代治, 가와시마 아쓰시河島醇, 히라타 도스케平田東助, 요시다 마사하루吉田正春, 미요시 다이조三好退藏, 사이온지 긴모치西園寺公望 그 외 이와쿠라 도모사다岩倉具定, 히로하시 마사미쓰廣橋賢光, 사가라 요리쓰구相良賴紹, 도다 우지타카户田氏共 등을 데리고 출발한다.

제2장 유럽에서의 이토의 헌법조사

〈유럽 헌법조사 체류 당시 이토 히로부미 日本國立公文書館〉

널리 각국에 이르러 조사하라는 것이 이토에게 내린 칙어다. 이토가 마음을 쏟아 연구대상으로 삼은 것은 대재상 비스마르크O. von Bismarck가 황제 빌헬름 1세를 보좌해 국위가 크게 선양되고 군권이 뚜렷이 빛나는 독일 특히 그 주요 지방국 프로이센이었다. 프랑스, 영국을 목표로 하지 않고 프로이센을 목표로 한 것은 이와쿠라의 헌법론, 3대신의 봉답서에서도 확인되듯이 필연적 결과였다. 이토가 베를린에 도착한 것은 5월 16일이다. 스에마쓰 겐쵸末松謙澄의 설에 의하면 베를린 도착 후 이토가 가장 먼저 스승으로 삼아 가르침을 받은 것은 그나이스트Rudolf von Gneist다.

그나이스트 씨는 결코 과격하거나 급진적인 설을 주장하는 자가 아니고 학자이면서 현실적인 두뇌를 가진 사람이다. 그래서 이토공도 이 사람으로부터 헌법정치의 이해득실에 관해 듣는 것이 가장 이익이 될 것이라 판단했을 것이다. 다음으로는 그나이스트 씨의 애제자로 (중략) 모세Albert Mosse라는 사람이다. (중략) 이 사람은 프로이센 헌법 혹은 행정법 등에 정통한 사람이기에 사실에 근거한 학문적 강의는 이 사람으로부터 듣는 게 적당하다고 판단한 모양이다.

그 사이에 여름휴가가 되었기에 이토공은 빈으로 가서 슈타인Lorenz von Stein 박사로부터 국가의 활용 등에 관한 강의를 들었다. (9월 18일부터 10월 31일까지다.)

이토공이 빈에 있으면서 슈타인씨의 강의를 들은 것은 메이지 15년 8월부터 10월에 이르는 2개월이었다. 이후에는 다시 베를린에 돌아와서 이전과 같이 그나이스트 씨로부터 배웠다.

이토는 12월 27일에 베를린에서 출발해 이듬해 1월 4일까지 겨울휴가를 이용해 여행에 나서 1월 5일 아침 다시 베를린에 돌아온다.

이로부터 수개월 간 베를린에서 배움에 힘쓴 뒤 영국으로 건너가 잠시 체류한다. 영국에서는 베를린이나 빈에서와 같이 일정한 스승을 정해 배움에 힘쓰는 형태는 아니더라도 저명한 학자 등과 다소 왕래하면서 또한 나의 지인인 스티븐이라는 장년의 학자와 만나면서 헌법정치의 대강 등을 토의 연구한다. 5-6월경에 러시아에 도착해 대관식에 참례한다. 그로 인해 예정된 6월보다 2개월 늦은 8월에 귀국한 것이다. (하략)

베를린에는 2월 18일까지 있었고 도중에 여러 곳을 둘러보고 런던에 들어온 게 3월 상순이다. 이렇듯 이토는 프랑스와 벨기에에서는 전혀 배운 것이 없고, 영국에 체류한 기간도 일수를 합해 겨우 2개월 전후에 불과하며 일정한 스승을 정하지도 않았기에 이렇다 할 연구가 되었을 리가 없다.

그가 얼마나 슈타인과 그나이스트 두 스승의 가르침에 감격하고 마음으로 따랐는지는 베를린에서 그나이스트의 강의를 들은 뒤 거의 2개월 남짓 지난 8월 4일의 편지—이토가 야마가타, 이노우에, 야마다 앞으로 보낸 것—에 다음과 같이 말하는 것을 보면 알 수 있다.

> 국헌조사 사무도 차츰 순조롭게 되어갑니다. 큰 요령은 이해하는 마음가짐에 있습니다. 헌법을 조사하는 것은 정치적인 모든 방면의 사정에 걸칠 수밖에 없어 상당히 번잡한 일입니다. 아무리 해도 정밀하고 자세하게는 이해하지 못하더라도 중앙정부의 조직에서부터 지방자치의 일 등에 이르기까지 대략은 연구하지 않을 수 없습니다......

8월 9일에는 이와쿠라 앞으로 편지를 보내는데, 9일이면 이토가 여름휴가를 이용해 빈에 와서 당일 슈타인을 방문한 다음 날이다.

> 그나이스트, 슈타인 두 분은 오늘날의 대학자로서 물론 저술이 상당히 방대하고 각국의 학자 동료로부터도 지극히 상찬받는 인물입니다. 그리고 두 분 모두 주요한 설은 수구에 기울어진 것이라 생각됩니다. 어제 슈타인을 처음 보았습니다만 이미 그의 설은 영국, 프랑스, 독일 3개국의 국체 및 그 나라 교사들의 주요한 설이 되어 있습니다. 이를 나누어 가짐으로써 저의 심정이 복받쳐 일어나는 바, 이를 개략적으로 아룁니다.

3국(영·불·독)이 모두 의정체議政體이더라도 정신은 크게 다릅니다. 영국인은 정부政府라는 것은(행정行政을 가리킨다) 국회에서 중론의 다수를 점하는 당파의 수령인 자가 정치를 시행하는 것이라고 합니다. 프랑스인은 정부란 국회의 중의衆議에 복종하는 신하라고 합니다. 독일인은 정부는 중의를 채택하더라도 독립적 행위를 할 권한이 있다고 합니다. 만약 이러한 독립적 행위 권한이 없다면 국회가 혹 국비를 공급하지 않을 때는 속수무책으로 국정을 방치하지 않을 수 없습니다. 어찌 이런 이치가 있겠습니까.

말할 것도 없이 군주는 입법과 행정의 대권을 친히 관장하고, 군주의 인가를 얻지 못하면 단 하나도 법률이 될 수 없습니다. 군주의 허락을 얻지 못하면 하나의 정치도 할 수 없는 바 군주는 중심인물인 것입니다. 이렇게 본다면 국가는 곧 군주이고 군주가 곧 국가라고 말할 수도 있습니다. 그렇더라도 전제정치와는 다른 것입니다. 입헌군주국에서는 입법의 조직(즉 의원議院이다), 행정의 조직(즉 각 재상宰相의 협동이다) 및 모든 방면의 정치는 모두 일정한 조직과 기율에 따라 운용하는 것입니다.

마찬가지로 이와쿠라에게 보낸 8월 11일 자 편지는 슈타인을 면회하고 불과 2-3일 뒤에 그 생각을 담은 것이다.

히로부미가 유럽에 온 이래 조사하는 각 부분은 편지에 다 쓰고 있습니다. 그리고 독일에서 유명한 그나이스트, 슈타인 두 스승으로부터 국가조직의 대강을 이해하여 황실의 기초를 확고하게 해 대권이 실추되지 않도록 하는 큰 안목은 충분히 세우고 있는 바 이는 조만간 아뢸 것입니다. 실로 영국과 미국과 프랑스의 자유과격론자의 저술만을 금과옥조처럼 오신해 거의 국가를 기울이려 하는 흐름이 오늘날 일본의 실정입니다. 그렇기에 이를 만회할 도리와 수단을 얻는 것은 보국의 진심을 관철할 시기에 효과를 발휘할 소중하고 필요한 도구라고 알고 있습니다. 그래서 마음속으로 가만히 죽을 장소를 찾는 마음가짐으로 장래로 향해서는 즐거워하고 있습니다.

여름휴가 이래 슈타인의 강의를 듣고 11월부터 다시 베를린에 돌아온 것은 앞서 본 바와 같다. 그나이스트로부터의 두 번째 강의에 들어가기 전에 쓴 서한에는 다음과 같이 적혀 있다.

저도 슈타인 스승의 헌법강의가 완료되어 그곳에 다시 가서 종전에 조사한 사항 및 행정과 경제의 대강을 연구한다는 마음가짐을 하고 있습니다. 그렇게 들은 헌법은 대강의 것뿐이기는 합니다. 따라서 아주 대단한 게 아니라서 마음으로 진력할 정도의 것이 없을 수 있더라도 정치와 경제의 두 길은 실로 국가의 흥망성쇠에 관한 것으로 우리 나라 사람이 가장 깊이 주의해야 할 바입니다. 따라서 제가 학식이 낮아 따라잡고 싶어도 도저히 미치지 못한다고는 하더라도, 조금도 추세를 헤아릴 수 없다고 하더라도 이를 살피고자 열심히 하고 있습니다. 가령 어떠한 모습의 훌륭한 헌법을 세우더라도, 훌륭한 의회를 개설하더라도 정치가 좋지 않다면 그 과거의 실적을 보지 않고는 아직 논할 수 없습니다. 정치가 좋기를 바란다면 먼저 조직과 기구를 확정하지 않으면 안 됩니다. 조직과 기구 중에 가장 필요한 것은 재상의 직권과 책임, 관청의 구성, 관리가 지키고 따라야 할 규율 및 그 진퇴와 임면, 시험의 방법, 퇴직 후의 우대 조치 등입니다. 독일의 각 지방정부는 엄격히 이를 지키고 따르며, 다른 나라가 영향을 미치지 못하고, 이것이 있음으로써 황실의 권위를 손상시키지 않고 황제의 권한을 굳건하게 만들 수 있다고 말할 수 있습니다. 슈타인의 강의 중에도 헌법정치에 필요불가결한 것은 황실의 법, 정부의 조직, 입법부의 조직의 3가지로서 이 중 하나라도 없으면 입헌군주정치立君憲法政治가 아니라고 합니다. 또한 3개의 조직을 규정한 법을 제대로 확립해 아울러 행하여 서로 어긋나지 않게 결합하는 것이 바로 헌법이라 합니다. 이로서 보건대 정부의 조직과 행정의 기구를 확립하는 것이 실로 가장 중요한 부분입니다.

오늘날의 지식인은 정체政體를 논하는 자가 많은 바, 영국의 의회정치를 모범으로 하자고 합니다. 그래서 황실을 중시하지 않는다고 말합니다. 혹은 의회정치를 새로 설치하려고 하면 황제의 권한을 줄이지 않을 수 없고, 황제의 권한을 중시하려 하면 의회정치를 할 수 없다고 합니다. 어리석은 지식인의 견해는 민권공화民權共和에 편중해 입헌군주정치에는 반하는 것입니다. 만약 지식인의 말처럼 황실을 중시하지 않는 것으로 하는 것은, 흡사 라이노보루賴襄[4]가 말하듯, 요리토모賴朝[5]가 바쿠후覇府를 가마쿠라鎌倉에 만든 것이 간웅으로 하여금 오랫동안 황위를 차지할 틈을 노리는 마음을 끊게 만든다고 말하는 억지 의견과 다를 것도 없습니다. 그리고 지식인은 또한 영국의 연원과 연혁을 제대로 규명하지 않은 것입니다. 건국의 기초가 이미 수백 년에 걸쳐 배태되어 오늘날을 만든 것임을 모르는 것입니다.

4 에도 후기의 유학자이자 시인

5 미나모토노 요리토모源賴朝. 헤이안 말기부터 가마쿠라 초기의 무장이자 정치가. 가마쿠라 바쿠후의 초대 세이이타이쇼군征夷大將軍, 즉 초대 가마쿠라도노鎌倉殿

또한 나중에 일본헌법 기초에 착수한 이후의 것으로 보이는데, 영국류의 의회주의에 관한 이토의 수기도 있다.

> 영국주의,
> 왕은 왕위에 있지만 통치하지 않는다.
> 이런 주의를 실현하려 한다면 이는 왕정복고가 아니다.
> 우리 황국은 거의 7백 년간 통치의 대권이 바쿠후에 약탈되어 왔다. 그럼에도 황위와 황통은 연속되어 끊이지 않는다. 왕정복고는 이른바 통치대권의 복고라고 우리는 믿는다. 통치대권이 쇼군에게 있는 것을 되돌려 바로 인민에게 부여함으로써 황실은 의연히 통치권을 잃는 것, 즉 바쿠후가 존재할 때와 마찬가지로 하자고 말하는 것 같은 것은 일본 신민의 마음을 얻지 못한다. 하물며 우리 국체에 부합하는 것도 아니다.

이와 관련해 보건대 그나이스트, 슈타인 두 사람 외에 그나이스트의 애제자 모세가 마찬가지로 친절하고 자상한 가르침을 행한다. 그나이스트는 1816년 베를린에서 태어나 1895년에 서거한다. 그의 『영국헌법사英國憲法史』 및 그 외 영국의 헌법과 행정법에 관한 저서는 잘 알려진 것이다. 슈타인은 1815년 옛 슐레스비히 공국의 에켄회르데에서 태어나 1890년 빈에서 사망한다. 프랑스의 사회주의와 공산주의 운동, 프랑스혁명 등에 관한 저서는 유명하다. 또한 그의 행정법 등이 일찍부터 일본에 소개되어왔다. 모세는 1846년 포젠주의 그레츠에서 태어나 1886년부터 90년까지(메이지 19년 5월부터 23년 3월까지) 일본 정부의 외국인 고문이 된다. 모세는 종래 일본 자치제도 탄생의 아버지로만 알려져 있지만, 헌법 자체의 제정에도 적지 않은 공헌을 하였다. 이토가 유럽에 갔을 때도 프로이센 헌법을 기본으로 한 상세한 강의를 하였다. 즉 5월 25일, 27일, 29일, 31일, 6월 8일,

10일, 12일, 14일 및 이하 대략 7월 29일까지에 걸쳐「국왕의 행정권 및 재상의 국가에 대한 책임」부터 황실전범에 속한 항목들, 국민의 신분과 권리 및 의무, 시정촌市町村제, 의회조직 등등에 관하여 이토에게 강의한다. 또한 11월 14일, 22일, 26일, 12월 2일, 5일, 8일, 15일, 20일 이래 25일, 26일에 걸쳐 강의를 계속하며 칙령부터 사법에 이르기까지 설시한다.

제3장 그나이스트, 모세, 슈타인의 교설

제1절 그나이스트의 교설

그나이스트Rudolf von Gneist는 의회의 권한은 될 수 있는 한 작게 하고, 황실의 권한 및 행정부의 권한은 철저히 강대하고 독립적으로 보존하도록 유의해야 한다고 반복적으로 역설한다.

> 일본에서는 국회개설이 재촉되는데, 외교, 병제兵制, 경제의 3개 조항은 결코 의원議院의 손에 들어가지 않을 수는 없다.
>
> 영국에서는 황실재산은 물론 조세이고 국비다. 예부터 이어져 온다고 정해진 것은 결코 의원에 올리지 않고 단지 보고함에 그쳐야 한다. 그렇지 않으면 실로 군권은 설 수 없다. (『메이지문화전집』, 제4권「헌정편」,[6] 432쪽)

6 吉野作造 編,『明治文化全集』, 第4卷 憲政篇, 日本評論社, 1927

〈루돌프 폰 그나이스트〉

> 의원議院에 아주 많은 정치권력을 부여하면 의원에 사역 당할 것이다. 재정 같이 의원의 전권에 귀속된 경우에는 정부는 의원에 길러져 사역받게 될 것이다. 금은 출납을 의원의 권한에 귀속시키면 영국의 헌법을 오해하고 각국이 이를 모방해 결국 곤란에 처하게 될 것이다. 일본 같은 경우도 세출입 모두 의원의 허가를 받아야 하는 게 되면 지극히 질서 있는 정치는 할 수 없게 된다. (451쪽)

그나이스트의 조언은 극히 주도면밀해서 의회 권한을 어떤 점에서 어떻게 제한해야 하는지 상세히 설명한다. 그래서 이 모두는 일본제국헌법 안에 구체화된다. 우선 재정에 관해서는 어떻게 해야 하나?

> 세입을 정하는 권한을 전부 의원에 부여하면 정사를 할 수 없다. 결국 대신은 직을 사임하고 의원 다수에 의해 대신이 임명되어야 할 것이다. 이 대신도 역시 다수를 위해서는 오래 직을

> 보유할 수 없다. 해마다 경질을 면할 수 없다. 새로이 조세를 부과하고 공적을 일으키는 것은 의원의 권한에 속한다. 이마저도 의원으로부터 없앤다면 의원을 세우는 보람이 없다. 그렇더라도 세출 정액定額 같은 것은 미리 법률로 정해야 한다.
>
> 세출도 하나하나 의원의 허가를 받아야 하는 게 되면 정사를 할 수가 없다. 단지 정액을 정하는 권한을 의원에 부여해야 한다. 그렇더라도 정액 예산을 정하는 권한을 양원에 부여해 양원이 모두 동의하지 않으면 정할 수 없다고 하면, 예산을 세우는 게 어려운 것이 되지 않을 것이다. 만약 하원에서 정부의 뜻에 반해 증감할 때는 상원에서 부정해 없앨 수 있어야 한다. 상원에서는 정부의 뜻을 이루는 게 쉽다면 그렇다. (451쪽)

의회에는 징세심의권만 부여하고, 세입 전부를 하나하나 의회의 결의에 의해야만 하는 철저한 예산심의권은 부여하지 않는 쪽이 좋다는 것이다. 세출의 경우도 단지 '정액'만을 정하는 권한을 부여하고, 내용의 관항款項까지 하나하나 의회 승인을 거쳐야 한다는 식으로는 결코 하지 않아야 한다는 충고다. 그래서 의회가 정한 세출 총액에서 만약 초과하는 경우에는 내각 대신의 책임에 의해 단독으로 처리해도 지장이 없게 하라는 것이다. "이것은 법률상 정부의 사업이 하루라도 없어서는 안 되는 것이기에 그렇다." (452쪽)

또 앞서 본 바와 같이 상원은 정부의 아성이 되어 국민의 정치적 세력을 억제해야 할 기관으로서 기획되는 것이 분명하다.

법률에 관해서도 의회의 입법권은 가능한 한 작게 해야 한다는 의견이다. 적어도 "일본에서 국회를 열 때 결국 이 권한을 부여하는 것은 당연한 것이더라도 어느 정도의 권한을 부여할지에 관해서는 잘 숙고해야 한다."(452쪽)라는 것이다.

> 모든 법률을 국회에 부의하면 일본은 진보할 수 없다. 일반적으로 법 중에서 재산이나 친족에 관한 것이나 형법과 조세에 관한 법만을 의원에 부의하는 것으로 하고, 나머지는 정부가 정하는 것으로 해야 한다. 일본 같은 경우는 아직 크게 개혁을 해야 하기에 입법권을 모두 국회에 부치면 일을 시행할 수 없게 된다. 따라서 제왕의 명령을 발할 수 있는 권한을 충분히 널리 갖추어 두고 국회의 논의를 거쳐 발하는 융통성을 가지지 않으면 개혁 대업은 완전히 정지하게 될 것이다. (452쪽)

일본 헌법에 엄존하는, 타국에 유례가 없이 광범한 행정적 전권에 의한 특권인 긴급칙령과 독립명령의 발포권 같은 것은 이미 그나이스트가 이렇게 친절하고 자상하게 가르쳐 준 것이다.

그나이스트가 어떤 성격의 의회를 개설할 것을 우리 관료에게 권고했는지는 극히 명료한 듯하다. 이런 것은 의회라기보다는 오히려 하나의 단순한 자문관부인 게 아닌가? 그나이스트는 옛 프로이센 헌법에 아직 잔존해 반영되던 민주주의적 요소를 철저히 제거하고, 그 결과를 일본이 실현하게 한 것이다.

「그나이스트 스승 강의기록」에 기재된 것도 같은 취지다.

> 입헌군주헌법 국체를 공고히 하려고 하면 영국을 판단기준으로 삼아서는 안 된다. 영국은 실질이 공화체로서 권력이 의원에 있어 일본에는 적합하지 않을 것이다.

> 유럽 각국의 상태를 일본과 비교하면 독일이 가장 가깝게 닮았다. 독일은 의원을 설치하였더라도 현명한 노제왕이 있어 의

원의 권한을 작게 한다. 오늘날 일본에서 의원을 개설하더라도 의원議員의 다수결로 의사를 결정하는 건 옳지 않다.

제왕은 병권兵權과 금권金權을 다른 자에게 빌려주어서는 안 된다. 이 두 가지 권한을 항상 장악하고 잃지 않으면 어떤 일도 할 수 없는 게 없다.

하원에는 피선거권 및 의결권 모두에서 대부분 그 권한을 부여하고 있지 않다.

그는 보통선거의 폐해를 소리 높이 외친다. 통수권은 물론 의회 밖에 두어야 한다. 의회가 군軍의 일에 관계하는 것은 단지 군의 경비를 논의해야 할 때뿐이다.

군대를 지휘하는 것은 제왕의 특권이다. 완전히 통일된 주의에 의해야 하는 군대는 의원에 전혀 관련시켜서는 안 된다. 반면 사무 처리 부분에 관해서는 우선 경리적인 이유 때문에 의원에 관계시키지 않을 수 없다.

「그나이스트 스승 강의기록」에서, 그는 먼저 「국법에 관한 것」으로부터 설명을 시작한다. 그는 현명함과 어리석음, 빈부, 귀천, 지배와 피지배의 관계는 "자연의 흐름이다."라고 단정한다. 또한 그것은 대체로 영구불변하는 사회질서라고 본다. 열렬한 군권주의자로서의 그의 근본 입장이 여기에 있다고 말할 수 있다.

모든 국가에서는 사람을 부리고 사람에 의해 부려진다. 즉 치자와 피치자라는 별개의 삶을 산다. 이 관계를 확대하면 군주이고 대신이고 하급관리이고 대장이고 병졸이고 호농과 호상

> 이고 상점지배인과 도제이고 백성인 것이다.

> 사람들이 서로 모여 나라를 이루면 대개 다음과 같은 3가지 큰 유형을 낳는다. 첫 번째는 사람을 지배한다. 두 번째는 사람을 지배하고 또 사람에 지배된다. 세 번째는 사람에 지배된다. 이런 유형별 관계는 갑자기 생겨나는 게 아니다. 특별한 것을 제외한다면 대개는 자자손손 이어져 온 것이다.

그는 인간 사회의 계급별 근본바탕이 경제적 이해관계에 뿌리를 둔 것임을 인정한다. 그리고 그 이해관계가 "모든 일을 낳는다."라는 것이기에 정부는 마땅히 그 관계의 조절에 주의해야 한다. 그래서 의회를 개설하게 되면 '많은 자력을 가지고 타인을 사역시키는' 자, '자력을 가지고 타인을 사역시키고 또한 타인에 의해 사역되는' 자, '오직 타인에게 사역되는' 자 모두가 의회에 들어오기에 이들의 관계를 고려해야 한다고 설시한다.

> 사회의 문명 진보에 따라 하등下等의 인민에게 하늘이 부여한 인권이 신장된다. 하등의 인민에게 하늘이 부여한 인권이 어느 정도 신장되는가에 따라 상등의 사람들은 어느 정도만큼을 양보하지 않을 수 없다.

> 인간 사회에 3계급이 있다. 그중 어느 쪽이 가장 다수인가 하면 두 번째와 세 번째인 하등의 사람이 가장 많다. 따라서 정부는 이들을 보호하기 위해 교육을 보급하고 하등 인민이라도 노력을 거듭해 상등으로 나아갈 수 있는 길을 열어주어야만 한다. 하등 인민은 늘 상등의 사람들에게 압제받아 왔다. 따라서 법률을 만들어 보호의 길을 세워주지 않으면 안 된다.

그런 입장은 민주주의는 아니고 개명군주제의 가부장적 자혜慈惠주의다. 자유권은 획득되는 게 아니고 왕에 의해 부여되는 것이다.

> 제왕은 자유권을 신장하고 동시에 보호함을 잊어서는 안 된다.

따라서 그나이스트가 말한 의회개설은 전적으로 그런 입장에서 나온 것이다. 즉 군권지상의 견지에서 국민의 불평불만을 완화시키려는 목적이다.

> 행정의 큰 핵심은 이런 상하의 관계를 잘 조화함에 있다. 각자의 욕망은 갖가지로 다르더라도 상하와 귀천을 막론하고 욕망이 없는 자는 일찍이 없다.

> 이런 불화를 없애려면 위 정부의 사업을 아래 인민에게 분명히 알려 아래 인민의 사정이 자세히 위의 정부에 도달하게 하여 상하가 서로 시기하고 의심하지 않게 함에 있다. 이를 위해서는 아래 인민에게 위 정부의 사업을 분담시켜야 한다. 영국에서 이루어지는 정체가 그렇다.

물론 그나이스트가 주창하는 것은 군권지상 입장에서의 의회주의 도입이기에 '영국에서 행하여지는 정체'라고 말하더라도 그런 철저한 민주주의적 요소는 추천 장려하지 않는다. 앞서도 언급했듯이 그는 「강의기록」에서도 영국적 정치를 강하게 배척한다.

> 입헌군주 국체를 공고히 하려 하면 영국을 판단기준으로 삼아서는 안 된다. 영국은 실질이 공화체로서 권력이 의원에 있기에 일본에는 적합하지 않을 것이다.

입헌군주국에서는 모든 정치적 중대사는 군주가 친히 결단한다. 혹 말하듯 대대로 현명한 군주를 얻기는 어렵다고 하더라도 반드시 이를 고려할 필요는 없다. 직무를 담당하는 각 대신이 성심으로 일을 의논하고 뒤에 상주하면 그것으로 국체를 지키는 데 족하다. 가령 군주가 나이가 어리더라도 친정親政이 오래 이루어지면 마침내 숙련된다.

요컨대 그의 주장은 「외견적外見的 입헌주의」다. 군권지상의 입헌정치다.

- 의원을 설립하기 전에 세법稅法을 확정해야 한다.
- 정부가 사용해야 할 금액을 하원의 의정에 부치면 안 된다.
- 정부가 필요로 하는 비용을 의정할 수 있는 권한을 하원이 가지게 한다면 정부의 어려움을 알아야만 한다.

그렇다고 정부가 제멋대로 전단해 금원을 지출할 수 있다는 건 아니다. 금원이 필요한 곳에 사용되도록 법률로 잘 확정해 법률에 근거하여 적절히 조치해야 한다.

그리고 의원이 금원에 관해 일체 관계가 없어야 한다는 것도 아니다. 이후 신규 세법을 만들어야 할 때는 그 방법을 논의하게 해야 한다.

제왕은 병권과 금권을 다른 자에게 빌려주면 안 된다. 이 두 가지 권한을 항상 장악하고 잃지 않으면 어떤 일도 못하는 게 없다. 금력을 잃지 않으면 병력도 왕실에 귀속되어 다른 자에게 빼앗기지 않을 것이다. 이에 관한 법률은 경찰력의 실행을 용이하게 해야 한다. 제왕이 이 두 권한이 없이 헛되이 실권 없는 이름만의 지위를 지킬 뿐이라면 한 나라는 자칫 어느 쪽의 재해를 맞게 될 것이다.

이처럼 의회 권한을 가능한 한 미약하게 하라는 것은 그나이스트가 반복해서 역설하는 점이다.

일본에서 국회의원을 개설함에 있어 상하양원을 만든다는데, 상원을 설치함에는 굳이 주의할 필요가 없지만, 하원을 설치함에는 가장 주의해야 한다. 하원에는 피선거권과 선거권 및 의결권 모두에서 대체로 권한을 부여하지 않는다. 우선 하원에 부여할 의결권은 다음의 두 항으로 한다.

첫째 신설에 관한 가부.

둘째 비용지출을 요하는 데 정부가 공채를 모집할지의 가부.

프랑스처럼 정부가 필요로 하는 금액의 수입과 지출 모두 하원의 가부를 기다려야 한다면 정부는 늘 하원에 의해 제압되어 어떤 일도 할 수가 없다.

그는 신문이 민중을 선동할 우려가 있다고 경고한다. 또한 일본에서는 보통선거가 유해하고, 제한복制限複선거제를 채택해 의회가 반정부적이 되는 걸 방지해야 한다고 가르친다.

이상의 의원선거에 관한 것을 일본을 위해 요약하자면,

첫째 하등의 인민이라도 약간의 선거권을 부여해야 한다.

둘째 의원을 선거함에 제한을 두어야 한다.

셋째 피선거권을 가지는 자에게 상당한 직분을 주어 일반 인민의 상위에 위치시켜야 한다.

넷째 생활이 상위인 자에게 많은 권리를 부여해야 한다.

위 네 가지 주요 조항을 고려해 의원을 설치하면 헛되이 형제가 상쟁하는 수라장이 되지 않고 국가에 이익이 되는 집의장集議場이 될 수 있음에 의문이 없을 것이다.

의회의 권한이 미약하다는 것은 중앙정부, 행정권, 내각의 권한이 광대하다는 것을 의미한다. 그나이스트가 가르친 것도 그것이다.

일본의 경우에는 중앙정부의 조직에서 대신의 권한을 공고히 하지 않을 수 없다. 프랑스와 독일의 예를 반드시 기준으로 삼아 따라야 할 것이다. 미국은 대신의 권한이 약하고 영국의 대신도 역시 국회가 제압하는 것이므로 예로 삼아서는 안 된다. 독일 즉 프로이센에서의 대신은 중앙정부의 권한을 가지는 것이 기초다. 이런 조직은 국정개혁을 이루는 데 특히 편하다. 입법과 행정의 자유를 유지하는 데 주의해야 한다. (441쪽)

따라서 그나이스트는 대신에 대한 실제적 소추와 탄핵의 권한을 의회에 부여하는 것에 반대한다. 물론 의회를 개설하는 이상 표면적으로라도 이런 종류의 권한이 일단 주어지지 않으면 의회가 아주 공허하게 될 우려는 있다. 그러나 결코 실질적 감독과 견제의 권력을 의회에 주면 안 된다고 말한다.

참사원, 국회 및 상등검사원上等檢查院은 대신의 부정이 있으면 바로잡는 실력이 있어야 한다. 그렇더라도 인민의 공익을 도모하는 정치에 있어 대신이 이것 때문에 견제되는 일이 있어서는 안 된다. (442쪽)

결국 대신을 소추하는 권한을 주지 않을 수 없다. 이것이 유럽 각국에서도 상례라면 일본에서도 대세로 부여하지 않을 수 없을 것이다. 책임을 지는 것이 대신이라면 대신에 대한 소추는 의원의 권한이 되는 게 당연하다. 이를 소로서 구하는 것은 의원議院이다. 의원의 논의는 당파론이다. 가장 곤란한 것이다. 따라서 프로이센의 헌법을 옮기면 안 될 것이다. 단지 대신의 책임에 맡긴다. 형법과 치죄법은 법률에 의해 정한다고 할 뿐이다. 책임을 실행하는 근거의 순서를 보여주지 않는다. 이를 재판할 권한을 의원에 부치지 않는다. 재판의 순서도 없다. 다만 이렇게 내용 없는 조항을 게재하더라도 인민을 만족시키기에는 충분할 것이다. (453쪽)

또한 앞서 말한 바와 같이 외교, 군대 등에 관해서는 모두 군주가 친히 결정한다는 방침이어서 의회의 참견을 허용해서는 안 된다고 가르친다.

외교에 관한 것은 군주가 직접 만들지 않을 수 없다. 영국 같은 국체에서도 외교 전권은 모두 여왕에게 귀속된다. 전보 하나라도 모두 여왕에게 알려야 한다. 외무 같은 것은 가장 조속히 결정될 필요가 있다. 따라서 다른 대신과의 협의를 기다릴 수 없다. 하나의 권한에서 나오지 않는 프로이센에서도 이런 처분은 왕의 손에서 나온다.

외교에 관한 것은 이렇게 모두 왕이 직접 만드는 것으로서 왕이 친재親裁 관청이라 말할 수 있다. (442쪽)

육군성도 외무성과 유사한 것으로 왕이 직접 관장해야 할 성질이다. (위와 같음)

말할 필요도 없이 내각 대신의 임면도 군주의 대권이기에 의회 다수당의 의향과는 직접 상관없이 단행되어야 한다는 것이 그나이스트의 견해다.

> 영국 같은 경우는 의원議院 투표권의 다수에 의해 재상宰相 또는 참의參議를 교체한다. 만약 일본에서 영국법을 모방하면 위험한 상황이 된다. 따라서 새롭게 만드는 기회를 놓치지 말고 천황이 직접 지배와 감독을 해야 한다. (449쪽)

> 통상조약은 상당히 세밀하게 뒤얽힌 사항이기에 결코 인민과 함께 할 일이 아니다. 외교의 자세한 사정을 잘 모르는 사람이 가볍게 보고 입을 대면 곤란해 질 뿐이다. 민법이라든가 형법이라든가 하는 법률은 인민과 함께 할 것이다. 따라서 의원에 부의해 잘 만들어야 한다. 일본에서 헌법을 의원에게 보여주게 될 때는 어떠한 형태의 이의가 나오더라도 제왕으로서 잘 취사선택해 의원의 말을 쉽게 받아들이지 않는 형태가 되는 게 바람직하다. 헌법개정에 관한 것을 의원이 아뢰는 대로 쉽게 허용하면 벌써 업신여기게 되어 왕권이 서지 않는다. 병력과 조세권과 외교권은 물론 제왕이 권한을 점해야 한다. 병력과 금金은 특히 지극히 중대한 것이다. (473쪽)

헌법개정에 관해서는 의회에 개정발의권을 전혀 주지 않는 게 좋지 않겠냐는 질문에 대해, 그나이스트는 "결코 좋은 방책이 아니다. 오히려 반동이 일어날 우려가 있다."(455쪽)라고 답하면서, 발의권만은 주고 실제로는 위와 같이 쉽게 허용하지 않는 게 최선일 것이라고 주의를 준다. 그나이스트가 말한 것은 모든 경우에 있어 형식상은 의회에 양보하고 실질적으로는 의회를 무력하게 해 둔다는 방책이 잠재된 듯하다.

행정권 확보를 위해서는 행정재판소行政裁判所 같은 것도 설치하지 않는 게 상책이라고 그나이스트는 말한다. 그는 모든 방면에서 국민 참정권의 실질적 무력화를 기획한다.

> 일본에서는 행정재판소를 현縣 쪽에 두려는 의견이 있다고 자주 들은 바가 있는데, 새로 만드는 사업이 많은 나라에서는 그렇게 제도를 설치해서는 안 된다. 그로 인해 사업이 견제되어 결국 업무가 이루어지지 못할 우려가 있다. (440쪽)

> 행정재판소를 설치해야 한다는 말이 있지만 지금은 평온하지 못한 시기라고 본다면 시기상조라고 생각된다. 행정재판소 설치는 당분간 기다려야 한다. (445쪽)

그나이스트는 군주가 친히 결정하는 실례를 들려는 듯 각의에 천황이 임해 통솔하고 재결하기를 바란다.

> 비스마르크는 각 성省의 하급관리에게도 당파가 있다고 말한다. 심지어는 각 국局 안에도 서로 당파를 만들어 다투는 경우가 있다. 그래서 대신은 이를 통일시키지 않을 수 없다. 따라서 권력이 강해야 한다. 대신은 예속된 관리들과 친하게 교류하지 않을 수 없다. 1주 사이에 1-2회는 반드시 모여 사무를 평의해야 한다. 생각건대 이처럼 회의하는 것도 각 성 내의 일에 불과하기에 통일적으로 비교할 수는 없다. 그래서 일본에서는 천황이 친히 회의에 임해 비교하는 게 필요할 것이다. 또한 각 성의 경이 자주 내각에 집합함으로써 친히 논의를 듣게 되는 경우에는 가령 각 성에 친히 임하지 않더라도 사무의 모습

을 충분히 알게 될 것이다.

물론 군주는 국가의 치안을 맡고 있다는 심정에서 늘 벗어날 수 없다. 따라서 평소 이에 친히 임해 집의集議를 통솔하고 재결해야 한다. 만약 이렇게 친히 결정하지 않으면 은밀히 한 두 사람에게 위임하게 된다. 그렇게 되면 국가 치안이 무너질 수도 있다. (443쪽)

이 그나이스트의 조언은 실현되지 못한다. 실제로는 총리대신總理大臣이 전 각료를 통솔해 국정을 처리하는 수상首相 중심의 내각제도가 의회개설 후에도 계속 운용되고, 이것이 점차 정당에 의해 실권이 장악되면서 당분간은 상당히 영국적인 내각제도에 가깝게 된 것은 주지의 사실이다.

그나이스트는 또한 위와 같은 취지에서 「참사원參事院」 설치를 말한다. 그가 상하양원제를 가르치고 더욱이 상원을 정부의 하나의 성채 역할로 하자고 한 것은 앞서 본 바와 같은데, 그 외 다시 「참사원」이라는 대규모 기관을 두자고 한 것이다. 따라서 그의 모든 교의가 얼마나 관료제의 유지와 민권 억제를 본지로 하는 것인지 알 수 있다. 이 참사원의 기능의 일부분이 추밀원樞密院이 되어 일본 헌법에 실현되었다고 볼 수 있다.

대신 회의는 가장 중요한 것으로 여기에 천황이 친히 임해야 한다. 그렇더라도 이를 감독하는 관청이 있어야 한다. 이를 참사원이라 한다. 국사의 개혁을 인민 일반의 뜻에 적합하게 하는 것은 결코 바람직하지 않다. 본래 내각의 대신회의에서 신설 법률을 제정해 시행해야 한다. 따라서 자세하고 세밀하게 숙고하지 않으면 쉽게 결정하기 어렵다. 조직에 관한 법률 외에 조세 및 행정에 관한 법률 같은 것은 대신이 높은 자리에서 깨달을 수 없는 사정 즉 민간의 사정을 통찰해 상세히 밝혀 논하여 참고해야 한다. 따라서 민간 사정에 정통한 자들을 모아 논의하게 해야 한다.

참사원의 성격을 설명해 주는 말이 있다. 아주 명언이다. 내각은 이를 행하고 참사원은 이를 논의한다는 말이 그것이다.

참사원에는 장년자와 노년자를 불문하고 학식 있고 지방의 상태에 정통한 자를 모아야 한다. 대신 경질이 있는 건 부득이 한 일이다. 그 퇴직자 중에 공로가 있고 유용한 인재는 가능한 한 참사원에 두어야 한다. 그 사람이 물러나 재야에 있게 되면 반동적으로 변할 우려도 있다. 참사원의 조직을 이렇게 하면 인원을 늘리게 되고 당연히 상당한 봉급도 필요로 하기에, 명예관을 늘리고 다른 관청과 겸임시켜야 할 것이다. 참사원의 상석은 현직 대신에게 맡기거나(태정대신에게 맡겨야 한다) 황족에게 맡겨야 한다.

이렇게 대규모의 참사원에서 총원을 모아 늘 평의를 열어 일을 하나로 정리하는 건 어렵다. 그래서 분과를 두어 적당한 사람을 할당해 사무를 분임시켜야 한다.

참사원은 지위가 높고 학식 있고 공로가 있는 자가 모이는 곳으로서 나라의 모범이므로 서로 국사를 담당하는 학교가 된다. 여기에서 좋은 관리를 낼 수 있다. 물론 대신 중의 한두 명을 특히 신임해 두는 게 실제적이기는 하다. 그래도 그 지위가 언제 변경될지 헤아리기 어렵다면 이렇게 하나의 견고한 관청이 있어 천황이 친히 맡길 수 있는 자로 조직하는 게 아니면 국가가 공고해지기를 바라기는 어렵다. (443-445쪽)

참사원의 의관議官은 각 성의 서기관 중에서 사무를 오래 경험한 자 및 공업제조 등의 실제에 통달한 자에게 맡겨 심의를 다하게 해야 한다. 현재 관직에 있는 자뿐만 아니라 전에 관직에 있다가 이번에 퇴직해 재야로 물러나는 자라도 또한 정부에 반대하는 자라도 모두 성원으로 충원해 의견을 들어야 한다. 장군도 참여시킬 수 있을 것이다. 현령縣令, 주령州令이나 상등 귀족 같은 경우도 참여시킬 필요가 있다. (465쪽)

오늘날의 추밀원과 기획원企劃院을 합쳐 하나로 만들고 한층 조직화해 권한을 크게 만든 것 같다. 따라서 그나이스트의 설명에 의하면 한편으로는 그 자체가 최고행정기관임과 동시에 다른 한편으로는 관료의 양성소 혹은 저수지 같은 구실도 하는 것이다. 생각건대 천황이 친재하고 그 아래 우선 내각이 있고 내각의 각 성과 서로 나란히 다시 참사원이 있고, 참사원에서 일체의 국무에 관한 조사, 입안, 심의를 해서 그 성과를 내각으로 가져와 시행한다는 것이다. 그런데 이렇게 되면 의회라는 게 점점 유명무실해지는 것은 아닌가? 오늘날 추밀원 정도 규모라도 내각 밖의 내각이 되고, 의회 밖의 의회가 된 것은 일본 헌정사가 보여주는 바다.

그런데 의회에는 가능한 한 보수적이고 온건한 성향의 사람들을 모으라는 것이 그나이스트의 조언이다.

의원을 선거하는데 가장 주의해야 한다. 지금처럼 말재주 있는 자, 대언인代言人[7], 연설가 같은 자가 의원이 되면 국사를 그르치게 된다. 따라서 선거권을 가질 수 있는 상등 재산가는

7 일본에서 대언인은 변호사의 전신 같은 형태로, 면허 대언인 이전에는 면허 없이도 대언인이 소송대리가 가능했다. 그나이스트의 위 언급 당시 일본에서는 소송대리인은 아직 변호사라는 명칭이 아니라 대언인이라 불리던 시기였다.

1명이 3명을 뽑는 투표권이 있다. 중등은 2명, 하등은 1명을 뽑는 투표권이 있다. 피선거권이 있는 자는 명예관으로 일해야 할 의무가 있다. 즉 재판의 참좌參坐(배심관) 및 그 외 여러 가지가 있다. 따라서 재산도 있고 실제 경험도 있고 그 지역 사정에 대해 잘 이해하는 사람이 의원이 되어야 한다. 의원의 공평한 논설을 당당하게 회의장에서 말할 수 있는 게 도리이긴 하지만, 여하튼 당파론에 흐르기 쉬운 자는 자기 당이 집권한 정부가 아니라면 원안을 부결시키고 군주도 노예로 만드는 일이 많게 된다. 이래서는 정부는 시종 당파로 인하여 움직이지 못해 내각 교체를 서둘러야 하고, 행정 목적을 달성할 수 없게 된다. (432쪽)

또한 정촌町村 자치체와 관련해 다음과 같이 말한다. 선거법, 의회 등과도 관계가 있다고 보이기에 개요만 기록해 둔다.

정촌 법령까지 정비되지 않는다면 적당한 수의 의원을 얻기가 어렵다. 또한 의무에 따라 권리를 주는 것 외에 달리 길이 있을 수가 없다. 나는 상당한 정도의 간접선거법을 일본에 시행할 것을 권고한다. 직접 선거에서는 장년층의 소란이 일어나면 폐해가 심하다.

일본 같은 경우의 의원은 정원을 3백 명에서 4백 명 이하 정도로 해야 한다. 이보다 많으면 되레 폐해가 있다. 많은 것만 좋아해서는 안 된다. 선거구를 획정해 공선해야 한다. 자치정치의 사업을 행하면서 선거가 이루어져야 한다. 즉 자치 사무에 친숙한 정도에 따라 그 일을 맡겨야 한다. 의원은 사람을 얻는 것이다. 이렇게 하면 착실한 사람을 의원으로 얻을 수 있다.

따라서 의원을 개설하기 이전에 먼저 자치 정치를 시행할 필요가 있다. 이런 법을 실시하지 않으면 그런 사람을 얻을 수가 없다. 그렇듯 자치 정치에 의해 실무에 익숙한 자를 뽑는다 하더라도 신문기자 무리도 역시 어느 정도 선거되는 게 자연스러운 흐름이다. 이 역시 크게 우려되는 것이다. 오랜 실무경험자가 소수가 되면 폐해가 없을 수 없다. 그렇더라도 실제로 착실한 의원이 다수를 점한다면 이론에 흐르는 연설에 맡길 수도 있다. 현실적인 사람들이 그에 찬성할 우려가 없기에 그렇다.

의원이 개설되면 반드시 안에 당파가 만들어진다. 대신이 되고자 희망하는 자도 있을 것이다. 또한 현직 대신의 소행을 공격하려고 시도하는 자도 있을 것이다. 따라서 당파와 대신은 지금 적대 위치에 서 있는 것이다. 이것이 심히 근심스럽다. 그래서 그 사이에 칸막이를 설치하는 게 바로 상원이다. 상원의원은 평소에 인민의 신임을 받는 자일 수밖에 없다. 그래서 귀족의 무리를 모두 상원의원으로 임명해야 한다. 상원의원은 황제가 골라 뽑는 제도가 되어야 한다. 이렇게 되면 전국의 정치적 중대사가 한길로 나올 수 있다. 즉 황제가 대신에게 맡겨 모든 정치를 하게 하고, 대신은 각 성에 분담시킨 사무를 통일해 참사원에 임하는 수장이 되고, 상원에 대해 그리고 하원에 대해 회의를 하는 등 모두 한 사람의 힘에서 나온다는 것이다. (466-467쪽)

그나이스트가 말한 선거법은 이와 같이 프로이센파의 재산별 제한 및 3등급 선거법이고 동시에 간접선거법이다. 상하양원을 설치해야 한다고 한 것은 여기서 반복해 말할 필요도 없다. 상원에 관해서는 위에서 일부 소개했지만 자세히 보자.

만약 의원을 상등 관리로만 채우면 나라는 큰 신용이 없게 된다. 각 성 관청의 권한도 상원에서 가져야 한다. 또한 만약 귀족을 모아 조직하면 오히려 반동을 낳게 되어 다시 예전 모습으로 돌아갈 우려가 있다. (중략) 관리도 귀족도 모두 상원을 조직하기 위해 필요하다. 도리를 이해하는 관리 그리고 귀족이라는 막중한 지위를 가지는 자 모두 하원에 대해 무게를 보유하기 위해 필요하다. 그런데 관리와 귀족 양자 사이에 균형을 유지시키는 게 중요하다.

바이에른의 경우는 3분의 1을 관리에서 충원하고 3분의 2를 상등 귀족으로 채운다. 3분의 1과 2의 비율로 하면 관리는 적고 귀족은 많더라도 귀족은 항상 그 소재지에 살고 있기에 반드시 모두 의원에 출석하지는 않고 또한 실제로 관리 같은 사무에는 익숙하지 않기에 그 비율은 실제로는 균형을 제대로 유지시키는 게 된다.

그 선택권은 제왕의 무한한 권한에 속한다. 이를 민선으로 해서는 안 될 것이다. 프로이센에서는 정원의 반은 민선하는 법으로 되어 있다. 이는 그릇된 것이다. 왜냐하면 반대당이 추천해서 선출하면 되레 정부에 해가 되기 때문이다. 결코 그렇게 되어서는 안 된다. 또한 의원을 세습으로 하는 것도 좋지 않다. 세습하면 「배타적 계층Kasten」(즉 신분적 계급)을 낳는 게 필연적 흐름이 된다. 그렇더라도 만약 군주의 각별한 뜻이 있어 세습의관을 둔다면 세습관의 인원은 총원의 3분의 1보다 많아서는 안 된다. (445-446쪽)

상원의원으로 맡겨야 하는, 세습의원은 예전의 '대제후'에 한해야 하고 종신의원 쪽은 '몇 명이라도 괜찮고', '반드시 옛 귀족과 관리만으로 한하지 않고' 가업이나 가의 구성원으로 큰 공로가 있는 자도 추가해도 좋을 거라고 친절하고 자상하게 조언한다.

하원은 권한을 아주 강대하게 해서는 안 된다는 의견이었는데 다시 이를 자세히 밝힌다. 그나이스트는 하원은 국민여론의 부府라고 하지만, 국민의 상호적 이해관계는 서로 상이한 것이기에 의견도 일치하기 어렵고, 따라서 의회에서는 이것이 조화되도록 노력해야 한다고 한다. 또 의회는 자칫하면 역으로 상호적 견해대립이 심하게 일어날 우려가 있다는 취지의 말을 하면서 그 인심 융화의 한 방법으로 종교를 높이 평가한다.

행정권 독립과 강화의 일반적 방책은 앞서 소개한 바와 같은데, 다시 다음과 같은 의견을 말한다.

> 나라를 세우는 기초는 무엇인가. 나라 세우기의 핵심은 행정을 하느냐 아니냐에 달린 것이다.
>
> 행정의 근원은 왕과 대신에게 있다. 예를 들면 수원水源의 원천과 같다. 왕과 대신은 근본에서 일체가 되어야 한다. 왕의 지위는 고귀한 것이기에 평소 가까이에서 접하는 자는 의견을 곧바로 왕에게 진술하고자 한다. 바꿔 말하면 교태를 부리는 것이다. 따라서 이런 폐해를 피하려면 국사를 천황에게 아뢰는 일은 반드시 대신에 의하도록 해야 한다.

> 각 성 대신은 담당 업무를 정해 분담한 이상은 주관사무를 전담하고, 다른 성의 일을 돌아보는 데 허둥댈 필요가 없다. 따라서 내각에서 이를 통일하고 다시 참사원을 설치해 연락을 취할 필요가 있다. 비근한 예를 들자면 대신이 이용하는 안경은 각각 다르기에 보는 것 외에는 눈에 들어오지 않는 것과 같다. 오

쿠라대신은 경제적인 일에만 착안하고 육군대신은 군대 세력 외에 다른 것은 전혀 돌아보지 않는 것 같은 식이다. 행정이 점차 진보함에 따라 이런 상황이 되는 것을 면할 수 없을 것이다. 따라서 각 성이 연락해야 할 사건 즉 일반적 공익에 관계되고 일반적 농업과 조세에 관계되는 일 같은 것은 참사원에서 널리 관리의 의견을 들어 평결해야 한다. (465쪽)

내각 대신의 책임과 권한을 의회가 정하는 법률로 상세히 규정해 제한하는 것은 행정권의 자유로운 활동을 방해하므로 피해야 한다.

일찍이 빈트호르스트L. Windthorst가 의원에서 대신의 권한 영역을 제정해야 한다고 논한 게 있는데, 그 취지는 정부의 활기를 잃게 해 불완전한 정체를 만들어 스스로만이 의원議院에 권리를 행사하려 하는 것과 다름 아닌 것이다. 일본처럼 오늘날 개혁을 이루고자 가장 분주한 시기에는 특히 법률로 내각의 권한을 견제하는 일이 없기를 바란다. (467쪽)

국왕은 '빈민의 수장'이 되어야 한다. "다수의 빈민이 왕실의 보호를 받는 것을 확실하게 느끼게 해야 한다. 이렇게 느끼게 하는 게 왕실의 권력을 강화시키는 것"(463쪽)이기 때문이다. 또한 "천황은 거울에 물체를 비추는 것처럼 말 한마디 행동 하나가 서민의 모범이 될 수 있음을 염두에 두어야 한다. 위에서 이루어지는 바는 모두 아래에서 모방함을 알아야 한다. 따라서 백성에게 먼저 부부의 대의를 분명하게 밝히고 가정 내에서 할 일을 다하고 종교의 진정한 뜻을 지켜야 한다. 이는 어려운 일에 속하더라도 어려운 일을 행하는 것이야말로 존경받는 것"(469쪽)이다.

이상은 그나이스트 강의의 주요부분 개요만 기록하고 인용한 것이다. 그는 마지막에는 "일본에 훗날 헌법제정이 있을 것이기에 참고시키기 위해 헌법에 관한 것을 말해야 한다. 독일 헌법은 연방이라서 일본에는 적합하지 않다. 따라서 프로이센 헌법에서 취사선택해야 한다."(473쪽)라면서, 프로이센 헌법 각 조항을 하나하나 들어, 일본에 적용할 수 있는 조항 혹은 삭제하는 것이 상책인 내용 혹은 보완해야 하는 규정 등으로 상세히 가르쳤다.

제2절 모세의 교설

〈알베르트 모세〉

그나이스트나 슈타인에 비해 모세Albert Mosse의 기여는 종래 크게 알려지지 않은 듯하다. 모세는 뒤에 일본 정부의 고문으로 일본에 들어와 단지 자치제도의 창설에만 관여한 것이 아니다. 헌법제정에서도 많은 큰 공적이 있다. 여기서는 우선 이토 히로부미가 들은 강의를 소개한다.

모세는 그나이스트의 수제자로서 사상과 근본적 관점 모두 그나이스트와 같다. 그는 군권지상주의 입장에 서있는 관료적 입헌주의 학자였다. 그는 강의인 「필기」 제5편(1882년 6월 8일)의 서두에서 "오늘에 이르기까지 나는 입헌정체 군주제를 말함에 있어 국왕은 모든 국권을 총람해 주더라도 그 실행에 있어서는 반드시 재상의 보필을 필요로 하고, 이로써 실행 책임을 맡겨야 한다고 해석한다."라고 한다. 이는 강의 내용을 보여주는 것이면서 또한 모세의 근본입장을 요약해 주는 점에서 큰 의미를 지닌 말이다. 본론 이하 제9편에 이르기까지 모세는 누누이 신민의 신분과 권리 및 의무에 관해 상술한다.

> 우리 입헌군주정치제도에서 국왕의 일신은 고유한 권한에 의해 모든 국권을 총람해 국가 전체의 모습을 만드는 것이 된다. 따라서 조세든 혈세든 인민이 마땅히 국가에 대해 다해야 하는 것은 모두 국왕의 일신을 존경하고 사랑하는 정신에서 나오지 않으면 안 된다.

> 인민의 의무를 말하자면 우선 순종이 가장 중요하다.

그러나 절대적 맹종은 앙샹 레짐Ancien Regime 하에 있어서의 정치원리일 수는 있어도 서구 근대국가의 정치원리는 아니다. 군권은 어디까지나 지상至上최고다. 국민의 정치적 참가도 실질적으로는 제한할 수 없더라도 스스로 일정한 한도가 있음은 승인되어야 한다.

> 그렇더라도 과학적으로 논한다면 입헌국의 인민의 의무는 그 경계가 획일적이고 변하지 않는다고 말할 수는 없다. 왜냐하면 정부의 명이라 하더라도 도덕적 의무에 반하는 것은 준수할 필요가 없다고 말할 권리를 한편으로 쥐고 있기 때문이다.

의회에 관해서도 영국과 같은 철저한 하원중심주의가 아니고, 일본 헌법에서 현실의 제도가 된 것과 같은 양원동권兩院同權을 설명한다. (제26편, 1882년 7월 29일)

> 무릇 정부의 의원議院에 대한 관계는 귀족원貴族院에 대한 것과 서민원庶民院에 대한 것이 그다지 다르지 않다. 따라서 정부에서 의원에 부의하는 의안을 먼저 서민원에서 논의시킬지 귀족원에서 논의시킬지는 모두 정부의 편의에 맡겨야 한다. 다만 회계에 관한 법안에 한해서는 서민원에서 먼저 논의하게 해야 한다. 회계에 관한 것은 서민원의 관련이 필요하고 다시 귀족원에서 중대한 것으로 판단해야 하기 때문이다.

선거에 관해서는 옛 프로이센류의 제한적 간접선거제를 말한다.

모세의 모든 강의는 당시의 현행 프로이센 헌법을 모범으로 해 예를 들어 증명하며 설명 대상으로 삼는다. 일본 헌법이 옛 프로이센 헌법을 주요 모체로 했다는 설명은 이러한 깊은 근원과 유래에 비추어 생각해보면 어느 정도는 맞는 말이다. 예를 들면 의회의 발안권에 관해 말한다. (제30편, 1882년 12월 2일)

> 법률은 누가 발의해야 하는지 보건대 헌법 제64장에 의해 발의권은 국왕과 상하양원이 함께 보유한다. 발의권에 하나의 특례가 있는데, 만약 국왕 혹은 상하양원 중의 일방에서 발의한 사항을 다른 일방에서 부결한 때는 회기 중에 다시 발의할 수 없다는 것이다.

그러나 입법의 최후의 열쇠를 쥐는 자는 군주이지 의회가 아니다. (제34편, 1882년 12월 20일)

국왕은 곧 행정권의 연원이다. 그런데 입법에서도 국왕은 수령이긴 하지만 행정에 비한다면 완전하지 않은 것 같은 모습이다. 따라서 국왕은 입법부의 수령이 아니라고 말하는 자가 있다. 이는 프랑스의 과격설에 부화뇌동하는 자가 주장하는 것인데 근래 우리 나라에서 배출된 석학과 대학자가 그 설을 배격한다. 그래서 국왕이 법률을 성립시키는 것은 반드시 인민의 의향에 의하지는 않는다. 즉 국왕의 뜻에 의해 제정하고 국회에서 가결한 것도 그 비준을 거치지 않으면 법률이 될 수 없다. 즉 국왕의 의지에 의해 성립되는 것(된다고?)을 준엄하게 계속 비판하는 것이다. 따라서 국왕은 입법과 행정의 두 권력에서 수령임을 인정하지 않을 수 없다. 우리 프로이센 헌법 제44장에 재상의 부서副署라는 것이 있어 국왕의 권한을 제한하는 듯하다 할지라도 이는 외형에 관한 것으로서 행정상의 수령임에 지장을 주지는 않는다. 국왕은 본래 수령이더라도 법률에 어긋날 수 없다. 왜냐하면 법률은 근본에서 국왕이 친히 제정하는 것이라면 스스로 이를 어길 수 없기 때문이다. 생각건대 국회가 가령 협의로 어떠한 일을 결정해도 결코 이를 다른 자에게 명령할 권한이 없다. 단지 일을 결정함에 그친다. 그에 대해 비준해 시행을 명하는 것은 국왕만의 권한으로 존재한다. 국회는 입법상의 일에 관해 국왕의 보조자로서 순수한 입법권은 국왕의 수중에 있다. 국회에서 가령 재상의 경질을 어느 정도 압박하더라도 국왕의 뜻에 맞지 않으면 반드시 그 전임자를 사직시킬 필요는 없다는 것도 그를 통해 알 수 있을 것이다. 국회는 단지 국왕의 보조자이지 입법부의 수령이 아님을.

제3절 슈타인의 교설

〈로렌츠 폰 슈타인〉

슈타인Lorenz von Stein이 이토에게 한 강의 중에 가장 특징적인 부분을 소개하고자 한다. 그의 학설은 이른바 「유기체적有機體的 국가학설」로 원수元首를 머리에 비유하고 그 외 여러 국가기관을 사지에 빗대어 가면서 군주제를 기초지운 것으로, 그 근본입장은 관료적 입헌제 주장이다.

1882년(메이지 15년) 9월 18일 강의의 모두에서는 먼저 유기체설적 입장에서 말한다.

> 국가제도를 상세히 설명하려면 반드시 먼저 사회를 사람의 체질을 지니는 것으로 논구하지 않으면 안 된다. 사회의 사람 체질은 보통 한 개인과 동일한 원소를 지닌다. 타고난 지능, 의사 및 동작이 그것이다. 이러한 3요소는 한 개인에 있어서는 명백하게 차이를 보여주는 명확한 경계 영역이 없기에 알아보기가 매우 어렵더라도, 국가 구조에 있어서는 3요소의 존재가 모두 지극히 현저하게 보일 것이다. 이른바 국가의 삶은 실로

이 3요소에 의해 존재하고 3요소 각각은 응분의 직무를 지키고 있다. 따라서 국가학은 국가 구조에 있어 이 3요소의 본질적 직무를 연구하는 것이다. 타고난 지능은 군주에게 있는 것인 바, 나라고 하는 대명사로 국가를 드러내 밝혀야 한다. 따라서 군주의 생각과 뜻은 국가의 일체의 동작을 통일해 국가라는 사람 체질의 사상을 표하는 것이 됨으로써, 어떠한 것이든 불문하고 군주가 그 의사로 승낙한 것이 아니라면 국가의 권한을 정당하게 사용하는 것이라 말할 수 없다. 군주는 그 몸이 입법부立法部 및 시정부施政部의 의사와 동작을 최종적으로 판단해 결정하는 권리다. 영국에서는 군주의 직무를 실시하는 데 반드시 필요한 권리를 왕실특권이라 한다. 다른 나라에서는 왕실특권이 그 자체로 건국의 제도 속에 존재하기에 이를 영국처럼 헌법 안에 명시적으로 게재하지는 않는다. 영국의 헌법에 명시적으로 게재한 국왕의 특권은 그 뜻이 단지 왕을 시정부의 수장이 되게 하는 데 그친다. 그렇더라도 국왕의 허가를 얻지 못하면 법률을 제정할 수 없다. 군주가 만약 불가하다고 말하면 어떠한 법률이라도 자칫 공포하는 일이 있어서는 안 된다. 즉 군주는 한편으로 입법부의 수장이라 말하지 않으면 안 된다. 그런데 지금은 단지 시정부의 수장이라고만 칭한다. 이는 아직 그 뜻을 제대로 얻어내지 못한 것과 같다. 군주는 일체의 높고 영화로운 권한들의 수장이다. 높고 영화로운 권한들이라 함은 그 뜻이 항상 국가의 통일을 포함하는 것이다. 이른바 군주, 즉 왕실이란 하나의 체제를 말하는 것으로서 국왕을 말하는 게 아니다. 왕실은 국가의 통일이라는 뜻을 지닌 것이다. 그에 비해 왕은 단순히 한 개인을 지칭하는데 불과하다. 동시에 왕이 특권에 입각해 펼치는 것은 모두 국사에 속하지 않는 게 없다. 왕실이라 칭하는 것은 국가의 구조에 관한 체제를 말하고, 왕이라 칭하는 것은 그 뜻이 한 개인에 그침을 알아야 한다. 따라서 왕은 죽은 물건이고, 왕실은 불로불사의 물건이다. 또한 국가사회의 제도를 논하면 조정이 곧 국가다. 조정이 만들어져 있기에 국가사회의 관계가 생성되고 조정에 의해 사회상의 권리를 지니게 된다. 이것은 태고 이래로 그래왔던 것이다. 따라서 조정의 기강이 쇠퇴하면 반드시 한 나라의 교화가 쇠퇴하게 된다. 프랑스의 루이 14세, 프로이센의 프리드리히 2세 시기 및 오스트리아 같은 경우가 그렇다. 조정에 있어 도리와 도의의 흥망은 한 나라와 사회에 중대한 효과를 야기하는 것이다.

왕은 나라의 주인이고 정통 권한에 의해 그 작위를 얻고, 이는 결코 법제의 대상이 되지 않고 법으로 의율해서는 안 된다. 왕이 정통의 왕위계승권에 의해 왕위를 얻는 것은 군치君治의 원칙이다. 공화국에서는 국가의 주인이 법제 하에 있기에 국가를 하나로 합치게 하는 뜻도 반드시 법제에 복종한다. 이것이 군치국과 공화국이 서로 다른 이유의 핵심이다.

슈타인은 여기서 책임내각 중심의 입헌정치가 아니고, 「참사원」처럼 군주를 보좌하는 관료적 기구도 설치해야 한다고 가르치고, 또한 보통선거의 위험에 대해서도 주장한다.

9월 20일의 강의에서는 정당, 자본에 관해 말하고, 양원제를 상찬하며 추천한다. 슈타인에 의하면 일원제는 공화정치로서 입헌정치가 아니라고 한다.

어떤 나라이든 불문하고 국회는 반드시 상원과 하원의 양국을 설치할 필요가 있다. 상하양원을 설치하면 서로 교정하는 이익이 있다. 일체의 법률은 양원의 인낙을 거치지 않으면 제정할 수 없다. 국회를 일국으로 하여 상원과 하원의 구별이 없는 것은 공화정치라고 불러야 하기에 입헌정치라고 부를 수 없을 것이다. 입헌정치의 법률이란 상하양원이 인낙하고 다시 국왕의 비준을 거쳐 제정하는 것을 말한다. 이를 입법부에 자문시키고 군주가 친히 제정하는 것 및 군주의 비준을 청하지 않고 입법부 혼자 제정하는 것은 모두 입헌정치의 법률이라 말할 수 없을 것이다.

9월 22일 강의에서는 입법, 행정의 의의 및 상호관계에 관해 설명하고, 대신의 임면, 관리, 행정재판 등을 논하는데, 그가 정당내각제를 배척하고 이른바 대권내각大權內閣을 선호한 것은 말할 필요도 없다. 또한 슈타인은 일체의 법률은 모두 정부가 발안권을 장악해야 한다고 역설한다.

9월 25일 강의에서는 진보와 보수의 두 정당, 또한 양원제, 귀족정치와 민주정치에 관해 설시한다. 28일의 강의에서는 대신의 임면, 군정軍政과 군령軍令을 서로 분화시켜야 한다는 것 즉 통수권의 독립론, 사법권 및 정부의 구성 등을 가르친다.

10월 2일의 강의에서는 플라톤과 아리스토텔레스의 설을 소개하며 정치학의 유래를 설명한다. 4일의 강의에서는 신정神政(시어크러시)를 강의하고, 8일에는 자치제自治制를 논한다. 13일에도 강의를 이어가고, 16일에는 독일 행정재판의 유래를 말한다. 18일에는 비밀결사에 관해 논하고, 회사에 대한 강의를 한다. 24일에는 통계학을 언급하고, 25일에는 사익, 공익, 사권, 민권, 공권 등의 관계를 설명한다.

10월 27일에는 외교, 군비, 재정에 관해 강의한다. 통수권 독립을 가르친 것은 말할 필요도 없다. 의회의 예산심의권에 의해 정부의 행동이 제약될 우려가 있음을 설명하고, 그것을 제한해야 한다는 것을 넌지시 말한다. 그러나 전년도 예산 집행 같은 것은 가르치지 않는다. 다만 영구세주의를 추천할 뿐이다. 이점에서는 그나이스트 쪽이 한층 관료주의적이다.

한 나라의 재정이 이미 법에 의해 관리되는 부분이 되면 특별한 기관과 법률을 만들어 이를 시행할 권리가 있어야 한다. 사람의 체질을 표상하는 재정에 관한 기관을 오쿠라성大藏省이라 한다. 오쿠라성이 분담한 직무의 목적은 국가의 재정을 다스리는 것을 중심으로 하고, 재정에 관한 법률에 관여하고 세출과 세입의 금액을 자세히 기재하는 회계연도 예산표에 관한 것이다. 회계연도 예산은 법에 의한 관리 권한에 속하고 회계연도 예산표를 만드는 것은 헌법상 권한에 속한다. 국회와 현직 대신은 서로 협력하지 않으면 퇴직을 바라게 되듯이, 서로 힘을 합치는 자가 적으면 빛을 발할 수가 없다. 또한 탄핵법에 의해 그 직을 뺏을 수 없다면 국가비용 공급의 길이 막히기 때문에 회계연도 예산표를 부결하면서 대신의 교체를 촉구할 권리가 있는지 없는지가 그 경우 큰 문제가 된다. 영국에서는 국회가 가결시키지 않음으로써 국가비용의 공급을 중단시킬 권리가 있다. 회계연도 예산은 매년 반드시 심의하기는 하되 항목에 관해 하는 것일뿐 모조리 하는 것은 아니다. 유럽 대륙 국가들은 회계연도 예산에 관한 것은 시정부施政部에 속하는 경우가 많다. 1865년 독일 국회는 국가비용 공급을 거부할 수 있는지에 관한 의문이 일어 한때 큰 문제가 된다. 그 일은 지금까지도 아직 해결되지 않았다. 어떤 국가도 아직 이 복잡하게 얽힌 권리와 의무를 헌법 속에 세밀하게 해명하지는 못하고 있다.

지금 우리 독일의 학자는 이 하나의 일을 분명히 하기 위해 탐구에 진력하며 매달리고 있다. 내가 보건대 국가가 사람의 체질을 지닌다면 국채와 관리 봉급 및 군비 류 같이 일정한 의무를 부담하는 것은 필연적으로 이에 관한 출납 예산을 반드시 의원議院의 가부에만 맡겨서는 안 된다. 국가의 의무는 의원의 부결에 의해 사라질 수 있는 것이 아니다. 따라서 예산표를 만들기 전에 부담한 의무는 새로 만드는 예산표에서 결코 제외해서는 안 된다. 모든 일체의 세입은 특수한 법률에 의해 얻어진다. 종래 법률에 의해 징수한 각종 세입은 국회가 하루아침에 부결시켜 폐기해서는 안 된다. 법률로 아직 폐지하지 않은 것은 시정부가 반드시 속행해 징수할 책임이 있다. 법률이 아직 폐지되지 않았는데 시정부가 포기해 실행 징수를 게을리하면 탄핵책임을 면할 수 없다. 따라서 내가 생각하기에 회계연도 예산 중 새롭게 항을 늘리거나 고치는 경우에는 국회에 부의해 심의시키는 게 마땅하다. 예산 본문을 모조리 국회의 손익 가부에 맡겨두어서는 안 된다.

10월 28일의 강의에서는「국헌」및「헌법」에 관하여 말하는데 이는 많은 중요한 설명을 담고 있다. 슈타인에 의하면 국가의 근본법이 그대로 헌법인 것이 아니고, 국가의 근본법 중에 특히 군주, 정부 및 의회에 관해 각각의 상호관계를 규정하는 것이 헌법이라고 한다. 그런데 헌법개정 발안권은 군주만 독점하고, 입법부에 부여해서는 안 된다고 한다. 또한 슈타인은 황실자율주의의 중요성을 가르친다. 그와 동시에 황실재산을 확보함으로써 의회 결의에 의해 재정적 기초가 좌우되지 않도록 배려해야 한다고 설시한다.

군주는 한 나라의 수령이므로 국헌에 관한 사항에서는 반드시 발의권을 독점해야 하고, 그 외 사항에 관해서는 정부가 발의권을 가진다. 헌법 초안을 입법부에 부의해 논의하게 할 때는 물론 반드시 다소의 수정과 개선을 면할 수 없더라도 헌법 초안을 입법부에 부의하는 절차는 보통의 법제와는 완전히 달리 해야 한다. 군주는 이를 입법부의 논의에 부치기에 앞서 영구히 국가 안에서 독립기관성을 지켜야 할 이런저런 것을 미리 갖추어 줄 필요가 있다. 이는 헌법제정의 가장 중요한 절차다.

각하의 말인즉, 군주가 일단 헌법 초안을 입법부에 부의해 수정과 개정 보완을 맡기면 의결이 어떻게 되든 군주는 이에 대해 비준을 거부할 수 없을 것이다. 따라서 헌법은 먼저 군주의 재가로 정하고, 이를 새롭게 설치하는 입법부에 부칠 것 없고, 다만 수년 사이에 결코 수정과 개정 보완을 가할 수 없다는 분명한 조항을 그 속에 게재하는 게 좋다는 취지로 보인다. 나는 완전히 각하와 동일한 의견이다. 특히 종래 털끝만큼도 입헌정체의 경험이 없는 나라에서는 가장 선제적이고 좋은 대책이라 생각한다. 황실과 황족에 관한 제도와 규정 같은 것도 입법부의 논의에 부칠 필요가 없다. 그것은 일가의 개인적인 일이기에, 제왕은 될 수 있는 한 외부에 공개적으로 알려서는 안 된다. 그렇더라도 황위계승법은 반드시 분명히 규정해 온 나라에 알려 법이 한 번 정해지면 영구히 고치지 못하게 한다. 황위계승법은 별도로 정해야 하기에 헌법 안에 넣을 필요가 없다. 헌법 문언 중에 황제라는 글자가 게재될 필요가 있더라도 그에 의해 황위계승법에 관한 것을 언급할 필요가 있는 건 아니다. 관유물은 황제령 및 군주의 사유물로 나눈다. 양자는 성질을 달리 하는 것으로서 관할도 다르지 않을 수 없다. 황제령에 속하는 토지는 내무경에 속한 황제령 사무관의 관할과 단속에 귀속시켜야 한다. 황제의 사유에 속하는 것은 궁내성 안에 별도로 황제령 사무국을 설치해 궁내경의 감독을 받아 단속하게 해야 한다. 널리 고금의 행적을 보건대 어떤 국가를 불문하고 헌법을 제정한 뒤에 제왕이 늘 삼갈 수는 없다. 군주가 전제정을 아직 그만둘 수 없는 경우에는 군주가 그 뜻에 따라 깊이 삼가면서 행동해야 하더라도, 헌법에 비준하여 정체를 바꾸는 데 있어서는 군주의 존엄을 유지하고 신민이 이를 침범하는 것을 막기 위해 거액의 궁중비용을 요할 것이다. 따라서 군주는 반드시 대의원代議院 다수의 의견에 좌우될 수밖에 없는 궁중 봉록 제공에만 의존할 게 아니라, 될 수 있는 대로 다른 것에서 세입을 얻을 길을 열고 영구히 이를 보유할 법을 강구해야 한다.

군주는 될 수 있는 대로 많은 관유물을 취해 사유로 해야 한다. 그렇지 않으면 국가정책 예산에 있어 입법부 다수의 의견에 의해 삭제되는 화를 면치 못한다.

이하 30일, 31일의 것 그리고 행정상의 세세한 문제까지도 설시하는 부분은 생략한다.

슈타인 교설의 전모 즉 그가 일본의 헌법제정에 미친 직접적 영향에 관해서는 다른 곳의 많은 중요한 자료를 참조해야 할 것이다. 그것들은 다른 곳에서 소개된 것이기에 여기서는 생략한다.

제4장 헌법의 기초

제1절 정부의 준비들

〈오토 폰 비스마르크〉

이미 그나이스트, 슈타인, 모세 등의 교설을 흡수하고 옛 프로이센 입헌주의의 현실을 직접 관찰하고, 그 비스마르크적 운용의 절묘한 이치를 속속들이 꿰뚫은 이토는 메이지 16년 8월 4일 귀국한다.

이토는 입헌정치를 도입하기로 하더라도 우선 궁중과 행정부문의 구별을 명백히 하는 것과 정부기구를 근대적으로 개조하는 두 가지의 것이 제도상 가장 근본적인 개혁을 필요로 한다고 생각한다. 그래서 메이지 17년 3월 17일에는 「제도취조국制度取調局」을 설치해 스스로 장관이 되고, 참의 겸 궁내경의 지위를 근거로 전력을 다한다.

이어 4월 22일 「참사원장정」이 개정된다. 참사원은 국회개설칙유 뒤 헌법 발포를 위한 법제적 조사 임무를 담당하도록 창설된 것이었다.

법제의 입안과 제정은 모두 "각 성에서 안을 마련해 상신하면 주관 참의가 검인해 제도국의 확인 심의에 부치고, 참사원의 의결을 거쳐 내각에 의견을 묻기 위해 순차적으로 올린 뒤 보도록 청해 재가되면 그 후 원로원의 의결에 부치고, 다시 내각의 동의를 구하는 절차를 거쳐 천황에게 상주하는 예에 따른다."라는 규정에 의해 보면, 제도취조국은 단지 궁중제도만 조사하는 기관이 아니라 실질상 전체 국가기구 개혁의 중심조직인 것 같다.

같은 해 7월 7일에는 「화족령華族令」이 발포되고 같은 날 작위수여식이 이루어진다. 사민평등四民平等을 표방한 메이지정부가 여기서 이런 위계제도를 확립한 이유는 주로 국회개설 뒤에 하원에 대해 상원으로서의 견제 역할을 다하게 하도록 하기 위해서라고 보인다.

메이지 18년 12월에 이르러 예부터 이어오던 태정관 제도가 폐지되고 「내각內閣」이 창설된다. 태정대신, 좌우대신, 참의 및 각 성경의 직제 대신에 내각총리대신總理大臣 이하 내무, 오쿠라, 육군, 해군, 사법, 문부, 농상무, 체신의 각 대신 직제가 만들어진다. 궁내대신은 내각 밖에 위치해 오로지 궁중사무를 처리한다. 국가 정무와 궁정사무가 제도적으로 구별됨과 함께 한편으로는 근대국가에 적합한 내각제도가 만들어진 것이다.

이보다 앞서 이토 귀국 전에 이와쿠라가 메이지 16년 7월 20일 사망해 공경公卿정치가 종식되면서 이토를 위한 앞길이 열렸다. 메이지 2년까지는 장관長官에는 반드시 공경, 다이묘大名를 필요로 했었다. 그러나 그 후 실력이 있는 산죠 사네토미와 이와쿠라 도모미를 제외한 다른 이들은 사라지게 되고, 사이고 다카모리, 오쿠보 도시미치, 기도 다카요시의 시대가 되었다. 그런데 메이지 10년 이후 이 세 사람은 연이어 모두 사망했다. 그래서 오쿠마 시게노부, 이토 히로부미와 그 위의 이와쿠라가 정치의 중심이었다. 그런데 앞서 오쿠마가 하야하고 이와쿠라가 이제 사망하고, 산죠 한 사람이 남아 있더라도 시대의 흐름은 실로 이토의 시대가 된 것이다.

위의 개혁들은 다가올 헌법정치에 대한 준비로서 조직을 새롭게

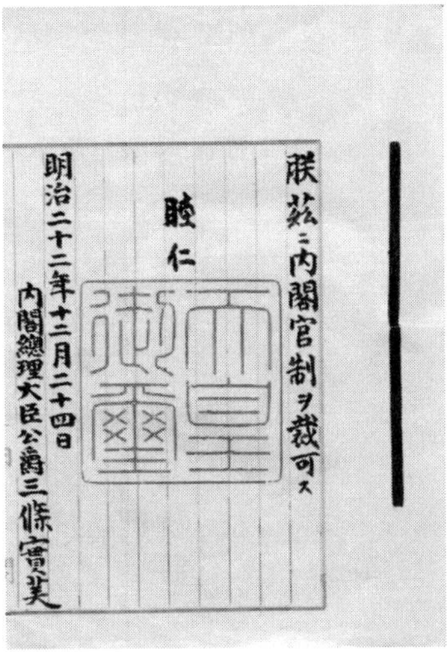

朕茲ニ内閣官制ヲ裁可ス

睦仁

天皇御璽

明治二十二年十二月二十四日

内閣總理大臣公爵三條實美

〈1889년의 내각제도 칙령〉

할 필요가 있었던 것이다. 직접 유럽의 제도를 시찰한 이토로서는 도저히 예부터 이어져 온 제도에 만족하며 감수할 수가 없었다. 또한 진용을 일신해 민권운동에 대한 준비도 해야 했다. 이를 겸해 자기의 입지를 확립하기 위해서도 반드시 함께 개혁하지 않으면 안 되었다. 관료들이 다가올 헌법정치에 큰 불안을 가짐으로써 옆으로 기고 있는 시기였기에 이런 일들은 이렇다 할 반대도 없이 착착 진행되었다. 그러나 여기서 하나 문제가 된 것은 새 내각의 수반이 되어야 할 사람이다. 당연히 이토여야 하지만 여하튼 산죠가 있기에 어떻게 해야 하는지가 난관이었다. 그런데 산죠가 스스로 그 임무를 맡지 않겠다는 뜻으로 사직하고는 이토를 추천했기에 이토도 공명함을 느낀다.

그래서 메이지 18년 12월 태정대신 산죠 사네토미는 스스로를 사임시키고 태정관을 폐지하고, 새로이 내각을 조직하면서 내각총리대신을 두어야 한다고 상주한다. 그렇게 「내각관제内閣官制」를 설치하고 별도로 내대신内大臣을 두면서 산죠에게 맡기고, 아리스가와 좌대신은 참모본부장에 임명된다. 새롭게 조직된 내각은 다음과 같다.

내각총리대신 겸 궁내대신	백작 이토 히로부미
외무대신	백작 이노우에 가오루
내무대신	백작 야마가타 아리토모
오쿠라대신	백작 마쓰카타 마사요시松方正義
육군대신	백작 오야마 이와오大山巖
해군대신	백작 사이고 쥬도西鄉從道
문부대신	자작 모리 아리노리森有禮
농상무대신	자작 다니 다테키谷干城
체신대신	자작 에노모토 다케아키榎本武揚

큰 원로인 이토 히로부미가 수상인 게 전혀 이상하지 않은 듯도 하지만 당시에는 실로 세상 사람들을 크게 놀라게 한 일이었다. 산죠조차도 메이지 4년에 태정대신에 임명되었을 때 전에 없던 명예라고 기뻐했다. 오쿠보가 죽어 우대신에 추증되자 시게노 야스쓰구重野安繹 박사가 전기에 쓰기를 "신하가 추증된 관직이 3공三公에 이르러 그 가문이 명문귀족으로 나아간 자는 공이 처음이다."라고 특필하면서 영예로 삼던 시대에, 아시가루足輕[8] 집안 출신의 이토가 태정대신에 오른다는 것은 지금까지 본 적이 없던 대변혁이다.

다이호령大寶令[9] 이래 태정관 제도는 아주 불규칙한 것이었다. 중국의 제도를 번역한 당시부터 이미 시대와 제대로 들어맞지는 않았던 것이다. 정권이 무문武門으로 옮겨지면서는 다시금 묘한 형태가 되고 변천해 왔다. 이것이 유신이 되고 정권이 옛것으로 회복되기는

8 헤이안시대부터 에도시대까지 일본에 존재한 보병의 일종으로, 평시에는 잡역에 종사하다가 전시에는 병졸이 되는 최하급의 무사계급

9 다이호大寶 원년(701년)에 당唐의 율령을 참고하여 제정된 일본의 율령. 이 율령에 의해 중국의 방식이 기준이 되는 제도로 전환되어, 천황 중심의 관료기구를 골격으로 한 본격적 중앙집권체제가 성립했다.

하지만 혼란의 시기여서 수많은 현실과의 차이가 발생했다. 다만 실제 정치의 운용에 의해 점차 무르익게 된 것이다. 그래서 헌법정치가 아니더라도 조만간 개정을 필요로 하는 시기에 도달해 있었던 것이다. 마침 각 방면의 기틀이 무르익어 그것이 이제 일대 변혁을 보게 된다.

먼저 종래 여러 차례 분리와 겸직을 반복한 국무대신國務大臣과 행정장관行政長官은 하나가 된다. 산죠의 상주에서 보이는, '재상들이 들어와서는 국가정치에 참여하고, 나가서는 각 부의 직무를 하고' 라는 것이 이것이다. 종래에는 각 성은 태정관 아래에 속하고 각 성 장관은 각의閣議에 참여하지 않았는데, 이를 바꾸어 각 성의 장관을 동시에 국무대신이 되게 한 것이다. 그래서 오랫동안 국민의 뇌리에 박혀 있던 3공(태정대신, 좌대신, 우대신)에 한정되던 대신大臣이라는 칭호가 각 성의 장관에게도 씌워지게 된다. 이런 것들이 아무것도 아닌 것 같지만 당시로서는 큰 변혁의 하나였다.

내각총리대신은 각 대신의 수반으로서 기밀 정무를 천황에게 아뢰고 그 뜻을 받들어 국가정치의 방향을 지시하고 행정각부를 통할 감독統督한다.

태정관제에서는 이런 점이 명백하지 못했다. 섭정攝政[10]이 있고 관백關白[11]이 있고 3공 안에 비공식적으로 열람되는 천황의 문서가 내려지기에 그 자체가 사실상 수반 같이 되어 있었다. 산죠가 태정대신에 임명되었을 때는 종래의 태정대신과는 직무 성질을 조금 달리하고 수상 같은 의미가 되었는데 이제 이를 명확히 한 것이다.

"법률과 명령에는 내각총리대신이 부서副署하고, 각 성의 주임사

10 천황이 어리거나 병약하거나 공석인 경우에 그를 대신해 대권을 전면적으로 대행하는 역직

11 천황을 보좌해 정무를 담당하는 최고위의 대신으로, 섭정의 경우와는 달리 이 경우 최종적 결정권자는 어디까지나 천황이다.

무에 속하는 것은 내각총리대신 및 주임대신이 부서해야 한다."라는 규정도 명백해진다.

바쿠후에는 렌쇼連署[12]나 가한加判[13] 등의 직이 있었고, 조정에서는 관백의 부서를 요했는데, 이것이 흐트러지거나 혹은 밀칙이라고 불리는 것이 내려지거나 혹은 천황에게 은밀히 상주하는 등의 폐해를 낳는 것을 막기 위한 것이다.

핵심은 국내외의 일을 처리함에 있어 내각이 하나의 일원이 되어 책임을 지는데 내각총리대신은 그 수반이라는 것이다.

또한 내각제 창설과 함께 새롭게 궁중에는 내대신이 설치되어 '어새御璽와 국새國璽를 보관'하고, '항상 가까이서 보필하고 궁중 고문관의 의사를 이끌어' 가게 된다. 다른 한편으로는 참사원과 제도취조국이 폐지되고, 이를 대신하는 것으로 내각 안에 총리대신 관할 하의 「법제국法制局」이 설치된다.

제2절 헌법의 기초

가네코 겐타로金子堅太郎[14]의 말에 의하면 "메이지 17년부터 18년까지는 정부 전체의 개혁에 관해 이것저것 연구했기에 실제로 헌법을 연구한 것은 19년부터 21년 봄까지다."라는 것이다. 그래서 그 사이의 경위에 관해 다시 가네코에게 들어본다.

12 가마쿠라鎌倉 바쿠후에서 정무를 통할한 싯켄執權의 보좌역으로 바쿠후의 공문서에 싯켄과 연명으로 서명하는 역직

13 서명, 날인을 행하는 직권을 지닌 중신. 센고쿠戰國시대 말기부터 뚜렷이 등장한 말로 가마쿠라 바쿠후의 렌쇼가 그 기원이다.

14 이토 미요지伊東巳代治, 이노우에 고와시井上毅 등과 함께 메이지헌법大日本帝國憲法의 기초에 참여한 인물

이토 참의로부터 특히 헌법 기초에 관한 일을 명받은 것은 이노우에 고와시井上毅, 이토 미요지伊東巳代治 그리고 저의 세 사람이었습니다. 또한 저희 세 사람은 제도취조국의 정부업무담당으로서 각 관성官省의 조직을 개조하는 쪽에도 종사했습니다. 18년 12월에 태정관을 폐지하고 내각이라는 것을 설치하고, 각 성 중에서 공부성工部省을 체신성遞信省으로 고치고, 곧 지금의 내각 및 각 성 조직이 만들어졌습니다. 그리고 나서 행정 수뇌인 내각총리대신 및 각 성 대신의 권한도 정했습니다. 이로써 이른바 내각은 의회가 생긴 뒤에는 의회에 대해 책임을 지는 당국자라는 게 분명해졌습니다. 그 후 각 성의 차관次官 이하는 대신에 예속해 성무를 처리하고, 나와서는 의회에서 정부위원이 되게 했습니다. 그리고 궁내성은 의원정치로부터 아주 독립해 의회와는 관계가 없는 조직이 되었습니다. 메이지 18년 12월에 태정관을 폐지하고 내각을 둔 이후 한편에서는 23년에 헌법정치를 시행하기 위해 각 성에서 지방청까지의 조직을 고쳤습니다. 또 한편에서는 부현회府縣會, 군회郡會, 정촌회町村會 같은 것을 개정해 지방자치의 조직을 결정했습니다. 정부는 내각에서 각 성, 각 성에서 지방청까지 근본적인 조직 개혁을 모두 마쳤습니다. 이제 남은 것은 의회의 조직은 어떻게 할 것인지, 헌법은 어떤 모습으로 할 것인지 라는 것뿐이었습니다. 그런데 이는 이토공의 가슴 속에 숨겨져 있어 다른 어떤 사람도 알지 못했습니다. 이토공의 속셈이 결정되고 저희에게도 그 방침을 보여 준 것에 관해서는 이야기가 깁니다. 17년에 궁중에 제도취조국을 둔

〈하버드대학 유학시절의 가네코 겐타로〉

때로부터 18년 겨울까지에 이토공은 독일에서 연구한 결과를 저희 모두에게 상세히 말했습니다. 이제 그 개략을 말한다면, 영국 헌법정치의 실제 상황에 의하면 정치 실권은 인민에게 있고 상원은 있더라도 거의 세력이 없고 하원이 정치의 중심이 되어 있고, 그래서 영국의 '의회 속의 왕'이라 말하기는 하더라도 군주에게 실권은 거의 없어 단지 그 형식만 남아 있다. 영국 헌법에 의하면 실권은 하원에 있기에 일본의 국체상 이를 채용하는 것은 용납되지 않는다. 또 프랑스 및 미국 같은 민주주의 헌법은 더욱 채용될 수 없고, 그렇다면 독일의 헌법 특히 프로이센 바바리아 헌법은 어떤가. 독일제국은 연방조직의 중심인 것으로 그 헌법에서는 프로이센 바바리아 헌법 쪽이 우리 나라에 채용하기 적당하다. 또한 독일 헌법학자의 설은 군권을 주로 하고 인민은 군주의 하문에 응한다는 주의로서 군권을 중심에 두고 상원과 하원을 그 아래 예속시킨다는 설이다. 곧 헌법이라는 것은 영국류처럼 모든 인민이 정치에 참여할 권리를 가져야 한다는 게 아니다. 결국 군주의 권력은 여기까지에 그치고 또 인민의 참정권도 여기까지로 한다는 것은 그 나라의 역사에 의해 결정되는 것이기에 결코 도리로 결정하는 것은 아니다. 따라서 영국의 것은 이런 것이고, 프로이센의 것은 이런 것이고, 스페인 또는 이탈리아의 것은 이런 것이라고. 각국은 그 나라의 역사에서부터 헌법의 성질이 다르게 된다. 또한 헌법론도 이것이 그 순수한 정의定義라는 원칙은 결코 없다. 결국 각국의 역사에 의해 헌법을 기초해야 한다는 것이기에, 우리는 주로 일본 역사 연구를 시작했습니다. 일본의 국체와 황실에 관한 것은 물론이고 다이호령大寶令의 시행부터 쭉 오늘까지의 정치의 모습을 조사하고, 뒤에 우리 헌법은 모든 일본 역사를 기초로 하고 각국의 헌법정치의 모범에 이를 끼워 넣는 식으로 기초되었습니다. 끼워 넣는 정도에 관해서는 그들이 열이니 일본도 열이 아니면 안 된다는 게 아니고, 일본은 국체가 다르기에 일곱이라도 좋고, 그 나라는 민권이 일곱이고 군권이 셋인데 일본은 군권이 일곱이고 민권이 셋이라도 헌법정치임에는 차이가 없다고 이토공은 열심히 논하면서, 헌법정치는 반드시 이탈리아류 혹은 영국류로 하지 않으면 안 된다는 근거는 없다고 했습니다. 헌법의 골자인즉 먼저 가장 중요한 것은 일본의 역사를 기초로 하고, 실제 정치는 장래 군민공치君民共治다. 군민공치의 길은 어떻게 하는 것이냐 하면 곧 의회를 열어 신민이 정치를 논의하게 하고, 논의하는 권한에 관해서는 반드시 탄핵권까지 의회가 갖지 않으면 헌법정치가 아니라고 할 이유는 조금도 없다. '의회 속의 왕' 즉 천황도 의회의 일부분이라 말하는 것 같은 영국류가 되지 않으면 헌법정치가 아니라 함은 영국에서는 지당하다. 그 나라의 역사가 그렇게 되어 있다. 그런데 일본에는 예부터 대신탄핵 등의 역사가 없고, 주권자는 의회의 일부분이라는 것도 물론 없기에 그런 주의를 채용하지 않아도 좋다는 입장으로 결정했습니다. 그 외 또한 여러 문제가 있었습니다만, 우선 그런 식으로 헌법을 만든다는 방침은 정해졌습니다.

메이지 18년 12월에 내각 및 각 성의 관제가 만들어졌을 때 제도취조국은 폐지되고, 이토공이 내각총리대신이 되었습니다. 총리대신 재직 시기에 헌법제정 일이 주재되어 비로소 헌법 기초 일에 착수했습니다. 그때 그에 관계한 것이 이노우에 고와시, 이토 미요지와 저였습니다. 물론 이전에도 저희 동료들은 헌법 기초에 착수하고 있었습니다만, 헌법회의를 시작한 것은 19년 봄부터입니다. 지금 말씀드린 것처럼 일본의 역사를 골자로 하고, 그리고 나서 외국 헌법정치의 논리를 연구하고 이를 음미해 일본의 국체에 적합하게 한 것으로, 결코 외국의 것에 약간 손질만 가한 번역헌법은 아니다. 그런 까닭에 문장구성의 점이든 조와 장의 조합의 점이든 모두 외국헌법 같이 되어 있지 않음에도 헌법의 원칙 즉 군민동치라는 정신은 지키고 있고, 골자만은 어디까지나 일본의 국체를 기초로 한다는 방침은 조금도 벗어나지 않은 것이다. 그 뒤 이토공은 헌법제정에 관한 요령을 적었다. 예를 들면 입법권은 이렇게, 군주의 권한은 이렇게, 의회 의원이 되는 것은 이렇게, 내각의 책임은 이렇게 라고 하는 대강을 적었다. 그것은 공 자신이 독일에서 연구하고 또 그 이전에 일본에서 연구한 것을 합쳐 일본의 국체에 적합한 방침을 적은 것으로 헌법제정의 골자이므로 저희가 그에 준거해야 한다고 방향 제시했습니다.

메이지 17년부터 18년까지는 정부 전체의 개혁에 관해 이런 저런 연구를 했습니다. 그래서 실제로 헌법을 연구한 것은 19년부터 21년 봄까지 이기에 대체로 2년여의 세월입니다. 21년 봄에 헌법 초안憲法草案이 만들어지고 이를 이토 총리대신이 천황에게 상주하였습니다.

이제 여기서 헌법 초안이라고 말씀드린 것은 헌법만입니다. 의원법議院法과 중의원의원衆議院議員선거법과 귀족원령貴族院令의 세 가지는 유럽 각국에서는 헌법과 같은 곳에 같은 법전에 편성되어 있습니다만, 이토공의 헌법 기초 방침은 헌법과 중의원의원선거법, 의원법, 귀족원령의 세 법령을 구별하는 데 있는 바, 이 네 가지의 법령은 각각 별개의 초안으로 만들어 천황에게 상주한 것입니다. 그런데 무엇 때문에 의원법, 귀족원령, 중의원의원선거법의 세 법령을 헌법에서 빼낸 것인지 하는 이유는 이토공의 탁견이라고 저희는 생각합니다. 만약 이토공이 독일에 가지 않고 메이지 13년과 14년 같이 정론政論이

무성한 시기에 독일의 신 학설을 연구할 기회도 없이, 단지 당시 일본에 전파되어 있던 헌법에 관한 학설에 의해 헌법을 기초했다고 한다면 오늘날과 같은 헌법은 만들어지지 않았을 지도 모른다. 무릇 헌법은 국정을 통할해 다스리고 운용하는 대강을 가리키는 것이다. 즉 군권, 의회의 권력, 대신의 책임 그 외 정치의 요령만 보여주는 것에 그치는 것이다. 그런데 헌법을 실시해 가는 의원법 같은 것은 시대의 변천과 함께 다소 변경되지 않으면 안 될지도 모른다. 특히 이천오백 년의 역사를 지니는 일본에서 인민이 지금까지 전혀 꿈조차도 꾸지 못한 국정참여 권리를 인민에게 부여하는 것 즉 국가정치에 참여하는 권력을 천황으로부터 부여받은 이상은 이를 운용해 감에 있어 시대 흐름의 변천과 함께 변경하지 않으면 안 되는 일이 장래 반드시 발생할 것이다. 따라서 이는 헌법 속에 들어가야 하는 게 아니다. 의원법은 의회가 국정에 참여하는 데 있어서의 작동방식이기에 시기와 형편에 따라 변하므로 헌법에서 분리시켜야 한다. 중의원의원선거법도 일본 국민에게 국정에 참여하는 선거권을 부여하고 선거인이 되는 자격을 정하는 규칙이기에 이 역시 시대와 더불어 개정되지 않으면 안 되기에 헌법의 정식 조항에 편입하는 건 좋지 않다. 또한 귀족원의 조직도 장래에 중의원의원의 자격 혹은 선거법이 개정되면 귀족원 쪽도 개정되지 않으면 안 되기에 이것도 역시 시대의 흐름과 함께 변천되어야 하는 것이므로 헌법의 본 조항에 들어가서는 안 된다, 헌법은 만대에 거의 변경되지 않을 큰 근본만을 싣고, 그리고 나서 의원법, 중의원의원선거법, 귀족원령 같은 것은 법률과 칙령으로 넘겨 정부와 의회 모두에게 발의권을 허용한다. 헌법은 쉽게 개정될 수 없도록 하려는 것으로, 이들 조항은 헌법에서 분리시킨 것입니다. 이는 각국에 없던 새로운 사례다.

이 점에서도 이토공은 단지 정치가일 뿐만 아니라 탁월한 헌법학자라고 생각한다. (「일본헌법제정의 유래日本憲法制定の由來」—『사학잡지史學雜誌』 제22편 제10호)

이렇게 해서 메이지 17-18년에는 여러 가지 조사를 하고, 메이지 19-20년에 헌법 기초에 종사한다. 그래서 헌법과 황실전범皇室典範은 이노우에, 의원법은 이토 미요지, 중의원의원선거법과 귀족원령은 가네코가 분담한다.

공(이토)이 그 사이에 항상 관계 서류를 손에 지니면서 놓지 않은 것에 대해 모든 이들은 적지 않게 감동했다. 당시 헌법에 관한 저술로는 몽테스키외Montesquieu의 『법의 정신The Spirit of Law』을 제외하고는 거의 참고해 볼 것이 아무것도 없었지만, 이토공의 장서 중에 헌법제정자가 하루도 잠시도 손에서 놓을 수 없는 것이라고, 공 자신이 좋다고 칭찬한 미국의 저자 『페더럴리스트Federalist』라고 불리는 것이 있었다. 당시 헌법제정에 관해 각 방면의 논의를 망라한 것은 이 책이 효시라고도 할 만한 것이었다. (가네코 겐타로의 「헌법제정회구담憲法制定懷舊談」)

이 기초는 가나가와의 나쓰시마夏島에서 육지와의 교통이 없는 절대비밀 속에서 진척된다. 이는 민간에 누설되어 이런저런 논평을 낳게 되는 것을 우려한 때문만이 아니라 이노우에 고와시의 다음과 같은 의견도 참조된 것인 듯하다.

헌법이 무슨 아무개의 손에서 기초된다고 세간에 공적으로 알려지면 특히 이런저런 논평이 나올 뿐만 아니라 헌법이라는 것이 세상의 존경을 잃게 될 것이다. 존경받지 못하는 헌법은 오히려 헌법이 없는 것만도 못할 것이다. 이는 심히 우려되는 것이라고…… (메이지 14년 7월 1일 이노우에가 이와쿠라 앞으로 보낸 서한의 한 부분)

그러나 그렇게 비밀스럽게 했기 때문에 자유주의자로부터는 비스마르크류의 압제헌법이라고 선전되고 보수파로부터는 영국류에 감염된 것이라고 공격받은 것이다.

좌익과 우익으로도 불릴 이들은 당시 사상계의 양대 조류였다. 이토는 뒷날 「제국헌법기초의 고초帝國憲法起草の苦辛」에서 말한다.

돌아보면 당시 일본은 한편으로는 옛것을 보내고 새것을 맞이하는 과도기였다. 따라서 국내의 논의는 복잡다기하고, 심지어는 옳고 그름에 관한 의견이 완전히 상반되는 것조차 종종 없지 않았다. 한편에서는 선대 천황을 섬긴 노신하로서 여전히 천황신권神權 사상을 간직하고, 적어도 천황의 대권을 제한하려는 일 같은 것은 그 죄가 반역과 마찬가지라고 믿는 자가 있다. 다른 한편에서는 저 맨체스터파[15] 논의의 전성시대에 교육을 받아 극단적인 자유사상을 품은 유력한 다수의 소장파들이 있었다. 정부의 관료가 저 반동시대 독일학자의 학설에 귀를 기울이는 반면, 민간의 정치가는 아직 실제 정치의 책임을 이해하지도 못하고 쓸데없이 몽테스키외, 루소J. J. Rousseau 등 프랑스학자의 통쾌한 학설과 기발한 언론에 심취해 의기양양하는 자가 있다. 동시에 버클H. T. Buckle이 지은 『문명사서론文明史緖論History of Civilization』이라는 제목의 책은 모든 정

15 영국에서 19세기 중반 등장한 자유무역론인 맨체스터파Manchester School는 그 출발점이 자유무역에 의한 시장의 확보와 확대였지만 동시에 사회 제 계급의 이해관계의 조화나 상호의존관계의 심화에 의한 평화유지 등 조화적 사회관도 보여주었다.

체를 문명 진보에 있어 길기만 하고 무용하고 유해한 것이라 고 매도하는 것인데, 당시 일본의 학계는 이를 소중히 여겨 심지어는 대학을 필두로 각 고등학교의 학생들이 서로 경쟁적으로 이를 소리 내어 읽기에 이르렀다. 그래도 이 학생들은 학교에서는 소리 내여 읽더라도 집에 돌아와서는 수구적 사고를 지닌 아버지와 형 앞에서 버클의 학설을 재잘거릴 용기는 없었다. 생각건대 당시 일본 국민의 지식은 아직 정부 당국의 정책에 반대하는 것과 국가의 기성 질서를 문란시키는 반역 사이에 확실한 구별이 있음을 스스로 분명히 알 정도에 달하지 않았다. 따라서 헌법의 원활한 운용에 필요한 식견과 도량, 예를 들면 언론의 자유를 사랑하고 의사議事의 공개를 사랑하고 혹은 자기 자신에 반대하는 의견을 관용하는 정신 같은 것은 다시 많은 경험을 쌓은 연후에야 비로소 얻을 수 있을 것이다. (『이토 공전집伊藤公全集』[16])

그 사이의 이토의 고초도 살펴보아야만 한다.

또한 헌법 기초에서는 이노우에 고와시井上毅의 노력에 대해 기록하지 않으면 안 된다.

이노우에 고와시는 지식에 정통하고 충실함에서 둘도 없는 인물로 특히 유용한 학식을 지녀 메이지 8년 이래 이와쿠라와 오쿠보 두 원로의 신임을 받았을 뿐만 아니라, 중요 사무를 함께 하지 않은 게 없다. 십여 년간 군국의 큰 계획에 관한 기밀 문안은 열의 일곱 여덟이 이노우에가 기초한 것이다. 두 원로가 사망한 뒤 히로부미가 계획을 이어받아 조금은 직무를 지켜

16 伊藤博文 著·小松緑 編, 『伊藤公全集』 全3巻, 伊藤公全集刊行會, 1927

〈이노우에 고와시〉

나갈 수 있었더라도 이노우에의 조력을 받은 업적은 일일이 셀 수도 없을 정도라고 할 수 있습니다. 그중에 특히 입헌立憲 조직의 계획 및 헌장憲章 입안의 중대사에서는 자구 하나 하나에 온몸의 뜨거운 피를 뿌렸다고 말해도 과언은 아닐 것입니다……

이는 이토가 도쿠다이지 사네쓰네德大寺實則, 모토다 나가자네元田永孚 앞으로 보낸 편지의 한 구절이다. 얼마나 이토가 그에게 경도되어 있었는지 충분히 알 수 있을 것이다.

또 호즈미 야쓰카穗積八束 박사도 다음과 같이 말할 정도다.

여기서 하나 기억해야 할 인물이 있다. 이노우에 고와시 씨는 당시 관직이 높지는 않았더라도 일찍이 조정 중신들 사이에 신뢰가 있고 계획에 참여해 지원하는 바가 적지 않았다. 처음에는 오쿠보공의 신임을 받았고 중도에는 이와쿠라공을 보좌했다. 이와쿠라공의 헌법의견서 같은 것들은 대체로 이노우에 태정관 권대서기관權大書記官을 시켜 집필하게 한 것 같

다. 뒤에 이토공의 헌법조사를 보조한 공은 현저하다. 헌법에 관한 것은 제가 이 사람으로부터 받아들인 것도 많다. 명석한 두뇌와 해박한 학식 그리고 장중하고 바르고 우아한 문장은 이런 헌법 편성의 시대에 가장 크게 이용될 수 있는 것이다. 많은 사람들이 이노우에 씨를 알지는 못한다. 따라서 여기에 한마디 붙인 것이다. (「헌법제정의 유래憲法制定の由來」)

〈헤르만 뢰슬러〉

이와 함께 잊어서는 안 되는 것이 헤르만 뢰슬러K. H. Roesler, 알베르트 모세A. Mosse다. 특히 전자의 공헌은 아주 큰 것이다. 사실 헌법은 이노우에가 뢰슬러에게 계속 청취해가면서 기초한 것이라고 말해도 과언이 아니라고 생각될 정도로, 이노우에가 일일이 뢰슬러의 의견을 재촉하고 이에 대해 뢰슬러는 정중하고 친절하게 답변하면서 의논했다. 모세의 답신도 상당히 훌륭한 것이다. 그리고 이토 미요지의 문서들을 보면 그 사이에 이토 미요지가 갖가지 연락 임무를 맡아 이노우에를 도와준 것을 알 수 있다.

모세에 관해서는 앞서 간략히 보았고, 헤르만 뢰슬러는 1831년 12월 18일 독일 뮌헨에서 태어나(1834년이라는 책도 있다) 최초에는 경제학적 저술로 학계에 알려진다. 그런데 잘 알려지지는 않았지만 공법학자로서 메이지 11년 12월 24일 법률고문으로 일본에 초빙된다.

(초빙 취지는 메이지 9년 이래 문제가 되어 있던 아오키 슈조青木周藏 주독일공사와 그의 교섭에 관한 것이다) 그 이래 십수 년간 상법 기초, 행정재판소 설치, 헌법 제정, 의회정치 운용에 많은 큰 공헌을 하고 26년 4월(일설에는 10월) 귀국한다.

뢰슬러와 모세에 대한 이노우에 고와시의 질문 그리고 그들의 답신 등은 이토 히로부미에게 일괄적으로 보존되어 있었다. (『헌법자료憲法資料』[17] 상·하 양권에 수록 공간公刊되었다. 다만 오식이 있어 추후 정정될 필요가 있다) 그 중 「시안試案 갑안甲案에 첨부된 뢰슬러와 모세 두 사람의 답변과 의견」에는 두 사람의 답변이 계통적으로 정리 배열되어 있는데, 이에 의거해 논하면 거의 다 된 거라 말해도 좋을 것이다. 이 「시초試草」는 이노우에 고와시가 원안작성을 위한 준비로 기초한 가장 초기 헌법 초안의 하나에, 뢰슬러 및 모세의 답신을 각각 적당한 조문에 관련시켜 배치한 것이다. 그래서 연대는 명기되어 있지 않지만 그 가운데에는 메이지 20년 5월 9일, 5월 10일, 또 5월 16일 등의 뢰슬러의 답변과 의견도 들어 있다. 또한 이에 의해 판단하면 헌법 원안이 대체로 이 무렵에는 아직 소박한 것이었음을 알 수 있다.

그런데 이 「시초」와 「갑안」을, 이에 이어 수록된 「을안乙案」에 대비하면 중요한 차이가 눈에 띈다. 「을안 범례例言」에서 이노우에 고와시는 "본안은 가능한 한 많은 장章을 열거하는 것을 목적으로 한다. 굳이 잡다한 개인적 생각을 싣지는 않고, 그 취사선택은 모두 당국의 책임에 있음을 핵심으로 한다."라고 말한다. 그가 기초할 때는 참조한 세계 각국의 헌법조문을 이것저것 인용해 와서 초안의 각 조문과 대조하고 있다. 예를 들면 제64조에 "양 의원에서 예산을 의결하지 않으면 정부는 전년도 예산에 의해 이를 시행해야 한다."라고 기재하고, 이에 대해 '참조'로써 스페인헌법의 "만약 회계연도 예산

17 伊藤博文 編, 『憲法資料』 上·中·下卷, 叢文閣, 1936

법에 관한 입법이 양원 사이에 협의를 얻지 못할 때는 전년도 예산법을 적용해야 한다."라는 조문을 인용한다. (630쪽)

그런데 갑안에서는 이 조문의 앞뒤로 예산의결에 이르지 못한 경우에 정부의 행정권만으로 독자적으로 국가재정을 처리할 수 있는지 아닌지에 관한 뢰슬러의 답변과 의견을 배열하고, 이로써 이 조문의 이론적 근거를 명백히 하는 데 힘쓴다. 이런 방법은 다른 모든 조항에 관해서도 마찬가지다. (결국 조문을 비교 정비한 점에서 본다면 을안 쪽이 다소 후기의 것일 거라고 미루어 짐작된다.)

이러한 갑안 시초를 전부 보면 헌법제정 담당자가 헌법 초안을 완성하기 전에 얼마다 뢰슬러의 이론적 지도에 의거했는지가 극히 명백해진다. 물론 모세의 답신도 함께 수록되어 있고 모세의 공헌도 간과해서는 안 된다. 모세를 단지 우리 시정촌市町村제도 탄생의 아버지로만 평가하는 것은 지나치게 좁은 사고임은 이 기회에 역설해 두지 않으면 안 된다. 그렇기는 하지만 단지 이 시안과 관련해서 논하는 경우에 뢰슬러의 공헌은 압도적이다. 그들 외에 마찬가지로 헌법 방면의 고문을 맡은 자로 루돌프Carl Rudolph[18]가 있다. 그의 의의나 의견도 『헌법자료憲法資料』 중권에 수록되어 있기에 이토 등에게 참고로 제공된 것은 물론인 듯한데, 이 시초에는 인용되어 있지 않다. 또한 그나이스트나 슈타인의 강의로부터 어떠한 인용이 된 것으로 나타나지 않는 것도 한 번 생각해 볼 필요가 있다. 이는 「시초」가 이노우에 고와시가 집필하고 정리한 것이기에 직접 이노우에가 들은 바가 없는 그나이스트나 슈타인은 당연히 회고하지 않은 것이라고 미루어 짐작할 수도 있을 것이다. 이에 반해 뢰슬러는 이노우에가 시종 친했던 고문이기에 그 답변과 의견은 메이지 15년의 것조차도 인용하거나 언급할 정도다. 그러나 그나이스트나 슈타인의 강의에 이

18 아오키青木 주독일공사의 추천으로 사법성이 고용한 외국인 법률고문

토가 얼마나 아주 깊이 경도되어 있었는지를 알고 있는 우리에게는 적어도 위와 같은 점은 의아하게 느껴지기는 한다.

그러나 위에 의해 뢰슬러의 직접적 영향, 지도, 공헌이 얼마나 크고 결정적이었는지만은 명백히 입증된다. 그렇다고는 해도 뢰슬러의 의견이 죄다 채용되었다는 것은 아니다. 또한 헌법원안의 작성이 뢰슬러만의 공헌에 의해 성취되었다는 것도 물론 아니다. 그럼에도 이상과 같은 이론적 지도로 보거나 더욱이 그 기간에 뢰슬러 자신이 참고안으로서 「일본제국헌법초안日本帝國憲法草案」을 쓰고 있었는데 이것이 상당히 현행헌법[19]에 가깝고 또한 이토 히로부미 등이 그것을 항상 곁에 두고 참고한 사실을 보면, 그가 거의 일본 헌법제정에서 행한 기여의 위대함과 직접성은 타의 비교를 불허한다는 것이 수긍될 것이다.

그런데 위 「갑안 시초」의 제3조 "천황은 대정大政을 총람하고 이 헌법에서 칙정勅定하는 조관條款에 따라 이를 시행한다."에 대한 참고로서 "헌법에서 제왕의 권리를 어떻게 정해야 하나.", "헌법에 군권을 열거해야 하나."라는 질문에 대한 뢰슬러 및 모세의 답변과 의견이 부기되고 있다. (『헌법자료憲法資料』 상권, 310쪽 이하)

* 이 조문의 초안을 다른 초안 및 현행헌법의 그것과 비교하면 거의 각각의 시기를 추측할 수 있다고 생각된다.

> 「뢰슬러의 초안」—제2조 천황은 신성해서 범할 수 없는 제국의 주권자다. 천황은 일체의 국권을 총람總攬하고 이 헌법에서 흠정한 규정에 따라 이를 시행한다.
>
> 「이노우에의 을안 시초」—제2조 천황은 국권을 총람하고 이

19 이 책이 발간된 1938년 당시의 현행헌법은 대일본제국헌법大日本帝國憲法 즉 메이지헌법이다. 참고로 일본국헌법日本國憲法 혹은 신헌법이라 불리는 현행헌법은 1947년 5월 3일부터 시행된다.

헌법이 칙정한 바에 따라 이를 시행하게 한다.

「현행헌법」—제3조 천황은 신성하여 범할 수 없다. 제4조 천황은 나라의 원수로서 통치권을 총람하고 이 헌법의 조규에 의해 이를 행한다.

이상을 대조하면 분명하듯이 「갑안 시초」의 것이 가장 소박하다. '천황은 신성'하다는 문구도 여기에는 전혀 없다. 그것이 뢰슬러의 것에서는 보이는 점도 주의해야 할 것이다. 또한 '대정'이라는 문구가 사용되는 것도 특이하다. 이에 관해서는 뢰슬러의 「일본헌법 수정안에 관한 의견」((『헌법자료』 하권, 70쪽 이하)에 다음과 같은 의견이 있다. 보건대 "대정이라는 글자는 막연하여 분명치 않다. (중략) 다음과 같이 수정하는 게 마땅하다. (중략) 일체의 시치권施治權을 총람하고 이 헌법이 규정하는 바에 따라 이를 시행한다." 뢰슬러가 비평한 원안은 이 「갑안 시초」와는 별개의 것이었음은 다른 여러 점에서 명백하다. 여하튼 그에 있어서도 '대정'이라는 문자가 현재의 '통치권' 대신에 사용되고 있었던 것이고, 그것이 '시치권'이라는 의견을 들고, 또다시 통치권으로 정착된 것일 거라고 생각된다.

「을안 시초」나 뢰슬러의 것에는 '국권國權'이라고 되어 있다. 이것도 고안해 낸 것일 것이다. 또 『헌법자료』 중권에는 『헌법의해憲法義解』[20]의 「미완성 초고」가 「이노우에 고와시 내고內稿」라고 서명된 채 실려 있다. 이것에도 "제2조 천황은 대정을 총람하고 이 헌법에서 칙정한 조관에 따라 이를 시행한다."라고 되어 있다. 갑안 시초에 비하면 말미의 '시행하게 한다'가 '시행한다'로 되어 현행헌법에 가까워진 것이지만 여전히 '대정'이다. 또한 이 『헌법의해』가 추밀원樞密院에 제출된 「헌법설명憲法說明」—뒤에 이토 히로부미의 이름으로

20 伊藤博文, 『帝國憲法義解』, 國家學會, 1889

공간된 『제국헌법의해帝國憲法義解』는 이를 정정한 것이다.—의 최초의 초고라고 한다면 그것의 원 집필자가 이노우에 고와시라는 것이 새삼스레 입증된다. 동시에 헌법을 준비하는 도중에 이미 『의해』의 작성이 계획되어 있었음이 분명해진다.

이노우에의 질문 및 뢰슬러의 답변과 의견을 읽으면 헌법학상 오랫동안 논쟁점이던 이른바 대권사항에 관해 제정자가 어떤 이유와 동기를 가지고 설정했는지가 명료해진다.

이노우에는 질문 중에 "이런 문제에 관해 제가 메이지 15년 (중략) 이미 귀하의 가르침을 받고 프로이센 헌법을 모방하여 단정하고 엄숙한 조항으로 왕권을 싣는 방법을 취해야 한다는 것을 보여주었습니다."라고 말한다. 이 메이지 15년의 뢰슬러의 답변과 의견이라 추정되는 것을 보면 그 의미하는 바가 명백해진다. (『헌법자료』 상권, 329쪽 이하) 그것은 요컨대 의회가 군주 통치권의 전부에 걸쳐 실질적으로 행사권을 장악하게 되는 것을 방지하기 위해서는 처음부터 의회가 참여하고 간섭할 수 있는 범위와 할 수 없는 한계를 헌법상에 명기해야 한다는 것이다. "군주의 권리를 열거해 정무의 중요 범위 내에 논쟁을 낳지 않게 하고, 동시에 뒤의 황제가 물러나거나 점차 의원 및 당파의 수령에게 다른 자를 추천하며 세력을 양도함에 있어 국민에게 해를 초래하지 않도록 하는 것이 실제적으로 필요하다는 게 저의 지론이다."라는 것이 뢰슬러의 의견이었다. (『헌법자료』 상권, 332쪽)

위의 같은 질문에 대한 모세의 근본적 입장은 뢰슬러와 마찬가지로 '국민 혹은 국회'에 대해 '제왕의 권리', '국권 및 황제의 권리'를 옹호함을 염두에 두고 있다. 그런데 이를 위해 일체의 이른바 대권사항은 "헌법에 기재하지 않는 게 마땅하다."(320쪽)라는 의견이었다. 이들을 기재하면 '국권 및 황제의 권리'가 흡사 '헌법에 의해 비로소 생겨나는 것처럼 되어 그 지위에 위험한 사상'(320쪽)을 낳게 될 우려가 있기 때문이다.

그러나 뢰슬러의 생각은 전혀 기재하지 않으면 역으로 이른바 대권사항과 입법사항의 구별이 애매하게 되어 의회에 의해 대권이 잠식될 위험이 있다는 것이었다. 그래서 이노우에 고와시 등도 이에 동감이기에 결국 뢰슬러의 견해대로 일본 헌법은 결정된다.

그렇기에 일찍부터 이런 뢰슬러의 의견에 따랐던 이노우에 고와시는 을안 시초 제3조 이하 제7조에 걸쳐 천황 대권을 열거하고 있다. 다만 여기에는 아직 극히 대략적 규정만이 보일 뿐으로 현행헌법의 그것과 같은 정치함은 전혀 없다.

* 즉 을안 시초에는 통수권, 선전강화권, 각 대신 및 문무관 임면권, 행정각부의 관제를 정하는 권한, 영전권, 집행명령 및 '나라의 치안을 유지하기 위해 필요한 규칙 및 처분'에 관한 칙령 즉 이른바 경찰명령권을 나열한다. 그런데 경찰명령권에 관한 규정도 현행헌법 제9조에 비하면 아주 소박하다. 또한 그 외의 입법권도 천황대권의 하나라고 천명되기도 하고, 계엄대권이나 의회에 대한 여러 대권 등에 관해서는 전혀 손대지 않고 있다.

이상의 점에서도 뢰슬러 자신의 「일본헌법안」이 현행헌법에 훨씬 가깝다.

이 을안 시초에서 출발해 현행헌법에 이르도록 만든 것은 실로 뢰슬러의 지도라고 생각된다. 즉 뢰슬러는 위와 같은 이론적 근거에 기초해 다음과 같은 구체적 범례를 부여했다.

> 따라서 저는 (중략) 다음과 같은 조항들을 헌법에 기재하는 게 마땅하다고 믿는다.
>
> 제1조 황제는 신성하여 침입할 수 없다. 황제에 대한 민사상 청구는 황제의 경비를 관리하는 자에게 해야 한다.

제2조 황제는 제국의 수장이다. 일체의 국권은 황제의 일신에 집중되고 황제는 이 헌법에 스스로 정한 규정에 따라 이를 집행한다.

제3조 황제의 일체의 정무가 효력을 가지기 위해서는 대신의 부서를 필요로 하고, 황제의 대신은 책임을 진다.

제4조 황제는 법률을 재가하고, 그 공포 및 집행을 명한다.

제5조 황제는 대신을 진퇴시키고, 법률에 특별한 규정이 없는 한 모든 공무 관리를 임명한다.

제6조 황제는 일체의 행정을 조직하고, 준수해야 할 규율 및 설치할 제도를 정한다.

제7조 황제는 명령의 시행을 위해 형벌을 부과할 권한이 있다.

제8조 황제는 공공질서 및 안녕 유지를 위해 필요한 명령을 발할 권한이 있다.

제9조 국가적으로 급박한 경우에 그리고 공공의 위난을 방호하기 위해 황제는 내각의 책임으로 법률의 효력을 지닌 명령을 발할 수 있다. 이 명령은 차회 의원에 제출해 승낙을 얻어야 한다.

제10조 황제는 특권을 부여하거나 경우에 따라 법률의 의무를 특별히 면제할 권한이 있다. 단 헌법 및 기존 권리를 해하여서는 안 된다.

제11조 황제는 사면(대사)의 권한을 가진다.

제12조 황제는 귀족을 서임하고 휘장을 수여할 권한을 가진다.

제13조 황제는 육해군을 지휘하고, 평시와 전시에 병력을 정한다.

제14조 황제는 선전宣戰과 강화講和의 권한을 보유하고, 직권 집행에 필요한 명령을 발한다.

제15조 황제는 외국에 대해 제국을 대표하고 외국과의 조약

을 체결한다. 조약은 공포하면 법률의 효력을 얻는다.

제16조 황제는 의원을 개폐하고 연기하거나 해산할 수 있다.

제17조 황제는 권리 집행을 타인에게 위임할 수 있다.

제18조 섭정을 두려면 가헌家憲으로 정한다. 섭정은 황제에 귀속되는 권리를 황제의 이름으로 집행한다. 섭정을 두는 기간에는 헌법 및 가헌을 변경할 수 없다.

제19조 황제 및 황족에게 국고에서 지불해야 할 수입은 가헌으로 정한다.

제20조 황제는 남계황족의 권리에 간섭하는 경우는 승낙을 얻어 가헌을 제정하고, 일반에 통지하고 준수시키기 위해 이를 내각에 내려 준다. 가헌과 헌법은 의원의 승낙을 요하지 않는다. 단 이에 의해 헌법을 변경할 수는 없다.

(『헌법자료』 상권, 310-316쪽)

이것과 뢰슬러 자신의 헌법 초안 제1장 천황의 부部(『메이지문화전집』 제4권 헌정편[21] 490쪽)와 비교하면 이 헌법 초안이 한층 다듬어져 있는 점이 발견되는데, 헌법상 열기된 천황대권은 바로 뢰슬러의 이들 범례에 따른 것이라 생각된다.

「민권 및 정치권력政權」과 「근본권」 즉 이른바 국민의 자유권에 관해서는 모리스 블로크M. Bloch나 모세의 답신도 수록되어 있다. 이 문제에 관한 뢰슬러의 견해는 “어떤 근본권을 신민에게 부여하는 것은 헌법의 큰 안목이라 할 만한 것이고, 만약 이것이 없다면 실로 헌법의 결함이라고 말할 만하다.”(『헌법자료』 상권, 353쪽)라는 것이다. 동시에 만약 헌법상에 “일반적인 근본권을 완전히 결하게 되면 헌

21 吉野作造 編, 『明治文化全集』 第4卷 憲政篇, 日本評論社, 1927

법의 결함이라고 인정되거나 혹은 곧바로 신용을 잃게 될 우려가 있다."(『헌법자료』 상권, 355쪽)라고 말한다. 그의 이론적 입장인 보수주의는 여기서도 명료하게 드러난다. 그는 「민권」의 반대자였다. 그는 말한다. "과도한 자유주의는 이른바 정치상의 방임주의(맨체스터리즘Manchesterism)에 기초한 것으로서 이러한 주의의 가치는 경제상에 있어서도 심한 의문에 속한다. 정신적으로는 완전히 배척해야 하는 것이다.", "이러한 주의는 물론 극단적으로 잘못된 설로서 정부가 국민의 최상의 재판관이 되고 입법관이 되고, 국민의 도덕상 법률상의 사상을 대표하고, 비리와 그릇된 논설을 배격해야 하는 직무를 담당함을 멸시하는 것이다. 이러한 주의는 공중을 선동하여 그릇된 논설에 빠지게 해 감정적 물욕을 만족시키게 하는 바, 공중은 자신의 지식으로 진리를 발견할 능력이 없는 것이다."(『헌법자료』 상권, 358-359쪽)

내각에 관해서는 뢰슬러는 "나는 헌법 안에 황제가 내각에 친히 임해 의회를 지휘하는 조항을 기재할 수 있다고 믿는다. 이와 같은 규정은 군주가 정치권력을 총람하고 필요한 모든 사항을 친히 결정하는 군주주의에 적합한 것이다."라고 주장한다. (『헌법자료』 상권, 365쪽) 군주주의를 순수하고 실질적으로 확보하기 위해서는 뢰슬러의 이런 주장을 법제화해야 했다고 생각되지만 이 점은 채택되지 않았다. 다른 한편 모세는 이 경우에도 군주가 내각에 친히 임할 권리를 보유하는 것은 말할 필요도 없는 것이기에 이를 일부러 헌법에 명기할 필요는 없고, 만약 명기한다면 오히려 군주가 친히 임할 권리가 헌법에 의해 생겼다는 느낌을 주게 된다는 의미에서 위험을 안고 있지만, 결국 군주친정親政의 실질을 확보하기 위해서는 이러한 명문을 싣는 쪽이 좋을 거라고 결론짓는다. 그러나 메이지 18년의 내각관제 이래 실제에서는 이미 천황의 임석을 보지 않고 각의閣議가 열려 왔다.

대신의 책임 문제에 관해서도 뢰슬러의 견해는 메이지 15년 당시의 답변 및 의견과 완전히 동일하게 군주에 대한 책임만을 설시한다.

(『메이지문화전집』 제22권, 잡사雜史편, 225쪽; 『헌법자료』 상권, 385쪽 이하) 그런데 동시에 뢰슬러는 다음과 같이 말한다.

> 이상의 지론에 구애받지 않고 "황제의 대신은 책임을 지닌다."라는 한 조항을 헌법에 기재하는 것도 안 되는 건 아니다. 만약 이렇게 제정되지 않으면 국왕의 집정執政에는 대신의 부서를 요한다는 조항은 실행되지 못할 무익한 법령에 속할 것이다. (『헌법자료』 상권, 387-388쪽)

이러한 완화책적 조언은 충실하게 이노우에 고와시 등에 의해 채택되었는데, 『헌법의해憲法義解』에서의 불철저한 대신책임론은 바로 이 뢰슬러의 충언을 이론화한 것이다. (『헌법자료』 상권, 388쪽과 『헌법의해』 86쪽의 비교 대조)

대신의 부서에 관해서는 뢰슬러의 다음과 같은 말이 특히 유의할 만한다.

> 만약 프로이센의 내각이 연합내각이 된다면 발포하려는 법률에 대재상大宰相의 서명이 있으면 충분할 것이다. 그렇더라도 프로이센의 대신들은 주임 정무를 모두 독립적으로 처리한다. 따라서 주무장관의 서명에 대신해 대재상이 서명할 수는 없는 게 선례다. (『헌법자료』 상권, 402쪽)

이어 「참사원」에 관한 상세한 답신이 있다. 그는 입헌제하에서 내각 이외의 이런 종류의 조직에는 그다지 찬성하지 않지만 '법률안을 상세하게 심사하기' 위해서는 그것도 "이익이 적지는 않을 것이다."라고 말한다. 헌법안 심의를 위해 설치한 「추밀원樞密院」이 천황의 자문부로서 항구적 기관이 된 데에는, 뢰슬러의 이러한 답신이 하나

의 이론적 근거를 부여했나,라고도 생각된다. (『헌법자료』 상권, 413-414쪽)

일본 헌법이 특히 다른 나라의 헌법에서는 볼 수 없는 광범한 독립 명령권 규정을 가진 점은 일찍이 입헌주의 학자가 지적한 것인데, 그 유래는 아마도 그나이스트의 교시일 것이다.

그런데 이 점에서도 뢰슬러는 친절하고 자상한 조언을 시도한다. "무엇을 준거로 삼아 법률과 명령이 구분되어 하나는 의원에 부치고 다른 하나는 부치지 않는 것인가."라는 이노우에의 질문에 답하여 뢰슬러는 말한다.

> 일본은 현재 영국의 제도를 채택하는 것보다도 오히려 프로이센의 제도에 의거해 아래에서 보여주는 것처럼 입법권을 한층 감축하는 게 마땅하다. 생각건대 이 제도를 개략적으로 말하면 행정사건은 모두 오로지 행정권에 속하고, 단 헌법에서 입법권에 위임한 사건만 제외할 뿐이다.
>
> 이 제도는 일본 국체의 연혁에 어긋나지 않을 뿐만 아니라 가장 현재의 시대 흐름 및 수요에 적합한 것이라고 말할 수 있다. 종래 일본은 전제군주 정체였기에, 이제 일변해 다른 나라의 혁명에 의해 생겨난 완전히 다른 종류의 제도로 옮겨가려는 것은 바람직하지 않다. 하물며 인민의 정치적 교화教化가 아직 전국에 보급되지 않았기에 행정사건 제도를 완전히 국회에 맡길 수는 없다. (『헌법자료』 상권, 423-424쪽)

뢰슬러의 답변과 의견은 초안의 주요 조문 거의 전부에 걸치고 있고, 그 광범위함은 모세의 그것을 훨씬 뛰어넘는다. 그래서 한두 예외는 있지만 거의 모두가 채택된다.

이들 하나하나를 소개하는 것은 다른 이에게 맡기고 마지막으로 「조세 및 회계」에 관한 뢰슬러의 의견을 분명히 해 두고자 한다.

이노우에 고와시가 의회가 존재해야 하는 두 가지 큰 이유로 입법권과 함께 드는 예산심의권에 의해 정부의 통치권 행사가 억제되는 것을 방지하려고 얼마나 고심했는가는, 뢰슬러에 대한 다음의 질문이 보여준다.

이노우에는 묻는다.

> 국가는 살아 있는 사물로서 내외의 사상事狀은 어떤 예상도 하기 전에 보이지 않는 탈바꿈을 만든다. 따라서 예산 외의 비용지출을 요하는 경우가 있을 뿐만 아니라 평년에도 정확한 실비 견적 외에 여지를 두지도 않고 시가의 고저와 재산적 이익의 변동에 의해 의외로 부족함을 만드는 경우도 없지 않다. 그러므로 반드시 예산의 한계를 확고히 지켜 긴밀하게 세목을 실행하려 하면, 행정의 편의와 원활함을 잃어 실제로 국민에게 불행이 되는 일이 적지 않을 것이다.
>
> 더욱이 이 외에도 정부의 행정을 곤란하게 만들어 정체시킴으로써 내각 경질을 재촉하는 일이 종종 역사에서 보인다. 따라서 영국의 대헌장大憲 및 제14조[22]의 조세심의권에 관한 헌법상 취지에 따르면 의원이 정사의 경향을 벗어나지 않을 수 없게 된다. (『헌법자료』 상권, 479쪽)

이 피하기 어려워 보이는 의회세력을 저지하기 위해서는 어떠한 법문을 필요로 하는지가 이노우에의 문제였다. 뢰슬러의 답은 요컨대 현행헌법 속에 정확히 법문화된 것과 같은 취지의 것이었다. 뢰슬러는 말한다.

22 영국의 대헌장Magna Carta 제14조의 과세동의절차

회계예산은 곧 법률이기에 의원의 승낙을 얻지 못한다면 효력을 지니지 못한다고 말하는 의원의 논설을 배격하는 것, 또 회계예산에서의 의원의 참여를 자유로운 승낙권이라고 해석하지 않는 것이 그것이다. 무릇 회계예산은 보통의 규준을 털끝만큼도 지니지 않은 것이기에 본래 법률이 아니다. 오히려 어떤 수입과 지출에 관한 전권을 부여하는 것이다. 이 전권은 마음대로 부여하고 또 거부할 수 있는 게 아니다. 왜냐하면 만약 이를 거부하면 정부의 운용을 저지하고 국가의 명맥을 위태롭게 하기 때문이다. 따라서 회계예산에 대한 승낙권이 있다는 근거는 없다. (『헌법자료』 상권, 482쪽)

이는 의회의 예산심의권, 조세거부권에 대한 근본적 부정이다. 뢰슬러는 그 모범을 바이에른 내지 프로이센에서 구한다.

독일에서는 자유로운 의원의 승낙권을 인정하지 않는다. 바이에른 (중략) 에서는 의원이 편의적 지출에 관한 허부권은 있더라도 필요적 지출에 관해서는 허부권이 없다. 따라서 의원은 필요적 지출에 충당할 조세를 승낙할 의무가 있다는 것이 원칙이 되어 있다.

프로이센 (중략) 에서도 바이에른과 동일한 원칙이 행해져 현행 법률에 기초한 수입 및 정부의 법률상 의무에 기초한 지출을 거부할 수는 없다. (『헌법자료』 상권, 483쪽)

이러한 입장에서 다음과 같은 여러 원칙의 확립을 지시한다.

정부의 일체의 수입과 지출은 매년 예정해 회계예산을 정하고, 정부는 이를 의원에 제출해 승낙을 거쳐 확정한다. 현행 법률 또는 그 외 권리상 명의에 기초한 징수 및 현행 법률 혹은 정부의 법률상 의무에 기초한 지출, 혹은 황제의 헌법상의 권리에 근거한 지출 및 이에 충당하기 위해 필요한 비용항목은 거부할 수 없다.

회계예산 확정에 관한 논의가 성립되지 않을 때는 내각의 책임으로 이를 재결한다. (『헌법자료』 상권, 483-484쪽)

그리고 어떠한 경우에도 "의원이 무한한 거부권을 가질 수 있는 것은 아니다.", "만약 그에 관한 논의가 성립되지 않으면 황제의 재결을 최종적 결정으로 본다."라는 것으로, "사실상으로 본다면 나는 (중략) 비스마르크 주의를 채용한 것이다."라고 뢰슬러는 말한다.

또한 "비상시의 요청에 충당하기 위한 각 성의 통상의 예비금에 대한 즉시 처분권 외에는, 국가재산을 저축하는 게 마땅하다고 믿는다. 이러한 국가재산은 일관해 정부가 법률 및 헌법의 범위 안에서 자유롭게 처분할 수 있는 권한을 보유할 수 있다.", "예산 초과는 피해야만 한다. 그렇더라도 부득이 초과될 때는 예산상 지출에 있어서와 동일한 방법으로 뒷날 이를 처리해야 한다."라고 말한다. (『헌법자료』 상권, 490쪽)

제3절 조약개정문제와 보안조례 발포

정부에서 한 걸음 한 걸음 입헌정치 도입의 준비를 갖추어 가고 있는 사이에도 민간에서는 여전히 시끄러운 상황이 이어졌다. 각 지방에서 잇따라 발발한 직접 행동은 모두 철저히 탄압된다. 그래도 반정부적 분위기는 좀처럼 일소되지 않는다. 그런데 그 시기에 발생한 것이 이른바 「조약개정條約改定」 문제에 대한 대규모 반대운동이다. 이것이 「지조地租경감」, 「언론자유」 요구와 함께 〈3대건백운동三大建白運動〉을 불러 일으킨다.

여기서 메이지 초년 이래의 조약개정 문제를 회고해보자.

메이지 원년 1월 10일자로 신정부는 여러 외국사절에게 신정부가 바쿠후를 대신해 해외와의 교섭을 할 것이라는 국서를 보낸다. 15일에는 국내에 개국 및 외국과의 친교를 포고하고, 동시에 이전에 체결한 조약에서 제대로 갖추어져 있지 못한 것을 개정하고자 하는 뜻이 있음을 명백히 밝힌다. 같은 달 28일에는 의정議定[23] 이와쿠라 도모미가 재상 산죠 사네토미에게 조정 논의에 부의해야 할 3개 조항을 건언한다. 그 첫 번째로 모든 외교에 있어 황국의 독립을 보호해야 한다고 주장하고 그 개정론을 주창한다.

같은 해 12월 23일 외국관준지사外國官准知事 히가시쿠제미치토미東久世通禧의 이름으로 조약의 재의에 착수할 것이라는 뜻의 공문을 각국에 보낸다.

메이지 2년 2월 3일 외국관에 조약개정을 대비한 조사를 하라는 뜻의 지시가 내려진다.

같은 해 12월 외무경 사와 노부요시澤宣嘉가 여러 나라 공사들에게 조약개정을 요구한다.

메이지 3년 4월 외무 다이스케大輔 데라시마 무네노리가 여러 나라 공사들에게 조약개정을 요구한다.

이 요구들의 내용을 상세히 알 수는 없지만 당시 구체적으로 내세울 만한 약간의 성과도 얻을 수 없었던 것 같다. 이들 개정론 내지 개정요구는 모두 추상적인 국권주의적 체면론에서 나온 것인 듯한데, 메이지 4년 이후가 되자 특히 세권稅權회복에 주안점을 둔 조약개정

23 메이지유신 무렵인 1868년 1월에 설치된 정부 관직으로, 총재總裁·참여參與와 함께 설치된 3직의 하나

론이 정부 당국자에 의해 강하게 주장된다.

메이지 4년 4월 조약개정 담당 부서가 「의신정조약초본擬新定條約草本」 23조를 규정하고, 동시에 질의서를 정부에 제출한다. 이는 마침 그해 8월에 오쿠보, 이노우에 등이 그에 합의한 것처럼 세권 회복에 중점을 둔 점에서 주목될 수 있다.

4년 8월 오쿠라경 오쿠보, 오쿠라 다이스케 이노우에가 연서로, 조약을 개정하고 관세 과세권을 손에 넣어야 한다고 건언한다. 이는 국가의 독립을 주장하면서 다른 한편으로는 재정수입 목적도 가진 개정론을 주창한 것이다.

4년 10월 8일 이와쿠라를 특파전권대사로 유럽과 미국에 파견. 이는 각국의 제도와 문물을 시찰해 일본 문명의 개발에 도움이 되게 함과 더불어 조약개정에 관한 희망을 드러내 알리고 이후의 조약개정의 준비로 삼고자 한 것이었다.

이때 이와쿠라 일행은 미국에 건너간 뒤 당초 예정된 이상으로 조약개정문제에 깊이 파고들고, 미국을 비롯한 유럽 각국과도 개정의 구체적 교섭을 행한다. 이는 최근에야 겨우 명백히 알려진 역사적 사실이다. 그런데 그 구체적 안은 메이지 원년의 이와쿠라의 국권주의적 의견에 비하면 극히 타협적 실제적인 것이었다.

이때 대사 일행에게 부여된 특별 칙명은 이 시기 메이지정부의 개정방침을 엿볼 수 있는 좋은 사료다.

1. 3부府5항港[24]에는 각국 인민이 거주를 허락받은 이후 외국인 거류지의 구별을 폐지하고 외국과 일본의 인민이 자유롭게 같이 거주하도록 허용할 것이다.

24 3부府는 메이지 4년(1871년)의 폐번치현에 의해 성립한 도쿄東京, 오사카大阪, 교토京都. 5항港은 유신 당시 대외무역항으로 개항한 요코하마橫濱, 고베神戶, 나가사키長崎, 하코다테函館, 니가타新潟

1. 위 외국인들은 모두 일본 정부의 법률 하에서 그 지방관청의 규칙을 준수해야 한다. (중략)
1. 3부5항 외에는 외국인을 거주시키더라도 전국을 자유롭게 여행하는 것은 통행권에 의해야 한다. (중략)
1. 일본 정부의 직무에 사용되는 외국인은 곧 일본 정부의 관원인 바, 위 제한에 구애받지 않는다. 또한 광산, 경작 등의 산업에 관해 3부5항 이외에 거주하려면 그 관청의 특별허가를 얻지 않으면 안 된다.
1. 일본 국내에 거주하는 외국 인민도 별개로 보지 않고 그 소송을 재판하고 죄상을 조사해 밝힐 재판소를 설치해야 한다. 이 재판소의 장관은 일본인이어야 하지만 법률을 심의하고 적용하는 법관은 여러 나라에서 참여시키도록 해야 할 것이다.
1. 도쿄에는 대재판소를 설치해 각지에서 심의해 판단하기 어려운 소송의 재판조서를 가지고 와서 재판하도록 해야 한다. 대재판소의 법관도 위와 마찬가지로 외국인을 사용해 참가시켜야 한다.
1. 위 재판소를 세우는 이상은 외국 공사와 영사 등은 일체 일본의 민법과 형법을 논의할 수 없다. 또한 그 국민도 일본 국내에 거주하는 자에 관한 소송의 재판을 재결할 수 없다.
1. 위 재판소에서 준수할 민법과 형법은 미리 의법관議法官을 설치해 논의로 정해야 한다. 의법관은 외국인과 일본인 중에서 선출하고, 가령 어떤 나라의 법을 표준으로 해서 이를 참작해 결정하게 해야 한다. (하략)

이상은 이와쿠라 일행이 유럽에 건너갈 때까지의 정부 내부의 개정론이다. 이를 대별하면 둘로 나눌 수 있다. 하나는 이와쿠라의 메이지 원년 1월 28일의 건언을 중심으로 한 국권주의적 이상론이다. 다른 하나는 오쿠보 오쿠라경, 이노우에 오쿠라 다이스케가 4년 8월에 정원에 제출한 상신서 및 같은 해 4월의 조약개정 담당부서의 안을 중심으로 한 타협적 실제적 세권 회복론이다.

이와쿠라 일행이 출발한 뒤 정부는 국내에서도 집중적으로 조약개정에 노력한다. 새 외무경 소에지마의 경우는 만약 외국이 개정 담판을 거절하면 일본은 조약 만기 후에는 단호히 구 조약의 폐기를 선언해야 한다는 강경 의견을 지녔다고 한다.

소에지마의 기개는 장하지만 당시 일본의 문화수준을 보면 구미의 문화가 이입되고 있다고는 해도, 그해에 폐번치현이 있어 겨우 봉건제도가 폐지되었을 뿐으로 사족은 여전히 칼을 차고 있고, 법률로는 명청률明青律의 번역이라 할 「신율강령新律綱領」이 있을 뿐이었다. 사법성司法省은 그해에 막 창설되었을 뿐으로 아직 재판소 설립이 진행되지도 못했다. 행정과 사법은 분리되지 못하고 사법사무를 담당할 관리의 지위는 극히 낮고, 고문은 공식적으로 허용되어 이상하게 여기지 않고 사법과 경찰, 민사와 형사도 거의 구별이 없는 시대였다.

따라서 소에지마의 강경론도 어떠한 성과를 보지 못하고 메이지 6년 10월 25일 그는 사직한다. 이를 대신한 것이 데라시마 무네노리다. 그런데 소에지마 시대에도 정부 내부에서는 세권 회복의 준비를 착착 갖추어가고 있었다.

메이지 6년 2월 이노우에 가오루 오쿠라 다이스케는 조세권두租稅權頭 나카지마 노부유키中島信行에게 '세관 보호세 제정 건은 재작년 8월에 윤허된 바, 조약개정 기한도 가까워졌기에 위 조사 일은 관청에 한 국局을 열어 취급할 수 있는 것'이라 지시한다. 같은 해 6월 16일 나카지마는 위 조사를 끝내고 조사서를 제출한다.

메이지 7년 4월 조세 두頭 마쓰가타 마사요시松方正義와 조세 스케助 요시하라 시게토시吉原重俊는 해관세海關稅개정에 관해 오쿠마 오쿠라경大藏卿 및 오쿠라 쇼少輔 요시다 기요나리吉田淸成에게 건의한다. 마쓰가타는 같은 해 12월에 다시 상신하고, 일본이 관세주권을 가지고 있지 않기 때문에 해마다 계속해서 수입초과가 되고 현물 유출로 국고가 궁핍에 빠져가고 있다고 역설한다.

메이지 8년 8월 3일 오쿠마 오쿠라경은 〈타이완臺灣 사건〉의 뒷정리가 끝나기를 기대하고, 태정관에 해관세 개정을 건의한다. 요지는 마쓰가타의 건의와 같은 것이다.

오쿠마는 이 건의에 앞서 7월 23일 데라시마 외무경과 그런 취지에 관해 상의한다. 데라시마는 법권法權 회복은 당분간 곤란하다고 생각하고, 우선 세권稅權만의 회복을 계획한다고 말한다. 태정관도 그것에 찬성해 재외공사公使가 각 임지의 정부와 교섭을 개시하게 한다. 즉 메이지 11년의 데라시마 안은 이미 당시에 그 근본방침을 확립하고 있었다고 생각되는 것이다. 데라시마가 법권의 즉시 회복을 단념한 것은 당시 일본 사법 및 행형제도의 불완전함과 후진성에 대해 외국이 모두 날카롭게 비판하고, 입회立會재판제를 시행하는 것이 아니면 치외법권은 철폐할 수 없다고 주장했기에, 입회재판제 같은 굴욕적이고 불리한 제도를 감수하기보다는 차라리 뒷날을 대비해야 한다고 보았기 때문이다.

메이지 10년 2월 6일 관세국장 요시하라 시게토시는 "조약을 개정해 갑자기 실행하기는 어렵다면 우선 세권을 회복해 무역규칙 및 해관정칙海關程則을 개정할 필요가 있고, 특히 같은 해 지조가 경감된 결과 세입이 감소했으니 관세개정에 의해 결손을 메꿀 필요가 있다."라고 오쿠라경에게 건의한다.

같은 해 8월 오쿠보 오쿠라경은 오쿠라 권소權少서기관 아리시마

다케시有島武에게 해관세칙 개정안을 기초하게 한다.

데라시마 무네노리가 외무경이 되자마자 국가재정의 궁핍이 점점 통감되고 더욱이 〈세이난西南전쟁〉에 의한 피폐가 커 관세개정에 의한 수입 증가를 구할 필요는 극히 컸다. 다른 한편으로는 국가의 개명 정도로 인해 아직 여러 외국에 치외법권 철폐를 충분히 납득시킬 수는 없다고 생각되기에 세권 회복을 목표로 하는 개정안을 작성한 것이다. 그런데 이에 대해서도 영국의 강경한 반대가 있고, 미국 이외에는 모두 찬성하지 않았기에 결국은 성공하지 못한다.

데라시마 후임으로 이노우에 가오루가 외무경을 겸임한다. 이노우에는 메이지 13년 세권 및 법권의 일부 회복을 목표로 한 개정안을 각국 정부와의 합동담판에 의해 달성하려 한다. 그 이래 7년간 은인자중하면서 여러 외국과 담판을 계속한다. 특히 영국의 희망을 수용하면서 원활하게 일을 진행하고자 고심한다. 메이지 20년 4월에 이르러서야 겨우 통상조약안, 재판소관할안이 조약개정회의에서 의결된다. 요점은 다음과 같다.

1. 조약 비준 후 2년 이내에 일본 전국을 외국인에 개방한다.
1. 태서주의泰西の主義[25]에 따라 사법조직 및 형법, 치죄법, 민법, 상법, 소송법을 제정하고, 그 영역英譯을 본 조약 비준 뒤 16개월 이내에 각국 정부에 송부한다. 그리고 이를 개정하려 하면 미리 통지해야 한다.
1. 전국 개방일로부터 3년간은 도쿄, 요코하마, 고베, 오사카, 나가사키 및 하코다테에 영사재판권을 존속시키고, 지방재판소, 공소원控訴院, 대심원에서 외국인에 관계되는 소송을

25 태서泰西는 유럽 혹은 크게는 서양 전체. 중국에서 먼저 사용되고 에도시대 일본에서도 사용되던 용어. 메이지정부는 구미 열강과의 불평등조약의 개정을 위해 「태서주의泰西主義Western Principles」에 따라 재판제도와 기본 법전의 편찬을 요구받았다.

심판하는 재판관의 다수는 외국 국적자를 사용하고, 각 범죄에 관한 예심豫審은 모두 외국 국적의 재판관 한 사람이 담당하게 하며, 재판소의 선고서, 명령서, 판결서 등은 영어를 사용한다.

1. 본 조약의 유효기간은 비준 후 17년간으로 한다.

이노우에 외무상은 한편으로는 이렇게 교섭을 진행함과 함께, 다른 한편으로는 조약개정의 중요사항인 영사재판 철폐를 위해서는 일본이 구미에 뒤떨어지지 않는 법전을 제정할 필요가 있다면서 법전편찬을 계획한다. 민중의 생활을 위한 필요에서보다도 외교상의 필요가 법전편찬의 주된 동기였다고 보인다. 헌법제정 때문에도 그러한 사정이 상당히 작용하고 있었다고 볼 수 있다.

그런데 우스꽝스러운 것은 이른바 「로쿠메이칸鹿鳴館 시대」다. 이는 문화의 정도를 구미에 뒤떨어지지 않도록 하는 것이 조약개정의 한 이유이기 때문이라는 것이다. 또한 내외국인의 의사소통을 도모하기 위한 것이라고도 한다. 그러나 조금 관찰 면을 바꾸면 유신 변란의 여파로서의 내란과 폭동이 없어진 이후 평화의 시대에 들어가고자 하는 선구적 행동이라고도 할 수 있다. 다시 논의를 크게 보면 양이攘夷 사상의 반동이라고도 말할 수 있다. 외국인은 오랑캐이고 금수인데 이들과 무역하는 것은 신의 나라 일본을 더럽히는 것이라고 분기했던 사람들이 이번에는 돌변해 우수한 민족의 문화인과 거듭거듭 절하게 되는 태도의 표현이다. 어쨌거나 외국인에 대한 정당한 비판의 안목이 없었기에 극단에서 극단으로 날아간 것이다. 이유야 나중에 얼마든지 붙일 수 있지만 시대 흐름이 여기까지 와 있던 참에 박차를 가해 야단법석의 탈선을 하여 후세의 사가가 서투른 연극이라고 냉담하게 비평하게 된 것이다.

그런데 이런 모습은 일부의 반감과 질시를 부를 뿐만 아니라 정부 반대 감정을 부채질하는데 아주 강력한 재료가 된다. 이노우에의 조약개정안은 외국인판사를 일본의 재판에 참여시킨다는 것이기에 그것이야말로 국권 훼손이라는 공격이 거세게 일어난다. 안에서는 보아소나드G. Boissonade가 반대하고, 농상무대신 다니 다테키谷干城는 반대하며 사직한다. 정부는 마침내 메이지 20년 7월 외교단에게 조약개정의 중지를 통첩하고, 이노우에는 사직해 일은 결국 실패로 돌아간다. 이 반대론이 무성했을 때 『세이테쓰꿈이야기西哲夢物語』[26] 비밀출판사건이 있었는데, 정치가는 물론이고 다수의 학생이 관계됐다는 점에서 세상을 놀라게 했다. 이보다 앞서 이토는 다음과 같이 말하며 사표를 제출한다.

> 신이 용렬함에도 감히 절하옵니다. 성은이 높아 저에게 큰 임무를 맡기신 뜻에 보답하고자 신이 충성을 다했습니다만 아직 사람들의 신망을 얻지 못합니다. 앞서 무고한 죄를 일러바치고 음모를 꾸미기도 하는 것은 신이 덕이 없는 소치입니다. 이런 부족함은 비난받아야 합니다. 다만 오늘날의 일로 인해 시국이 어지럽혀지고 해를 받게 될까 두려워하며, 사직社稷의 대계를 우러러 바라옵니다. 천황이 내려준 본보기를 알기에 신은 관직을 대신해 인민이 바라는 곳으로 돌아가는 것이 마땅합니다. 신이 간절히 바라오며 진심으로 황공하여 머리를 조아리고 다시 절합니다.

26 정치학자 요시노 사쿠조吉野作造가 1921년 도쿄 혼고本鄉의 헌책방에서 발견한 책.이토 히로부미에게 헌법 기초에 관한 조언을 했던 그나이스트가 1885-86년에 베를린을 방문한 후시미노미야사다나루伏見宮貞愛 친왕 일행에게 행한 강의인 일역 「그나이스트 씨 담화」와 프로이센 헌법의 일역 및 뢰슬러 헌법안인 일역 「원규原規」를 철한 것. 자유당원들이 은밀히 입수해 메이지헌법의 보수성을 세상에 알리기 위해 공간한 것이라는 것이 나중의 연구에 의해 판명되었다.

메이지 20년 5월 29일

내각총리대신 겸 궁내대신　이토 히로부미

이토는 나쓰시마夏島로 돌아간다. 무고한 죄를 일러바치고 음모를 꾸민다고 하는 것으로 보아, 분노를 억누를 수 없는 게 있었을 것이다. 그러나 이토는 위로받고 사표는 수리되지 않아 철회한다. 그리고 외무상의 후임은 이토가 겸임한다. 궁내대신 겸직은 사임해서 농상무대신 히지카타 히사모토土方久元가 궁내대신으로 옮기고, 히지카타의 후임으로는 구로다 기요타카黒田清隆가 입각해 임명된다.

그러나 수상首相에게 이미 사직 의사가 있고, 외무상도 사직한 것이기에 내각의 기초는 동요하지 않을 수 없었다.

정부의 일각은 이미 무너졌다. 민권운동의 공격은 다시 세력을 더해가기 시작한다. 지조 경감, 언론과 집회의 자유, 외교 쇄신이라는 목표 하에서 이른바 「3대건언建言운동」이 곧 전국적으로 큰 반향을 부르고 다시 정쟁이 첨예화한다. 그 때 메이지 20년 12월 26일 돌연 「보안조례保安條例」가 발포된다.

극히 난폭한 법률이고 게다가 그 실제 시행이 극단적인 것이어서 메이지정치사를 더럽혔다고 지목되는 보안조례는 "생각건대 프로이센의 사회당진압법社會黨鎭壓法 및 러시아의 허무당박멸법虛無黨撲滅法을 절충 취합해 편제한 것 같다."(『퇴거일록退去日錄』[27])

그렇게 "이토 히로부미 백작이 국가의 흐름을 총리總理하는 시대로서 야마가타 아리토모山縣有朋 백작은 나라 안의 재상의 중심이 되고, 경계警戒를 전체적으로 통솔 감독해 이를 보좌하는 것은 죽은 미

27　尾崎行雄, 『退去日録』, 集成社·博文社, 1888

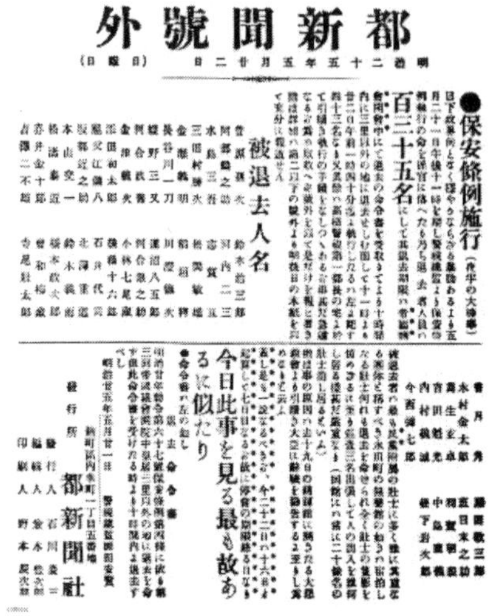

都新聞號外

明治二十五年五月廿二日 (日曜日)

保安條例施行 (夜半の大珍事)

百二十五名

被退去人名

今日此事を見る最も故あるに似たり

都新聞社

〈보안조례 시행을 알리는 미야코都신문 호외 明治25年5月22日〉

시마 미치쓰네三島通庸[28] 자작이 된다. 그리고 본국本局의 과장으로서 지방의 경무警務를 처리하는 일은 기요우라 게이고清浦奎吾씨라는 영명한 인물이 하고, 새로 만든 법률들에 관해서는 벌써 그 장長인 종3위 이노우에 고와시씨와 미요시 다이조三好退藏씨가 함께 힘을 합친다고 한다."(『퇴거일록』)

그 시행은 〈후쿠시마福島 사건〉의 탄압 현령으로 귀신으로 불린 경시총감 미시마 미치쓰네가 의견을 냈다는 것이 한결같이 알려진 소문이다. 그런데 실제는 그 미시마도 주저하는 것을 내무대신 야마가타 아리토모가 미시마에게 시행이 불가능하다면 사직하라고 하고, 자신이 총감을 겸임해 실행을 맡을 것이라고 질타했기 때문에 미시마도 실행하겠다고 맹세했다고도 전해진다.

그 법률의 제정 계기는, 어떤 장사 무리가 여러 곳에 방화를 하고 내각 대신을 암살하려 한다는 풍문에 놀랐다는 설이 있기는 하지만,

28 현령 시절부터 민권파에 대해 극단적인 적개심을 보인 관료. 보안조례 시행 당시 경시총감警視總監이었는데 얼마 뒤인 메이지 21년(1888년) 10월 23일 사망했다.

당시는 가타오카 겐키치片岡健吉와 호시 토루星亨가 전국 유지들의 대표로 건백서를 지니고 내각에까지 육박하려고 한, 정계의 풍운이 급격해진 때였기에 일거에 정부반대당을 일소하기 위한 것이었다.

제5장 헌법회의

제1절 추밀원의 신설과 헌법 원안들

메이지 21년 4월 28일 추밀원樞密院을 설치해 수상 이토 히로부미가 자리를 옮겨 그 의장에 임명된다. 이에 관해 가네코는 말한다.

> 헌법 기초가 겨우 마쳐진 메이지 21년 봄에 이토공이 초안을 천황에게 올림으로써 임무를 완수했습니다. 그런데 헌법은 천황에게 봉정되었습니다만, 이를 어떻게 세상에 발표하는가의 문제가 이때 제기되었다. 당시 정부 내부에서도 헌법회의憲法會議라는 것을 개최해 정부의 관리도 참석하고 혹은 민간의 사람도 참석해 관민공동으로 헌법회의를 열어 일본의 헌법을 정하는 것이 필요하다는 의견으로 한때 상당히 떠들썩했다. 정부 내부에서도 이토공의 손에서 이 헌법을 떼어내 놓고 자신이 같이 손을 대 손질하려는 야심가도 있었다. 그렇기 때문에 그들이 민간의 사람과 서로 호응해 민간에서도 헌법회의에 참석할 위원을 내고 정부에서도 위원을 내서 헌법을 제정하자는 논의가 상당히 있었다. 그런데 거기에는 유럽의 민주주의에 기초한 헌법제정을 방불케 하는 것이 있어 흠정欽定헌법 즉 천

황이 제정한 헌법을 일본의 인민에게 내려준다는 성격에는 어긋났다. 그래서 내각에서는 신중하게 연구해 마침내 추밀원을 창설해 그곳에서 원훈元勳 및 전문적인 사람을 모으고 천황이 친히 임해 회의를 열어 헌법을 제정하는 것으로 조정의 논의를 하나로 정했다. 메이지 21년 4월 28일에 추밀원을 창설하고 이토공이 그 의장이 되었다. (『제국헌법제정의 유래』)

물론 추밀원은 헌법 초안 자문이 중요 직무였음은 틀림없지만 이것이 직무의 전부는 아니다. 또한 국무에 대한 자문의 최고 고문부顧問府라고 헌법 초안에도 규정이 있다. 그런데 추밀원을 이번에 설치한 취지와 이토가 수상을 그만두고 그 의장이 된 이유는 무엇인가.

이토의 사직의사는 이미 메이지 20년 5월에 있었는데, 일단 단념하지만 다시 그 결의를 밝힌 것은 이듬해 1월경이다. 1월 21일 야마가타 아리토모가 이토에게 보낸 편지에는 다음과 같이 쓰여 있다.

> 속세와 떨어져 지내는 분(이노우에 가오루)이 이소베磯部로 가면서 지난 11일 대형大兄을 방문하고 담화할 때에 비로소 대형이 양보하고 물러날 생각이 있음을 듣고 그 자리에서 바로 의견을 말했다고 한다. (......)
>
> 이 어찌 대형이 권태로워서 물러나겠는가. 사퇴를 통해 배려해야 할 때가 된 것인가...... (『이토 히로부미 비록伊藤博文秘錄』[29])

헌법회의 때문에 추밀원 의장이 될 필요가 있어 수상을 그만두는 것은 아니다. 그 뒤 메이지 22년 추밀원 의장의 사표를 올릴 때 히지카타 궁내대신 앞으로 보낸 편지의 한 부분에 이렇게 쓰여 있다.

29 平塚篤, 『伊藤博文秘錄』, 民衆時論社, 1929

재작년의 차질로 인해 작년의 중임을 받들었다......(『이토 히로부미 비록』)

재작년 즉 메이지 20년의 실패 때문에 추밀원 의장이 되었다는 것이다. 즉 추밀원은 수상의 피난처라는 식으로 읽혀진다. 그리고 그 실패라는 것은 조약개정에 관한 것일 텐데, 이토의 최초의 포부인 밖으로의 조약개정과 안으로의 헌법제정이라는 2대 사업에서 이미 하나는 실패로 귀결되었기에 남은 헌법제정에 전력을 기울여 그 명예를 회복하지 않으면 안 된다. 초안은 되었더라도 제정까지의 성과를 거두지 않으면 안 된다. 이는 가네코의 말에도 있는 것처럼 정부 내부에서도 그 성과를 빼앗으려 하는 자가 있고, 또한 앞서 말한 바와 같이 원로원은 헌법 초안을 민간으로 옮겨 심의했음을 천황에게 아뢰고 있다. 원로원과는 처음부터 의사를 소통하지 않았다. 물론 원로원에 넘겨주고 싶지도 않다. 뿐만 아니라 그해 4월 이토는 구로다 기요타카로부터 데라시마 무네노리의 의견서를 빌려 묘사한 한 구절에서 "원로원을 폐지하고 감찰관監察官(참사원, 추밀원 또는 다른 명칭이라도)을 두어 법률에 비춰 각 관官을 감찰한다......"(『이토 히로부미 비록』)라고 말하고 있다.

원로원의 폐지, 추밀원의 설치라고 생각되지만 원로원은 도저히 폐지될 리는 없다. 그렇다면 헌법과 동시에 창설될 유력한 추밀원을 오히려 이 시기에 설치하는 게 상책이다. 그리고 또 정무로부터도 전혀 떨어지고 싶지 않다. 그래서 최고 고문부의 장으로서 동시에 한편으로는 "짐은 경의 청원을 받아들여 중임을 해임하고, 특별히 명하여 내각에 참여시킨다."라는 칙어를 받는다.

그래서 헌법제정의 성과도 거둘 수 있다는 속셈이었다고 추측된다. 어쨌든 간에 무임소無任所 대신이 처음 만들어진 것이고 또한 뒤에 다가올 정치적인 많은 문제를 일으킨 원로인 인물이 이 시기에 생겨났다고 보아야 할 것이다. 추밀원은 그 모범을 영국에서 취했다.

추밀원 설립 의견이 있자마자 이노우에 고와시 법제국法制局 장관은 기자(하야시다 가메타로林田龜太郎)(당시 법제국 이등속二等屬)와 마치다町田 3등속을 불러 영국의 제도를 조사해 일본에 적용해야 할 안을 기초하라고 명한다. 두 사람이 작성한 안은 순수한 영국풍의 것이지만 많은 수정을 거쳐 현행과 같이 된다. 마치다는 추밀원령 발포와 동시에 법제국을 퇴관해 죠야朝野신문에 들어간다. 마치다 3등속이 누구인가. 현재 호치報知신문 사장으로 아키타秋田현 선출의 대의사代議士로서, 장차 헌정회憲政會의 총무로 명성을 높인 마치다 쥬지町田忠治 그 사람이다. (『정계이면사政界裏面史』)

그런데 헌법 초안이지만 지금까지 그 존재를 아는 자가 판단하면 이노우에 고와시가 헌법 조항의 기초자임은 말할 필요도 없다. 그는 이토 히로부미가 부여한 일반적인 방침(그나이스트, 모세, 슈타인에게 배운 점)을 참조하고 뢰슬러, 모세의 답신에 의거하고, 그리고 자기가 깊이 연구해 밝혀낸 국체의 정신을 큰 근본으로 해서 집필한 것이다. 또한 앞서 말한 것과 같은 이토 미요지伊東巳代治의 여러 문서류는 이토 미요지가 상당한 정도로 이노우에를 도와 뢰슬러와 모세 사이를 왕복하고, 참고 자료를 정비하고 혹은 그들 외국 고문의 답신을 다듬고 혹은 또 원안 자체의 작성에도 큰 역할을 했음을 보여준다. 그는 더욱이 헌법 초안을 심의하는 추밀원 회의에서 여러 차례 이노우에를 대신해 원안 설명을 담당한다. 또한 가네코 겐타로가 그 대열에서 갖가지 활동을 한 것은 그 자신의 강연과 담화가 보여준다.

그런데 현재 밝혀진 바에 의하면, 가장 소박한 「시초試草 갑안」과 그에 이은 「시초 을안」이 최초의 원안이고, 뢰슬러가 기초한 원안은 참고안으로서 이토 히로부미 등이 항상 비교 대조한 것이다.

추밀원회의에 제출된 성안은 「헌법설명憲法說明」이라는 표제 하

〈이토 미요지〉

에 곤냐쿠판[30]으로 인쇄된다. 그 직접적 초고는 최근 볼록판 원형 그대로 공개된, 이토 히로부미가 소지한 초고로서 이를 보면 위 곤냐쿠판본을 입수하지 않더라도 추밀원회의에 제출된 원안이 어떠한 것이었는지 엿볼 수 있다. 그리고 이 초고라고 생각되는 것은 이토 미요지의 문서 중에서 발견된 「설명」이라는 한 책이다. (일단 이를 「초고稿本설명」이라 부르고, 앞서 말한 이토 히로부미가 소지한 것을 「제1초고」로 약칭하기로 한다.)

「헌법설명」은 이토 히로부미와 이노우에 고와시가 추밀원의 심의·가결을 위해 몇몇 학자를 모아 토의·정정해 「대일본제국헌법의해大日本帝國憲法義解」로 공간한다.

이 외에 이노우에 고와시의 내고內稿인 「헌법의해憲法義解」라는 미정·미완의 원고가 있다. 이는 「헌법설명」의 가장 소박한 시고試稿라고도 생각된다.

30　蒟蒻版. 메이지시대에 인쇄에 사용된, 한천寒天으로 만든 간이 등사판版

또한 「헌법참조憲法參照」는 「시초 을안」의 완성 형태라고도 말할 수 있는 것인데, 이노우에 고와시의 서류 중에 그 초고가 있다. 여기에는 이노우에 자신이 참고로 한 노트와 발췌서 등이 도처에 삽입되어 있다. 이들은 기초자가 의거한 원전류를 알 수 있게 하는 귀중한 자료다.

추밀원회의의 헌법심의는 전후 3회에 걸쳐 계속된다. 기존에는 메이지 21년 6월 18일부터 7월 13일까지의 제1심회의밖에 알려지지 않았지만, 다시 이듬해 22년 1월 16일에 재심회의가 열리고 다시 같은 1월 29일부터 31일까지 제3심회의가 개최된다. 이들은 이토 미요지 문서 중의 추밀원회의 의사록에 의하더라도 분명하다. 그리고 이른바 다카나와高輪 저택에서의 수정이 이루어진 1월 27일은 이 22년 재심회의와 제3심회의 사이의 일로, 즉 제1심 및 재심회의에 있어서 토의되고 수정된 결과들을 다카나와 저택에서 정리하고 최종적 초안을 완성한 것이라 생각된다. 그 성과는 제3심회의에서 거의 그대로 승인 가결되어 마침내 현행헌법이 된 것이다.

이 외에 이토 미요지의 의견서라고 잘못 알려진 뢰슬러의 「일본헌법수정안修正案에 관한 의견」에서 논평 대상이 되어 있는 「일본헌법수정안」이 어떤 것인지는 아직 명백히 드러나 있지 않다. 다만 그것이 이토 히로부미가 수정을 가한 「갑안 시초 정문正文」에 가장 가까운 것이라고는 추측된다.

제2절 헌법 심의

추밀원은 메이지 21년 5월 8일 천황이 임한 개원식을 거행하고 5월 25일부터 회의를 연다. 추밀원에서는,

의장	백작	이토 히로부미
부의장	백작	데라시마 무네노리寺島宗則
고문관	백작	오키 다카토大木喬任
동	백작	히가시쿠제미치토미東久世通禧
동	백작	가와무라 스미요시川村純義
동	백작	요시이 도모자네吉井友實
동	자작	시나가와 야지로品川彌二郎
동	백작	가쓰 아와勝安房
동		고노 도가마河野敏鎌
동	백작	소에지마 다네오미副島種臣
동	자작	후쿠오카 다카치카福岡孝弟
동	백작	사사키 다카유키佐々木高行
동	자작	사노 쓰네타미佐野常民
동		모토다 나가자네元田永孚
동	자작	요시다 기요나리吉田淸成
동	자작	도리오 고야타鳥尾小彌太
동	자작	노무라 야스시野村靖

이 외 아리스가와 다루히토 친왕, 고마쓰노미야 아키히토小松宮彰仁 친왕, 아리스가와 타케히토有栖川威仁 친왕 및 특명으로 내대신 산죠 사네토미가 회의에 참여한다.

내각에서는 다음과 같은 대신들이 출석한다.

내각총리대신	백작	구로다 기요타카
내무대신	백작	야마가타 아리토모

외무대신 백작 오쿠마 시게노부
해군대신 백작 사이고 쥬도西鄕從道
농상무대신 백작 이노우에 가오루
사법대신 백작 야마다 아키요시山田顯義
오쿠라大藏대신 백작 마쓰가타 마사요시
육군대신 백작 오야마 이와오大山巖
문부대신 자작 모리 아리노리森有禮
체신遞信대신 자작 에노모토 다케아키榎本武揚

회의는 우선 「황실전범皇室典範」으로부터 시작해 6월 15일까지 7일간 이노우에 고와시가 설명한다. 헌법은 6월 18일부터 7월 13일까지 10일간 제1심회의에서 이노우에가 주로 설명하고 때로 이토 미요지가 분담한다. 헌법상의 큰 문제는 특별위원회에서 심의하고 본회의에 부의한다. 이로써 일단 휴회된다. 같은 달 6일 각 친왕과 대신, 추밀원 의장과 부의장 및 고문관, 서기관장, 서기관 일동을 궁중에 불러 만찬을 가진다. 9월 17일부터 10월 31일까지의 의원법議院法 토의에서 설명자는 이토 미요지다. 중의원의원衆議院議員선거법은 11월 5일부터 12일까지, 귀족원령貴族院令은 12월 13일부터 17일까지로, 위 두 안은 모두 가네코 겐타로가 설명을 담당한다. 일단 제1심회의에서 가결된 초안은 천황에게 상주되는데, 다시 내각에 내려 보내 심의하게 한다. 헌법 제2심회의는 이듬해 22년 1월 16일, 제3심(최종)회의는 1월 29일, 30일, 31일의 3일간에 걸쳐 개최된다. 또한 1월 27일에는 이토의 다카나와 저택에서 이제까지의 심의연구에 기초한 최종적 수정이 이루어진다. 그것이 거의 그대로 제3심회의에서 가결된다. 끝으로 2월 5일 마지막 회의를 열고 종료된다.

회의 장소는 헌법기념관憲法記念館으로 당시 그 건물은 지금의 아카사카赤坂별궁 분수 위쪽의 약간 높은 장소로 외국대신 연회장으로 사용되는 곳이다. 회의 중의 천황 자리는 그 식당의 정면에 설치되어 있었다. (가네코 겐타로의 말) 헌법 조항에 관한 심의경과는 다음과 같다.

[제1심회의]

	개 회	폐 회	심의 조문
6월 18일	오전 10시 40분 오후 1시 20분	11시 15분 3시 30분	제1독회를 오전 중 마침. 오후 제2독회에 들어가 제5조까지. (제5조는 완료되지 못함) 제2조는 채택 결정되지 못한 채 남음.
6월 20일	오전 10시 30분 오후 1시 10분	정오 3시 15분	오전 중 제5조의 심의를 계속하고, 결국 채택 결정되지 못한 채 남음. 오후 제6조부터 제11조까지.
6월 22일	오전 10시 30분 오후 1시 30분	12시 15분 3시 30분	오전 중 제12조부터 제13조까지. 오후에는 오전 중 완료되지 못한 제13조를 결정하고 제22조까지.
6월 27일	오전 10시 30분 오후 1시 30분	12시 5분 3시 40분	제23조부터 제30조까지. 제31조부터 제34조까지. (제34조는 채택 결정되지 못함)
6월 29일	오후 1시 15분	3시 30분	제35조까지.
7월 2일	오전 10시 30분 오후 1시 30분	12시 15분 3시 40분	제36조부터 제38조까지. 제39조부터 제49조까지. (제49조는 완료되지 못함)
7월 4일	오전 10시 45분 오후 1시 30분	12시 30분 3시 30분	제49조부터 제51조까지. 제52조부터 제62조까지.
7월 6일	오전 10시 30분 오후 1시	12시 15분 3시 30분	제63조부터 제65조까지. (제65조는 완료되지 못함) 제70조까지. (제70조는 완료되지 못함)
7월 9일	오전 11시 오후 1시 30분	12시 30분 2시 10분	제72조까지. 제73조부터 제77조까지. 이로써 제2독회를 마침.
7월 13일	오전 10시 오후 1시 20분	정오 3시30분	결정되지 못한 제2조 및 제5조에 관한 제2독회를 마침. 제3독회에 들어감. 오후까지 제3독회를 마침. 제2독회 이후 위원회를 조직해 각 조를 다듬고 조문을 전체적으로 정돈시킨 것을 제3독회에 올렸던 것임.

[재심회의]

	개 회	폐 회	심의 조문
1월 16일	오전 10시 50분 오후 2시	12시 45분 4시 40분	이 하루에 재심회의를 마침. 즉 제1심에서 가결한 조문을 일단 천황에게 상주하고, 그것이 칙지에 의해 내각에 내려 보내져 신중히 심의한 결과 약간 수정해야 할 곳이 있어 그 부분을 제3심 회의에 올려 가부를 물었던 것.

[제3심회의]

	개 회	폐 회	심의 조문
1월 29일	오후 1시 30분	4시 40분	재심회의의 결과를 다시 검토해 수정해야 할 곳을 발견했기에 제3심회의를 연다는 뜻을 의장이 진술하고, 이날은 제50조까지 마침.
1월 30일	오전 11시 25분	오후 1시	제65조까지.
1월 31일	오후 2시	4시 30분	제61조까지. 또한 거슬러 올라가 제31조에 관하여 심의.

2월 5일에는 오후 1시에 일동 참석하고, 의장은 헌법, 황실전범, 의원법, 중의원의원선거법 및 귀족원령에 관하여 깨끗하게 정서한 3본을 만들어 와 이 자리에서 초고와 대조해야 한다고 말한다. 또한 오후 2시 30분부터 회계법에 관한 재심회의로 옮겨 곧바로 이를 마친다. 이상으로 전체 헌법 및 관련법에 관한 회의를 마친다.

그런데 추밀원 심의에 부의되지 않았던 헌법원안은 어떠한 것인가? 최근에 원형 그대로 인쇄되어 공간된, 이토 히로부미가 생전에 소지한 초고(「제1초고」라고 약칭한다)는 추밀원고문관들에게 배포한 「헌법설명」의 초고인데, 이에 의해 그 전모를 엿볼 수 있다. 여기 그 정문正文을 보자. (「헌법설명」은 정문의 한 조항 한 조항에 관한 법리와 정신을 설명한 것으로, 위 공간된 초고에 의해 그것들도 알 수 있을 것이다.)

• 제1장 천황

제1조 일본제국은 만세일계의 천황이 통치한다.

제2조 황위는 황실전범이 정하는 바에 의해 황자손皇子孫이 계승한다.

제3조 천황은 신성하여 침범할 수 없다.

제4조 천황은 나라의 원수로서 통치권을 총람總攬하고, 이 헌법의 조규條規에 의해 이를 시행한다.

제5조 천황은 제국의회의 승인을 거쳐 입법권을 시행한다.

제6조 천황은 법률을 재가하고 그 공포 및 집행을 명한다.

제7조 천황은 제국의회를 소집하고 그 개회, 폐회, 정회 및 중의원의 해산을 명한다.

제8조 천황은 국가의 위기 또는 국민의 재액을 피하기 위해 필요하면 제국의회 폐회의 경우에 법률을 대신할 칙령을 발한다. 이 칙령은 다음 회기에 제국의회에 제출해야 하고, 만약 의회에서 승인하지 않으면 장래로 향해 법률로서의 효력을 잃게 된다.

제9조 천황은 법률을 시행하기 위해 또는 국가의 안녕을 유지하고 국민의 행복을 증진하기 위해 필요한 명령을 발하고 또한 발하게 한다. 단 명령으로 법률을 변경할 수는 없다.

제10조 천황은 관제를 정하고 문무관을 임명한다. 단 이 헌법에 특례를 둔 것은 각 그 조항에 의한다.

제11조 천황은 문무관의 봉급 및 은급恩給·연금을 정한다.

제12조 천황은 육해군을 통수統帥한다. 육해군의 편성은 칙령으로 정한다.

제13조 천황은 교전을 선언하고 화친 및 조약을 체결한다.

제14조 천황은 계엄을 선포한다. 계엄요건은 법률로 정한다.

제15조 천황은 작위를 수여하고 훈장 및 그 외 영전을 수여한다.

제16조 천황은 사면, 감형 및 복권을 명한다.

제17조 섭정을 두면 황실전범이 정하는 바에 의한다. 섭정은 천황의 이름으로 대권을 시행한다.

• 제2장 신민의 권리와 의무

제18조 일본 신민이 되는 요건은 법률이 정하는 바에 의한다.

제19조 일본 신민은 법률과 명령이 정하는 자격에 상응해 동등하게 문무관에 임명되고 그 외 공무에 취임할 수 있다.

제20조 일본 신민은 법률이 정하는 바에 따라 병역의무를 진다.

제21조 일본 신민은 법률이 정하는 바에 따라 납세의무를 진다.

제22조 일본 신민은 법률의 범위 내에서 거주를 이전할 자유를 가진다.

제23조 일본 신민은 법률에 의하지 않고는 체포, 감금 및 심문을 받지 않는다.

제24조 일본 신민은 정당한 재판을 방해받지 않는다.

제25조 일본 신민은 법률로 지정된 경우를 제외하고는 승낙 없이 주거를 침입당하거나 검탐檢探당하지 않는다.

제26조 일본 신민은 법률로 정한 경우를 제외하고는 체신遞信의 비밀을 침해당하지 않는다.

제27조 일본 신민은 소유권을 침해당하지 않는다. 공익을 위해 필요한 처분은 법률이 정하는 바에 의한다.

제28조 일본 신민은 안녕질서를 방해하지 않고 신민으로서

의 의무에 위배되지 않는 한에서 신교信教의 자유를 가진다.

제29조 일본 신민은 법률의 범위 내에서 언론, 저작, 출판, 집회 및 결사의 자유를 가진다.

제30조 일본 신민은 상당한 경례敬禮를 지키면서 법률이 정한 바에 따라 청원請願할 수 있다.

제31조 본 장의 조규는 전시 또는 사변의 경우에 천황대권의 시행을 방해하지 않는다.

제32조 본 장의 조규는 육해군의 법령 또는 기율에 저촉되지 않는 것에 한해 군인에게 준하여 시행한다.

• 제3장 제국의회

제33조 제국의회帝國議會는 귀족원貴族院과 중의원衆議院의 양원으로 성립한다.

제34조 귀족원은 황족, 화족 및 칙임 의원으로 조직하고, 그 자격, 선임, 특권 및 그 외 제도와 규정은 칙령으로 정한다.

제35조 중의원은 선거법이 정한 바에 의해 공선된 의원으로 조직한다.

제36조 누구도 동시에 양의원의 의원이 될 수는 없다.

제37조 모든 법률은 제국의회의 승인을 거쳐야 한다.

제38조 제국의회는 정부가 제출하는 의안을 의결한다.

제39조 양의원은 신법의 제정 또는 현행법률의 개정폐지에 관한 의견을 건의할 수 있다. 단 채택되지 못한 의견은 같은 회기 중에 다시 건의할 수 없다.

제40조 양의원의 하나에서 부결된 법안은 같은 회기 중에 재의再議에 제출할 수 없다.

제41조 제국의회는 매년 소집한다.

제42조 제국의회는 3개월을 회기로 하고, 필요한 경우에는 칙령으로 이를 연장해야 한다.

제43조 임시로 긴급히 필요한 경우에는 통상회의 외에 임시회를 소집할 수 있다. 임시회의 회기를 정하는 것은 칙령에 의한다.

제44조 제국의회의 개회, 폐회, 회기 연장 및 정회는 양원이 동시에 행한다. 중의원이 해산을 명받은 때는 귀족원은 동시에 정회되어야 한다.

제45조 중의원이 해산을 명받은 때는 칙령으로 새로 의원을 선거하여 해산일로부터 6개월 이내에 이를 소집해야 한다.

제46조 양의원은 각 그 총의원의 3분의 1 이상이 출석하지 않으면 의사議事를 열수 없다.

제47조 양의원의 의사는 과반수로 결정하고, 가부동수인 때는 의장이 결정하는 바에 의한다.

제48조 양의원의 회의는 공개한다. 단 정부의 요구 혹은 그 원의 결의에 의해 비밀회의로 할 수 있다.

제49조 양의원은 의견을 천황에게 상주할 수 있다.

제50조 양의원은 신민이 낸 청원문서를 받는다. 청원문서를 받는 것에 관한 조규는 법률이 정하는 바에 의한다.

제51조 양의원은 필요한 경우에 정부에 대해 문서로 질문할 수 있다.

제52조 양의원은 이 헌법 및 의원법에 규정된 것 외에, 그 회의 및 내부 정리에 필요한 제도 및 법규는 논의하여 정하고, 천황의 재가를 거쳐 시행한다.

제53조 양의원의 의원은 의원에서 발언한 의견 및 표결에 관하여 원외에서 책임을 지지 않는다. 단 의원 스스로 그 언론을 연설, 간행, 수기 혹은 그 외 방법으로 공포한 때는 일반 법률에 의해 처분될 수 있다.

제54조 양의원의 의원은 현행범 혹은 내란, 외환에 관한 죄를 제외하고는 회기 중 그 원의 승낙 없이 체포되지 않는다.

제55조 내각의 대신, 각 성의 차관 및 정부위원은 언제라도 각 의원에 출석하고 토론할 수 있다.

• 제4장 국무대신 및 추밀고문

제56조 각 국무대신은 천황을 보필하고 그 책임을 진다. 법률, 칙령 및 그 외 국무에 관한 조칙詔勅은 국무대신의 부서를 요한다.

제57조 추밀원은 중요 국무에 관한 천황의 자문에 응한다.

• 제5장 사법

제58조 사법권은 법률에 의해 천황의 이름으로 이를 시행한다. 재판소의 구성은 법률로 정한다.

제59조 재판관은 법률이 정한 자격을 갖춘 자로 임명한다. 재판관은 형법에 의한 처단 혹은 징계에 의하지 않으면 면직되지 않는다. 징계의 조규는 법률로 정한다.

제60조 재판의 대심對審과 판결은 이를 공개한다. 다만 안녕질서 혹은 풍속을 해할 우려가 있을 때는 법률에 의해 또는 재판소의 결의로 대심의 공개를 정지할 수 있다.

제61조 행정관청의 위법한 처분에 의해 권리가 침해되었다

는 소송에서 행정재판소行政裁判所의 재판에 속하는 것은 사법재판소에서 수리할 수 없다.

• 제6장 회계

제62조 새로이 조세를 부과하고 세율을 변경하는 것은 법률로 정해야 한다. 국채 발행은 제국의회의 승인을 거쳐야 한다.

제63조 현행 조세는 다시 법률로 이를 고치지 않는 한은 구 법률에 따라 징수한다.

제64조 국가의 세출과 세입은 매년 예산으로 제국의회의 승인을 거쳐야 한다. 예산을 초과하거나 예산 외로 발생된 지출이 있을 때는 나중에 제국의회의 승인을 얻어야 한다.

제65조 예산 및 그 외 회계에 관한 의안은 먼저 중의원에 제출하고 의결을 거친 후에 귀족원에 제출해야 한다. 귀족원은 예산에 관하여 전체를 의결함에 그치고 조항별로 수정할 수는 없다.

제66조 황실의 경비는 현재의 정액에 의해 매년 국고에서 지출하고, 장래에 증액을 요하는 경우를 제외하고는 제국의회의 승인을 요하지 않는다.

제67조 천황의 헌법상 대권에 기초한 세출 및 법률의 결과에 따라 또는 제국의회의 의결로 발생한 정부의 의무를 이행하는데 필요한 세출은 예산에 올리더라도 제국의회는 정부의 승낙을 거치지 않고는 이미 정한 액을 없애거나 삭감할 수 없다.

제68조 국가의 필요에 응해 정부는 미리 연한을 정해 특별히 계속비로서 제국의회의 승인을 구할 수 있다.

제69조 불가피한 예산의 부족을 보충하기 위해 혹은 예산 외로 발생한 필요의 비용에 충당하기 위해 예산 중에 예비비를 두어야 한다.

제70조 국가의 위난을 피하기 위해 긴급한 필요가 있는 경우에 내외의 사정으로 인해 정부가 제국의회를 소집할 수 없는 경우에는 칙령에 의해 재정상 필요에 따른 처분을 하거나 국채를 발행하거나 임시로 새로이 세금을 부과할 수 있다. 전항의 경우에는 다음 회기에 제국의회에 증명하고 장래에 법률의 효력을 요하는 것은 의회의 승인을 구해야 한다.

제71조 제국의회에서 예산을 의결하지 않거나 예산이 성립되지 못한 경우에는 정부는 전년도 예산에 의해 이를 시행할 수 있다.

제72조 국가의 세출과 세입의 결산은 회계검사원이 검사확정하고 정부는 그 검사 보고와 함께 이를 제국의회에 제출해야 한다. 회계검사원의 조직 및 직권은 법률로 정한다.

• 제7장 보칙

제73조 장래 이 헌법의 조항을 변경할 필요가 있을 때는 군주의 권유로 그 의안을 제국의회에 내려 보내야 한다. 이 경우 양의원은 각 총원의 3분의 2 이상이 출석하지 않으면 의사를 열 수 없고, 출석의원 3분의 2 이상의 동의를 얻지 못하면 어떤 부분의 변경도 의결할 수 없다.

제74조 황실전범 변경은 제국의회 승인을 거칠 필요가 없다.

제75조 헌법 및 황실전범은 섭정을 둔 기간에는 변경할 수

없다.

제76조 이 헌법이 공포될 때의 현행 법규정은 법률, 규칙, 명령 혹은 어떠한 명칭을 사용하든 모두 따라야 하는 효력을 가진다.

심의 도중 야마다, 데라시마, 히지카타, 후쿠오카, 소에지마, 사노, 히가시쿠제, 고노 같은 여러 고문관으로부터 원안 제60조 다음에 다음과 같은 한 조항을 추가하자는 제안이 있었고, 그것이 가결된 결과 원안 제61조는 제62조로, 이하 모두 한 조씩 차례로 밀린다.

제61조 특별재판소 관할에 속하는 것은 별도로 법률로 정한다.

헌법 초안 제1독회를 여는 사이에 이토 의장은 먼저 대략 다음과 같이 원안기초의 대강을 말한다.

헌법정치는 동양 여러 나라에서 아직 일찍이 역사상 행하지 못했던 것으로, 일본에 시행하는 것은 완전히 새롭게 만든 것이다. 그렇기에 실시한 결과가 국가를 위해 유익할지 재난이 될지는 오늘 예측할 수는 없지만, 20년 전에 이미 봉건정치를 폐지한 이상 입헌정치를 벗어나 달리 국가경영의 좋은 길이 있다고는 생각되지 않는다. 그렇다면 우리는 그 시작에 가장 신중하게 임하고 유종의 미를 거두지 않으면 안 된다. 입헌정치는 유럽에서는 그 맹아가 먼 옛날로부터 기원하는 것인데, 일본에서는 완전히 지금까지 없던 새로운 것에 속하는 사항이다. 따라서 이제 헌법을 제정하려면 세워야 할 기축基軸을 확립하지 않으면 안 된다. 이것을 확정하지 않고 헛되이 국민참정을

> 허용한다면 국가의 근본 규범과 국운이 쇠멸로 향해 가는지도 헤아리기 어렵다고 생각한다. 본래 유럽에서는 헌법정치의 맹아를 싹틔운 지 천여 년으로, 인민이 그 제도를 배워 익숙해졌을 뿐만 아니라 종교宗教가 있어 이것이 기축의 역할을 해 인심에 깊이 스며들어 인심이 그것으로 귀일하고 있다. 그런데 일본에서 종교라는 것은 모두 아주 힘이 약해서 국가의 어떠한 기축이 되기에는 역부족이다. 결국 우리 나라에 있어 기축이 될 수 있는 것은 오직 황실이 있을 뿐이다. 그래서 이 헌법 초안에서는 오로지 뜻을 여기에 모아 군권을 존중하고 가능한 한 속박하지 않도록 힘썼다. 그런데 어떤 사람 혹은 군권이 너무 강대하면 남용 우려가 있다고 말하는 사람도 있겠지만, 만약 이러한 것이 있을 때는 대신이 책임을 져야 한다. 그 외에도 남용을 막는 길은 있기에 쓸데없이 남용을 우려해 군권을 협소하게 하는 것은 도리에 어긋나는 설이다. 이리하여 본 초안에서는 군권지상을 기축으로 하고 전적으로 군권을 훼손하지 않고자 한 것이기에, 유럽에서의 주권분할主權分割 정신에 따른 것이 아니다. 또한 군민공치君民共治 같은 것도 우리 헌법과는 그 방법을 달리하는 것이다......

이러한 정신에 의해 관철된 위 헌법 초안은 주지하듯 그 근본에서 어떠한 변경이 없이 가결된다. 약간 수정이나 변화가 된 점은 있지만 우선 기초자의 의도는 훌륭하게 실현된 것이라고 말할 수 있다.

이제 수정된 주요한 점을 돌아보면, 자구상의 수정은 별개로 하고 가장 눈에 띄는 것은 원안에서 인정되지 않은 의회의 법률발안권이 부여된 것이다. 기초자의 의견은 "법률 발의는 법률이나 규칙을 선도적으로 안내하는 천황의 대권에 속한다."(이토 히로부미 「제1초고」)라는 것이었기에 군주의 보좌기관이어야 할 의원에는 그 권한이 없는 게 당연하다. 만약 희망하는 법안이 있으면 그것을 건의해 채택되기를 기다려야 하는 것이 마땅하다고 생각한 것이다. 이는 이와쿠라의 헌법론 당시부터 일관된 견해다. 그래서 제1심회의 제1독회에서는 원안대로 가결되었다. 도리오 고야타 같은 경우는 의회는 입법부이기에 발안권을 부여받지 않으면 안 된다고 불만을 가진다. 그래서 당연히 그것을 요구한다. 그러나 지금 부여할 수밖에 없다고 수정의견을 낸 것은 통하지 않았다. 제3독회에서 다시 도리오는 같은 취지를 역설하지만 이번에도 부결된다. 그런데 이듬해 1월 16일 재심회의에서는, 이미 기초자가 연구한 결과로서 제1심에서 원안대로 가결된 조문을 수정해 현행헌법처럼 발안권을 의회에 부여한 조문으로 고쳐 써 여러 사람에게 의견을 묻는다. 그런데 그 대신에 구안 제49조의 상주권을 삭제한 것에 관해 소에지마가 발안권을 부여한 수정조항을 삭제하고 위 상주권 조항을 존치해야 한다는 의견을 낸다. 발안권을 의회에 부여하는 것은 군주 대권을 약화시킬 우려가 있다는 이유에서다. 그러나 결국 이 의견은 통하지 않는다. 위 제49조 상주권 규정에 관해서는 1월 29일 제3심회의에서 의장이 일단 삭제했지만 역시 존치하는 게 옳다고 생각하게 되었다는 뜻을 진술해 결정으로 채택된다. 그 결과 이것도 존치하게 된다.

원안 제65조는 예산심의에 관해 중의원의 권한을 크게 인정한 것이었다. 그래서 제1심회의 제2독회에서는 사노佐野 고문관이 이를 부당하다고 하고, 귀족원 중의원 양원을 동권同權으로 해야 한다고 말하고, 위 제2항을 삭제하자고 제의했지만 부결되었다. 재심회의에서도 다시 같은 취지를 주장했지만 또 부결되었다. 그런데 제3심회의에서 사노가 다시 강경하게 반복해 마침내 가결된다. 그래서 귀족원과 중의원은 단지 예산심의의 순서에서만 앞뒤인 것일 뿐, 수정 가부의 권한은 완전히 동일하게 된다.

구안 제51조의 정부에 대한 의원의 문서질문은 의원법의 명문만으로 충분하다는 노무라野村 고문관의 의견이 통해 제3심회의에서 삭제된다.

〈모리 아리노리〉

그 외 제1조의 일본제국이 대일본이라고 된 점, 제2조의 황자손이 황남자손皇男子孫이 된 점, 통수권 관계의 조문이 2개조로 나눠져 정리된 점, 의회의 승인이라는 것은 민주적이라서 온당하지 못하다고 하여 협찬이라고 정정된 점 등을 들 수 있다. 또한 원안의 용어례가 현행법 같이 정리된 것은 대체로 야마다山田의 힘에 의한 것으로, 그가 전문적인 법률 지식으로 사법관계 조문의 자구 수정에 열을 올린 덕택이다. 모리 아리노리森有禮는 전체적으로 상당히 활약했다. 그는 신민의 권리權利와 의무義務 같은 말 표현은 신민에게 서구식 권리가 있는 것 같은 느낌을 주어 유쾌하지 않기에 국민國民의 신분分際으로 하는 게 어떠한지라는 식의 제안도 했다.

전체적으로 보건대 어떤 고문관이 진보進取이고 어떤 고문관이 보수保守인지는 그다지 명백히 알 수는 없다. 모두 옳다고 믿는 점을 각각 주장하고 피력해 성심성의껏 대헌장의 완성에 협력했다. 그러나 근본 입장은 이토 등과 마찬가지로 황실의 존엄한 번영과 국운의 발전을 최우선으로 한 점은 모두 같았다. 그리고 기초자도 쓸데없이 원안을 고집하지 않고 마음을 열어 심의 연구했다. 이토의 의장으로서의 모습은 때로는 조금 전횡이라고 생각될 정도로 당당한 자신감에 차 있는 것이었다. 또 이노우에 고와시의 법리적 설명이 훌륭했던 것은 실로 발군으로, 역시나 "하늘이 이 사람을 내렸다."라고 말할 만한 수재임을 생각게 하는 것이었다고 한다.

그리고 이 사이에 메이지천황은 계속 의사장에 임해 의사를 들었다. 1월 16일의 헌법 재심회의까지 6개월여에 걸쳐 회의에 임했는데 10월 12일의 1회만 자리하지 못했을 뿐이다. 특히 11월 12일에는 제4황자 아키노미야昭宮가 사망했음에도 물러가지 않고 그대로 의사를 계속하게 한 일이 있을 정도였다. 가네코는 다음과 같이 말한다.

> 회의가 끝나고 궁으로 돌아가면 시종을 통해 저희 서기관에게 명해 그날 회의에서 수정된 것은 죄다 가지고 있는 초안에 기입해 그날 밤중에 달라고 하는 것이다. 그래서 저희는 잔류하여 결의된 각 조항을 붉은 글씨로 써서 천황에게 주면, 천황은 그것을 연구해 만약 그 각 조항에 관한 생각이 있을 때는 다음 날 아침 이토 의장을 불러 하나하나 하문했다. 어떤 때는 무슨 고문관이 저런 논의를 주장했는데 저런 논의는 조금 더 깊이 연구하면 좋을 것이다라는 식의 지시가 이토 의장에게 있었던 경우도 있다. 천황이 각조 각항에 관해 열심히 연구한 것은 저희가 목격한 바 실로 황공하기 그지 없었다...... (『제국헌법의 유래』)

또한 메이지천황은 다음과 같이 연구하기도 했다.

> 메이지 18년 봄인가, 당시 오로지 헌법 기초에 몰두해 매달리던 이토는 하루는 천황을 알현해 훗날 헌법을 제정해 입헌정치를 시행함에 있어 천황이 먼저 국법학國法學의 대강을 이해하는 게 중요하다, 하지만 전문적 학자에게 명하여 특정한 일시에 강의하게 하는 일 같은 것은 여하튼 의식으로 흘러가기 쉬어 실제로 제대로 이해하기가 어렵다, 오히려 밤낮으로 지근에서 받드는 시종이 이를 배우게 해서, 낮이든 밤이든 천황이 한가할 때 수시로 시종으로부터 배운 바를 옮기게 한다면 능히 목적을 달성할 수 있을 것이라고 은밀히 상주한다. 천황은 그 건언을 지당하다고 생각해 곧바로 채택한다. 시종 중에 후지나

미 고토타다藤波言忠를 선발해 그해 여름 유럽에 파견하게 했다. 후지나미는 명을 받들어 오스트리아 빈에 도착해 체류하면서 이토의 소개로 슈타인 박사로부터 오로지 국법학을 배우고, 약 1년 뒤에 영국과 프랑스 등 여러 나라를 여행하고 메이지 21년 11월에 귀국했다. 그 이래 날마다 천황의 방을 찾아 슈타인 박사의 강의를 필기에 의해, 평이함을 중시하면서 장을 나누어 순차적으로 국법학을 강의했다. 그리고 만찬 후 등의 한산한 때를 택해 황후도 동석해 들었다고 한다. 후지나미가 매일 밤 노트를 지참해 천황의 방에 들르면 천황은 강의인가라고 좋아하면서 무미건조한 법률강의에도 싫증내지 않고 기꺼이 들었는데, 그 열의에 후지나미도 점점 감격해 마지않았다고 한다...... (『메이지대제와 헌법제정明治大帝と憲法制定』)

후지나미의 소양에 관해서는 알 수 없지만 가이에다 노부요시海江田信義가 슈타인의 강의를 들은 것인 『슈타인씨 강의』의 「제2절, 궁내」 부분에 "나(슈타인)는 이를 후지나미 및 그 외의 분들에게 간절히 충고했다. 후지나미씨에게 오스트리아 지도를 보여주고 지도 위에서 군주령 즉 제실령과 공령公領 즉 국가령과 사령私領을 분별하는 순서를 보여주었다......"라는 것을 보아 물론 궁내성과 관련된 것에 무게를 두고 연구했을 것이다.

회의가 종료된 12월 20일에는 위로의 뜻으로 일동을 궁중에 불러 만찬을 한다. (단 다루히토 친왕은 병환, 야마가타 내무상은 유럽출장 중, 오쿠마 외무상은 병환, 사이고 해군상은 여행 중, 오키 고문관은 여행 중, 가와무라, 도리오 두 고문관은 병환으로 참석하지 못한다.)

회의 중에 오쿠마 외무상은 첫날에만 출석했을 뿐, 그 후 한 번도 출석하지 않았다. 그가 헌법제정에 관한 급진론파였기에 이런 사실은 묘하게 생각되었다. 그의 결석 이유인즉 헌법 초안에 의회의 상주권, 법률발의권 및 예산에 관한 중의원의 선의권先議權까지 있었으면 좋았을 것이고, 그 외에는 이토에 맡기는 것에 이의가 없기에 출석하지 않았다고 후년에 오쿠마 스스로 말한 바가 있다. 그러나 일부러 그런 이유를 달 필요는 없다. 출석하면 한마디 안 할 수 없을 것이고, 게다가 논의가 되면 전문적으로 연구한 이토에게 패할 우려가 있다. 그렇게 되면 오쿠마의 체면과 관련되기 때문이라고 빈정거리는 것도 맞지는 않겠지만, 입법기술 같은 잔재주는 이토에게 맡겨둔다고 하고 대차게 행동했을 것이다.

제3절 대동단결

정부의 진용이 정비되고 한 걸음 한 걸음 헌정의 준비가 진척되어 가는 것과는 대조적으로 사분오열된 민권운동의 전선을 통일하고 큰 사자후를 토하며 전국을 풍미한 것은 고토 쇼지로의 「대동단결大同團結」이었다.

고토가 유신의 큰 무대에서 크게 한 번 비약한 뒤에는 이타가키가 그에 대신해 제일선에 서고 고토는 오랫동안 전선에서 멀어졌다. 이는 그가 경영한 실업이 큰 실패를 함으로 인해 움직일 수 없었던 것이다. 그런데 상처가 겨우 치유되고 풍운을 품은 뜻이 간절한 때에 이타가키의 명성도 옛날 같지 않고 정당政黨은 해당解黨되지 않으면 수령을 잃고 기개를 상실했다. 그래서 천하는 바야흐로 하나의 큰 세력이 일어나기를 바라는 시기를 맞았다. 이 좋은 기회를 타지 않으면 안 되었다. 그 웅변과 포용력으로 모든 정당을 하나로 단결시켜 국위를 선양해야 한다면서 대동단결이라는 명분을 내걸고 일어난다.

논지는 막연하여 엉성하고 산만하지만, 청년의 뜨거운 피를 끓게 하고 정당 사람들로 하여금 참으로 크게 일어나는 구름과 무지개를 바라는 것과 같이 문자 그대로 심취시켜 모든 정당을 그 큰 우산 아래 모이게 했다. 실로 전에 없던 일대 운동이다.

메이지 18-19년부터 고토는 정객을 자택으로 끌어들여 거리낌 없이 이야기를 나누고 도호쿠東北로 유세를 하고, 일이 무르익었다고 보이자마자 메이지 20년 10월 도쿄 시바芝의 산엔테이三緣亭에서 유지 간친회를 열고 여기서 기초를 만들고, 동시에 데이가이쿠라부丁亥俱樂部를 만들어 동지를 규합한다. 그 사이 보안조례가 발포되지만 개의치 않고, 메이지 21년 4월에 도호쿠 7주州의 유지대회에 참여하고 돌아오면서 『정론政論』을 발행하고 정부반대 기세를 올린다. 7월에는 도호쿠 유세의 길에 올라 신슈信州[31]의 고모로小諸, 우에다上田, 나가노에서 에치고越後[32]에 들어와 야마가타山形, 아키타秋田, 아오모리青森, 모리오카盛岡 등 각지에 이르러 연설을 시도하기를 30여 회로, 도호쿠의 산하를 흔들어 움직인다는 표현이 과장이 아닐 정도의 기세였다. "고토가 나오지 않으면 인민은 어떻게 하나." 라는 목소리가 도처에서 일어났다.

9월에는 사이타마埼玉, 군마群馬, 가나가와神奈川, 지바千葉의 여러 현을 풍미한다. 한편 10월 오사카에서의 전국 대동단결 유지대회는 32현의 유지를 회합하고, 규슈, 이바라키茨城, 니가타 등 각지는 대회를 열어 고토가 아직 도착하지 않았음에도 이미 성황을 이룬다.

고토는 다시 12월 도카이東海・호쿠리쿠北陸 대유세에 올라 20여 일 뒤 귀경한다. 참으로 하늘을 찌르는 기세다. 이 형세에 대항하려고 일어난 것이 이노우에 가오루의 「자치연구회自治研究會」다. 이는 관료와 실업가 집단을 하나의 집단으로 뭉치게 한다는 계획이

31 오늘날의 나가노長野현

32 오늘날의 니가타新潟현

었다. 그러나 메이지 21년 10월 자치연구회를 열었을 뿐 중도에 좌절한다.

또 한편 육군 중장으로 추밀고문관인 도리오 고야타는 메이지 21년 11월 「보수중정파保守中正派」를 조직한다. 그 대강 안에는 다음과 같은 각 조항이 있다.

제1조 우리 당은 일본황국 내에 수립하는 각 정당 사이에 엄연히 서서 한쪽에 치우치지 않고 지극히 공정함에 확고부동하다.

제2조 우리 당은 천황이 친히 결정하고 공포한 헌법을 준수하고 황권의 존엄을 보좌해 받들고 민권을 소중히 할 것이다.

사사키 다카유키佐々木高行가 만든 도사의 「메이지회明治會」도 그 별동대라고 지목된다.

또한 그 후의 「니혼日本신문」 및 「니혼진日本人」도 국수주의자 단체였고 보수중립파와 서로 통하는 것도 있었다.

그런데 「대동단결」은 위와 같이 일대 세력이 되긴 했지만 기초를 이제 만드는 시기인데 무슨 일인지 고토가 갑자기 입각한다. 메이지 22년 3월 22일 체신대신 에노모토 다케아키가 문부대신으로 옮긴 뒤를 이어 체신대신이 된다.

세상은 너무나 놀라 벌어진 입을 다물지 못한다. 어떤 자는 비분의 눈물로 보내며 고토에게 팔려갔었다고 절규한다. 고토는 태연히 답한다. 대동단결의 목적을 성숙시키기 위해 입각한 거라고.

이 입각에 대한 가장 핵심적 비판은 고토가 대동단결을 발판으로 했다는 점이다. 이는 당연히 제기될 수밖에 없는 비난이다. 입각을 위한 혹은 입각까지의 대동단결이다. 대동단결은 이 야망을 달성하기 위해 만들어졌다는 것이다. 진상을 아는 자의 설에 의하면, 고토의 입각은 구로다 기요타카가 입각할 때 이미 예정되어 있었다고 한다. 또한 고토를 조금 헤아려 동정하는 설은, 대동단결의 자금이 궁해져 더 이상 계속할 수 없었다고 한다. 정부 측 밀정이 자금 결핍을 기다리고 있다가 책동을 한 것이라고도 했다. 그러나 한편 정부 측의 입장을 본다면 고토의 입각이 필요했던 것인지, 그렇지 않으면 대동단결의 위세가 두려워 고토를 회유한 것이라고 보아야 하는지는 의문이다. 여기서 오쿠마의 입각을 놓고 보지 않으면 안 된다. 개진당계 오쿠마를 입각시킨 것에 대해, 자유당계 고토의 입각이 필요한 점은 정부 내부에서도 정당 내부에서도 있었다. 이타가키가 자신의 입각을 대신해 고토를 추천했다는 설도 있다. 이들은 대동단결 이전의 상황이었다. 그것이 대동단결 세력으로 인해 그 설의 실행을 앞당겼다고 보아야 하는 것인가. 그러나 또 고찰해야 하는 것은 히젠肥前의 오쿠마를 들였기에 도사土佐의 고토다 라는 저 '사쓰마·죠슈·도사·히젠薩長土肥 균형론'도 유력하다고 볼 수 있다. 즉 개진당계의 오쿠마라는 것은 히젠의 오쿠마의 다른 이름이다. 자유당계의 고토라는 것도 마찬가지로 도사의 고토라는 의미가 당시 유력했다. 이에 관해 같이 고려해 봐야 할 것은 다니 다테키谷干城다. 다니는 이타가키파와는 서로 용납하지 않는 입장에 있었지만 여하튼 도사의 한 세력으로 조약개정반대 사직으로 명성이 높아져 정부반대 입장에 서 있었다. 그런데 고토 이전에 추밀원에 들어가고 또한 입각 교섭이 두세 번 이루어졌다. 다니는 결국 받아들이지 않았지만 정부가 얼마나 도사파를 입각시키려 애를 태워 왔는지를 알기에는 충분할 것이다.

고토 입각의 결과로 대동단결은 자연스레 소멸되고, 그 당원의 대부분은 자유당으로 환원한다. 고토 개인에 대한 영웅숭배적 열정은 크나큰 환멸의 비애를 통감했다.

제6장 헌법 발포

메이지 22년(1889년) 2월 11일 궁성의 정전에서 헌법발포식을 거행한다. 궁성은 메이지 6년 불에 탄 이래 아카사카 별궁으로 옮겨져 있었는데 건물을 세워 준공해 그해 1월 11일 궁성에 돌아왔다.

11일 오전 8시 메이지천황이 가시코도코로賢所[33]에 나와 신에게 올리는 글을 바친다.

[고문告文]

짐은 황공하여 삼가 선대 천황들의 신령께 고하노니, 짐은 영원토록 계속될 국가 대계에 따라 생각건대 신령의 황위를 승계하고 예부터 계획한 사업을 유지해 감히 실추시키는 일이 없을 것이다. 돌아보건대 시국의 진보 기운에 응하고 인문의 발달에 따라 마땅히 선대 천황들의 유훈을 명백히 증명해 전헌典憲에서 만들어진 조장條章을 분명히 보여주어 안으로는 자손이 그에 근거해 따르도록 할 바로 삼고 밖으로는 신민의 보좌의 길을 넓히고 영원히 준수하게 하여 더욱더 국가의 기초를 공고히 하여 우리 나라 인민의 큰 복을 증진할 것이다. 이에 황실전범 및 헌법을 제정하나니, 생각건대 이 모두 선대 천황들이 후예에 남기신 통치의 대법洪範을 이어받아 진술하는 것과 다름 아니다. 그리하여 짐이 여기에 세우고 더불어 거행할 수 있음은 참으로 역대 천황들 및 저의 선대의 신령의 위력에 의지함에 근거하지 않은 게 없다.

짐은 우러러 역대 천황들 및 선대 천황의 신령이 돕기를 기도하고, 아울러 짐은 현재와 장래의 신민에게 솔선해서 이 헌장

33 고쿄皇居에서 아마테라스오미카미天照大神의 미타마시로御霊代라는 신경神鏡을 둔 곳

을 이행하여 그르치지 아니할 것을 맹세하나니 바라건대 신령이여 이를 살피소서.

오후 10시 정전에 천황이 나오고 내대신 산죠 사네토미가 헌법발포 조칙을 봉정하고 천황에게 이를 선포하게 한다.

짐은 국가의 융성과 신민의 큰 복을 주된 기쁨과 영광으로 삼으며, 짐이 선대 천황들에게서 계승한 대권에 의해 현재와 장래의 신민에 대해 이 불멸의 대전大典을 선포한다.

생각건대 우리 선대 천황들은 우리 신민의 조상들의 협력과 보좌에 의해 우리 제국을 만들고 이를 무궁히 후세에 남겼다. 이는 우리 신성한 선대 천황들의 위엄과 덕망과 함께 신민이 충실함과 용맹함으로 나라를 사랑하고 나라를 위해 희생하였기에 이 빛나는 국사國史의 업적을 남긴 것이다. 짐은 우리 신민이 곧 선대 천황들의 충의롭고 선량한 신민의 자손임을 회상한다. 그러한 짐의 뜻을 마음에 새기고 실행하여 짐의 일을 도와 따르고 서로 합심 협동해 더욱더 우리 제국의 광영을 국내외에 선양하고 선대 천황들의 유업을 영구히 공고하게 하려는 희망을 함께하며, 이러한 부담을 나누기를 마다하지 않을 것임을 의심하지 않는다.

짐은 선대 천황들이 후세에 남긴 공훈을 이어받아 만세일계萬世一系의 제위에 올라 짐이 친애하는 신민이 곧 짐의 선대 천황들이 위로하고 자애로서 양육한 신민임을 헤아려, 그 건강과 행복을 증진하고 그 선한 덕행과 타고난 재능을 발달시키고 또한 그 보좌에 의해 함께 더불어 국가의 진보의 기운을 돕기를 바라면서, 메이지 14년 10월 14일(12일의 오기)의 짐의 명을 실천하여 행한다. 이에 대헌大憲을 제정하고 짐은 그에 근거해 따라야 할 바를 밝혀 짐의 후사 및 신민과 신민의 자손되는 자로 하여금 영원히 그것을 지키고 따라야 할 바를 알도록 한다.

국가통치의 대권은 짐이 선대 천황들에게서 이어받아 자손에 전하는 바이다. 짐과 짐의 자손은 장래 이 헌법의 조와 장에 따라 이를 행함에 그르침이 없어야 한다.

짐은 우리 신민의 권리 및 재산의 안전을 소중히 하고 또한 이를 보호하며 이 헌법 및 법률의 범위 내에서 그 향유를 완전하게 할 것을 선언한다.

제국의회는 메이지 23년에 소집하고 의회 개회의 시기를 이 헌법이 유효하게 하는 때로 할 것이다. 장래 만약 이 헌법의 어떠한 조나 장을 개정하는 것이 필요한 적당한 시기에 이르면 짐과 짐의 후계 자손은 발의권을 가지며 이를 의회에 부치고, 의회는 이 헌법에서 정한 요건에 의해 의결한다. 그 외에는 짐의 자손 및 신민은 감히 이를 함부로 고치려고 시도할 수 없다.

이 자리에 있는 대신은 짐을 위해 이 헌법을 시행할 책임이 있고, 짐의 현재 및 장래의 신민은 이 헌법에 대해 영원히 순종의 의무를 질 것이다.

어명御名 어새御璽

메이지 22년 2월 11일

내각총리대신	백작	구로다 기요타카
추밀원의장	백작	이토 히로부미
외무대신	백작	오쿠마 시게노부
해군대신	백작	사이고 쥬도
농상무대신	백작	이노우에 가오루
사법대신	백작	야마다 아키요시
오쿠라대신 겸 내무대신	백작	마쓰가타 마사요시
육군대신	백작	오야마 이와오

문부대신	자작 모리 아리노리
체신대신	자작 에노모토 다케아키

마침내 추밀원의장 이토 히로부미가 헌법을 봉정하고 천황이 친히 총리대신 구로다 기요타카에게 준다. 총리대신은 공손히 절하여 받는다. 이리하여 천황이 돌아가고 국가적 헌법발포 의식은 막힘없이 끝을 고한다.

이 식전에 참석해야 할 문부대신 모리 아리노리가 척살된 것은 큰 충격을 가져다준다. 척살 원인에 관해서는 많은 오해도 있고 와전된 것도 있음은 일찍이 공표된 바도 있는데 여기서는 생략한다.

그 사이 이토는 조금도 동요하지 않고 모리가 결석한 대로 식을 마치고 그 뒤에 발표한다. 그 적절한 조치에 관해서는 당시 사람들이 감탄하기도 했다. 이는 메이지 원년 영국 공사 파크스H. S. Parkes가 천황을 알현하러 가는 도중에 괴한에게 습격당한 때[34]에 이토가 처리한 경험이 있기 때문이다.

또한 의식에 부현회의장을 참석시킨 것은 특히 파격적이었다. 헌법발포 30년 기념제 때 오오카 이쿠조大岡育造는 다음과 같이 30년 전의 기억을 떠올린다.

> 헌법발포 당일 현회의원에 이르기까지 궁중 의식에 참석하게 했다고 하는 것을 들었을 때 제가 얼마나 놀랐겠나. 지금까지 신분이 있는 상당한 사람들조차도 궁중에 들어가는 것이 불가능해서 멀리서 고쿄皇居로 엎드려 절하고 궁중의 모래를 받들어 섬기고 왔다는 이야기를 누차 들었다. 그런데 그 당일 일개

34 유신정부가 정당성을 선언하기 위해 각국 외교단에게 메이지천황에 대한 알현을 허락해, 1868년 3월 23일 천황 거소인 고쇼御所로 향하던 도중에 일행은 2명의 괴한에게 습격되었다. (파크스 습격사건) 당시 파크스는 무사했지만 알현은 3일 뒤로 연기되었다.

평민인 현회의원들까지 궁중에 참석하는 영광을 얻었다. 아주 두드러진 변화였을 것이다……

이를 보더라도 당시 사람들이 놀란 것을 알 수 있을 것이다. 도쿄 전체가 들끓는 듯한 축전이었다. 그중에 오늘은 헌법님憲法様의 축제라고 말한 시민도 있고, 비단으로 된 천을 하사한다고 하면서 기뻐한 자도 있었던 것은 만담落語이라도 걸작이라고 웃을 수는 있지만, 웃고만 있을 수는 없다.

헌법발포와 동시에 황실전범, 의원법, 중의원의원선거법, 회계법, 귀족원령이 공포된다.

헌법발포 다음 날 구로다 총리대신은 지방장관에 대한 연설에서 "정부는 항상 일정한 방향을 취하고 있고, 초연하게 정당의 밖에 서서 지극히 공정한 길에 있지 않으면 안 된다."라고 말한다. 구로다의 정당관은 강하게 비난받을 정도에 이르지는 않았다.

그런데 이토 추밀원의장이 부현회의장에 대한 연설에서 "의회정부 즉 정당으로 내각을 조직하기를 바라는 것 같은 것은 가장 지극히 위험한 일임이 분명하다."라고 말한다. 또한 "국무대신 임면의 대권은 헌법 또는 법률에 어떠한 제한이 없다. 따라서 그 대권은 절대적이라고 말하지 않으면 안 된다. 의회에서 어떠한 반대를 받더라도 천황의 신임이 주어진 한 국무대신을 결코 가벼이 진퇴시켜서는 안 된다."라고 역설한 것은 상당한 물의를 일으킨다. 이른바 「초연내각론超然內閣論」[35]은 관료 전체의 분위기였다. 당시 이토가 아무리 명민하더라도 자진해서 정당을 조직할 의지까지는 없고, 또한 그것을 허용할만

35 메이지헌법 발포 후 제국의회 개설로부터 다이쇼大正 시대 초기까지의 번벌과 관료 중심의 내각이 취한 입장. 내각은 의회나 정당의 뜻에 의해 제약되지 않고 초연히 내각의 독자적 판단에 따라 행동해야 한다는 입장. 이후 의회주의가 정착되면서 초연주의는 설 자리를 잃게 된다.

한 분위기도 아니었다. 전혀 정당을 조직시키지 않고, 그럼에도 내각에 있으려고 하면 이런 논의 외에는 없다.

헌법이 발포되고 얼마 뒤, 그 해 6월 추밀원 서기관 가네코 겐타로는 구미歐美 의회의 실제 운용을 시찰하기 위한 구미 파견을 명받는다. 그는 나카하시 도쿠고로中橋德五郎, 오타 미네사부로太田峰三郎, 사이토 히로미齋藤浩躬, 기우치 쥬시로木內重四郎를 데리고 각국 의회를 시찰한다. 동시에 구미의 학자 및 정치가에게 제국헌법 및 선거법 등에 관한 의견을 구한다. 그들이 모두 상찬하는 것을 듣고 이듬해 메이지 23년 6월 귀국해 보고한다.

ㄱ

• 가네코 겐타로金子堅太郎

1853-1942년. 메이지明治·쇼와昭和시대의 관료이자 정치가. 사법대신司法大臣, 추밀고문관枢密顧問官 등을 역임. 이토 미요지伊東巳代治, 이노우에 고와시井上毅 등과 함께 메이지헌법大日本帝国憲法 기초에 참여했고, 황실전범皇室典範 등도 정비했다.

• 가타오카 겐키치片岡健吉

1844-1903년. 도사土佐 번사藩士 출신의 메이지시대 자유민권운동가이자 정치가. 메이지 4년(1871년)부터 2년간 런던에서 유학. 귀국 후에 해군 중좌中佐로 있다가 정부 내의 정한론파 실각에 동반 사직. 1874년에 이타가키 다이스케板垣退助·하야시 유조林有造 등과 함께 「입지사立志社」를 창설하고 초대 사장社長이 된다. 1877년 「국회개설건백서国会開設の建白書」를 제출하지만 수리되지는 못한다. 뒤에 중의원의장衆議院議長을 역임.

• **가토 히로유키**加藤弘之

1836-1916년. 구 바쿠후幕府의 관리 출신으로 메이지시대의 정치학자이자 교육자. 구미의 입헌사상을 소개한 『도나리구사鄰草』, 『입헌정체략立憲政體略』, 『진정대의眞政大意』 등의 많은 저서를 남긴다. '입헌立憲'이라는 용어를 만든 인물이지만, 민선의원설립 논쟁에서는 시기상조론을 주장한다. 유신 후 신정부에 출사해 원로원의관元老院議官, 귀족원의원 등을 역임. 지금의 도쿄대학인 옛 제국대학帝國大學의 제2대 총장을 역임.

• **건백**建白

정부나 상위직 등에 자신의 의견을 진언함. 메이지시대에 민권파들에 의해 국회개설이나 입헌을 촉구하는 많은 건백이 난무했다.

• **고무로 시노부**小室信夫

1839-1898년. 영국 유학을 마치고 1874년 후루사와 시게루古澤滋와 같이 귀국한 뒤 이카가키 다이스케板垣退助 등의 의뢰로 「민선의원설립건백서民撰議院設立建白書」를 후루사와와 함께 기초. 뒤에 귀족원 의원을 역임.

• **고노 히로나카**河野廣中

1849-1923년. 메이지시대의 자유민권운동가이자 정치가. 고향인 후쿠시마福島현에서 세키요사石陽社를 설립해 도호쿠東北지방의 자유민권운동의 선구가 된다. 1877년 이타가키 다이스케板垣退助를 찾아 애국사愛國社의 재결성을 협의하고, 1879년 오사카에서 개최된 제3회 애국사 대회에 참가하고

1880년의 제4회 애국사 대회에서는 국회개설을 정부에 호소한다. 가타오카 겐키치片岡健吉 등과 함께 전국 8만 7천 명 이상의 서명을 대표해 태정관太政官과 원로원元老院에 국회개설청원을 제출하지만 각하된다. 1881년에는 자유당自由黨 결성에 참여한다. 〈후쿠시마福島 사건〉에서 내란음모 혐의로 경금옥軽禁獄 7년을 선고받는다. 뒤에 중의원 의장, 농상무대신을 역임.

• **고토 쇼지로**後藤象二郎

1838-1897년. 도사土佐 번사 출신의 메이지시대 정치가이자 실업가. 1864년부터 사실상 번정藩政을 장악하던 도사번의 전 번주 야마우치 요도山内容堂의 신뢰를 얻어 공무합체公武合体파의 선봉으로 활약. 게이오慶應 3년(1867년) 천황으로부터 위임받은 대권을 천황에게 반납하는 대정봉환大政奉還論을 쇼군將軍 도쿠가와 요시노부徳川慶喜에게 도사번이 제의하는 데 있어 야마우치 요도와 함께 연서한 대정봉환 건백서建白書를 제출하는 등 결정적 역할을 한다. 유신정부에서 좌원左院의장議長, 참의参議 등으로 있다가 메이지 6년(1873년)의 「정한론征韓論」 파문으로 이타가키 다이스케板垣退助, 사이고 다카모리西郷隆盛 등과 함께 하야. 그 뒤 이타가키 등과 함께 「애국공당愛國公黨」을 결성하고 「민선의원설립건백서民撰議院設立建白書」에 연명 서명한다.

• **공경**公卿

일본의 고대 이래 조정의 공가公家 중에서도 율령律令규정에 기초하여 태정관太政官의 최고위직으로 국정을 담당하는 직위. 즉 태정대신太政大臣·좌대신·우대신·참의参議 등의 고관. 메이지유신明治維新의 왕정복고王政復古 주장이 바쿠후에 빼앗긴 실권을 천황의 조정에 되돌리고자 하는 공경세력의 입장과도 일치하기에 공경의 일부는 유신에서 바쿠후 타도를 주장하는 세력과도 협력한다.

• **공무합체론**公武合體論

바쿠후 말기인 1850-60년대, 서양제국의 함선이 내항해 개국을 요구하는 등의 국난 속에서 정치현안에 대처하는 방책으로 나온 논의. 천황의 조정이 지닌 전통적 권위의 공경公卿과 정치적 실권을 지닌 바쿠후幕府와 번藩들로 대변되는 무사武士 계급이 정치적 의사결정을 함께 하자는 정책적 정치운동. 개혁보다는 기존체제를 재편 강화하려는 과도기적 운동이었다.

• **국시**国是

국가정책의 장기적 기본방향을 결정짓는 방침. 국가의 역사, 목표, 성격과 관련된 것이기에 법률에 명문화되었는지의 여부 등에 구애받지는 않지만 크게 국민의 지지를 얻는 방침을 의미한다.

• **국약헌법**國約憲法

국민대표의 회의로 헌법을 만들어 군주에게 승인시키는 절차를 거쳐 국민과 군주 간의 약속으로 자리매김시키는 헌법. 메이지시대의 자유민권론자가 주창한 것으로 신정부가 내건 흠정헌법론欽定憲法論은 그에 대립하는 것이다.

• **국체**國體

일본에서 국가의 형태나 존재방식이나 근본체제를 가리키는 말. 국체론은 바쿠후 말기 미토학水户學에 의해 정립되어 메이지헌법과 교육칙어教育勅語에 의해 정식화된다. 다만 개념이 명확한 것은 아니다. 대체로 유신 이후 전전戰前까지 천황이 통치권을 총람総攬하는 천황 중심의 국가체제를 의미하는 것으로 이념적으로 정착된다.

• **국회기성동맹**國會期成同盟

국회개설청원운동을 위한 전국적 정치결사. 1880년 3월 개최된 애국사愛國社 제4회 대회에서 전국의 지방정치결사들을 연결하는 조직으로서 3월 17일에 발족. 4월 8일에 전국 9만 6924명의 서명을 받은「국회개설허가 청원서」를 가타오카 겐키치片岡健吉와 고노 히로나카河野廣中가 대표로 태정관과 원로원에 제출하지만 수리되지 못한다. 국회기성동맹은 제2차 대회를 마치고 이후 자유당自由黨 결성을 위한 준비회와 합류해 정당조직으로 변모한다.

• **그나이스트**Rudolf von Gneist

1816-1895년. 프로이센시대 독일의 국법학자이자 정치가. 온건한 자유주의자로 행정의 비당파성과 전문성을 중시했다. 이토 히로부미伊藤博文, 이토 미요지伊東巳代治 등 일본의 헌법조사단에게 독일국법학을 강의해 메이지헌법 제정 방향에 큰 영향을 미쳤다.

• **기도 다카요시**木戸孝允

1833-1877년. 죠슈長州 번사 출신의 메이지 초기 정치가.

메이지유신의 원훈元勳으로 오쿠보 도시미치大久保利通, 사이고 다카모리西郷隆盛와 함께 유신삼걸三傑을 이루는 한 사람. 신정부 출범 후 참여参與, 참의参議 등에 취임. 1868년에 「5개조의 어서문御誓文」 기초에 참여하는 등 유신의 기본방침을 정하고 「판적봉환版籍奉還」, 「폐번치현廃藩置県」 등 근대적 중앙집권국가 확립을 위한 기초작업을 주도. 헌법제정憲法制定을 건언한 선구적 인물이기도 하다.

• **기후**岐阜**사건**

1882년(메이지 15년) 4월 6일 기후岐阜에서 자유당自由黨 당수 이타가키 다이스케板垣退助가 괴한 아이하라 나오후미相原尚褧에게 습격당한 사건. 일명 기후조난遭難사건. 「이타가키는 죽어도 자유는 죽지 않는다板垣死すとも自由は死せず」라는 말의 유래가 된 사건으로 알려져 있다.

ㄴ

• **난학**蘭學

에도시대에 네덜란드オランダ를 통해 나가사키長崎 등을 거쳐 일본에 들어온 유럽의 학문, 문화, 기술의 총칭. 주로 어학, 의학, 천문학 등이 중심이었다.

• **내각**內閣**제도**

메이지유신 이후 고대 율령제律令制를 참고로 복고적으로 신설된 태정관太政官을 국정의 최고기관으로 한 태정관제도가 유지되다가, 1873년의 관제개혁에서는 태정관 정원正院에 설치된 태정대신太政大臣과 참의参議로 구성된 합의체인 '내각内閣'이 국정전반에 걸친 의사결정기관이 된다. 이를 태정관내각제라 부른다. 그리고 1881년(메이지 14년) 10월 메이지천황이 낸 「국회개설조칙國會開設の詔」에 1890년 국회 설립을 목표로 한다고 표방하자 정부 안에서 입헌체제 정비를 도모하던 이토 히로부미伊藤博文 등이 기존의 태정관제에 갈음하는 새로운 정부기구를 추진한다. 그 결과 1885년 12월 태정관제를 폐지하고 내각총리대신内閣總理大臣과 각 성省의 대신大臣에 의한 「내각제内閣制」를 만든다. 이것이 일본에서 오늘날까지 이어지는 근대적 내각제도의 출발이다.

• **니시 아마네**西周

1829-1897년. 바쿠후 말기·메이지시대의 계몽사상가이자 서양철학자. 1862년 바쿠후의 명을 받아 쓰다 마미치津田真道 등과 함께 네덜란드에 유학하여 법학과 철학 등을 공부한다. 1865년 귀국해 도쿠가와 요시노부徳川慶喜의 측근으로 활동하며 쇼군의 지위를 근대적인 방식으로 변형 유지시키는 방안 등을 모색하지만 유신에 의해 성사되지는 못한다. 뒤에 귀족원의원 등을 역임.

ㄷ

• **다이묘**大名

본래는 장원에 속한 토지의 소유자를 가리키는 말. 헤이안平安시대 말부터 등장하는데 가마쿠라鎌倉시대 이후에는 큰 영지를 가지고 가신단을 형성한 유력 무사를 지칭. 에도시대에는 석고石高 1만 석 이상의 영지를 바쿠후로부터 녹祿으로 부여받은 번주를 지칭한다.

• **대동단결**大同團結**운동**

메이지 중기 자유민권운동의 한 국면. 제국의회개설에 대비해 민권운동 각 파의 통일을 기도한 운동. 즉 제국의회 개설이 가까워지면서 당시 침체되었던 민권운동의 재흥이 시급해진 1886년 10월, 옛 자유당自由黨과 입헌개진당立憲改進黨 인사들이 전국유지대간친회全國有志大懇親會를 열어 작은 차이를 버리고 크게 하나로 단결하자는 취지로 고토 쇼지로後藤象二郞, 호시 토루星亨 등이 추진한 자유민권운동 후기의 정치운동.

• **대심원**大審院

「입헌정체立憲政體 수립조서」에 기초해 메이지 8년(1875년) 4월에 설립된 최상급 재판소. 프랑스의 파훼원破毀院Cour de cassation을 모델로 한 것으로 민사·형사재판의 종심이다. 파기할 경우에는 다른 재판소로 이송시켜 재판시키지만 자판하기도 했다. 메이지헌법 체제하에서도 유지되다가 전후 1947년에 폐지된다.

• **대의사**代議士

메이지 초기부터 국회의원을 지칭하는 용어. 오늘날에도 국민의 공선에 의해 국정을 논의하고 입법하는 중의원衆議院 의원을 가리키는 말로 사용된다.

• **대정봉환**大政奉還

게이오慶應 3년(1867년)에 교토의 니죠성二條城에서 에도 바쿠후의 제15대 쇼군 도쿠가와 요시노부가, 천황으로부터 위임받았던 정권을 메이지천황에게 돌려줌으로써 왕정복고의 큰 정치적 분기점을 이룬 사건.

• **도쿠가와 요시노부**德川慶喜

1837-1913년. 에도바쿠후의 제15대이자 마지막 쇼군으로 1867년 1월 10일부터 1868년 1일 3일까지 쇼군직에 있었다. 고토 쇼지로 등의 제언을 받고 1867년 11월에 천황으로부터 위임받은 대정大政을 반납하는 「대정봉환大政奉還」을 단행. 유신세력에 대항해 〈보신전쟁戊辰戰争〉을 치르지만 1868년 4월 에도성江戸城을 개성한다.

ㄹ

• **로쥬**老中

에도바쿠후의 상설 최고위직. 영지의 석고 2만 5천 석 이상이고 에도바쿠후 성립 당시부터 도쿠가와 가문과 밀접한 관계를 유지한 후다이다이묘譜代大名 중에서 임용. 수명이 매월 당번제로 정무를 집정했다. 한편 번 중에도 번정을 통괄하는 가로家老를 로쥬라 부르는 경우가 있었다.

• **뢰슬러**K. H. Roesler

1834-1894년. 독일의 법학자이자 경제학자. 메이지 일본에 고용된 외국인. 메이지헌법을 주도한 것이 이토 히로부미이고 헌법 초안을 실제로 작성한 것은 이노우에 고와시 등이라면, 초안을 제작할 당시 이노우에와 함께 토의하고 지도한 것은 뢰슬러였다고 말할 정도로 헌법 기초에 큰 영향을 준 배후 인물.

- **메이지유신**明治維新

에도시대 말기, 즉 바쿠후 말기幕末로부터 메이지 초기 일본에서 바쿠후-번幕藩체제를 타도하고 왕정복고를 이루어 천황을 정점으로 한 중앙집권국가를 형성하고자 대체로 하급 사무라이 출신이 중심이 된 일군의 지사들과 일부 공경세력이 중심이 되어 일으킨 변혁운동.

- **모리 아리노리**森有禮

1847-1889년. 메이지시대의 정치가이자 외교관, 교육자. 초대 문부대신. 여러 학교령의 제정으로 전전戰前 교육제도의 확립에 기여. 메이지 22년(1889년) 2월 11일의 메이지헌법 발포식 당일 식전에 참가하기 위해 관저를 나섰다가 국수주의자 니시노 분타로西野文太郎가 휘두른 칼에 다음 날 오전 사망한다.

- **모세**Albert Mosse

1846-1925년. 독일의 법률가. 헌법조사차 독일을 방문한 이토 히로부미 등에게 1882-1883년에 걸쳐 그나이스트와 함께 강의를 행한다. 뒤에 일본 정부가 고용한 외국인의 한 사람으로 1886년 방일해 헌법제정과 지방자치제도의 창설에도 기여한다.

- **미야지마 세이치로**宮島誠一郎

1838-1911년. 메이지시대의 관료이자 정치가. 유신 후 일찍부터 헌법제정과 의회개설을 요청하는 건백을 올린다. 그의 방대한 일기와 기록은 귀중한 사료로 취급받는다.

• **미쓰쿠리 린쇼**箕作麟祥

1846-1897년. 바쿠후 관리 출신의 메이지시대 관료이자 법학자, 양학자洋学者. 민법·상법편찬위원, 법률조사위원회위원 등을 역임. 근대 일본에서 서구형 법률의 편찬이나 서구어의 번역에 큰 기여를 한 인물. 원로원의관元老院議官, 사법차관司法次官, 행정재판소장관行政裁判所長官 등을 역임.

• **미시마 미치쓰네**三島通庸

1835-1888년. 메이지시대의 내무관료. 여러 현의 현령縣令으로 재직하면서 반대파를 억누르고 강력하게 토목공사를 진행해 토목현령 등으로 불렸다. 민권운동을 강하게 탄압해 자유당과 알력이 심했다. 경시총감警視総監 시기에는 칙령으로 공포된 보안조례保安条例를 즉시 시행한 것으로 알려져 있다.

• **민선의원설립건백**民撰議員設立建白

1874년 1월 17일 전 참의参議 이타가키 다이스케板垣退助, 고토 쇼지로後藤象二郎, 에토 신페이江藤新平, 소에지마 다네오미副島種臣 및 전 도쿄부지사東京府知事 유리 기미마사由利公正 등이 연명으로 정부에 대해 처음으로 민선의회의 개설을 요망해 좌원에 제출한 건백서. 이후 자유민권운동의 실마리가 된다. 건백서 초안은 영국 유학에서 돌아 온 후루사와 시게루古澤滋와 고무로 시노부小室信夫가 정리한 것으로 알려져 있다.

• **바쿠후**幕府

일본에서 세이이타이쇼군征夷大將軍을 수장으로 하는 무가武家정권 혹은 그 정청政庁. 역사적으로 미나모토노 요리토모源頼朝에 의해 성립한 가마쿠라鎌倉바쿠후, 아시카가 다카우지足利尊氏에 의해 시작된 무로마치室町바쿠후 그리고 도쿠가와 이에야스徳川家康로부터 시작된 에도江戸바쿠후가 있다.

• **번**藩

에도시대에 1만 석石 이상의 영지를 보유한 봉건영주인 다이묘大名가 지배하는 영역과 그 지배기구. 즉 쇼군將軍과 바쿠후의 권위나 권력의 틀 내에서 일정하게 자립하면서 정치·경제·사회적 통합을 유지하는 분립된 작은 국가.

• **번벌**藩閥

메이지시대를 통해 이른바 「삿쵸도히薩長土肥」(사쓰마薩摩·쵸슈長州·도사土佐·히젠肥前번) 출신의 유력자에 의해 정부나 육해군의 요직이 거의 독점되는 상황에 대한 비판적인 지칭.

• **번사**藩士

각 번藩을 섬기는 무사 및 그 구성원.

• **번주**藩主

번의 영주領主. 봉건적 제후諸侯인 다이묘大名.

• **보신전쟁**戊辰戰爭

게이오慶應 4년(메이지 원년)-메이지 2년(1869년) 사이에 왕정복고를 거쳐 신정부를 수립한 사쓰마薩摩·조슈長州·도사土佐번을 핵심으로 한 신정부군과 구 바쿠후군 및 그 동맹세력이 도바鳥羽·후시미伏見 등지에서의 전투를 시작으로 벌인 내전. 이 전쟁에서 신정부군이 승리해 서구열강도 신정부가 일본을 통치하는 합법정부임을 국제적으로 인정한다.

• **보아소나드**G. Boissonade

1825-1910년. 프랑스의 법학자. 메이지 초기에 일본 정부에 고용된 외국인의 한 사람으로 외무성고문 등을 역임. 치외법권으로 대표되는 불평등조약의 철폐를 위한 일본의 국내법 정비에 큰 기여를 하고, 사법성 메이호료司法省明法寮, 사법성 법학교, 구 도쿄대학東京大學 등에서 많은 법률전문가도 양성한다.

• **보안조례**保安條例

1887년 12월 25일 제정, 발포되어 즉일 시행된 전 7조의 칙령. 자유민권운동을 큰 위협으로 간주한 정부가 그 탄압을 위해 만든 것으로 집회集會조례와 마찬가지로 비밀 집회나 결사를 금지했다. 1898년 6월 25일 보안조례폐지법에 의해 폐지되지만 법의 기능은 1900년 3월 제정된 치안경찰법治安警察法에 인계된다.

• **보필**輔弼

천황의 대권大權행위 시행에 과오가 없도록 의견을 진언하는 것으로 메이지헌법 등에서 대신의 기능으로 의무 지어진다.

• **부스케**A. C. Bousquet

바쿠후 말기 바쿠후의 요청에 따른 프랑스 군사고문단의 일원으로 일본에 들어와 활동하다가 메이지정부에서도 1871년 번역관으로 원로원의 전신인 좌원에 고용된다. 원로원의 국헌안기초國憲按起草 자료 등을 포함해 100개 이상의 법률, 군사 등 관련 프랑스 자료를 번역한다.

ㅅ

• **사가**佐賀**의 난**

사법경과 참의를 지낸 에토 신페이江藤新平 등을 중심으로 1874년 2월에 사가에서 일어난 불평 사족士族의 대규모 반정부 반란. 정부의 빠른 대응으로 진압되고 오쿠보 도시미치의 의도에 따라 에토 등은 효수형을 선고받고 곧바로 형이 집행된다.

• **사사키 다카유키**佐々木高行

1830-1910년. 바쿠후 말기 도사 번사 출신의 메이지시대 정치가. 메이지 초기에 미국과 유럽 각국을 방문해 여러 재판소를 시찰하는 등의 경험을 한 뒤 귀국해 정부에 점진적 개혁을 제안한다. 1874-1875년 사이에 좌원左院 부의장을 역임하고 좌원 폐지 뒤에는 원로원의관元老院議官이 된다. 급진적 민권운동에는 대립적 입장이고 천황의 측근으로서 천황친정親政운동을 편다.

• **사이고 다카모리**西鄕隆盛

1828-1877년. 사쓰마薩摩 번사 출신의 메이지시대 군인이

자 정치가. 바쿠후 말기 사카모토 료마坂本龍馬의 도움을 받아 「삿쵸薩長동맹」을 주도. 대표적인 바쿠후 타도파討幕派로서 에도성 개성을 이루어낸다. 「정한론征韓論」 논쟁으로 1873년 하야한 후 사쓰마에 사학교를 운영하면서 정계에서 물러나 있지만 1877년 불평사족의 맹주로 추대되어 거병한 〈세이난西南전쟁〉에서 정부군에 패배하고 할복한다.

• **사족**士族

메이지유신 이후에 신정부가 옛 무사武士계급에 부여한 신분 호칭. 1869년(메이지 2년)의 「판적봉환版籍奉還」 등으로 전통적인 사농공상士農工商의 신분질서가 정리되기 시작하면서 옛 공경公卿이나 다이묘大名들은 화족華族이 되고, 옛 바쿠후의 관리幕臣, 각 번의 번사藩士, 신관神官 등이 사족이 된다.

• **사카모토 료마**坂本龍馬

1836-1867년. 도사土佐 번사 출신의 지사志士이자 경영자. 탈번脱藩 낭인으로서 바쿠후의 관리 가쓰 가이슈勝海舟, 사쓰마의 사이고 다카모리, 죠슈의 기도 다카요시 등 여러 인물과 유대를 맺고, 1866년의 「삿쵸동맹薩長同盟」을 이끈다. 신정부의 실질적인 강령이 되는 「선중팔책船中八策」도 만들고, 「대정봉환大政奉還」 건의를 제안한 것으로도 알려져 있다.

• **산죠 사네토미**三條實美

1837-1891년. 공경公卿 출신의 정치가. 바쿠후 말기 존왕양이尊王攘夷·바쿠후 타도파討幕派의 중심인물로 유신 원훈의 한 사람. 우대신, 태정대신太政大臣 등을 역임. 내각 발족 이후 일시 내각총리대신을 겸임했다.

- **삿쵸**薩長

사쓰마薩摩번과 죠슈長州번. 당초 「공무합체公武合體」를 내걸어 온 사쓰마번과 존왕양이尊王攘夷를 기치로 한 죠슈번은, 죠슈가 친 바쿠후 세력과 교토에서 시가전을 벌인 〈긴몬의 변禁門の變〉 등에서 심하게 대립해 왔지만 사카모토 료마坂本龍馬 등의 주선으로 1866년 「삿쵸薩長동맹」을 맺는다. 삿쵸가 유신을 주도하면서 메이지 신정부의 요직이나 육해군 간부는 삿쵸 출신자가 다수를 점하게 된다.

- **세이난전쟁**西南戰爭

1877년(메이지 10년) 1월 29일부터 9월 24일까지 지금의 구마모토熊本·미야자키宮崎·오이타大分·가고시마鹿児島 현 등에서 사이고 다카모리西鄕隆盛를 맹주로 하여 일으킨 사족에 의한 무력반란. 메이지 초기 사족 반란 중 최대 규모였다.

- **소에지마 다네오미**副島種臣

1828-1905년. 사가佐賀 번사 출신의 정치가. 메이지초기에 참여参與, 참의参議 등을 역임. 후쿠오카 다카치카福岡孝弟 등과 함께 「정체서政体書」를 기초. 1873년 정한논쟁으로 이타가키 다이스케 등과 함께 하야. 민권운동에서 활약하며 애국공당愛國公黨의 발기인이 된다. 외무경外務卿, 내무대신, 추밀원枢密院 부의장 등을 역임.

- **쇼군**將軍

세이이타이쇼군征夷大將軍의 약칭. 무인의 최고 영예직. 고대부터 있어 왔으나 바쿠후幕府의 쇼군으로서는 가마쿠라鎌倉 바쿠후를 연 미나모토노 요리토모源頼朝가 최초. 무로마치

室町 바쿠후에서는 아시카가足利씨가 쇼군이 되고, 센고쿠戰國시대를 거쳐 게이쵸慶長 5년(1600년) 세키가하라關ヶ原전투에서 승리한 도쿠가와 이에야스徳川家康는 1603년 쇼군에 취임해 도쿠가와 바쿠후를 연다.

• **슈타인**Lorenz von Stein

1815-1890년. 독일의 법학자. 이토 히로부미에게 독일식 헌법체제를 추천해 메이지헌법 제정의 기본 방향을 제시해 준 인물. 1882년 헌법연구차 유럽을 방문한 이토는 빈의 슈타인을 방문해 2개월간에 걸쳐 국가학 강의를 듣는다. 그때 일본이 채택해야 할 입헌체제에 관한 문의에 대해 슈타인은 프로이센식 헌법을 추천한다.

• **스기타 세이케이**杉田成卿

1817-1859년. 난학자蘭學者. 1843년에 로쥬 미즈노 다다쿠니水野忠邦의 명에 의해 네덜란드 정치서(「국헌國憲」)을 번역하지만, 미즈노가 실각함으로 인해 책은 빛을 보지 못한다. 1844년에는 바쿠후에 개국을 권유한 네덜란드 국왕의 친서를 번역한다.

• **쓰다 마미치**津田眞道

1829-1903년. 바쿠후 관리 출신의 관료이자 정치가, 학자. 바쿠후의 명으로 니시 아마네西周 등과 함께 네덜란드에 유학. 귀국해 1866년 일본에서 최초로 서양법학을 소개한 『태서국법론泰西国法論』을 번역 소개한다. 대정봉환大政奉還 즈음에는 도쿠가와가徳川家 중심의 헌법안憲法案을 구상한 『일본국총제도日本國總制度』를 낸다. 유신 이후에는 신정부의 사법

성에 출사해 「신율강령新律綱領」의 편찬에도 참여. 중의원의원, 귀족원의원 등을 역임.

• **시마즈 히사미쓰**島津久光

1817-1887년. 안세이安政 5년(1858년)에 사쓰마薩摩 번주 시마즈 나리아키라島津斉彬가 죽고 자신의 아들이 번주가 되자 번의 실권을 장악해 공무합체公武合体 운동의 중심에 선다. 1862년에는 번병藩兵 천여 명을 이끌고 교토로 올라가 존왕양이 격파激派를 누르고 에도로 가 바쿠후정치幕政 개혁을 추진한다. 유신 후 좌대신左大臣이 되지만 서구화정책에 반대해 사퇴한다.

• **시부사와 에이이치**澁澤榮一

1840-1931년. 메이지정부의 민부民部성, 오쿠라성 관료 출신 실업가. 오쿠라성에서 조폐, 호적, 출납 등 여러 정책을 입안하고 퇴관 후 제일국립은행第一國立銀行, 도쿄상법회의소東京商法會議所, 도쿄증권거래소東京證券取引所 등 수많은 회사나 경제단체를 설립 경영해 '일본 자본주의의 아버지'로 불린다.

ㅇ

• **아베 마사히로**阿部正弘

1819-1857년. 에도시대 말기 빈고노쿠니備後國후쿠야마福山번의 제7대 번주. 에도바쿠후 로쥬老中의 수좌首座를 역임. 바쿠후 말기 〈안세이 개혁安政の改革〉을 단행해 서양의 포술을 추진하고 대선박의 건조금지를 완화하는 등 개혁에 전

념한다. 해안방위를 강화하기 위해 나가사키해군전습소長崎海軍傳習所를 만들고 양학소洋學所 등도 창설한다.

• **야마가타 아리토모**山縣有朋

1838-1922년. 죠슈 번사 출신의 메이지시대 군인이자 정치가. 유신 후 1869년 유럽에 건너가 각국 군제를 시찰하고 귀국한 뒤 병부兵部 다이스케大輔에 취임해 폐번치현廃藩置県에 진력한다. 내무대신, 내각총리대신, 추밀원의장을 역임.

• **애국공당**愛國公黨

정한론 파문인 이른바 〈메이지 6년의 정변〉으로 하야한 이타가키 다이스케板垣退助 등이 「행복안전사幸福安全社」를 기초로 1874년 1월에 도쿄에서 동지를 규합해 결성한 정치결사. 천부인권론天賦人權論에 기초해 기본적 인권을 보호하고 민선의원설립을 정부에 요구하는 것을 당면 정치과제로 삼았다.

• **애국사**愛國社

1875년 2월에 〈오사카회의大阪會議〉에 참가한 이타가키 다이스케가 오사카에서 구 애국공당愛國公黨 동지에게 재결집을 호소해 창설한 정치결사. 본사는 도쿄에 두지만 주로 이타가키 등 고치현의 입지사 사원을 중심으로 운영된다. 이후 전국적 국회개설운동의 중심이 된다. 그러나 입지사 중심으로 운영되는 데 대한 비판이 높아져 결국 1880년 제4회 대회에서 애국사와는 별개의 조직으로 「국회기성동맹」이 그해 3월 17일 발족한다.

• **어서문**御誓文

「5개조의 어서문」. 메이지 원년(1868년)에 메이지천황이 천지신명에게 서약誓約하는 형식으로 공경公卿과 제후諸侯 등에게 밝힌 신정부의 기본방침.

• **에도**江戸**시대**

1603년(게이쵸慶長 8년) 도쿠가와 이에야스德川家康가 쇼군將軍에 임명되어 에도(지금의 도쿄東京)에 바쿠후幕府를 수립한 때로부터 1868년(게이오慶應 4년, 메이지 원년) 까지의 265년간 일본을 지배한 시대. 일명 도쿠가와德川 시대.

• **에토 신페이**江藤新平

1834-1874년. 사가佐賀 번사藩士 출신의 메이지시대 정치가이자 관료. 초대 좌원左院 부의장, 초대 문부文部 다이스케大輔, 초대 사법경司法卿과 참의參議를 역임. 사법경 시절을 전후해 근대사법제도 도입을 적극 추진해 일본 근대사법제도의 아버지로 불린다. 정한론 파동으로 다른 참의들과 함께 사직하고 재야에서 국회개설운동 등에 참여하다가 〈사가의 난〉을 일으켜 처형된다.

• **열번회의**列藩會議

각 번藩에서 선출된 대표자로 구성된 회의. 「열번회의론」은 거기에 최고권력을 부여함에 의해 조정朝廷, 바쿠후幕府, 각 번 간의 알력과 대립을 극복하고 전국을 일치시키자는 사상. 유교적 공론公論사상과 서구의 의회제도 관념이 복합적으로 담겨 있지만 근본적으로는 바쿠후-번의 할거체제를 전제로 하는 의회론.

• **오규 유즈루**大給恒

1839-1910년. 에도시대 말기의 다이묘大名. 미카와노쿠니三河国오쿠도노번奥殿藩의 8대 번주. 1875년 원로원의관元老院議官을 역임.

• **오노 아즈사**小野梓

1852-1886년. 메이지시대 법학자이자 정치운동가. 1873-74년 사이 영국 유학. 오쿠마 시게노부大隈重信를 도와 1882년 3월 「입헌개진당立憲改進黨」 결성을 기초하고 10월에는 도쿄전문학교東京専門學校(와세다早稲田대학의 전신)를 창립하는 데도 중심이 된다.

• **오사카회의**大阪會議

메이지 8년(1875년) 2월 11일 신정부의 핵심 오쿠보 도시미치大久保利通와 당시 하야해 있던 기도 다카요시木戸孝允·이타가키 다이스케板垣退助 등이 오사카에서 만나 입헌정치立憲政治 수립 등 향후 정부의 방침 및 참의参議 취임 등의 안건에 관해 협의한 회의. 그 결과 기도·이타가키가 참의로 복귀하고, 합의에 기초해 4월 14일에 천황에 의한 「점차 입헌정체 수립의 조서漸次立憲政体樹立の詔書」가 발해지고 원로원元老院·대심원大審院·지방관회의地方官會議가 설치된다.

• **오자키 유키오**尾崎行雄

1858-1954년. 메이지-쇼와昭和시대의 정치가이자 교육자. 일본 의회정치의 여명기부터 제2차 세계대전 후에 이르기까지 중의원의원衆議院議員을 역임. 당선횟수, 의원근속연수 등에서 일본기록을 보유하여 「헌정의 신憲政の神様」으로 불리는

인물. 의원시절 거의 대부분을 야당에 속해 있었다.

• **오쿠마 시게노부**大隈重信

1838-1922년. 사가佐賀 번사 출신의 정치가이자 교육가. 참의参議, 오쿠라경大蔵卿, 외무·내무·농상무대신, 제8대 및 제17대 내각총리대신内閣総理大臣 등을 역임. 정당내각제를 기축으로 한 즉시 국회개설을 주장하는 의견을 내 〈메이지 14년의 정변〉을 촉발시킨 인물. 정변으로 실각한 후 입헌개진당立憲改進黨을 설립해 정당정치의 기틀을 연다. 도쿄전문학교(지금의 와세다대학) 및 일본여자대학의 창립자이기도 하다.

• **오쿠보 도시미치**大久保利通

1830-1878년. 바쿠후 말기 사쓰마薩摩 번사 출신의 메이지 초기 정치가. 유신의 원훈으로 사이고 다카모리西郷隆盛, 기도 다카요시木戸孝允와 함께 유신삼걸로 불린다. 메이지 2년(1869년)에 참의에 취임해 판적봉환, 폐번치현 등 중앙집권체제 확립을 주도. 1871년에는 오쿠라경大蔵卿에 취임하고 이와쿠라사절단岩倉使節団의 부사로 수행. 초대 내무경으로 신정부의 실질적 수상의 역할. 부국강병富国強兵을 슬로건으로 식산흥업殖産興業 정책을 수행하면서 '유사전제有司専制'라는 비판을 받는다. 유신 초기에 입헌정치의 방향을 제시한 인물의 한 사람. 1878년 5월 불평사족의 손에 암살된다.

• **우에키 에모리**植木枝盛

1857-1892년. 도사 출신 사상가이자 정치가. 자유민권운동의 이론적 지도자. 입지사立志社에 참가해 「입지사건백서建白書」를 기초. 1881년에는 사의헌법私擬憲法 중에 가장 민주적

이고 급진적이라 평가되는 「동양대일본국국헌안東洋大日本國國憲按」을 기초한다. 애국사愛國社 재흥, 애국공당愛國公黨 설립에 진력한다. 1890년 개설된 제국의회帝國議會의 중의원의원을 역임.

• **웅번**雄藩

에도시대에 경제력이나 정치력이 강한 유력한 번. 바쿠후 말기 및 유신기의 웅번으로는 에치젠越前, 미토水戸, 사쓰마薩摩, 히젠肥前, 오와리尾張, 도사土佐, 죠슈長州 번 등이 있다.

• **원로원**元老院

메이지시대인 1875년부터 1890년까지 존재한 입법자문기관. 1875년 오쿠보 도시미치·이토 히로부미·기도 다카요시·이타가키 다이스케 등의 〈오사카회의〉에서의 합의에 기초해 이루어진 「입헌정체 조서立憲政体の詔書」에 의해 1875년 4월 25일 기존의 좌원左院 대신에 설치된다. 수십 명의 원로원 의관議官으로 구성되어 신법 제정과 구법 개정을 임무로 하지만, 의안은 천황의 명령으로 정원正院에서 내려지고 긴급을 요하는 경우에는 사후승인만 받으면 되기에 그 권한은 약했다. 1890년 10월 20일 제국의회가 개설되면서 폐지된다.

• **유리 기미마사**由利公正

1829-1909년. 후쿠이福井 번사 출신의 정치가이자 실업가. 유신 후 도사번의 후쿠오카 다카치카福岡孝弟 등과 함께 「5개조 어서문御誓文」의 기초에 참여. 1871년 도쿄부지사府知事에 취임하고, 1872년 5월에 이와쿠라사절단岩倉使節団을 수행해 미국과 유럽행에 올라 각국 의회제도 등을 연구해 1874

년 이타가키 다이스케 등과 함께 「민선의원설립건백」을 연명 제출한다.

• **유사전제**有司專制

유사란 본래 관사官司나 그 관리의 의미. 메이지 초기 이래 이타가키 다이스케 등이 정부 내 특정 번벌에 속한 정치가 몇 명에 의해 정치가 행해지는 것을 '유사전제有司專制'라고 비판한다. 흔히 1873년(메이지 6년)에 일어난 정변으로 오쿠보 도시미치의 주도권이 확립된 시기부터 1890년에 메이지헌법이 시행되고 의회가 설치되기까지의 시기를 지칭.

• **율령**律令

고대 중국에서 확립된 동아시아의 법체계. 율律은 형사법, 영令은 그 이외의 행정법이나 민사법 등에 상당한다고 비유된다. 일본에서는 701년 다이호大寶율령이 완성되고, 757년 요로養老율령이 시행. 고대를 거쳐 중세 및 근세까지도 율령정치의 명맥은 이어지지만 중세 이후 바쿠후 정치에서는 많이 퇴색한다. 그런데 유신 직후의 관제에서 고대 율령시대로부터의 태정관제도나 신기관 등이 도입되는 등 일부 복고 경향도 과도기적으로 보였다.

• **이노우에 가오루**井上馨

1836-1915년. 죠슈長州 번사 출신의 정치가. 태정관 시대에 외무경, 참의 등을 지내고 내각제하에서도 내무·오쿠라大藏대신 등을 역임. 〈오사카회의〉를 막후에서 이끌어 낸 공로자. 외무대신 시기에는 조약개정에 전념했다.

• **이노우에 고와시**井上毅

1843-1895년. 메이지시대의 관료이자 정치가. 법제국장관法制局長官, 문부文部대신 등을 역임. 뢰슬러H. Roesler의 자문 등에 힘입어 메이지헌법 제정의 실무를 사실상 주도한 인물. 이와쿠라 도모미, 이토 히로부미 등으로부터 실력과 인품을 인정받아 많은 중요 국가정책의 기초에 참여한다.

• **이와쿠라 도모미**岩倉具視

1825-1883년. 바쿠후 말기의 공가公家이자 메이지 초기의 정치가. 왕정복고를 내세운 유신세력에 협력해 유신을 성공시키고 우대신 등을 역임. 1871-1873년 사이 오쿠보, 기도, 이토 등을 이끌고 미국 및 유럽 각국에 조약개정교섭 및 문물시찰을 목적으로 한 사절단使節団의 전권대표를 맡는다. 본래는 입헌에 반대하는 입장으로 1875년 4월 점차 국가입헌 정체를 세운다는 천황의 「입헌정체 조서」에 대해 반대해 사표를 제출하고 정부에 출사를 거부한다. 그러나 입헌이 시대의 흐름임을 읽고 오히려 민권운동 등에 의해 주도권을 잃을 것을 우려해 정당내각제와 즉시 국회개설 의견을 낸 오쿠마 시게노부를 파면하고 곧바로 1882년 이토 히로부미를 헌법조사차 유럽 각국에 파견해 정부가 주도권을 잃지 않도록 진력한다.

• **이지치 마사하루**伊地知正治

1828-1886년. 사쓰마 출신의 관료이자 정치가. 폐번치현 후 사쓰마벌의 유력자로 태정관 정부에 들어간다. 정한론征韓論을 지지하는 입장이지만 <메이지 6년의 정변>으로 하야하지는 않는다. 좌원 부의장으로 있던 중 의장 고토 쇼지로가 하야하면서 대신 의장이 되었기 때문이다.

• **이타가키 다이스케**板垣退助

1837-1919년. 도사 번사 출신의 메이지·다이쇼大正시대 정치가이자 군인. 유신 원훈이자 근대 일본육군 창설의 공로자. 무엇보다 자유민권운동의 대표적 지도자이자 상징적인 인물로서 제국의회를 설립하게 만든 가장 큰 공로자라고 평가된다.

• **이토 미요지**伊東巳代治

1857-1934년. 메이지·쇼와시대의 관료이자 정치가. 농상무대신, 귀족원의원 등을 역임. 이노우에 고와시, 가네코 겐타로 등과 함께 메이지헌법의 기초에 참여.

• **이토 히로부미**伊藤博文

1841-1909년. 바쿠후 말기 죠슈長州번의 하급무사인 아시가루足軽 집안 출신. 1882년에 독일과 오스트리아에서 헌법조사. 1884년에 입헌체제로의 이행을 위한 행정과 제도개혁을 위한 제도취조국制度取調局을 창설하여 그 장관이 되어 제도개혁에 착수. 1885년에는 내각제도内閣制度를 창설하고 이후 초대 내각총리대신内閣総理大臣을 비롯해 모두 네 번에 걸쳐 총리대신을 역임. 특히 1889년에 성립한 일본 최초의 근대 헌법인 메이지헌법大日本帝国憲法을 기초한 중심인물. 정당정치가 불가피하다고 인식하여 입헌정우회立憲政友會를 결성해 정당정치의 길을 연 인물.

• **입지사**立志社

자유민권운동의 중심이 된 고치高知현의 정치결사. 「민선의원설립건백서」를 좌원左院에 제출하고 고치로 돌아온 이타가키 다이스케가 1874년에 가타오카 겐키치·우에키 에모리 등의 옛 도사 번사를 모아 인권과 자유의 확립을 목표로 설립. 인민주권·일원제의회 등 민주주의적 이념에 기초한 「입지사헌법 예상안立志社憲法見込案」을 발표하는 등 국회기성동맹의 중심적 역할을 수행했다.

• **입헌개진당**立憲改進黨

1882년부터 1896년까지 존재한 민권운동의 대표적 정당의 하나. 초대 총리総理(당수)는 오쿠마 시게노부大隈重信. 〈메이지 14년의 정변〉으로 축출된 오쿠마가 오노 아즈사, 누마 모리카즈 등의 힘을 빌어 창당. 영국류의 입헌군주정치를 지향하면서 체제의 점진적 개량을 추구하여 도시 상업·산업자본가, 지식인들을 지지기반으로 했다. 이타가키가 중심이 된 자유당과는 많은 노선대립을 빚는다.

• **입헌민정당**立憲民政黨

약칭 민정당. 쇼와昭和시대 초기인 1927년 6월에 당시의 헌정회憲政會와 정우본당政友本黨이 합병해 성립한 자유주의自由主義 정당. 입헌정우회와 함께 제국의회에서 양대정당을 이룬다.

• **입헌정우회**立憲政友會

약칭 정우회. 1900년(메이지 33년) 정당내각제政黨内閣制를 받아들일 수밖에 없다고 판단한 이토 히로부미가 결성한 정당. 메이지-쇼와시대에 걸쳐 대표적 정당으로 자리 잡는다. 특히 1925-1931년 사이에는 입헌민정당立憲民政黨과 함께 제국의회에서 양대정당제를 형성한다.

• **자유당**自由黨

1880년 11월 국회기성동맹國會期成同盟 제2회 대회에서 고노 히로나카河野廣中, 우에키 에모리植木枝盛 등에 의해 정당 결성 제안이 나온 것에 기초해 1881년 이타가키 다이스케 등이 결성한 일본 최초의 근대적 정당. 이후 자유민권운동의 핵심세력으로서 전국으로 조직을 확대하나 「집회조례集會條例」에 의한 탄압과 1882년 4월의 〈기후岐阜사건〉, 같은 해 가을 이타가키 외유의 정당성을 둘러싼 내분 등에 의해 일부 세력이 탈퇴. 결국 1884년 급진파의 행동을 억제할 수 없게 되자 해산한다.

• **자유민권운동**自由民權運動

메이지시대 일본에서 헌법제정이나 국회개설 등을 주창한 정치운동 내지 사회운동. 1874년 이타가키 등이 애국공당愛國公黨을 결성하고 『민선의원설립건백서民撰議院設立建白書』를 좌원에 제출해 국회개설을 청원하는 등으로 시발된 운동. 번벌藩閥정부에 의한 전제를 비판하고 제헌, 의회개설, 지조地租 경감, 불평등조약 개정, 언론 및 집회의 자유 등을 요구한다. 메이지헌법이 흠정헌법 형식으로 정부주도로 서둘러 제정된 것은 자유민권운동 노선의 위험성에 대한 대응과 주도권을 뺏기지 않기 위한 정부 측의 인식의 결과라고 평가된다.

• **정체서**政體書

유신 초기인 1868년 6월 통치기구에 관하여 태정관太政官 포고 형식으로 발포한 정치 대강大綱으로 삼권분립 등이 나타나 있다. 소에지마 다네오미副島種臣와 후쿠오카 다카치카福

岡孝弟가 미합중국 헌법 및 후쿠자와 유키치福澤諭吉의 『서양사정西洋事情』 등을 참고해 기초하였다고 알려져 있지만 그 기초에 관해서는 다른 설도 있다.

• **정한론**征韓論

에도바쿠후 말기부터 메이지 초기에 주창된 조선침략론. 일본이 쓰시마번對馬藩을 통해 조선에 신정부 발족을 통고하고 국교를 희망한다는 교섭을 하지만 조선은 일본의 외교문서가 에도시대의 형식과 다름을 이유로 거부한다. 메이지 3년 이후에도 신정부는 수차례 외무관료를 파견하지만 조선정부는 불응한다. 그러자 일본에 정한론이 비등한다. 참의 사이고 다카모리西鄕隆盛는 자신이 사절로 가고 이를 계기로 조선을 공격할 수 있게 하겠다고 하고, 이에 이타가키, 고토 쇼지로, 에토 신페이, 오쿠마 시게노부 등 여러 참의가 찬동하지만, 정식 결정은 이와쿠라 사절단의 귀국 뒤로 미루고, 사절단 귀국 후에도 파견은 연기되다가 결국 이와쿠라 도모미, 오쿠보 도시미치 등에 의해 거부되자, 사이고, 이타가키, 소에지마, 고토, 에토가 하야한다. 이른바 〈메이지 6년의 정변〉.

• **조약개정**條約改正

에도시대 말기 안세이安政 시기에서부터 메이지 초년에 걸쳐 일본이 미국을 비롯한 서구 각국과 사이에 체결한 조약이 치외법권이나 영사재판권 등으로 불평등조약의 성격을 지니자 이를 대등하게 개정하려는 움직임. 이와쿠라 도모미岩倉具視를 특명전권대사로 한 이와쿠라 사절단도 출발 당시에는 조약개정교섭 목적도 있었다. 후에 외무대신 이노우에 가오루井上馨가 개정에 전념하지만 개정교섭 과정에서 여러 국내적 갈등을 일으킨다.

• **조정**朝廷

일본에서는 고대부터 근대 초기까지의 천황의 정청政廳을 의미. 조정은 시대별로 그 의미를 달리한다. 율령제 하에서는 천황을 중심으로 귀족이 조정에서 정치를 하지만, 헤이안平安 말기에는 조정은 정치의 실권을 잃는데, 그래도 2관8성二官八省 제도를 존속시키고, 이른바 제정祭政으로서의 정政まつりごと에서 제사祭祀와 의례儀禮의 면은 남긴다. 그리고 가마쿠라鎌倉바쿠후 이후 오랫동안 조정은 실권을 쥔 바쿠후에 대응하는 의미로서만 사용된다. 바쿠후 말기부터 메이지유신에 이르기까지 주창된 '왕정복고'란 결국 정치의 실권을 바쿠후에서 천황으로 되돌려 천황이 친정親政하는 체제를 추구한 것. 유신이 성공하면서 천황의 조정이 정치 전면에 다시 등장한다.

• **존왕양이**尊王攘夷

군주를 받들고 외적을 물리치자는 사상. 에도시대 말기 주로 미토학水戶學이나 국학國學의 영향하에서 성장해 유신維新 시기에 고양된 정치적 슬로건. 특히 가에이嘉永 6년(1853년) 미국의 동인도 함대 사령관 페리Matthew C. Perry가 흑선黒船으로 내항한 외압에 어떻게 대항해야 하는가의 문제를 에도바쿠후의 로쥬老中 아베 마사히로阿部正弘가 각 번에 자문을 구한 일을 계기로 각지에서 바쿠후가 천황으로부터 위임받은 대권을 천황에게 되돌려 천황이 친정하자는 의미의 존왕尊王과 외세에 대항하자는 양이攘夷 운동이 본격적으로 등장한다.

• **좌원**左院

메이지 4년(1871년) 7월 「폐번치현廢藩置縣」이 단행되면서 같은 달 29일 관제개혁으로 태정관太政官 안에 정원正院, 우원右院과 함께 설치된 입법상 자문기관. 1873년 이후 집의원集議院을 흡수하는데 집의원이 번론藩論을 대표하는 것이 된 데 대해 좌원은 관선의원官選議員(뒤의 의관議官)에 의한 입법논의 기관이 된다. 나중에는 일반 입법에서는 멀어져 주로 헌법 제정 기능이 중시된다. 또 보수적인 민법民法 초안도 작성된다. 그러나 채택되지 못하고 좌원은 1875년 4월 14일 폐지되고 곧바로 원로원이 그 기능을 대신한다.

• **지방관회의**地方官會議

1875년 4월의 「점차 입헌정체 수립의 조칙」에 기초해 민정民情을 통해 공익을 도모하기 위해 태정관이 개최한 지방관의 회의. 하원적 기능을 수행할 목적의 회의로 1875년 처음 회의가 열린다. 그해 6월 개회된 제1회 회의는 기도 다카요시木戸孝允를 의장으로 해 진행되고, 1878년 6월의 제2회 회의는 이토 히로부미가 의장으로 부현회규칙府縣會規則, 지방세규칙地方税規則, 군구정촌편제법郡區町村編制法 등을 심의한다. 본래 하원 기능의 지방관회의를 의도했기에 1881년에 국회개설이 예고된 뒤에는 개최되지 않는다.

• **지사**知事

메이지유신 초기에 지방행정단위의 명칭에 과도기적으로 중국의 제도를 참고한 부府·번藩·현縣을 두고 그 행정수장을 지사知事라 불렀다. 이후 번은 행정구역에서 사라지고 부와 현의 지사만 있게 된다. 오늘날의 광역지자체인 도都·도道·부府·현

縣의 수장도 모두 지사.

• **지조개정**地租改定

메이지 6년(1873년) 신정부가 시행한 조세제도 개혁. 쌀을 생산하는 자가 물납하는 에도시대까지의 제도를 대신해 토지의 가치에 상응하는 금전을 소유자에게 부과시키는 납세제도. 세율이 높아 불만이 팽배하자 자유민권운동이 정부를 비판하거나 건백할 때의 주요한 이슈의 하나가 된다.

• **징병령**徵兵令

메이지 22년(1889년) 1월의 법률 제1호. 국민의 병역의무를 규정한 법령. 1873년 육군성에서 발포한 뒤 태정관포고에 의해 개정이 반복되다가 1889년에 법률로서 전부개정되었다. 병역에 의해 근대적 시스템이나 생활이 지방에도 전파되는데 공헌한 측면도 있지만 초기에는 반발도 많았고 이는 민권운동에서도 주로 주창된다. 1927년 전부개정되어 명칭이 병역법兵役法이 되었다가 1945년 폐지된다.

ㅊ

• **참사원**參事院

메이지 14년(1881년) 설치된 기관. 참의 이토 히로부미伊藤博文가 초대 의장議長. 각 법률규칙안의 기초 및 심사 등 크고 광범한 권한을 지녔다. 1885년 12월 내각법제국內閣法制局의 발족과 함께 폐지된다.

• **참의**參議

메이지 초년부터 내각제도가 실시되기까지의 정부 요직.

1869년의 직원령職員令관제에서 좌우대신左右大臣 등과 함께 태정관太政官의 직으로 신설. 1871년 폐번치현에 따른 관제개혁에서는 태정대신 등과 함께 정원正院을 구성했다. 오쿠보 도시미치, 기도 다카요시, 오쿠마 시게노부 등 삿쵸도히薩長土肥의 실력자가 임명되어 실질적으로 정부의 실권을 장악한다.

• **총람**總攬

통합하여 한 손에 장악함.

• **총리**總理

오늘날 일본의 내각內閣 수장 국무대신인 내각총리대신. 다만 메이지시대에는 빈번히 총리라는 호칭이 사용되어, 예로 정당의 당수도 총리로 불렸는데 이는 총재의 의미에 가까웠다.

• **추밀원**樞密院

1888년 메이지헌법의 초안 심의를 위해 설치되어 헌법기관이 된 천황 자문기관. 의장議長, 부의장, 고문관顧問官들로 이루어지는데 모두 40세 이상의 원훈元勲 등으로 구성된다. 법적으로는 헌법 및 헌법 부속법령, 긴급칙령, 조약 등에 관한 자문에 응하는 것에 불과하지만, 실제 정치에서는 1920년대의 정당내각 시기에 정부와 충돌을 거듭하는 등 천황대권을 방위하기 위한 의회의 제3원적 기능을 수행한다. 1947년의 신헌법日本國憲法의 시행으로 폐지된다.

• **칙임**勅任

천황의 칙명에 의해 임명됨.

• **칙유**勅諭

천황이 직접 내린 칙서勅書 혹은 조서詔書의 훈시적 의미의 표현.

• **친왕**親王

황실전범皇室典範에서 적출황자皇子 및 남계적출 황손皇孫 남자의 칭호.

ㅌ

• **타이완출병**臺灣出兵

1871년 10월 타이완에 표착한 미야코지마宮古島 사람 54명이 살해된 사건에 대해 청淸 정부가 대만인은 중국 백성이 아니므로 청 정부의 책임이 없다고 하자 일본이 범죄수사 등을 명목으로 출병한 사건.

• **태정관**太政官

고대 나라奈良시대부터 존재한 최고행정기관. 율령제에 기초해 사법·행정·입법을 관장. 가마쿠라鎌倉시대부터 시작된 무가武家정권에서는 실질적으로 기능하지 못하지만 메이지 원년인 1868년 6월 공포된 정체서政體書에 의해 다시 설치된다. 1869년 관제개혁으로 좌우 양 대신大臣이 설치되고 1871년에는 그 장관長官으로 태정대신太政大臣이 설치된다. 1885년 근대적 내각제도 발족으로 폐지된다.

• **통수권**統帥權**독립**

군대를 지휘 감독하는 최고 권한인 통수권이 천황에게 있다고 메이지헌법 제11조에 규정되어 군대의 구성과 행정에 관한 이른바 군정軍政과 전쟁에서의 작전 지도 등의 군대운용에 관한 군령軍令 권한이 형식상 천황에게 있다. 그래서 내각이 군정권 등을 행사하고자 하면 육군이나 해군의 참모총장이나 군령부장이 천황의 통수권을 빌미로 내각의 권한 행사를 비판하면서, 친황의 이름을 빙자해 군부가 그 권한을 장악하고자 함으로써 통수권독립 논쟁이 된다.

ㅍ

• **판적봉환**版籍奉還

메이지 2년(1869년) 6월 봉건체제를 타파하는 유신개혁의 일환으로 각 번주가 소유하던 판版(토지)과 적籍(인민)을 천황의 조정에 되돌린 정치개혁.

• **페어백**G. H. Verbeek

네덜란드 출신으로 미국에 이민한 뒤 일본에 기독교 네덜란드 개혁파 선교사로 파견되어 활약한 법학자이자 신학자. 나가사키長崎에서 사숙私塾을 열어 영어 등을 가르킨 시기인 1861-1862년 사이에 사가번의 오쿠마 시게노부와 소에지마 다네오미 등이 영어를 배웠다. 1869년 2월부터 도쿄대학東京大學의 전신인 가이세이開成학교의 교감敎頭을 맡아 학교를 정비해 1869년 12월 대학남교大學南校로 개칭시키는 등 많은 활약을 했다.

• **폐번치현**廢藩置縣

유신 세력에 의한 왕정복고王政復古 정변이 있었지만 아직 중앙집권화는 이루어지지 못하던 차에 메이지 2년(1869년)에 판적봉환版籍奉還이 이루어져 토지와 인민이 신정부의 관할이 되지만, 여전히 각 다이묘大名는 지번사知藩事 즉 번지사藩知事가 되어 번을 통치했다. 이에 메이지 4년(1871년) 정부는 번을 폐지하고 지방 통치를 중앙정부가 관할하는 부府와 현縣으로 일원화하는 행정개혁을 단행해 300개 가까운 번을 폐지하고 현으로 바꾸고 그 뒤 현도 통폐합한다.

ㅎ

• **하야시 유조**林有造

1842-1921년. 도사 번사 출신의 자유민권운동가이자 정치가. 이타가키 다이스케를 도와 자유당 결성에 진력한 자유당 도사파土佐派의 영수. 중의원의원, 체신·농상무대신을 역임.

• **화족**華族

1869년부터 1947년(쇼와 22년)까지 존재했던 귀족계급. 전통적인 공경公卿이나 제후諸侯 및 유신에 공훈이 있는 자들이 화족이 되었다. 1884년 7월 제정된 「화족령華族令」에 의해 화족이 된 가문의 당주는 공작公爵·후작侯爵·백작伯爵·자작子爵·남작男爵의 다섯 위계의 작위를 받았다. 1947년 5월 귀족제도를 금지한 신헌법의 시행에 의해 화족제도가 폐지되기까지 30세 이상의 공·후작 의원은 종신, 백·자·남작 의원은 호선해 임기 7년의 귀족원의원이 되는 등 여러 신분상 특권을 지녔다.

• **후루사와 시게루**古澤滋

1847-1911년. 도사 번사 출신의 자유민권운동가. 관료이자 정치가. 영국 유학을 마치고 1873년 귀국해 1874년 이타가키 다이스케의 의뢰로 「민선의원설립건백서」의 기초에 참여. 뒤에 여러 현의 지사, 귀족원 의원 등을 역임.

• **후쿠시마**福島**사건**

자유민권운동 속에서 1882년 현령縣令 미시마 미치쓰네三島通庸가 당시 아이즈산포会津三方 도로토목공사사업에 반대하는 후쿠시마현의 자유당원 및 농민을 탄압한 사건. 이로 인해 고노 히로나카가 경금옥軽禁獄 7년을 선고받는 등 여러 자유당원 등이 처벌받게 되고 그 반발로 자유당원들의 과격한 행동도 유발된다.

• **후쿠오카 다카치카**福岡孝弟

1835-1919년. 도사 번사 출신의 정치가. 유신 초기에 참여參與로 신정부에 출사해 「5개조의 어서문御誓文」에 가필하고, 이후 소에지마 다네오미와 함께 「정체서政體書」를 기초함. 참의, 원로원의관, 문부경 등을 역임.

• **후쿠자와 유키치**福澤諭吉

1835-1901년. 바쿠후 말기-메이지시대의 계몽사상가이자 교육가. 안세이安政 6년(1859년) 바쿠후가 보낸 미일수호통상조약日米修好通商條約 비준교환 사절단의 일원으로 미국에 파견되는 등 수차례 서양에 파견되어 문물을 배운다. 게이오기주쿠慶應義塾의 설립자이며 지지신보時事新報의 창간자. 1874년 국회개설운동의 선두에 선 유빈호치郵便報知신문에 「국회

론國會論」이라는 사설을 게재해 큰 영향을 미친다. 오쿠마 시게노부大隈重信가 급진적인 영국류 정당내각제를 제안한 배경에 후쿠자와나 그 문하생들의 단체인 고쥰사交詢社가 있다고 생각되어 경계를 받기도 한다.

• **흠정헌법**欽定憲法

헌법의 제정 주체에 의한 분류에서 군주에 의해 제정된 헌법. 1850년의 프로이센 헌법과 1889년의 메이지헌법 등이 대표적.

옮긴이의 말

이 책은 저자가 1938년 출간한 『일본헌법제정사요日本憲法制定史要』를 번역한 것이다. 이 헌법제정사는 에도바쿠후 말기부터 메이지유신기를 관통하면서 근대적 의회 개설 및 헌법 제정을 선구적으로 주창한 당대의 수많은 논의와 주장 및 방법론을 되짚고 있다. 또한 그 논의와 주장을 만든 세력의 각기 다른 이해관계에 기반한 논쟁과 운동을 기록한다. 그래서 메이지시대 자유민권운동과 그것이 초래할 결과를 우려한 신정부의 현실정치적 입장이 빚어낸 흠정헌법의 성립과정인 제헌사를 중심으로 근대적 제헌논의와 그에 맞물린 의회 개설론의 전반적 흐름을 소개한다.

그 속에서는 역사에서 퇴장당할 운명을 거부하는 바쿠후의 방어적 생존전략도 읽혀지고, 변혁의 시기를 살아남고자 고군분투하는 번이나 번주의 고뇌도 보인다. 그리고 무엇보다 시대의 요청을 왕정복고라는 명분과 이념적으로 결합시켜 메이지유신이라는 변혁을 이끌어낸 신정부 세력 그리고 특정 번벌의 지배에 대한 민중적 반발을 민권운동이라는 이념으로 승화시킨 자유민권운동 등 모든 당대 세력의 역학관계는 물론이고 그들의 내부적 갈등이나 세력 사이의 결합적 역할관계도 볼 수 있다.

전통적 지배층인 무사 즉 사족士族은 계급적으로는 몰락하지만 그 일부가 변혁을 이끌며 바쿠후 타도를 명분으로 유신을 주도해 신정부의 주역이 된다. 그 중앙정계의 사족 출신 안에서도 의회나 제헌의 필요를 선구적으로 주창하는 입장이 나타난다. 한편으로 사족의 상당수는 의회설립과 제헌을 주장하는 민권운동에서도 중심적 위치를 점한다. 그들 중에는 정부와 민권운동 그리고 민권운동이 만든 정당까지도 오가며 중첩적 역할을 만들면서 변혁의 구심점이 되는 세력도 등장한다. 그들 모두가 의회개설과 제헌을 주창하면서 시대적 요구와 민중적 요청을 대변한다. 그래서 때로는 급진적으로 혹은 신중론을 통해 속도를 조절하며 변혁의 큰 흐름을 각각의 방향으로 이끌어간다.

변혁은 누가 어떻게 만드느냐에 따라 그 지향이나 내용도 달라지기에 필연적으로 주도권의 다툼을 낳는다. 가장 앞선 의회설립이나 제헌 주장은 바쿠후나 유신세력에서 나왔다. 다만 그 구상은 현실의 체제유지를 위한 것으로서 반동화되거나 혹은 이제 막 복고된 군주체제의 한계를 현실정치에 녹여 낼 보수적 방식을 찾는 고뇌의 지점에서 머뭇거린다. 반면 거칠 것이 없던 민권운동은 민중적 호응 속에서 거대한 조류를 형성해 근대로의 이행을 위한 의회개설과 제헌을 한시라도 서두르고자 했다.

그러나 운동의 확산과 세력화가 방법적 성숙까지 동반하지는 못했다. 게다가 단결과 분열을 반복하면서 운동의 빛이 퇴색되기도 한다. 그 사이 국회개설과 제헌이라는 과제는 정부가 독점한다. 특히 제헌은 정부에 의해 주도되고 그것도 민권운동이 주장하는 국약헌법이 아닌 흠정헌법이 된다. 결과만 놓고 본다면 정부 측의 승리다. 헌법의 형식이나 내용에서 민권운동의 주장이 많이 반영되지 못한 점에서도 그렇다. 그렇다고 메이지헌법이 지배세력인 신정부의 전리품이라고 단정할 수만도 없다. 유신정부가 제헌을 앞당기게 된 시기적 결단도 그렇거니와 헌법이 담은 상당한 근대성은 민권운동의 성과로도 볼 수 있기 때문이다.

그 길고 험난한 과정을 저자는 한 시대 뒤에 실증적 자료를 적절히 인용해 가면서 기록한다. 과거의 일들이 왜곡되거나 윤색되지 않도록 담담하게 그려낸다. 그래서 시대의 승자가 조작할 수밖에 없는 역사에 익숙한 사람들조차도 냉정하게 메이지 제헌사를 돌아볼 수 있게 한다. 군주 대권을 민권과 조화시키는 문제는 우리에게 낯설 수도 있다. 그러나 조선과 대한제국의 군주제는 우리의 의지로 벗어난 게 아니라 국권 상실의 부수적 결과로 사라진 것일 뿐이다. 즉 우리가 동시대에 제헌했다면 군권과 민권의 관계에 관해 마찬가지 고민을 했을 것이라는 뜻이다. 그 점에서 그것은 당대의 보편적 고뇌였다고 보면 될 것이다.

실제로도 구한말인 조선말기와 대한제국 시대에 일본의 메이지유신과 입헌이 우리에게 알려지면서 입헌정체는 개화파나 지식층은 물론이거니와 상당수의 국민 사이에서도 이상적 정치체제로 상찬되어졌다. 그런데 일제강점기를 거치면서 해방 이후 일본의 근대적 제도나 이념을 냉정하게 있었던 그대로 평가할 수 없는 정서로 인해 별로 주목하지 않게 된다. 그래서 일본의 근대 제헌사를 확인하는 작업도 드물거니와 시도하더라도 일종의 제한적 관점에만 머물게 된다.

그럼에도 일본의 근대적 입헌이 우리에게 본보기가 되어왔음은 부정할 수 없다. 그도 그럴 것이 서구형 입헌을 비서구권 국가에서 최초로 시도한 게 일본이었다. 그래서 심지어 우리 임시정부의 헌장들은 물론이고 해방 후의 제헌에서도 어느새 일본의 메이지헌법은 큰 거울이 되어 있었다. 즉 우리의 입헌 틀을 만드는데 크게 작용했음은 부정할 수 없다. 더욱이 그렇게 만들어진 입헌의 틀에서 크게 벗어나지 않는 시대에 지금도 여전히 살고 있는 것이다.

물론 메이지헌법은 적지 않은 한계가 있고 그로 인해 비판을 부른다. 서구형에 그저 손질만 가한 것에 불과한 모방이라거나 천황의 흠정형식 같은 것은 국민주권 시대에 어불성설이라거나 실질의 면에서 사회권적 사고에까지 진전한 우리의 제헌에 메이지헌법 같은 외견적 입헌주의는 직접적 도움이 되지 않았던 것이라 볼 수도 있다. 무엇보다 그 헌법체제가 결국 '전전戰前' 즉 과거 일본의 국가체제인 점에서도 그다지 조명하고 싶지 않은 부분일 수 있다.

그럼에도 메이지 제헌과 국회개설까지의 이념적 실천적 고뇌는 우리 헌정사가 결여하고 있는 요소를 보여준다. 그 논의와 운동의 치열함은 물론이거니와 무엇보다도 그 논의와 운동에 대응하는 현실정치의 냉정한 정책과 결단이 그렇다. 메이지 제헌을 단순히 서구 모방이라 치부할 수만은 없는 이유도 거기에 있다. 메이지헌법은 그 자체가 수많은 논의와 운동의 집적과 그 대립물로 형성된 것이다. 제헌의 내용은 결국 그런 논의와 운동과 함께 고뇌하고 대립하면서 만들어진 시대의 산물이라는 것이다.

우리가 일본을 논할 때의 민족적 반감에다가 과거 역사를 오늘의 눈으로 보게 되는 시대적 한계에 따른 해석상의 위험까지 더해지면 일본의 제헌사에 대한 이해에서는 심각한 왜곡이 발생할 수 있다. 그렇게 되면 한국에서 메이지 제헌사를 바라보는 것은 민족적 및 역사적 편견의 악순환에 다시 한 번 빠지는 일이 될 수도 있다. 그렇기에 이제는 메이지 제헌사를 가능한 한 냉정하게 바라보기 위해 노력할 필요가 있을 것이다.

근대 일본 국회론과 제헌사

초판 1쇄 발행일 2023년 5월 30일
지은이 오사타케 다케키
옮긴이 장진호
펴낸이 박영희
편　집 조은별
디자인 김수현
마케팅 김유미
인쇄·제본 제삼인쇄
펴낸곳 도서출판 어문학사
서울특별시 도봉구 해등로 357 나너울카운티 1층
대표전화: 02-998-0094 / 편집부1: 02-998-2267, 편집부2: 02-998-2269
홈페이지: www.amhbook.com
인스타그램: amhbook
페이스북: www.facebook.com/amhbook
블로그: 네이버 http://blog.naver.com/amhbook
e-mail: am@amhbook.com
등록: 2004년 7월 26일 제2009-2호

ISBN 979-11-6905-016-6
정가 22,000원